图本中国现当代作家传 总主编／温儒敏

徐德明／著 舒济／供图

老舍传

长春出版社
全国百佳图书出版单位

图书在版编目(CIP)数据

图本老舍传/徐德明著;舒济供图. —长春:长春出版社,2012.1
(图本中国现当代作家传记丛书)
ISBN 978-7-5445-1853-6

Ⅰ.①图… Ⅱ.①徐… Ⅲ.①老舍(1899~1966)–传记
Ⅳ.①K825.6

中国版本图书馆 CIP 数据核字(2011)第 205258 号

图本老舍传

著　　者	徐德明
供　　图	舒　济
策划编辑	张云峰
责任编辑	黄立芹
装帧设计	庄宝仁

出版发行　长春出版社　　　　　　总编室电话：0431-88563443
　　　　　发行部电话：0431-88561180　邮购零售电话：0431-88561177
地　　址　吉林省长春市建设街 1377 号
邮　　编　130061
网　　址　http://www.cccbs.net
制　　版　馨元工作室
印　　刷　长春第二新华印刷有限责任公司
经　　销　新华书店
开　　本　787mm×1092mm　1/16
字　　数　340 千字
印　　张　23.5
版　　次　2012 年 1 月第 1 版
印　　次　2012 年 1 月第 1 次印刷
定　　价　43.00 元

版权所有　盗版必究
如有印装质量问题，请与印厂联系调换　　联系电话：0431-87923413

老舍像

《图本中国现当代作家传》总/序

图本中国现当代作家传

总　序

北京大学中文系教授
中国现代文学研究会会长　温儒敏

现代作家传记坊间已有多种，为何还要出这套书？和以往的作家传记相比，这套书有什么特色？我看有这么四点。

一是图文互动。这套书命名为"图本传记"，因为有大量的"图"。不是新画的插图，而是老照片。每本书的编写过程，编者都花费很多精力去搜寻有关传主的各种照片资料。这套书在"图"这方面是下了大工夫的。照片在书中不是文字的附庸或者补充，而是经过精心的编排，其本身就构成书的主干部分，和文字同等重要。图与文互动映照，互为阐释，更生动也直观地叙说传主的生平。那些斑驳陈旧的老照片不光为了"好看"，也是为了制造浓厚的历史现场感，给人某种冲击，加上文字的点拨，读者就愈加真切地感受到传主及其所处的时代的那些情味。

二是回归日常。和常见的以褒扬颂赞为主的评传不同，这套传记更注重把作家看做是特定时代中有个性的生命体,是"人间的"作家,而不是超人。编者不拒绝传主的日常表现、逸闻琐事,格外留意捕捉一些生活细节、性格侧面,甚至某些独异的品性。这会和我们通常对这些作家的认识有些"落差",但阅读的兴趣反而由此生发。即使鲁迅这样的大作家,也不见得老要对他仰视,有时采取平视,会让人觉得亲切,能触摸到他生活化、人情味的一面,也就可以更放松地走近文学巨人。对传主的生活与心性的描写越是具体而丰富,也就越有利于对他们创作的深入了解,帮助读者进入作家的世界。

三是史家笔法。这套书虽然面向普通读者,却有厚实的学术支持,有史家的眼光与方法。编撰者都清楚意识到,现代作家传记的写作其实就是文学史研究的一支,内容的真实性与可靠性是前提,而且因为立足真实,还可以纠正或补充文学史之不足。这套书搜求与考证了许多历史资料,补正了以往文学史对相关作家评价上的某些偏失,丰富了对文学史的理解。丛书还吸纳了当前学界对相关作家研究的很多新的成果,显现出鲜明的学理追求。这套书既注重对传主创作生涯的轮廓勾勒,又有历史细部的体察,所唤起的是一种知性与感性的交织。读这样的传记能得到灵魂游历的快感,又有睿智的启迪。

四是优美可读。这套书各册出自不同编者之手,他们都是有建树的学者,彼此风格不同,共同的都很注重和读者平等交流,用比较平实而活泼的笔调去引领读者。这种图本叙述方式既是文学的,又带有浓厚的"科普"特点,文学史研究专深的成果在这里终于转化为平易诱人的传记论说。这套书总让读者感到一种亲和力,仿佛可以和编者一起，在令人心旷神怡的传记林苑中游逛，触摸那些现代作家非同寻常的生活轨迹，体味他们的苦恼与欢乐，思索他们的经验与忠告，细察各种人生况味，增加生活的见识与乐趣！和那些作家"约会"，不但加深了对他们创作的理解，还能感受某种精神的提升，对应我们自己的生活，也许可以在迷惘中得到启示，寂寞中领略抚慰，失意中获取鼓舞。

现代文学已经成为一种"新传统"。作为文学传统的相当重要的部分，是一代代众多作家的创作积存，保留着社会群体的共同记忆。其中一些作品经过时间的筛选，成为经典，占据着传统中显要的位置，对后世产生持续的影响。无论承认与否，现代文学"新传统"已经成为某种常识，或某种普遍性的思维与审美的方式，无孔不入，无处不在，渗透到了社会生活的各个方面。我们为何需要阅读现代文学？就因为这是宝贵的资源，因为它在规范和制约我们的思想与感觉，我们必须了解"新传统"，不断从当代的高度去阐释"新传统"。从这个意义上说，阅读现代作家传记，了解现代文学作品，就是认识与理解"新传统"的一种需要。阅读现代作家传记，可以拉近我们与现代经典的距离，更可以具体感触已经过往的那个世纪的风云，体验前辈先贤的精神气度。从传记角度去理解和阐释"新传统"，也就是这套图本传记的编撰宗旨吧。

几年前，我为人民教育出版社编写过一本《中外传记作品选读》，作为高中语文选修教材。我在前言中曾写下这样一段话，表示我对传记阅读的期望。现不妨转录于此，贡献给读者，特别是接触到这套书的年轻的朋友们：

读传记常常让人陷入沉思：我们该怎样设计自己的人生？从杰出人物和成功者那里吸取经验，可能是最好的途径。年轻人大概都有自己的偶像，这是很自然的事情。如果我们希望自己的人生过得更充实而有意义，不妨就把目标定得高一点，偶像的选择不是追逐时尚，而是取法乎上，把那些真正能在思想、智慧和人格上不断激励我们、完善我们的人物，作为精神上的良师益友，学习的榜样。青少年时期多读一些杰出人物的传记，在接触人类精神高端的过程中张扬我们的灵性，塑造我们健全的人格，那会终生受益。

这就如同英国思想家培根所说过的："用伟人的事迹激励我们，远胜一切的教育。"

2010年5月5日于京西蓝旗营寓所

目 录

第一章　末代旗人 ………………………………… 001
　　一、三岁失怙 ……………………………… 003
　　二、母亲 …………………………………… 008
　　三、读书习文 ……………………………… 012

第二章　新旧之间 ………………………………… 025
　　一、"做事"与"五四" …………………… 026
　　二、世俗与宗教 …………………………… 029
　　三、嗜好与爱好 …………………………… 044

第三章　英伦记略 ………………………………… 071
　　一、起居、饮食、衣着与东方学院 ……… 074
　　二、读书、写小说 ………………………… 094
　　三、译事 …………………………………… 106
　　四、新加坡与《小坡的生日》 …………… 114

第四章　家山湖海 ………………………………… 119
　　一、全家福 ………………………………… 120
　　二、教授与职业写家 ……………………… 148
　　三、老牛破车 ……………………………… 170

第五章　八方风雨 …… 189

一、"文协" …… 192
二、"文牛" …… 203
三、"旧雨"和"新知" …… 236
四、美国栖迟 …… 252

第六章　京华风云 …… 279

一、开会 …… 283
二、持续与自主 …… 302
三、养花与看画 …… 335
四、茫茫末世人 …… 359

后　记 …… 363

第一章

末代旗人

第一章

末代旗人

老舍出身于晚清旗人家庭，1899年2月3日(农历戊戌年腊月二十三，那天是送灶的日子)诞生在北京新街口南大街小羊圈胡同(现为小杨家胡同8号)，取名庆春。父亲舒永寿，母亲马氏，庆春是小儿子，他大姐此时已经出嫁。舒家编属正红旗。

从历史来看，我们不可将旗人与满族人等同(旗人不仅包括满人，还包括加入旗籍的蒙古人、汉人等)，辛亥革命以后没有了八旗军籍，旗人的等级

清代的龙旗，按色彩和形状分为八旗，以此标志满族军队的编制。

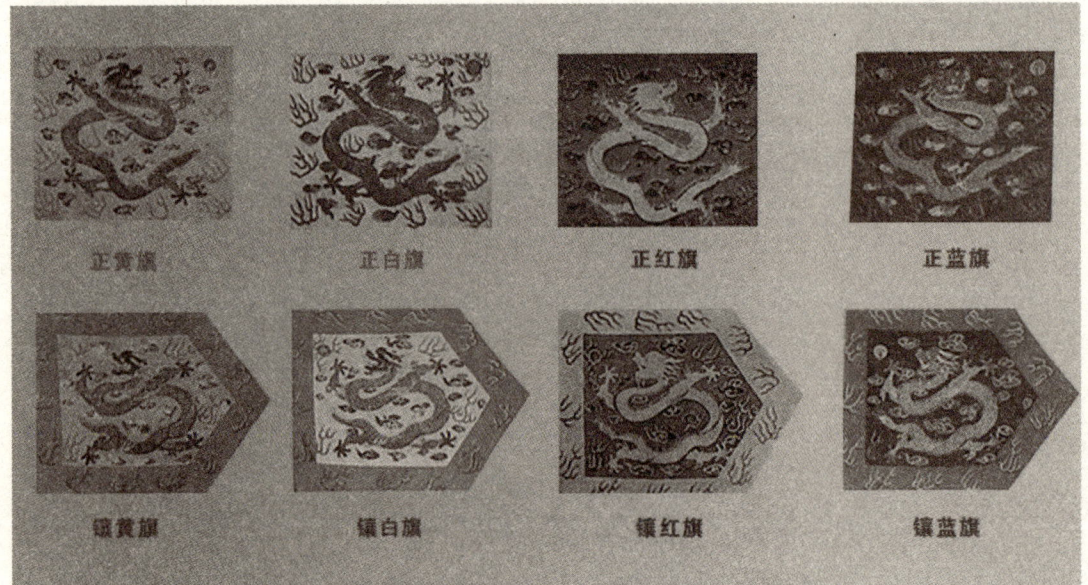

正黄旗　　正白旗　　正红旗　　正蓝旗

镶黄旗　　镶白旗　　镶红旗　　镶蓝旗

身份消亡，满族的族裔身份依然合法存在，只是生活境况大不如前了。"旗人"和"民人"（即汉人，加入旗籍的汉人除外）是清朝人的两种迥异的身份，清帝国是八旗先人创立的国，民人身份普遍低于旗人，朝廷对待两种人的法律与衣食俸禄都不一样。进入民国时期，江山已经不再属于旗人，改称民国，低于旗人一等的民人有了名义上属于"民"的"民国"。民国初期的一二十年内，刚刚失去了政治经济特权的旗人生活极其艰难，虽然民人生活未必得到普遍改善，但比较起来，无论在物质上还是心理方面都要比旗人好过一些。

老舍一出生就赶上了变法改良的年头，旗人的既得利益受到了威胁，可谓生不逢时。改变"铁杆庄稼"的生活待遇的言论已经威胁着身在八旗的人们，《茶馆》第一幕的众多旗人，在变法刚刚过去的日子里，都有着惶惶然的感受。紧接着就是义和团运动、八国联军打进北京城，老舍的父亲在与八国联军的巷战中阵亡。老舍出生于军人世家，但到他长大成人，已经没有朝廷的军事责任需要承担了。他晚年写作的《正红旗下》，既可作为自传，又可当做一个族裔与王朝的衰败史。童年的老舍是末代旗人，他的少年与青年阶段，是摆脱与超越清朝遗民身份、成长为现代知识分子的过程。这个过程在他的心灵上留下了深深的烙印，在他的许多作品中都记下了旗人遗民的形象和心路历程，同时他也不时地想着满族人对中国历史的贡献。

一、三岁失怙

了解一个作家的生活语境，理解他的精神历程，而后才能把握他创造的那个文学世界，我们不能把老舍的生活和作品分割开来。那些源自老舍生活语境的图片历历再现了他的文学与文化世界。老舍的文学世界情感丰沛，但在作品中表现得很有节制。因为父亲在童年生活中的缺位，老舍在情感上与母亲的联系更为紧密；少了别人通常由父亲给予的精神支持，老舍更倾向于精神导师的寻找。母亲是最好的老师，童年、少年引导他向善的还有宗教界人士，青年时代他参与教会活动、服务社会。尽管幼年失去了父爱的"怙恃"，

清朝大典时正红旗护军所穿的礼服。

老舍却从青少年时期开始就保持着一颗爱心，日后把这颗爱心放大，体现在抗日战争中对"文协"工作的奉献，20世纪50年代对新时代的平民生活的肯定，更重要的是他一生对生活的巨大热情。

若是出于对老舍的崇敬，人们追思他的父母，却发现除去老舍写的《我的母亲》，其他关于他的父母的文字资料很匮乏，图片影像资料更是缺失严重。一百多年前西方来华的传教士的印刷品上就印有各种西方伟人的照片，上个世纪初上海滩上的红倌人的照片已经上了杂志，20世纪20年代洋太傅庄士敦身着御赐的貂皮褂在宫中照相，但是这项技术在中国为平民家庭所用却很晚。今天欲撰述上个世纪早期的生活，若非生于豪门且为知识界中人，身为平民而没有特殊因缘，则难以找到他们的照片。上世纪40年代，老舍在昆明西南联大，与一批知识分子共同度过了七八十天，仅仅留下了一张合影。吴晓铃先生曾感叹："当时照相是真正高档奢侈活动。"1900年老舍的父亲死于与八国联军的交战中，当然不可能留下旗装卫戍的照片，连在民国生活了30年的老舍母亲也没有留下照片。也许老舍母亲做寿时拍过照而没能在战争中保存下来，老舍为老人祝寿唱大戏、放电影而不拍小照似乎不合情理，除非老太太有什么忌讳。对这个缺憾的弥补，就只能依赖于背景或相关材料，只好请读者将对文字的想象转变成画面了。

近代中国与帝国主义入侵的冲突、战争造成了老舍生活中父亲的缺位。老舍是老儿子，父亲舒永寿是护军，担当拱卫京师的职责。父亲和旗兵们在

第一章 末/代/旗/人

京城里与八国联军交战的时候,他才一岁半。1900年8月15日,正当壮年的舒永寿在战争中受伤致死,入殓的棺木中只有其生前穿的一双袜子和一副裤脚带。老舍对父亲肖像的记述源于父亲进入皇城的腰牌上的字迹:"面黄无须"。中年老舍自述:"现年四十岁,面黄无须。"从他的中年照片可以想象得出其父舒永寿的容颜,也可以从正红旗护军逢大典时所着礼服想见其当年的军仪。父子面容相似,而命运在六十多年后也水火无情的轮回:父亲死于战火,他则跳太平湖溺亡。父亲去世前后的年头,正是老舍《茶馆》《断魂枪》《神拳》这些作品中人事与生活的语境。在这些人事的叙述过程中,幽幽飘荡着老舍父亲的一丝气息。

60年后,老舍在四幕话剧《神拳·后记》中说:

> 义和团起义的那一年,我还不满两岁,当然无从记得当时的风狂火烈,杀声震天的声势与光景。可是,自从我开始记事,直到老母病逝,我听过多少多少次她的关于八国联军罪行的含泪追述。……正像当日的一般妇女那样,是不敢轻易走出街门的。她可是深恨,因而也就牢牢记住当年洋兵的罪行——他们找上门来行凶打抢。母亲的述说,深深印在我的心中,难以磨灭。在我的童年时期,我几乎不需要听什么吞吃孩子的恶魔等等故事。母亲口中的那些洋兵是比童话中巨口獠牙的恶魔更为凶暴的……
>
> 我不记得父亲的音容,他是在

《庚子京师褒恤录》记载舒永寿阵亡,记录其抚恤待遇。

那一年与联军巷战时阵亡的。他是每月关三两饷银的护军,任务是保卫皇城。联军攻入了地安门,父亲死在北长街的一家粮店里。

那时候,母亲与姐姐既不敢出门,哥哥刚九岁,我又大部分时间睡在炕上,我们实在无从得到父亲的消息……

多亏舅父家的二哥前来报信。二哥也是旗兵,在皇城内当差。败下阵来,他路过那家粮店,进去找点水喝。那正是热天。店中职工都早已逃走,只有我的父亲躺在那里,全身烧肿,已不能说话。他把一双因脚肿而脱下来的布袜子交给了二哥,一语未发。父亲到什么时候才受尽苦痛而身亡,没人晓得。

父亲的武器是老式的抬枪,随放随装火药。几杆抬枪列在一处,不少的火药就撒落在地上。洋兵的子弹把火药打燃,而父亲身上又带有火药,于是……

在那大混乱中,二哥自顾不暇,没法儿把半死的姑父背负回来。找车没车,找人没人,连皇上和太后不是都跑了吗?

进了门,二哥放声大哭,把那双袜子交给了我的母亲……

母亲当时的苦痛与困难,不难想象。城里到处火光烛天,枪炮齐响,有钱的人纷纷逃难,穷苦的人民水断粮绝。父亲是一家之主。他活着,我们全家有点老米吃;他死去,我们须自谋生计。母亲要强,没有因为悲伤而听天由命。她日夜操作,得些微薄的报酬,使儿女们免于死亡。在精

老舍家所属的正红旗,龙旗为红底黄龙。

第一章 末/代/旗/人

神状态上，我是个抑郁寡欢的孩子，因为我刚一懂得点事便知道了愁吃愁喝。这点痛苦并不是什么突出的例子。那年月，有多少儿童被卖出去或因饥寒而夭折了啊！

……

联军攻入北京。他们究竟杀了多少人，劫走多少财宝，没法统计。这是一笔永远算不清的债！以言杀戮，确是鸡犬不留。北京家家户户的鸡都被洋兵捉走。敢出声的狗，立被刺死——我家的大黄狗就死于刺刀之下。偷鸡杀狗表现了占领者的勇敢与威风。以言劫夺，占领者的确'文明'。他们不像绿林好汉那么粗野，劫获财宝，呼啸而去。不！他们都有高度的盗窃技巧。他们耐心地、细致地挨家挨户去搜索，剔刮，像姑娘篦发那么从容、细腻。

……

我们的炕上有两只年深日久的破木箱。我正睡在箱子附近。文明强盗又来了。我们的黄狗已被前一批强盗刺死，血还未干。他们把箱底儿朝上，倒出所有的破东西。强盗走后，母亲进来，我还被箱子扣着。我一定是睡得很熟。要不然，他们找不到好东西，而听到孩子的啼声，十之八九也会给我一刺刀。一个中国人的性命，在那时节，算得了什么呢！况且，我又是那么瘦小、不体面的一个孩子呢！

父亲阵亡让老舍一家失去了赖以生活的钱粮。其时，有"铁杆庄稼"的一般旗人也因政治改良而普遍地闹饥荒，话剧《茶馆》中的松二爷就是所有旗人的缩影：他的生活水平日渐下降，民国以后潦倒挨饿致死，最终全赖朋友才得以收尸。老舍幼时的十年里，从丧父到满族皇权被颠覆，他家的生活水平无可挽救地直线下落，母亲带着他们在动乱饥寒中勒紧裤带艰难度日。

清初统治者为征服天下，规定满族青壮年男性都入军籍。满洲八旗的旗帜按黄、白、红、蓝四种颜色和布面镶、正（"正"这个字应该读如"整"）区别：镶黄旗、正黄旗、镶白旗、正白旗、镶红旗、正红旗、镶蓝旗、正蓝旗。原来正红旗驻地在京城西北,舒家住内城西北的小羊圈胡同,距离西直门三五里地。旗人当兵吃饷,禁止做工、务农、经商。军饷有定数,补不上兵缺的旗人子弟只好赋闲。官府不准旗人如民人从事五行八作谋生,他们便在嬉戏自放中走向贫困——嬉戏让他们一时忘却贫困,为忘却贫困他们耽于嬉戏。老舍在长篇小说《四世同堂》中曾反思旗人:"整天整年地都消磨在生活艺术中。上自王侯,下至旗兵,他们都会唱二黄、单弦、大鼓与时调。他们会养鱼、养鸟、养狗、种花和斗蟋蟀。他们之中,甚至也有的写一笔顶好的字,或画点山水,或作些诗词——至不济还会诌几套相当幽默的悦耳的鼓儿词。他们的消遣变成了生活的艺术。……像鸽铃、风筝、鼻烟壶儿、蟋蟀罐子、鸟儿笼子、兔儿爷,我们若是细心地去看,就还能看出一点点旗人怎样在最细小的地方花费了最多的心血。"到清末,旗人的生计问题已非常严重。在舒永寿阵亡后,老舍家没有了护军按月关饷的银钱,虽然清政府按照护军阵亡的律例"从优赐恤"(见前文图片《庚子京师褒恤录》),但是原来已经入不敷出的生活更显艰难了。从此,老舍就跟着母亲过上了日益穷困的生活。

二、母 亲

老舍有一个伟大的母亲。

母亲娘家姓马,也是旗人家庭,正黄旗。她在艰难生活处境中显示了人的艰难生存的尊严。她带着孩子们艰辛谋生、堂堂正正做人,在她的爱的浸润中,现代中国文坛上最富情感的老舍才得以诞生。母亲的爱是一种示范,身教胜于言教地补上了父亲缺失的一课,让他获得了一笔比学校课堂教育更宝贵的财富。老舍后

左图:老舍大姐舒静守;右图:老舍三姐赵舒氏。取其相片,揣摩可知老舍母亲的形象。

第一章 末/代/旗/人

来立身处世、为文为人的气节和同情心大部分得自于母亲。老舍这样记述：

> 母亲的娘家是北平德胜门外……生在农家，所以勤俭诚实，身体也好。这一点事实却极重要，因为假若我没有这样的一位母亲，我以为我恐怕也就要大大的打个折扣了。
>
> 母亲出嫁大概是很早，因为我的大姐现在已是六十多岁的老太婆，而我的大外甥女还长我一岁啊。我有三个哥哥，四个姐姐，但能长大成人的，只有大姐，二姐，三姐，三哥与我。我是"老"儿子。生我的时候，母亲已有四十一岁，大姐二姐已都出了阁。
>
> ……我生下来，母亲晕过去半夜，才睁眼看见她的老儿子——感谢大姐，把我揣在怀中，致未冻死。
>
> 一岁半，我把父亲"克"死了。
>
> 兄不到十岁，三姐十二三岁，我才一岁半，全仗母亲独力抚养了。……母亲要给人家洗衣服，缝补或裁缝衣裳。在我的记忆中，她的手终年是鲜红微肿的。白天，她洗衣服，洗一两大绿瓦盆。她作事永远丝毫也不敷衍，就是屠户们送来的黑如铁的布袜，她也给洗得雪白。……她终年没有休息，可是在忙碌中她还把院子屋中收拾得清清爽爽。……院中，父亲遗留下的几盆石榴与夹竹桃，永远会

1943年1月13日《时事新报》发表的老舍怀念母亲的文章。

得到应有的浇灌与爱护,年年夏天开许多花。

……与母亲相依为命的是我与三姐。因此,她们作事,我老在后面跟着。她们浇花,我也张罗着取水;她们扫地,我就撮土……从这里,我学得了爱花,爱清洁,守秩序。

……到如今如我的好客的习性,还未全改,尽管生活是这么清苦,因为自幼儿看惯了的事情是不易改掉的。

……

可是,母亲并不软弱。父亲死在庚子闹"拳"的那一年。联军入城,挨家搜索财物鸡鸭,我们被搜两次。母亲拉着哥哥与三姐坐在墙根,等着"鬼子"进门,街门是开着的。"鬼子"进门,一刺刀先把老黄狗刺死,而后入室搜索。……母亲不怕,她要在刺刀下,饥荒中,保护着儿女。北平有多少变乱啊,有时候兵变了,街市整条的烧起,火团落在我们院中。有时候内战了,城门紧闭,铺店关门,昼夜响着枪炮。这惊恐,这紧张,再加上一家饮食的筹划,儿女安全的顾虑,岂是一个软弱的老寡妇所能受得起的?可是,在这种时候,母亲的心横起来,她不慌不哭,要从无办法中想出办法来。她的泪会往心中落!这点软而硬的个性,也传给了我。我对一切人与事,都取和平的态度,把吃亏看作当然的。但是,在做人上,我有一定的宗旨与基本的法则,什么事都可将就,而不能超过自己划好的界限。我怕见生人,怕办杂事,怕出头露面;但是到了非我去不可的时候,我便不得不去,正像我的母亲。从私塾到小学,到中学,我经历过起码有廿位教师吧,其中有给我很大影响的,也有毫无影响的,但是我的真正的教师,把性格传给我的,是我的母亲。母亲并不识字,她给我的是生命的教育。

当我在小学毕了业的时候,亲友一致的愿意我去学手艺,好帮助母亲。我晓得我应当去找饭吃,以减轻母亲的勤劳困苦。可是,我也愿意升学。我偷偷的考入了师范学校——制服,饭食,书

第一章 末/代/旗/人

籍，宿处，都由学校供给。只有这样，我才敢对母亲提升学的话。入学，要交十元的保证金。这是一笔巨款！母亲作了半个月的难，把这巨款筹到，而后含泪把我送出门去。她不辞劳苦，只要儿子有出息。当我由师范毕业，而被派为小学校校长，母亲与我都一夜不曾合眼。我只说了句："以后，您可以歇一歇了！"她的回答只有一串串的眼泪。我入学之后，三姐结了婚。母亲对儿女是都一样疼爱的，但是假若她也有点偏爱的话，她应当偏爱三姐，因为自父亲死后，家中一切的事情都是母亲和三姐共同撑持的。三姐是母亲的右手。但是母亲知道这右手必须割去，她不能为自己的便利而耽误了女儿的青春。当花轿来到我们的破门外的时候，母亲的手就和冰一样的凉，脸上没有血色——那是阴历四月，天气很暖。大家都怕她晕过去。可是，她挣扎着，咬着嘴唇，手扶着门框，看花轿徐徐的走去。不久，姑母死了。三姐已出嫁，哥哥不在家，我又住学校，家中只剩母亲自己。她还须自晓至晚的操作，可是终日没人和她说一句话。新年到了，正赶上政府倡用阳历，不许过旧年。除夕，我请了两小时的假。由拥挤不堪的街市回到清炉冷灶的家中。母亲笑了。及至听说我还须回校，她愣住了。半天，她才叹出一口气来。到我该走的时候，她递给我一些花生，"去吧，小子！"街上是那么热闹，我却什么也没看见，泪遮迷了我的眼。今天，泪又遮住了我的眼，又想起当日孤独的过那凄惨的除夕的慈母。可是慈母不会再候盼着我了，她已入了土！

……人，即使活到八九十岁，有母亲便可以多少还有点孩子气。失了慈母便像花插在瓶子里，虽然还有色有香，却失去了根。有母亲的人，心里是安定的。……

生命是母亲给我的。我之能长大成人，是母亲的血汗灌养的。我之能成为一个不十分坏的人，是母亲感化的。我的性格，习惯，是母亲传给的。她一世未曾享过一天福，临死还吃的是粗粮。

这是老舍1943年在重庆接到母亲已经不在人世的信函以后写下的文字。从师范住校读书,然后糊口四方,到最后只身在重庆,老舍陪伴在母亲身边的日子其实是屈指可数的。母亲七十大寿时,老舍在英国。听说老太太当天晚上只喝了一点点酒,早早地就睡了。老太太想念自己的老儿子。1936年,老舍回北平为母亲庆祝八十大寿,在观音庵母亲的寓所(老舍为母亲所置)搭棚设宴,放电影、说鼓书、唱京戏。舒乙大概是听胡絜青说过,那天"白天演了杂耍,唱了大鼓,晚上老舍兴致未尽,指着二胡说:'拉起来呀!'自己唱起了《捉放曹》。这一天,大概是老舍母亲一生中度过的最高兴的一天。《捉放曹》之后,老太太上炕睡觉;老舍悄然离去,竟成了母子的永别"。

三、读书习文

老舍的童年是如何度过的?除了在对母亲的回忆中老舍提及的有限内容,我们今天已经无从查考其他细节。老舍晚年赋诗:"我昔生忧患,愁长记忆新;童年习冻饿,壮岁饱酸辛。"总之,他是个穷人,过着吃不饱、穿不暖的生活。生存尚且艰难,根本谈不上个人受教育、图发展。

眼见得到了该读书的年龄,因家贫体弱,母亲有时候想叫他去上学,又怕受人家的欺侮,更因交不上学费,所以他直到9岁还不识一个字。母亲虽然知道读书重要,可是每月间三四吊钱的学费,实在为难。母亲是最爱脸面的人。她迟疑不决,光阴又不等待任何人,荒来荒去,孩子也许就长到10多岁了。一个10多岁的贫而不识字的孩子,很自然地去做个小买卖——弄个小篮,卖些花生、煮豌豆或樱桃什么的,要不然就是去做学徒。母亲很爱老舍,但是假若他能去做学徒,或提篮沿街卖樱桃而每天赚几百钱,她也不会坚决地反对。老舍在30年后体谅了母亲。

是老舍的缘法,也是不幸中的大幸,有人帮助他入学读书识字了。有一天,刘寿绵大叔来老舍家,一进门就看见了庆春,"孩子几岁了?上学没有?"等到母亲回答完,刘大叔马上决定:"明天早上我来,带他上学,学钱、书籍,

第一章 末/代/旗/人

大姐你都不必管！"庆春的心跳起多高，明天是去一个怎样的世界？上学是怎么一回事呢？

第二天，庆春随刘大叔去上学。学校是一家改良私塾，在离家有半里多地的一座庙里。大殿里很黑、很冷，神像都用黄布挡着，供桌上摆着孔圣人的牌位，学生先拜圣人而后拜老师，此后每天上学都是要拜圣人的。学生都面朝西坐着，一共有30来人。西墙上有一块黑板——这是"改良"私塾。老师姓李，是一位极死板而极有爱心的中年人。老师给了他一本《地球韵言》和一本《三字经》。自从庆春做了学生以后，时常到刘大叔家中去。每去刘大叔必招呼他吃饭，或给他一些没有见过的点心。刘大叔绝不冷淡一个苦孩子，他是阔大爷，但是他不以富傲人。1940年老舍写《宗月大师》回忆这段生活时，仍充满敬意和感激之情。老舍心中无贫富阶级观念也是受刘寿绵的影响。

1909年，庆春由私塾转入公立学校，刘大叔又来帮忙。这时候，他的财产已大半出了手。他的财产有一部分是卖掉的，也有一部分是被人骗了去的。庆春中学毕业的时候，刘大叔已一贫如洗，什么财产也没有了，只剩了个后花园。不过，在这个时候，假若刘大叔肯用用心思，去调整他的产业，还能有办法让自己丰衣足食，因为他的好多财产是被人家骗了去的。可是，他不

宗月大师，俗名刘寿绵，1925年出家。

肯去请律师，贫与富在他心中是完全一样的。假若在这时候他不再随便花钱，至少可以保住那座花园和城外的地产。可是，刘大叔好善而忘我：尽管他自己的儿女受着饥寒，尽管他自己受尽折磨，他还是去办贫儿学校、粥厂等慈善事业。

在公立学堂，庆春与罗常培(字莘田)要好。庆春从私塾转入学堂，即编入初小三年级，与莘田同班。学校是西直门大街路南的两等小学堂。莘田看庆春：一个小秃儿，天生洒脱、豪放、有劲，把力量蕴蓄在里面而不轻易表现出来，被老师打断了藤教鞭，疼得眼泪在眼睛里乱转也不肯掉下一滴泪珠或讨半句饶。庆春对罗莘田的印象最深：品学兼优，长长的发辫垂在肩前；别人的辫子都垂在背后。虽然也吵过嘴，可是两个人的感情始终很好。下午放学后，两人每每一同到小茶馆去听评书《小五义》或《施公案》。多是罗莘田出钱。庆春家里穷，手里没有零钱。听武侠书不能尽兴，庆春便自己找《三侠剑》、《绿牡丹》来读。听与看的多了，老舍有一阵子很想当"黄天霸"，每逢四顾无人，便捡起瓦块或碎砖，回头轻喊："看镖！"有一天，把醋瓶也这样扔出了手，差点挨了顿打。

不久，两等小学堂改办女学。庆春转入南草厂的第十四小学，莘田转到报子胡同第四小学，两人不大见面了。到入中学的时候，1913年2月，他俩都考入了祖家街的第三中学。莘田比老舍小一岁，而级次高一班，因为他既聪明，又肯用功，所以常常跳级。1913年夏，老舍因家庭生活困难，考入了免收学费并提供膳宿、制服、书籍的北京师范学校，两人就不常见面了。

老舍与罗常培是一辈子的交情，他们的友

1946年，老舍与罗常培在美国耶鲁大学。

第一章 末/代/旗/人

谊基础是趣味相投、心性相通。1958年底,罗常培离开人世,老舍悲悼:"与君长别日,悲忆少年时……"相知相交整整五十年!在莘田活着的时候,两人每言及此,都觉得五十年如一日的友情特别珍贵!从兴趣上说,这两人从喜爱评书开始,发展到后来不约而同又都爱好戏曲与曲艺。身为作家的老舍不用说,他是文武昆乱不挡;罗常培是大学里的著名学者,却常和艺人们来往,互相学习。罗常培会唱许多折昆曲,这一点更是老舍的同好与知音。罗常培辞世,老舍长叹:"莘田哪,再也听不到你的圆滑的嗓音,高唱《长生殿》与《夜奔》了!"①他们志同道合,说得来,总以独立不倚、做事负责相勉。做人有相同点:都耻于巴结人,哪怕自己吃点亏;独立不倚,不至于被恶势力拉去做走狗,愿意自食其力,哪怕清苦一些。

老舍的另一个同学、好友是白涤洲,他比白涤洲大一点儿。1924年去英国前,老舍写了一幅条幅给白涤洲,那时他还在小学教育界出力服务。他们从十六七岁时成为同学,虽然隔着班,却也是心性相近,两人最说得来。学生时代的白涤洲,瘦长身材,穿蓝布褂,有点乡下气,也有些宽厚的幽默,常考第一。白涤洲做人忠厚,不怕吃亏,这在毕业后长期的与人交往中更显露出来。他不怕累,大家有什么事都找他。

白涤洲从师范毕业,接任了舒庆春的小学校长之职。在小学界几年,他成了很重要的人物。几个好友都建议他应该继续求学,他有才力。白涤洲接受了建议,却没有接受任何金钱的帮助。他考入北大,一边求学,

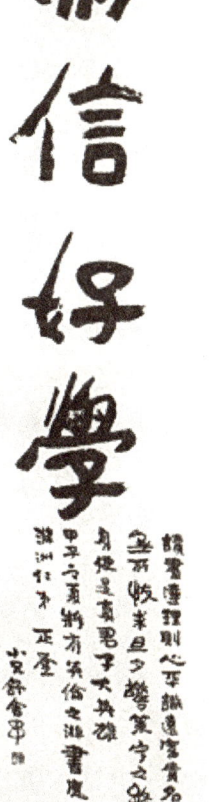

老舍赠白涤洲,谓"读书达理则心平识远,富贵名利无所乞求;旦夕警策守之终身,便是真君子大英雄",称白涤洲"仁弟",自称"小兄"。

---

①老舍:《悼念罗常培先生》,见《老舍文集》,第14卷,361页,北京,人民文学出版社,1989。

一边还得养活一家子人。因此，他又接任老舍在教育会做干事的职务。老舍在英国五年，白涤洲常照应老舍的母亲；老舍从英国回来，又住在白涤洲在西城机织卫淹通胡同的家中。那时，白涤洲是北平师范的教务长，当时在师范兼课的胡絜青正是到他家邀请老舍去北平师范大学演讲，这才有了一段姻缘。大热天，白涤洲满头大汗地抱个特大的西瓜回来，和老舍边吃西瓜边聊，赤了脚、腿，蹬在椅子上，忘形到尔汝。他对自己的学问不满意，却肯承认自己是个好人。白涤洲热心待人，他简直是朋友们的总办事处。老舍到山东齐鲁大学、山东大学教书，每次回到北平，白涤洲都陪着吃饭、听戏、买东西、洗澡。白涤洲三十多岁时突然病故，在世时他已经成了语言学界卓有成就的学者。老舍写文章《哭白涤洲》，那是朋友至情的千古文章：

  朋友里，他最好。他对谁也好。有他，大家的交情有了中心。什么都是他作，任劳任怨的作，会作，肯作，有力气作。对家人、对朋友，永远舍己从人。对事情，明知上当，还作，只求良心上过得去。他很精明，但不掏出手段；他很会办事，多一半是因为肯办，肯认真办。他就这么累死了。

  对学问，他很谦虚，总说他自己"低能"。可是在事情那么忙乱的时候，他居然在音韵学上有成就，有著作。他作到别人所不能作到的了：就在家中死了五口以后，他会跑到西北去调查方音！①

老舍的这两个少年时的朋友，后来都考入了北京大学，也都成了著名的语言学家。舒庆春师范毕业后去办小学，罗莘田一方面在参议院做速记员，一方面在北大读书。这样两人就更难相见了。虽不大见面，但未相忘，不管相隔多远，却彼此惦念。此后许多年，两人忽聚忽散，始终彼此关切。20世纪30年代，老舍有一次从山东回北平，朋友们聚了两桌，酒是整坛。桌上只有莘田

---

①老舍：《哭白涤洲》，见《老舍文集》，第14卷，33页，北京，人民文学出版社，1989。

第一章 末/代/旗/人

1930年6月老舍与同学、好友在中南海合影。左起：王向辰、老舍、杨云竹、白涤洲、祁伯文、何容。

是自幼的同学，眼前浮现的是小时候两人对揪小辫打架，一同逃学去听《施公案》的情景。莘田酒量不大，那天也陪了老舍几杯，多么快乐的日子！抗日战争中，莘田由昆明来北碚访友，老舍为了请他到小饭馆儿吃一顿，去卖了一身旧衣裳。可是，莘田正闹肠胃病，吃不下去，两人相视苦笑了很久。直到1950年老舍回到北京，二人才常常见面，谈心道古。

老舍求学时候的好同学当然不止这两位，同学而成为良朋益友最可靠，他们彼此交流，一路相互支持成长。

从私塾到师范学校，还有很多发现过老舍才华、着力培养他的师长。在两级小学堂时，国文教员孙焕文先生，初春时出了个《说纸鸢》的作文题。庆春文思敏捷，一挥而就，同学高煜年还在苦思冥想。他们都是旗人，平日相处得很好。当天两人约定，写完作文一起去玩耍。庆春走过来悄悄说："煜年，我给你起个头吧！快点交卷，咱们好去放风筝。"于是纸上就有了"纸鸢之为物，起风而畏雨；以纸为衣，以竹为骨，以线牵之，飘扬空中"。评阅作文时，孙先生特意夸奖"破题得体"等等。高煜年为人笃诚，不敢隐瞒，把实情告诉了先生。孙先生的评价是："我在北直隶教书多年，庆春文章奇才奇思，

017

时至今日，诸生作文无有出其右者。"①

读中学时，有一位对老舍的文章与学问影响很大的良师，那就是时人称"江南文坛巨匠"的方还先生。方先生时任北京师范学校校长，培育了许多英才。方还先生赏识舒庆春，所以庆春益发在文章诗词上下工夫。老舍记忆中的诗文生涯是："师范学校的功课虽与中学差不多，可是多少偏重教育与国文。我对几何代数和英文好像天生有仇。别人演题或记单字的时节，我总是读古文。我也读诗，而且学着作诗，甚至于作赋。我记了不少的典故。可惜我那些诗都丢了……除了诗文，我喜欢植物学。这并非是对这种科学有兴趣，而是因为对花草的爱好；到如今我还爱花。"老舍追溯自己五四以前的文学资源是："我的散文学桐城派，我的诗学陆放翁与吴梅村。"推究起来，方还应是指导舒庆春做文章与诗词最重要的老师。方还是苏州附近的人，其与桐城派是否嫡传已属难考，但是老舍从他那里学得的清浅质朴的文风，却是地道的桐城辞章传统。在此基础上，锻炼出来的白话，自然与一般人不同。老舍的旧体诗既有陆放翁的豪放，也有吴梅村的苍凉激荡，更兼老杜的精细诗律。临近毕业的时候，舒庆春留下这样的诗句：

> 岂独文章留锦匹，
> 敢夸身手夺霜旗。
> 他年荷锸归山去，
> 石骨嶙峋是故知。

这都是在方还先生的教导与训练之下打下的根基。若要

抗战中，老舍手书病中所作诗赠田仲济。

> 辛酸步步向西来，不到河清眉不开。身後声名留气节，眼前风物愧诗才。论人莫遜春秋笔，入世方知圣哲良。四海飘零餘一死，青天尚在敢心灰。
>
> 病中自励一首写奉
> 仲济仁兄先生两改
> 卅年初冬 老舍于陪都

---

① 高增良：《老舍与纸鸢》，见舒济编《老舍和朋友们》，391页，北京，三联书店，1991。

观其发展,我们可以参看抗战时老舍的诗,陆放翁的气概贯注流淌在书法线条的节奏中,从中也可以得窥方还的诗书门径一二呢!

老舍是最重感情的人,抗战前他保存的字画都是师友们的手迹,战事一起就在济南失落了,他感慨系之:"在字画本身而外,它们都有些人的关系与历史在里边……另有一番滋味。有的呢,是字好画好,而且又出于师友之手,就分外觉得可贵。这些,唉,也都丢失了!其中最使我念念不忘的是方唯一先生给我们写的一副对。方先生的字与文造诣都极深,我十六七岁练习古文旧诗受益于他老先生者最大。这一副对子是他临死以前给我写的,用笔运墨之妙,可以算他老人家的杰作。在抗战前,无论我在哪里住家,我总把它悬在最显眼的地方。我还记得它的文字:'四世传经是谓通德,一门训善惟以永年。'方先生死去已经十年左右了,我再到哪里去求他的字呢?!"①

老舍的一生是言行一致的,信念与践行从不脱离。在中学读书期间,他就在宗月大师的引领下开始为社会服务。这位大师不仅送幼年的老舍入学,而且成为他在中学与师范读书期间与社会联系的桥梁,成为他做人与服务社会的榜样。送他入学的是刘阔人,拉他去济贫扶困的是刘善人,宗月大师是一位把善心落实在行动上的践行者。这时期庆春和刘大叔过往最密。他办贫儿学校,庆春便去做义务教师;他施舍粮米,庆春帮忙调查及散放。庆春明白:放粮放钱不过只是延长贫民的受苦难的日期,而不足以阻拦住死亡。但是,看刘大叔那么热心,那么真诚,就顾不得和他辩论,而只想多出点力了。

1924年老舍去英国前,刘大叔的儿子死了。而后,刘大叔将后花园也出了手。他自己出家为僧,夫人与女儿也入庵为尼。依他的性格来说,他似乎势必走入避世学禅的一途。但是由他的生活习惯上来说,大家总以为他不过能念念经,布施布施僧道而已,绝对不会受戒出家。他居然出了家。在以前,他

---

① 老舍:《"四大皆空"》,见《老舍文集》,第14卷,253~254页,北京,人民文学出版社,1989。

吃的是山珍海味,穿的是绫罗绸缎,他也嫖也赌。此时,他每日一餐,入秋还穿着件夏布道袍。这样的苦修,他的脸上还是红红的,笑声还是洪亮的。刘大叔是个好和尚,他知道一点便去做一点,能做一点便做一点。他的学问也许不高,但是他所知道的却能见诸实行。

出家后的刘大叔即宗月大师,是一位把经义当做身体力行的准则,自身的行为也具有经典的道德意义与价值的大师。出家不久,他就做了一座大寺的方丈,可是很快就被逐了出来。他是要做真和尚,所以他不惜变卖庙产去救济苦人。庙里不要这种方丈。一般地说,方丈的责任是要扩充庙产,而宗月大师却反其道而行,自然是待不下去的。此后,他到一座没有任何产业的庙里做方丈。他自己既没有钱,又须天天为僧众们找到斋吃,同时,他还举办粥厂等慈善事业。他穷,他忙,他每日只进一顿简单的素餐,可是他的笑声还是那么洪亮。他的庙里不应佛事,赶到有人来请,他便领着僧众给人家去念真经,不要报酬。他整天不在庙里,但是他并没忘了修持;他持戒越来越严,对经义也深有所获。他白天到各处筹钱办事,晚间在小室里做功课。谁见到这位破和尚也不会想到他曾是个在金子里长起来的阔大爷。1939 年,有一天他正给一位圆寂了的和尚念经,自己却忽然闭上了眼,坐化了。火葬后,人们在他的身上发现许多舍利。

老舍初见刘大叔,他是旗人中的贵族;随着在读书升学过程中不停地与之交往,渐次地他的经济地位下降了,然而其人格魅力更高了;终于,老舍离开他的许多年之后,他已经成了一位圣人,他是宗月大师。三十多年后,老舍仍感激宗月大师对自己的引导:"没有他,我也许一辈子也不会入学读书。没有他,我也许永远想不起帮助别人有什么乐趣与意义。他是不是真的成了佛?我不知道,但是,我的确相信他的居心与言行是与佛相近似的。我在精神上物质上都受过他的好处,现在我的确愿意他真的成了佛,并且盼望他以佛心引领我向善,正像在三十五年前,他拉着我去入私塾那样!"①应该说

---

① 老舍:《宗月大师》,见《老舍文集》,第 14 卷,162 页,北京,人民文学出版社,1989。

第一章 末/代/旗/人

是宗月大师的行为与态度的感染,加之某种宗教的牺牲精神,才让老舍选用了"舍予"的笔名吧。老舍自己也许像他说许地山的那样:"他似乎受佛教的影响较基督教的为多。"

　　老舍少年时代的朋友,自然是满族和蒙古族旗人居多。辛亥革命后,民国初期的社会生活,自然有种种对旗人的歧视与不公,民族身份相同的少年在一起自然有话说。老舍自己对民族问题有清醒的认识,民族生活元素在他的一生中都没有退位,但因其人格、心胸、视界的不断拓展而不至于固陋执著。《老张的哲学》中活跃着一些旗人的身影,他们的经济地位下降了,可是还有一股侠义劲道;寄希望于儿童与未来的《小坡的生日》,就有一种超越民族与国家的东亚现代视野;彻底打破国内民族界限的作品,以《国家至上》反

1961年,周恩来接见溥仪、溥杰及其全家,前排左一在老舍旁边的是溥仪。

响最大;浪漫诗剧《大地龙蛇》,是一种诗性的对未来世界的展望;为溥仪《我的前半生》定稿而工作,老舍开玩笑说为皇上效劳。老舍绝不狭隘,但是民族情感让他一生都注意着旗人的后裔。黄秋耘在1960年春夏间有机会和老舍一起工作,他"发现常有些不寻常的客人来探望老舍先生。他们大都是年逾花甲的老人,有的还领着个小孩。一见到老舍先生,他们就照旗人的规矩,打千作揖行礼,一边还大声吆喝道:'给大哥请安!'老舍先生忙把他们扶起:'别……别这样!现如今不兴那一套了。快坐下,咱哥俩好好聊聊。'接着就倒茶递烟,拿糖果给孩子吃。客人临走时,老舍先生总是从口袋里掏出一些钱来塞给对方,说是给孩子们买点心吃。老舍先生向我解释说:唉,这些人都是几十年的老朋友了,当年有给行商当保镖的,有在天桥卖艺的,也有当过'臭脚巡'(旧社会的巡警)的。……现在他们穷愁潦倒,我还有俩钱,'朋友有通财之义'嘛!别见笑,我这人是有点封建旧思想"①。

晚年的老舍受到更多的精神困扰,他放下了20世纪50年代以来的话剧创作,也放下了眼前难以看透的现实风云的变幻,回到了自己内心记忆的生活,怀想自己的上一代人,这便是创作《正红旗下》的深层动因。为此,他以深入生活的方式,回到满族先人们生活过的地方。1964年5月老舍到密云县城关公社满蒙旗人杂居的檀营大队住了约三个月,他说:

> 在北京城里,我看到了许多满、蒙族的亲戚朋友,如何在解放后由失业而就业,由无衣无食而吃饱穿暖。可是,这些人与事都是分散的,东一个西一个的。虽然由每一个这样的人与事上,都能使我联想到分散在全国各地的满、蒙旗人全会得救,可是我心中到底似乎缺少一个更具体更鲜明更大一些的事例。在檀营,我找到了这样的例子。这里还有二百多户满、蒙旗人,有的还住着二百来

---

① 黄秋耘:《"不足为外人道也"》,见舒济编《老舍和朋友们》,374~375页,北京,三联书店,1991。

第一章 末/代/旗/人

年前建造的营房,有的老太太还梳着旗髻。有了这个较大的事例,我就能够更具体地向全世界说:看,在中华人民共和国里,我们满、蒙旗人又都活了,而且活得愉快,有意义,因为我们是在民族的大家庭里同各民族的兄弟姐妹一齐劳动,一齐建设社会主义!这是多么了不起的事啊!①

同年10月中旬,老舍又到四季青公社,住在香山脚下的门头村卫生院的小西屋中,追寻旗人的生活遗迹。此后他还去过顺义的乡村深入生活。老舍独自徘徊在香山脚下,在村外的小路上散步,举目细看旧日旗兵营房的遗

1964年秋天,老舍去四季青人民公社门头村体验生活,此地旧为旗兵营房。

① 老舍:《下乡简记》,见《老舍文集》,第14卷,400页,北京,人民文学出版社,1989。

址。在一片偌大的背景下,他是聚焦的中心,却又前所未有的那样"小",他又看到了旗人的过去和今天?他没有挂手杖,也没有"日夕百无忧……昂昂争上游"的气概。

第二章

新旧之间

第二章
新旧之间

　　老舍是个作家,写小说、新旧体诗歌、各种类型的剧本、散文和各类曲艺作品。此外,老舍还做翻译,中英对译古典的和现代的文学作品。抗战前,他一直是个教书匠,他教小学、中学、大学,教中国人,也教外国人。老舍是个有宗教信仰的人,他曾经受洗入过基督教,尽管一生中信念寄托的对象有所变化,但是神圣力量对他的精神感召一直没有消失。五四运动让他成了一个作家,师范教育让他毕业后十多年从事办学教书的职业。老舍寄最深的同情于人类,让他的作品深入人心,也成就了他的崇高与深厚,他在教书与"写家"的生涯中充满对人类未来的信心。

一、"做事"与"五四"

　　从师范学校毕业后,舒庆春谋得了一份不错的工作,开始"做事"了。1918年7月18日,他被京师学务局委任为京师公立第十七高等小学校兼国民学校(现北京东城区方家胡同小学)校长。当学生与在社会上做事有很大差别,主要在于后者要承担工作责任,是一个独立的工作责任主体,老舍一辈子做过各种事,其一贯的态度就是负责任。读师范学校时他偏重文科而相对地放松对科学课程的关注,故而毕业时在全班四十多人中成绩排第五名。事实上,分数并不能够完全反映能力。他出身穷苦,自立自强的意识比一般人

第二章 新/旧/之/间

1918年老舍为"京师公立第十七高等小学校兼国民学校"(现北京方家胡同小学)校长。

突出,在校期间帮助宗月大师济贫、办学,又锻炼了办事能力。毕业前,读四年级的老舍参与小学教育的社会调查,他与同学合作写成的《参观津、保小学校特别调查报告》就很出色,后来发表在《北京师范校友会杂志》上。①

后来,老舍回忆说:"当我由师范毕业,而被派为小学校校长,母亲与我都一夜不曾合眼。我只说了句:'以后,您可以歇一歇了!'她的回答只有一串串的眼泪。"他的成就感包含在这短短的话语中,让母亲"歇一歇",三个字饱含了近二十年来对母亲操劳的感激与安慰,他试图告诉母亲:将来由老儿子来养活您老人家。他从此就对家庭经济生活负起了大部分责任,不再让寡母给人家浆洗缝补或到小学校做佣工了。

老舍全身心投入到工作中,教书、办公与日常生活都在学校,这位年轻的校长在校长室住了两年。小学校长的生涯和其后基督教会主日学的经历,

---

① 张桂兴:《老舍年谱》,14~15页,上海,上海文艺出版社,2005。

让老舍先生始终对孩子充满深厚情感,保持一颗宗教中那种纯洁的童心。在他后来的写作中,为儿童创作的长篇小说《小坡的生日》、剧本《青蛙骑手》和《宝船》都包蕴着一颗赤子之心。他做小学校长期间,离开北京时间最长的一次,应该是去江苏省考察小学教育的时候。那时候,上海也在江苏省辖区。他和三位优秀的小学校长受京师学务局局长派遣,一路考察了南京、上海、吴县、无锡和南通的多所小学,回来后合写发表了《荣英、刘耀曾、王峰、舒庆春等参观苏省小学教育报告》。1920年初,他以216票当选为北京教职员组织公会的小学部委员,名列第五。发起这个组织的是当年北大的著名教授马叙伦、沈尹默等。①

工作中的老舍乐业勤奋,但是家庭生活却悄悄地变紧张了。自打三姐出嫁后,老舍的母亲就一个人居家,她心里盼着有个晚辈的年轻女人陪着,小儿子也需要一个贴心的女人照顾。她认同的是千百年来的老理儿:男大当婚,那也是儿子的一种责任。老舍是个孝子,但是年轻的他还没有想过要把个人的生活服从于母亲秉持的这个大众意旨,更没有想到不久之后,母亲已经付之行动了。老舍再回家里的时候,母子之间因老舍的婚姻大事发生了冲突。在这场冲突中,老舍是被动的。虽然老舍忙于小学教育,处在轰轰烈烈的五四运动的局外,但五四运动给了他一种主动的精神力量,他做了一回不孝的儿子。母亲过后也原谅了儿子,老舍自己却多年来心中仍怀歉疚,难以释怀。

1920年9月30日,老舍被提升为京师郊外北区劝学员。晚清实行政治改良,设置了京师劝学所,民国后改为京师劝学办公室。这是一个京城的教育管理机构,设有劝学员长一人,劝学员四人。劝学员长掌管京师内外城,劝学员四人分管郊外四区,职权是掌理地方设学事务,视察所有地方与私人设立的学校,转呈学务局注册。老舍任职北郊之后,他的住处也从方家胡同小学搬到翊教寺胡同的公寓里。老舍的月薪从小学校长的40元涨到了100多元。同年12月,老舍首次参加通俗教育研究会讲演股第95次股员会议。这个研究

---

①张桂兴:《老舍年谱》,18~19页,上海,上海文艺出版社,2005。

会于1913年成立,下设小说、戏曲和讲演三股,老舍在讲演股承担这样的工作任务:(一)收集、审核和编辑讲演参考用书;(二)审核取缔有害风俗画报、画片;(三)举办女子讲演;(四)调查民俗;(五)对饥儿收容所进行临时教育。在任上,老舍查报奸商破坏国民学校,整肃地方学风,解散多处不合章程的私塾。这一年里,老舍还兼任了京师公立北郊通俗教育讲演所所长和京师公立北郊阅书报处经理。老舍在恪尽职守地做事,但因这个督学的职务毕竟仅有"视察"与"呈报",督促别人而自己没有教书的日夜功课,所以他时时有空闲。①

老舍的劝学员委任令。任上所见的学校生活,成为老舍在南开写的小说《小铃儿》的素材。

二、世俗与宗教

中国人现世的通俗的日常生活是有吸引力的。移住缎教寺胡同的一所公寓后,老舍打发空闲的方式就开始随众了,也开始对旗人的"玩意"萌生了兴趣。不谈一般的吃喝享受,旗人三百年来已形成了一种有闲的、艺术化的生活方式。就说唱戏吧,康熙、乾隆直到慈禧太后一向喜欢听戏,慈禧太后是

---

①张桂兴:《老舍年谱》,19~21页,上海,上海文艺出版社,2005。

"天下第一大戏迷",旗人玩票更是流行的游戏方式。清代中叶以后,一种麻将(麻雀)牌戏盛行南北,从达官贵人到小民百姓、从堂子和胡同里到市井人家都找到了一种消遣,这就是吃酒、碰和、赌点钱。晚清上海洋场上,外国人免费赠送香烟,蓝锡包、红锡包而后有炮台,乃至大喜和与标志京城的哈德门,广告上也宣传"好马一鞭,君子一烟"、"有美皆备,无丽不臻"(美丽牌),旗人中的人时者也放弃了从关东带过来的旱烟袋,而改吸起香烟来。唱戏等老的玩法方兴未艾,又有许多的洋玩意进来了,一种新旧杂糅的物质文化消费与休闲生活蔚成风气。当然,这种游戏的生活方式必须有经济上的支持。

一边是严肃的思想文化革命,一边是遗老遗少与新贵的声色犬马,这就是刚刚过了五四运动的北京。老舍则两不搭界:固有的旗人生活传统给他铺就一条旧轨道,师范的改良教育是一条新轨道,可一旦毕业就似乎走到了尽头,社会与学校是两个模样。新文化的影响仅仅限于当年的知识精英,老舍不在这个圈子中;身边的人倒是和旧传统若断若续地连接,日日和他们在一起,只能是敷衍生命。在这两条生命轨道交叉的关头,老舍没有把握自己的定力,于是将打牌、听戏乃至学唱戏当成了家常便饭,吃喝、抽烟也是每日的功课。一俟生理与心理上过不去的关头,他才蓦然惊觉生活道路选择的失误。此刻,他正面临后来在自传中总结的"二十三,罗成关",那是1922年。下文大段摘录老舍原文,是因为我写的传记没有老舍自己说得好,更因其中有些地方值得提出来深入讨论:

> 二十三岁那年,我自己的事情,以报酬来讲,不算十分的坏。每月我可以拿到一百多块钱。……一份肉丝炒三个油撕火烧,一碗馄饨带卧两个鸡子,不过是十一二个铜子就可以开付;要是预备好十五枚作饭费,那就颇可以弄一壶白干儿喝喝了。
>
> ……
>
> 无论怎么说吧,一百多圆的薪水总没教我遇到极大的困难;当了当再赎出来,正合"裕民富国"之道,我也就不悦不怨。每逢拿

到几成薪水,我便回家给母亲送一点钱去。由家里出来,我总感到世界上非常的空寂,非掏出点钱去不能把自己快乐的与世界上的某个角落发生关系。于是我去看戏,逛公园,喝酒,买"大喜"烟吃。因为看戏有了瘾,我更进一步去和友人们学几句,赶到酒酣耳热的时节,我也能喊两嗓子;好歹不管,喊喊总是痛快的。酒量不大,而颇好喝,凑上二三知己,便要上几斤;喝到大家都舌短的时候,才正爱说话,说得爽快亲热,真露出点燕赵多慷慨悲歌之士的气概来。这的确值得记住的。喝醉归来,有时候把钱包手绢一齐交给洋车夫给保存着,第二日醒过来,于伤心中仍略有豪放不羁之感。

也学会了打牌。到如今我醒悟过来,我永远成不了牌油子。我不肯费心去算计,而完全浪漫的把胜负交与运气,我不看"地"上的牌,也不看上下家放的张儿,我只想象的希望来了好张子便成了清一色或是大三元。结果是回回一败涂地。认识了这一个缺欠以后,对牌便没有多大瘾了,打不打都可以;可是,在那时候我决不承认自己的牌臭,只要有人张罗,我便坐下了。

我想不起一件事比打牌更有害处的。喝多了酒可以受伤,但是刚醉过了,谁都不会马上再去饮,除非是借酒自杀的。打牌可就不然了,明知有害,还要往下干,有一个人说"再接着来",谁便也舍不得走。在这时候,人好像已被那些小块块们给迷住,冷热饥饱都不去管,把一切卫生常识全抛在一边。越打越多吃烟喝茶,越输越往上撞火。鸡鸣了,手心发热,脑子发晕,可是谁也不肯不舍命陪君子。打一通夜的麻雀,我深信,比害一场小病的损失还要大得多。但是,年轻气盛,谁管这一套呢!

我只是不嫖。无论是多么好的朋友拉我去,我没有答应过一回。我好像是保留着这么一点,以便自解自慰;什么我都可以点头,就是不能再往"那里"去;只有这样,当清夜扪心自问的时候才不至于把自己整个的放在荒唐鬼之群里边去。

可是，烟，酒，麻雀，已足使我瘦弱，痰中往往带着点血！

那时候，婚姻自由的理论刚刚被青年们认为是救世的福音，而母亲暗中给我定了亲事。为退婚，我着了很大的急。既要非作个新人物不可，又恐太伤了母亲的心，左右为难，心就绕成了一个小疙瘩。婚约到底是废除了，可是我得到了很重的病。

病的初起，我只觉得浑身发僵。洗澡，不出汗；满街去跑，不出汗。我知道要不妙。两三天下去，我服了一些成药，无效。夜间，我做了个怪梦，梦见我仿佛是已死去，可是清清楚楚的听见大家的哭声。第二天清晨，我回了家，到家便起不来了。

"先生"是位太医院的，给我下的什么药，我不晓得，我已昏迷不醒，不晓得要药方来看。等我又能下了地，我的头发已全体与我脱离关系，头光得像个磁球。半年以后，我还不敢对人脱帽，帽下空空如也。

1964年元旦，老舍和郁风等在文联团拜时打麻将，当然不可能赌钱。

经过这一场病，我开始检讨自己：那些嗜好必须戒除，从此要格外小心，这不是玩的！

……

恰巧，这时候我的上司申斥了我一顿。我便辞了差。有的人说我太负气，有的人说我被迫不能不辞职，我都不去管。我去找了个教书的地方，一月挣五十块钱。在金钱上，不用说，我受了很大的损失；在劳力上自然也要多受好多的累。可是,我很快活:我又摸着了书本,一天到晚接触的都是可爱的学生们。除了还吸烟,我把别的嗜好全自自然然的放下了。挣的钱少,做的事多,不肯花钱,也没闲工夫去花。一气便是半年,我没吃醉过一回,没摸过一次牌。累了,在校园转一转,或到运动场外看学生们打球,我的活动完全在学校里,心整,生活有规律;设若再能把烟卷扔下,而多上几次礼拜堂,我颇可以成个清教徒了。①

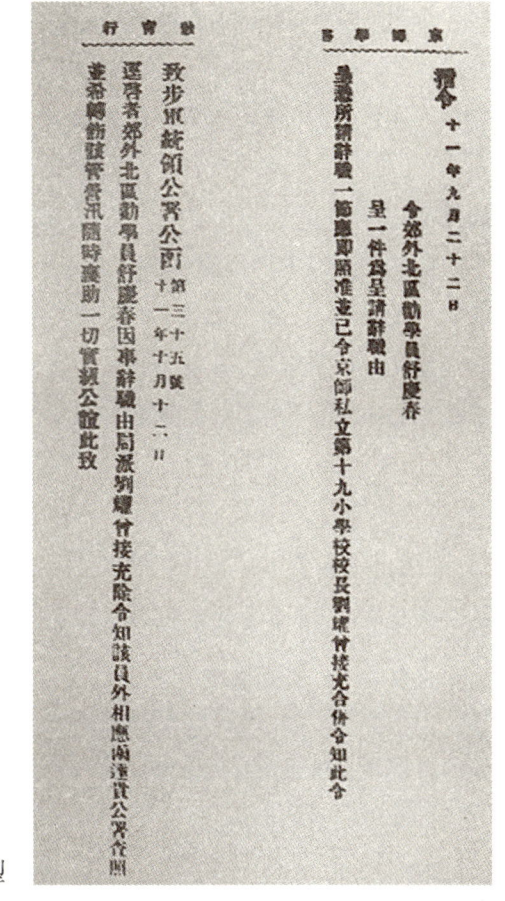

1922年9月,京师学务局准老舍辞去劝学员的"指令"与"公函"。

老舍说自传难写,上引《小型的复活》标明是"自传之一章",总算有这么一章立此存照,让我们看老舍如何鉴照自身。他告诉我们,自传之难就难在对自己的反思,一旦文过饰非、自我标榜,那就是欺世骗人的了。

"复活"这个词是个关键,大意有几层:其一,老舍有了这次大病差点儿活不下去,本是自然生命的复活;其二,没有精神生活的敷衍,积久则成行尸走肉,不再在游戏、烟酒与牌桌上相互敷衍生命,重理教书的事业,又让精神

---

① 老舍:《小型的复活》,见《老舍文集》,第14卷,107~109页,北京,人民文学出版社,1989。

与书本重续前缘,是读书人的复活;其三,若不是解除婚约,老舍必然要奉母命和一个人不情愿地成婚,婚姻自由的理论信条与自己生命实践的妥协必将形成人格分裂,独立人格的保全也是一次复活;其四,经此以后,老舍去礼拜堂了,进而受洗成为教徒,尽管没能一辈子做清教徒,这乃是宗教意义上的复活。

　　前述的家庭内部围绕着老舍个人婚姻的紧张,其实不是一朝一夕的。母亲看中的姑娘,长相很不错,又是老人家知根知底的结拜姊妹的闺女,而且已经按礼俗放了定礼,母亲为儿子做这些事情,绝不可能完全秘密进行。母亲以为心照不宣,儿子却在婚姻自由与孝子的新旧伦理之间徘徊。每逢拿到薪水,回家给母亲送钱,老舍心中就矛盾冲突一回:亲情已成羁绊,违命不孝怎能担当?内心的紧张如何排遣?"由家里出来,我总感到世界上非常的空寂,非掏出点钱去不能把自己快乐的与世界上的某个角落发生关系",烟酒的刺激与麻醉、牌桌上的不知晨昏都是消极的逃避,听戏唱戏在体味剧情中也在逃避现实。对母亲负责还是对自己负责,这个疙瘩怎么解开?持久的消耗——亲情耗心力、无聊的应酬耗体力——导致精疲力竭,人有病,心病!三姐的斡旋与良医治好了他的病。病好了,心中仍然空虚!要摆脱无聊的敷衍,要给生命填充新的内容,要找个心灵的归属,这就是老舍进入基督教会的首要的内因。

　　老舍大病初愈,上西山卧佛寺养息复原,住在东院。此地远离尘嚣,环境宜人。日间漫步周遭,与花木鸣禽为伴;夜晚静居禅房,有星光月色照拂。戏台、牌桌上的声响仿佛已成隔世,刘大叔的洪亮的嗓音响在耳边。回去,回到有秩序的生活中,让自己的生活有个规律,心中有个声音和刘大叔响应。从卧佛寺回城,老舍开始打拳锻炼身体,又搬家住到了京师学务局所属的儿童图书馆内(那也是老舍管辖过的)的西屋。街对面就是刘大叔家,在西跨院里,刘大叔办起贫儿学校来,先给他帮忙吧!刘大叔的女儿也在贫儿学校教书。虽常见面,两人没有说过话,却在凝视中包藏着许多要说和可说的。每次对面,一眼看过来,不知怎的,一种感觉就往心里钻,往全身走,让人轻快有力地要跳起来。刘小姐眼睛有时会横向里一移,尊严中充满活泼,那是眼睛的微笑,看得出心里的高兴与热情。此外就没有了任何故事,这便是老舍的初恋了,仿佛一尖刚刚发出嫩绿的叶芽,一朵没有绽开的花。①

老舍违背母命退掉已经定下来的婚约,接着又不声不响地放过了一段可能的姻缘,这里面能够见到他人格中与文化伦理互动的某些构成方式。巴金

西山卧佛寺东院,老舍休养时常在此观景。

说写小说要表现人物,最好写这人在恋爱,因为只有在恋爱中才能充分显露这个人的精神人格。老舍这一辈人,从五四运动中过来,但是并没有成为全新的个人。他们在精神上是欲求个人独立的,但又常常为了伦常因素放弃那些于己有利的追求。老舍在分析朋友们的为人处世的方式的时候,往往包含有夫子自道的成分。二十年后,他这样描述何容这类的朋友:

> 第二类差不多都是悲剧里的角色。他们有机会读书;同情于,

---

① 老舍:《无题(因为没有故事)》,见《老舍文集》,第14卷,89页,北京,人民文学出版社,1989。

或参加过，革命；知道，或想去知道，天下大事；会思想或自己以为会思想。这群朋友几乎没有一位快活的。他们的生年月日就不对：都生在前清末年，现在都在三十五与四十岁之间。礼义廉耻与孝弟忠信，在他们心中还有很大的分量。同时，他们对于新的事情与道理都明白个几成。以前的作人之道弃之可惜，于是对于父母子女根本不敢作什么试验。对以后的文化建设不愿落在人后，可是别人革命可以发财，而他们革命只落个"忆昔当年……"。他们对于一切负着责任：前五百年，后五百年，全属他们管。可是一切都不管他们，他们是旧时代的弃儿，新时代的伴郎。谁都向他们讨税，他们始终就没有二亩地，这些人们带着满肚子的委屈，而且还得到处扬着头微笑，好像天下与自己都很太平似的。

在这第二类的友人中，有的是徘徊于尽孝呢，还是为自己呢？有的是享受呢，还是对家小负责呢？有的是结婚呢，还是保持个人的自由呢？……花样很多，而其基本音调是一个——徘徊、迟疑、苦闷。他们可是也并不敢就干脆不挣扎，他们的理智给感情画出道儿来，结果呢，还是努力的维持旧局面吧，反正得站一面儿，那么就站在自幼儿习惯下来的那一面好啦。这可不是偷懒，捡着容易的作，也不是不厌恶旧而坏的势力，而实在需要很大的勉强或是——说得好听一点——牺牲；因为他们打算站在这一面，便无法不舍掉另一面，而这个另一面正自带着许多媚人的诱惑力量。①

年轻的时候，因为内心的紧张，老舍有过放弃自我的生活，但又很快地吸取了生命经验的教训，他得找个精神的出路。五四运动的激烈反抗传统的方式与在小学教育界做事的身份不合拍，刘大叔的宗教方式更有吸引力，办

---

① 老舍：《何容何许人也》，见《老舍文集》，第14卷，54~55页，北京，人民文学出版社，1989。

学的现成路径让他轻易地拐了个弯。他和基督教会产生了联系。

1922年夏天，老舍应聘在西北城地方服务团附设铭贤高等小学及国民学校任教务主任。学校设在缸瓦市基督教堂内，教堂牧师宝广林先生任校长。老舍就住在教堂跨院内。就在这时候，他在北京缸瓦市伦敦教会接受洗礼，成为一名正式的基督教徒。他在教堂牧师宝广林先生主持的英文夜校补习英文，还结识了随和而又博学多闻的许地山，并与之成为最好的朋友。和老舍一样，许地山也不是个清教徒的形象。1941年许地山辞世，老舍撰文纪念他：

现北京缸瓦市基督教堂大门。

我认识地山，是在二十年前了。那时候，我的工作不多，所以常到一个教会去帮忙，作些"社会服务"的事情。地山不但常到那里去，而且有时候住在那里，因此我认识了他。我呢，只是个中学毕业生，什么学识也没有。可是地山在那时候已经在燕大毕业而留校教书，大家都说他是个很有学问的青年。初一认识他，我几乎不敢希望能与他为友，他是有学问的人哪！可是，他有学问而没有

许地山年轻时的照片。

架子,他爱说笑话,村的雅的都有;他同我去吃八个铜板十只的水饺,一边吃一边说,不一定说什么,但总说得有趣。我不再怕他了。虽然不晓得他有多大的学问,可是的确知道他是个极天真可爱的人了。一来二去,我试着步去问他一些书本上的事……他愿意把他所知道的告诉人,正如同他愿给人讲故事。他不因为我向他请教而轻视我,而且也并不板起面孔表示他有学问。和谈笑话似的,他知道什么便告诉我什么,没有矜持,没有厌倦,教我佩服他的学识,而仍认他为好友……他对我如此,对别人也如此;在认识他的人中,我没有听到过背地里指摘他,说他不够个朋友的。①

后来在英国二人来往也很多,许地山对老舍创作的《老张的哲学》中的幽默效果报以"笑"的欣赏,鼓动他寄给郑振铎在《小说月报》上发表。老舍在英国成为文学研究会会员,就是文学研究会的创办人之一许地山介绍的。

老舍入教,一方面为追求真理的精神生活,一方面围绕着教育更热心地为社会服务。在缸瓦市教堂,老舍还担任了主日学总干事,提出改良主日学。他认真研究教义,同时研究儿童的心理特点,主张教理与心理结合,并撰写长篇论文《儿童主日学与儿童礼拜设施之商榷》。他主张给儿童讲科学知识,让儿童手脑并用,不搞赎罪祷告,不背《圣经》,不搞信仰早熟,要德智体全面发展,成为社会上有用的人。他全身心地投入到教会的工作中去,起草《北京缸

---

① 老舍:《敬悼许地山先生》,见《老舍文集》,第14卷,187~188页,北京,人民文学出版社,1989。

瓦市中华基督教会现行规约》，后来在南开署名舒舍予，翻译宝广林所著《基督教的大同主义》，主旨是以耶稣精神为教会生命之源："今日上帝之灵，仍蓄于世人心中，继续进行，驱世界际于真善之域，提高斯世，即是天堂。"针对当时现实，提出"扑杀蓄婢之制，以提高妇女地位；置婴孩于家庭中心，而尊崇独妻之制；以牺牲之精神，使社会安堵，是福音之所在，即天国也"。

1922年9月，老舍辞去了劝学员这个报酬优厚的职务。不论别人说什么，一怒之下的冲动也好，被上司申斥也好，他已经对"以为督学是官，天天忙着交际应酬"的生活厌弃了。在凉爽的秋风里，老舍到天津南开中学任国文教员。他又开始了一种新的生活，将宗教的与新文化建设的使命结合起来，诉诸教育实践，并期之于培养出来的学生。老舍的这一新文化建设的方式，在五四运动以后的作家中是难得的经验。他在这一年的"双十节"，给南开大、中学两部师长与学生演讲："我愿将'双十'解释作两个十字架。为了民主政治，为了国民的共同福利，我们每个人须负起两个十字架——耶稣只负起一个：为破坏、铲除旧的恶习，积弊，与像大烟瘾那样有毒的文化，我们必须预备牺牲，负起一架十字架。同时，因为创造新的社会与文化，我们也须准备牺牲，再负起一架十字架。"①

这时候，老舍写下了第一个短篇小说《小铃儿》，小说的主旨是要以宗教精神纠正教育偏颇。从发表在同时的《儿童主日学与儿童礼拜设施之商榷》可以得到参证。老舍说"热心新教育者，对于学校之组织，必注意于儿童、家庭与社会三方面。取一遗他，是谓破碎之教育。此种破碎教育下，所造就之人才，纵为学校之优良分子，而不克肩重行远……"小说背景即是老舍担任过劝学员，并要求对其整顿的京城北郊。小说中，校长对小铃儿从一个"优良分子"到被开除感到"懊恼"，然而他未必明白学校教育以外的道理。先生则可谓长期施行"某种狭隘训练"者，他起的作用就是教导小铃儿们长大打日本，而对孩子们人格的全面培养则不关心，同学报告小铃儿的劣端他不闻不

---

① 老舍：《双十》，见《老舍文集》，第14卷，265页，北京，人民文学出版社，1989。

问,致使小铃儿敢于与同学结帮群殴一个无辜的教堂人员的孩子。小铃儿被斥退,证明了教育的失败。正如老舍所说:"此种学校,谥以'毁人炉'尤切于'书呆子制造所'也。"老舍强调"要知宗教原理,与教育原理,有联合之必要",要培养出有伟大人格者,"扩大其爱及兄弟姊妹者,易为爱及他人"。[①]此时,老舍最热心宗教事业,他不该违背"爱人如己"的教旨,而去赞赏无端攻击一个孩子的行为吧?在南开中学,他为学生团体主讲《圣经》。他的形象,不只是一个普通的教徒,而且是一个明经通义的宗教活动家。

  1923年2月,老舍由南开中学回北京,任北京教育会文书,又在灯市口公理会基督教堂附设北京地方服务团当干事,住在教育会会址北长街雷神庙的北配房。老舍从南开回来,主要原因是应担任京师第一中学代理校长的罗常培的聘请,到一中讲授国文、音乐和修身等课程。当年教过的学生,有后来成为戏曲专家的翁偶虹。往返于京津两地,老舍在宗教上的热心程度不减,这一阶段在教会工作上,仍然是他一生中投入精力最多的时期。比之一年前的敷衍生命,他的精神状态发生了很大的变化。他给北京师范学校的旧友关实之一幅照片,署名舍予(在教会一些文献中也用了这个署名),这表示的是他贡献人类、服务社会的宏愿。半年来,一头乌亮的头发重又生长出来,似乎标志着新生与复活,老舍不由得有很深的感触。回到北京,他就去东安市场,拍了一张小照,其中大有"新生命开始,立此存照"的意思。给关心自己的亲如手足的老同学送一张照片,也可以让他们放心自己的近况吧!你看照片中的眼神,精神头很足,焕发着一股英锐之气。在老舍所有的照片中,这一张可以说是"复活照"吧!

  自从老舍去了英国,我们就不再有资料证明他从事教会的圣工、教育活动了。20世纪30年代有零星的事实表明老舍和基督教人士保持着一些联系。其一,老舍回国后就职齐鲁大学,齐大是教会学校,无宗教关系、宗教界人士

[①] 老舍:《儿童主日学与儿童礼拜设施之商榷》,见《老舍全集》,第19卷,267~268页,北京,人民文学出版社,1999。

的邀聘举荐，老舍不大可能去山东工作。其二，老舍在1937年发表《小人物自述》，登载于《方舟》杂志。该杂志刊载内容宗旨在为社会家庭服务，无论是刊物名称或内容都带有宗教色彩。抗战开始以后，老舍经历的只是"贫困,苦难,疾病"，然而他对民族抗战的正义和信心是坚定的,他坚信"清心的有福了，因为他看见了正义"，这个信念的背后有"清心的人有福了，因为他们必得见上帝"。《圣经》上的正义乃是上帝的意志。为了正义的民族抗战，老舍甘当痴人："我们似乎很愚傻。但是世界上最良最善的事差不多都是傻人干出来的啊！"①正是这些痴人服从着真理与正义的召唤，因为他们与上帝在一起。《圣经》上说，在聪明人与傻子、健康人与病者之间，上帝"却拣选了世上愚拙的，叫有智慧的羞愧；又拣选了软弱的，叫那强壮的羞愧"。老舍以做痴人为骄傲，虽然他失去了物质享受，但他以一支笔，投入到正义的事业中，而获得了永久的生命。

一语成谶，上世纪20年代和30年代，老舍都默默地背负着在南开中学教书时所说的"两个十字架"，在文化领地上建设民族新文艺。他宣称："我是干文艺的人，只要在文艺上有所获得，便是获得了生命中最善的努力与成就，虽死不怨。"②文艺上的收获，是生命的善的完成，也是他接近上帝与

给老同学关实之的留念照片。

①老舍:《痴人》,《老舍文集》,第14卷,277页,北京,人民文学出版社,1989。②老舍:《自述》,见《老舍文集》,第14卷,183页,北京,人民文学出版社,1989。

天国的桥梁。我们可以把老舍的生命目标看做一个同心圆的靶,核心是文艺,尤以艺术心灵与艺术成就为要,扩大一环便是民族文化的建设,更大的一环则由旧民主政治扩展到人类的最大理想。依他个人的志愿,他希望把目标集中于核心,创造出能立足于世界文坛的作品,"给世界人类的心灵一些新的、珍贵的精神食粮……教世界上从文艺中知道,并且敬重新中国的灵魂……把我们的心灵发展、提高到与世界上最高伟明哲的心灵同一水准"①。但时代的召唤与国家、民族的命运,则要求他常常从目标核心走出来,担负起文艺以外的其他使命,或用文艺的形式承担起宣传任务。明白了他的生命目标的各个轮次之间的关系,我们方能不被一些表面看来似乎矛盾的现象所迷惑。文艺是核心,文化与民族是扩展,人间天堂的宗教理想才是涵盖一切的。

抗战把老舍从家中召唤出来,把他从艺术内核目标里拉出来。到抗战结束,老舍写了通俗文艺7万字,话剧14万字,诗5万字,杂文几万字,他宣称:总结八年文章,无一不为抗战。服务于宣传为主的通俗文艺与戏剧是重头戏,能传世的不多。这种现象证明了"艺术滑坡"吗?艺术是闲暇与自由,救世与救国乃是当前的急务,为后者而暂时放弃前者,老舍情愿。有人曾这样解释老舍新中国成立后的创作,我看还可以把它挪前一步。不要忘了,老舍是抱有救世态度的作家,在重大社会历史变化面前,他不可能不闻不问。灾难来了,他疾呼;福音到了,他歌唱。

若说上述三个不同轮次体现了老舍的全部人格善的努力,那么,越是实现了外围的轮次目标,越能充分实现老舍的人格,他的生命便成为充满的善。换个说法,那三个轮次代表渐次扩大的社会性的我,而抗战中老舍明显地是一个较以前伟大的社会形象,他的自我价值体现在更大的善的目标上,同时也就不能如以前那样集中在文学艺术上了。从抗战起,老舍的艺术努力

---

① 老舍:《敬悼许地山先生》,见《老舍文集》,第15卷,482页,北京,人民文学出版社,1990。

与社会参与便一直在其生命目标的不同轮次涨缩,为了更大的目标,他宁肯暂时地牺牲文艺,一旦尽到了责任,他便又自觉地收缩到核心部位来,如是两起两落,他的自然生命便不幸结束了。

宗教渗透到了老舍的作品里,从感情到精神意识乃至修辞。他在作品中常常以宗教设喻,"车"是祥子的宗教,"枪"是沙子龙的宗教……文化建设便是老舍有生之年孜孜以求的宗教,而文化当中核心的目标是文艺。当然,宾词"宗教"在这里是个隐喻,句中的主词都代表着某种信念、志愿,是希望所系,惟其如此,"宗教"才能在句子的语境中生根。《大时代与写家》中有这样一段负伤战士充满宗教感情的想象与描写:"神圣的战争,啊,这位战士是这神圣战争的灵魂与象征。他也许一字不识,单纯得像个婴孩;但是他做到了一切。他是服从着神圣战争的神旨,去受饥寒痛苦;一口香烟喷在面前,他仿佛是面对面地与神灵默语:他牺牲了一切,他感谢一切!在行动中,他的单纯的赤子之心光显了神圣的呼召,证实了我们忍无可忍而挺身一战的牺牲与自信,在牺牲中看见了光明,在单纯中显示了奇迹。"[①]这是个灵魂被上帝接纳的幻化场面。耶稣说,进天国的都是像婴孩般单纯的人。所以,战士是蒙神的呼召的,他能与圣灵面对面,能见着上帝(光明),他为拯救民族、人民而牺牲,在他身上显示出了奇迹。这种感情,这种幻觉般的想象,只会诞生在一个用宗教精神来指引自己的作家的笔下。当然,这是一个极端的例子,它像赞美诗一样。绝大部分作品中,老舍仍善于节制,不多作宣教式的描绘。他更注重民族宗教精神的开掘与判断。

老舍的宗教精神集中全面地体现在他对"灵的文学"的追求中,老舍作品的特质在于灵魂深度,他提倡"灵的文学",并且提出一个以宗教精神为核心的伟大范本——但丁的《神曲》。"灵的文学"深究对人的灵魂的考验是地狱,还是天堂。中国人关心灵魂都像祥林嫂,追问死后灵魂的有无。现世的灵魂怎样?老舍关心的也正是这点。《大悲寺外》徘徊的丁庚,灵魂正在地狱里

[①] 老舍:《大时代与写家》,见《老舍文集》,第15卷,318页,北京,人民文学出版社,1990。

挣扎。他不悔悟年轻时的邪恶,犹自喃喃地咒骂被他害了性命的黄先生;他疑神疑鬼,逃不出道义的惩罚。老舍的笔下到处充满了地狱,这地狱是人物自己与他人共同造成的。祥子处在地狱的最深处,如同犹大在但丁所描绘的地狱底层;犹大为30块钱出卖了耶稣,祥子为60块钱而出卖了阮明——一个宣传组织洋车夫革命的人。

老舍痛心于"我国的人民仍都是善恶不辨,是非不明,天天在造恶,天天在做坏事!……很多简直成了没有'灵魂'的人……普遍的卑鄙无耻,普遍的龌龊贪污,中国社会的每阶层,无不充满了这种气氛"。参考世界文学,"中国确实找不出一部有'灵魂'的伟大杰作,诚属一大缺憾"。为此,老舍要"从灵的文学着手,将良心之门打开","去做灵的文学的工作,救救这没有了'灵魂'的中国人心"。①中国人对生活的基本反应便是"敷衍"。这两个字在老舍作品中是一切无理想、志愿的人的代名词。由于生命中缺乏动力,他们没有远景与希望,只是应个卯、领个差,所以凡事不认真,马虎塞责。老舍从宗教精神上认识中国国民,他的国民性批判与鲁迅殊途同归。

三、嗜好与爱好

嗜好与爱好,原来都要借人的行动来表现,都与社会文化的特定语境密切相关。老舍的生活兴趣广,爱好多,公共事业之外,不废养性与遣兴:养花、书法、国画、抽烟、喝酒、打麻将、骨牌、古玩……相信读者不会喜欢一个满心只有伟大事业,却没有任何个人的生活趣味的人。人无所好,整天紧张着,谁与他待在一起,该谁倒霉。这里仅仅说老舍对喝酒与抽烟的嗜好和对唱戏的爱好。

---

① 老舍:《灵的文学与佛教》,见《老舍文集》,第15卷,445~447页,北京,人民文学出版社,1990。

喝 酒

对于喝酒,老舍自己承认:

> 并没有好大的量,我可是喜欢喝两杯儿。因吃酒,我交下许多朋友——这是酒的最可爱处。大概在有些酒意之际,说话作事都要比平时豪爽真诚一些,于是就容易心心相印,成为莫逆。人或者只在"喝了"之后,才会把专为敷衍人用的一套生活八股抛开,而敢露一点锋芒或"谬论"——这就减少了我脸上的俗气,看着红扑扑的,人有点样子!
>
> 自从在社会上作事至今的廿五六年中,虽不记得一共醉过多少次,不过,随便的一想,便颇可想起"不少"次丢脸的事来。所谓丢脸者,或者正是给脸上增光的事,所以我并不后悔。酒的坏处并不在撒酒疯,得罪了正人君子——在酒后还无此胆量,未免就太可怜了!酒的真正的坏处是它伤害脑子。①

他也曾戒过酒,那是抗战生活极其艰难的时候,他说:

> ……在我患贫血病的时候,每喝一次酒,病便加重一些;未喝的时候若患头"昏",喝过之后便改为"晕"了,那妨碍我写作!
>
> 对肠胃病更是死敌。去年,因医治肠胃病,医生严嘱我戒酒。从去岁十月到如今,我滴酒未入口。

1965年3月,老舍率中国作家代表团访问日本。在日本的欢迎会上,老舍祝酒。

---

① 老舍:《多鼠斋杂谈》,见《老舍文集》,第14卷,582页,北京,人民文学出版社,1989。

不喝酒，我觉得自己像哑巴了：不会嚷叫，不会狂笑，不会说话！啊，甚至于不会活着了！可是，不喝也有好处，肠胃舒服，脑袋昏而不晕，我便能天天写一二千字！①

老舍喝酒而不时醉一回，是自己让自己喝醉的，可爱！中国人的酒文化现已沦落不堪，知己千杯的情景几乎看不见了。喝酒不是享受人生乐趣，而成为敷衍生命。若没有太多的阶层与级别的制约，酒场往往变成了战场，也不是"拇战"，而是将平日在一起的不痛快，借酒装疯，喝个你死我活。若是不用自己破费，则无论玉液琼浆，泼泼洒洒，鲸吞虹吸，转眼吐在餐巾手纸上了。喝酒而只会拼量，勇则勇矣，将一干人冷落在一旁，自己表演傲视群伦，那是偶尔一露独夫峥嵘；如果意在将同饮的人灌醉，更是心存不良。于是，在客客气气中开场，吵吵闹闹中进行，恨恨不已、喃喃诉詈中终局，无论量大、量小的，都是酒席上的失败者。今天的人，若想回到老舍在山东青岛与台静农、萧涤非友俦意气相投的席面上，似乎缺少了一些东西，主要是人格有所失。

老舍喝醉过多少回？不知道！忘情会醉，伤心会醉，和朋友在一起，先忘情、后伤悲也会醉；为尽兴而兴头不止会醉，对月会醉，思乡会醉，无月而扫兴又不知家山何处也会醉；喝多会醉，喝少也能醉，多多少少只要勾起心头事，总会醉。这样说来，老舍当过多少回此情此境，焉得不醉？酒品联系着人品，真人都容易醉，除非生性不饮，可这又是多少人的借口？老舍真人，那就真醉！三十多岁以前，仅仅是逢着中秋，老舍就记录醉过三回：

第一次是在北平，我正住在翊教寺一家公寓里。好友卢嵩庵从柳泉居运来一坛子"竹叶青"。又约来两位朋友——内中有一位是不会喝的——大家就抄起茶碗来。坛子虽大，架不住茶碗一个

---

① 老舍：《多鼠斋杂谈》，见《老舍文集》，第14卷，582~583页，北京，人民文学出版社，1989。

劲进攻；月亮还没上来，坛子已空。干什么去呢？打牌玩吧。各拿出铜元百枚，约合大洋七角多，因这是古时候的事了。第一把牌将立起来，不晓得——至今还不晓得——我怎么上了床。牌必是没打成，因为我一睁眼已经红日东升了。

第二次是在天津，和朱荫棠在同福楼吃饭，各饮绿茵陈二两。吃完饭，到一家茶肆去品茗。我朝窗坐着，看见了一轮明月，我就吐了。这回决不是酒的作用，毛病是在月亮。

第三次是在伦敦。那里的秋月是什么样子，我说不上来——也许根本没有月亮其物。中国工人俱乐部里有多人凑热闹，我和沈刚伯也去喝酒。我们俩喝了两瓶葡萄酒。酒是用葡萄还是葡萄叶儿酿的，不可得而知，反正价钱很便宜；我们俩自古至今总没作过财主。喝完，各自回寓所。一上公众汽车，我的脚忽然长了眼睛，专找别人的脚尖去踩。这回可不是月亮的毛病。①

中秋在翊教寺公寓喝酒，本应该是回去陪母亲过节，却因为议亲的事鲠在心中，酒喝下去则不吐不快，吐完了还是不快。绿茵陈二两不当醉，酒不醉人人自醉，天津、北京同是一轮月，照着母亲照自己，何由不醉？异国他乡，劣质酒倒是其次，想起离散之情，焉得不醉？身在他乡时，老母亲七十大寿，老太太只喝了两口酒，就睡下了，那也是醉！

老舍写作二十年纪念日，台静农做文庆贺，不说其创作成绩，竟然专门谈他喝酒。老舍的成绩谁人不知，可是他的酒兴与伤怀几人与闻？陪着老舍喝酒，又有几人见证过他的喜怒哀乐，怎能不说？于是台静农娓娓道来：

（在青岛）我们便厮熟了，常常同几个朋友吃馆子，喝着老酒，黄色，像绍兴的竹叶青，又有一种泛紫黑色的，味苦而微甜。据说

---

① 老舍：《抬头见喜》，见《老舍文集》，第14卷，13~14页，北京，人民文学出版社，1989。

同老酒一样的原料,故叫做苦老酒,味道是很好的,不在绍兴酒之下。直到现在,我想到老舍兄时,便会想到苦老酒。有天傍晚,天气阴霾,北风虽不大,却马上就要下雪似的,老舍忽然跑来,说有一家新开张的小馆子,卖北平的炖羊肉,于是同石荪仲纯两兄一起走在马路上,我私下欣赏着老舍的皮马褂,确实长得可以,几乎长到皮袍子一大半,我在北平中山公园看过新元史的作者八十岁翁穿过这么长的一件外衣,他这一身要算是第二件了。

……接他来信,要我出席鲁迅先生二周年祭报告,当我到了重庆的晚上,适逢一位病理学者拿了一瓶道地的茅台酒,我们三个人在×市酒家喝了。几天后,又同几个朋友喝了一次绍兴酒,席上有何容兄,似乎喝到他死命的要喝时,可是不让他再喝了。这次见面,才知道他的妻儿还留在北平。武汉大学请他教书去,没有去,他不愿意图个人的安适,他要和几个朋友支持着"文协",但是,他已不是青岛时的老舍了,真个清癯了,苍老了,面上更深刻着苦闷的条纹了。三十年春天,我同建功兄去重庆,出他意料之外,他高兴得"破产请客"。

……这三年的期间,活下去大不容易,我个人的变化并不少,老舍兄的变化也不少罢,听说太太从北平带着小孩来了,应该有些慰安了,却又害了一场盲肠炎。能不能再喝几盅白酒呢?这个是值得注意的事,因为战争以来,朋友们往往为了衰病都喝不上酒了;至于穷喝不起,那又当别论。话又说回来了,在老舍兄写作二十年纪念日,我竟说了一通酒话,颇像有意剔出人家的毛病来,不关祝贺,情类告密,以嗜酒者犯名士气故耳。①

从1936年到1942年的六年间,老舍辗转了多少地方,生活发生了多大变

---

①台静农:《我与老舍与酒》,见舒济编《老舍和朋友们》,114~116页,北京,三联书店,1991。

第二章 新/旧/之/间

台静农草书"龍"。书兼画意，构字以简驭繁，线条节奏变化丰富，墨色枯润与逸兴遄飞相得益彰，印章或画龙点睛，或首尾呼应，或均衡腾飞动势，达到了书画印完美和谐的境地。

化？台静农又何尝不是？"国家不幸诗家幸"，都作了文章的材料与历史的见证。更何况，台静农和老舍一起喝完酒之后，老舍竟然能够和台静农谈论书法与做诗，那真是喝出文人本性来了。台静农是小说家、诗人、教授，抗战中期渐以书称，后来书法家之名盛于文学创作。1941年那次喝酒之后，老舍写了一个字条给台静农，论及书法有云："看小儿女写字，最为有趣，倒画逆推，信意创作，兴之所至，加减笔画，前无古人，自成一家，至指黑眉重，墨点满身，亦具淋漓之致。"论及诗歌："为诗用文言，或者用白话，语妙即成诗，何必乱吵絮。"下面还提着："静农兄来渝，酒后论文说字，写此为证。"台静农没有提到老舍喝醉，大概他们醉心的是艺术的真与美的探讨，反观世事人生多难，倒让他们清醒了。

那么老舍最后一次醉酒是什么时候？胡絜青曾透露：一次宴请朝鲜朋友时，老舍酒兴大发，喝得不省人事。周恩来总理知道后，毫不客气地批评了他。老舍一回家就说："今天我挨了好一顿批评。"从此，老舍再也没喝醉过酒。

抽　烟

中国传统中有诗酒文人和嗜酒文人的说法，为文而不喝酒，就好像缺欠点什么；抽香烟却不是个传统，至今也就一个世纪多一点的历史。老舍生活的年头，抽烟好像不妨碍公事。他离开人世四十多年后，今人皆以为抽烟习惯不良，绝不像当年在开会等公共场合无所顾忌了。退回几十年去，抽烟几乎是老舍的符号，你看他上世纪50年代以后的照片，其中有多少是在不同的场合抽着烟呢！和他同年代的政要们，20世纪80年代仍在重要场合抽烟。到了90年代，中国人渐渐意识到生命愈来愈脆弱，抽烟不仅妨害自身，周围的人吸二手烟也是受害者，于是多数的重要场合不再见到有人当众抽烟了。

老舍生活中从没有离开过烟，抽烟似乎与写作相辅相成，是最惬意的时光：笔在手，烟在口。但是也有为写得不顺畅而抽烟的时候，他说："写五百字比写三千的时候要多吸至少七八支香烟，吸烟能助文思不永远灵验。"反正抽烟成了老舍有些顽固的习性。他自我解嘲说："拿吸烟说吧，读什么，看什么，听什么，都吸着烟。图书馆里不准吸烟，干脆就不去。书里告诉我，吸烟有害，于是想戒烟，可是想完了，照样点上一支。医院里陈列着'烟肺'也看见过，颇觉恐慌，我也是有肺动物啊！这点嗜好都去不掉，连肺也对不起呀，怎能成为英雄呢？！思想很高伟了；乃至吃过饭，高伟的思想又随着蓝烟上了天。有的时候确是坚决，半天儿不动些小白纸卷儿，而且自号为理智的人——对面是习惯的人。后来也不知是怎么一股劲，连吸三支，合着并未吃亏。肺也许又黑了许多，可是心还跳着，大概一时还不至于死，这很足自慰。"①

在文艺界中，名人作家们抽烟很普遍，舒济编的图片集《老舍》中的照片，可以看做是历史纪录：在上世纪40年代，曹禺和老舍在美国耶鲁大学的合影中，曹禺右手的食指与中指之间夹着香烟；50年代人们普遍抽烟，老舍去东欧参加作家会议时抽烟，和参加影展的印度尼西亚电影代表团人员的合影中，老舍左右一边一个印尼朋友，三人同时都有烟在手；赵树理与王亚平在老舍家开会时抽烟；60年代老舍为日本人签名时抽烟，与外国人一起谈戏剧时也抽烟，好像那时候外国人也不太介意抽烟的危害。

最为著名的一张老舍抽烟的照片，由专业摄影家蒋齐生在1963年元旦拍摄，那应该是在一个集体团拜庆新年的场合，是抓拍的影像，长焦镜头在老舍抽烟的不经意间将其定格。

---

① 老舍：《习惯》，见《老舍文集》，第14卷，489页，北京，人民文学出版社，1989。

第二章 新/旧/之/间

蒋齐生摄于1963年元旦,本照片曾获摄影奖。

算起来，老舍自打住翊教寺公寓抽大喜牌起，一直抽香烟到1966年。有一种心理学的说法，抽烟所有的好处是缓解心理紧张。老舍住公寓时抽烟是青春期生理与心理紧张的纾解，更是对母亲想要包办他的婚姻的焦虑。20世纪60年代的知识分子都心理紧张，阶级斗争的政治风云与抽烟人吞吐的烟云几乎成了一种自在的对话关系，只是这种关系没有多少人注意。上面这一幅照片，叶圣陶曾题有诗句："笔砚朝朝，卷烟徐袅镇凝睇。"①应该是最恰当的题句。

臧克家记得老舍要到美国去之前，约他喝酒话别："我看他吸着一支香烟，头微微仰起，望着那烟云在眼前迷离渺茫……"②老舍多少回透过烟霭看到迷离渺茫？这张照片上是否也有这点意思？老舍这时抽烟的表情更复杂，外表似乎怡然自得、独自享受，实际感受着人际关系难以把握的寂寞，他有一点难以言表的兴奋，更多地享受着独处的内心生活。按新年第一天的老习惯，老舍写了一篇文章《可喜的寂寞》，说的是儿女们回来所谈的话兴趣中心在科学，他听不懂，于是想能够写科学题材的作品多好。这是他在最后几年中，最后一次重新兴奋起来，因为听说《茶馆》要重新排演。这个历史烟云笼罩下的纵贯50年的普通人生命的戏，其命运总有点和时代风云联系着。照片中的老舍，一手持烟，一手撑拄着拐杖，面部承受着侧面的自然光，轮廓很清晰，眼睛在发亮的镜片后面看着一些未必清楚的什么，总之不会是他在抗战时表述的那个受伤的战士与光明的上帝之间的信仰与接纳关系。但是此时的老舍的内心还拥有短暂的宁静，他刚刚吸了一口烟，烟霭从手指夹着的香烟的两端——前端燃烧释放出烟雾，后端吸出的烟雾——弥散在空气中，他沉浸在迎面的光线与烟霭中，在新的一年的开端他能够平静地自处，这就够了。香烟这时成了他最重要的伴侣。照片中的虚实关系处理得很好，光线造成的面部与手上的暖色与大衣及背景的黑冷的关系也处理得很好，在虚处

---

①叶圣陶：《齐天乐》，见1984年1月9日《人民日报》。②臧克家：《老舍永在》，见舒济编《老舍和朋友们》，206页，北京，三联书店，1991。

第二章 新/旧/之/间

背景上幢幢的人的背影都被香烟的雾霭隔断了,香烟构成了一种对老舍的保护的隐喻。长镜头聚焦相对集中于他身体周围的区域,让他和身外的那一片空间保持着距离,他不受打扰。于是,在这短暂的时刻,老舍这"清心的人有福了"!

北京东城乃兹府丰富胡同口有一座小院,这是老舍的家。走进这座小院,就觉得特别安静,异常豁亮。老舍是北京市文联主席,他的腰腿有毛病,发作起来就行走不便,实在不便去上班,文联有必要的事情要办,就转移办公场所到老舍家中。下图在老舍家的客厅中在座的三人,便是在开这样的会议,左边的赵树理是文联副主席,是来自解放区的代表作家,在民间文艺上和老舍是同好;中间的王亚平是秘书长,在青岛和老舍一起办过《避暑录话》,在重庆和老舍接触很多,并一起营救过被迫害的作家。所以这三人相处得很不错,工作开展得有声有色。他们愿意到老舍家中讨论工作,按官方活动和工作规程来讲是难得的。从老舍手中的稿件看,应该是讨论在京的作家

老舍在家中和赵树理、王亚平讨论北京市文联的工作。

的作品,这也是当年对文化管理的特色。

虽然是来谈工作的,仍然是客,奉茶敬烟是必不可少的。照片上,三盏茶已经泡上,两位来客已经有烟在手,老舍一人讲稿件的问题,不便腾出手来抽烟。三人围绕圆形的大茶几在沙发上坐下,周围是老舍家的陈设:地上与案上都有盆花,壁上挂的画,从下端可见的绘有龙爪的花瓶看,应该是齐白石应老舍要求的命题画《手摘红樱拜美人》。图片展现的是一个有点严肃气氛的讨论过程,老舍讲的过程中赵树理和王亚平则手持香烟倾听着。中国人通常不习惯坦率地表达不同意见,所以大凡开会有自己的独立看法时也要拿抽烟喝茶作过渡。抽烟的互动原来也是一种文化,不过老舍虽然嗜好抽烟,这种文化却不是他喜欢的。不论他喜欢与否,中国人已将其变成了一种文化嗜好。

老舍也曾戒过烟,那是在重庆时。贫病交迫,香烟抽不起了。他专门写了一篇幽默文字游戏之:

> 戒烟是奉了法弊的命令。什么?劣如"长刀"也卖百元一包?老子只好咬咬牙,不吸了!
>
> 从廿二岁起吸烟,至今已有一世纪的四分之一。这廿五年养成的习惯,一旦戒除可真不容易。
>
> 吸烟有害并不是戒烟的理由。而且,有一切理由,不戒烟是不成。戒烟凭一点"火儿"。那天,我只剩了一支"华丽"。一打听,它又涨了十块!三天了,它每天涨十块!我把这一支吸完,把烟灰碟擦干净,把洋火放在抽屉里。我"火儿"啦,戒烟!
>
> 没有烟,我写不出文章来。廿多年的习惯如此。这几天,我硬撑!我的舌头是木的,嘴里冒着各种滋味的水,嗓门子发痒,太阳穴微微的抽着疼!——顶要命的是脑子里空了一块!不过,我比烟要更厉害些:尽管你小子给我以各样的毒刑,老子要挺一挺给你看看!

毒刑夹攻之后，它派来会花言巧语的小鬼来劝导："算了吧，也总算是个老作家了，何必自苦太甚！况且天气是这么热；要戒，等到秋凉，总比较的要好受一点呀！"

"去吧！魔鬼！咱老子的一百元就是不再买又霉、又臭、又硬、又伤天害理的纸烟！"

今天已是第六天了，我还撑着呢！长篇小说没法子继续写下去；谁管它！除非有人来说："我每天送你一包'骆驼'，或廿支'华福'，一直到抗战胜利为止！"我想我大概不会向"人头狗"和"长刀"什么的投降的！①

实际上，老舍的烟从来没有戒掉，和他的写作一样。生命中的最后半个月，他吐血住院后，医生强制不让抽烟喝酒了，那时老舍的生命也快到了被迫终止的尽头。

"文武昆乱不挡"

说到老舍喜欢戏曲，唱戏与看戏不止是老舍的个人爱好，有一段时期，这是他的工作内容。老舍以他的方式实现了对京剧的贡献。老舍开始学唱，他不需要也没有机会如小陈(《兔》)、小文夫妇(《四世同堂》)由"玩票"到"下海"，只是在朋友聚会的时候助助兴。等到抗战开始之后，那就不一样了，戏曲的传统形式在宣传抗战中起到重要作用。从五四运动到20世纪30年代后期，中国戏曲在主流文化界根本没有地位，第一个重视戏曲并从事戏曲写作的非老舍莫属。老舍从济南来到武汉，1938年2月到5月间，在筹办与主持文艺界抗敌协会工作的间隙里，老舍连续写了四部"抗战京剧"——《新刺虎》《忠烈图》《薛二娘》(又名《烈妇殉国》)和《王家镇》，可见老舍对京剧艺术形式的熟知，他知道如何将一本戏写得"整"，如何控制安排角色，知道如何从

---

①老舍：《多鼠斋杂谈》，见《老舍文集》第14卷，583~584页，北京，人民文学出版社，1989。

成功的经典京剧表演中借鉴某些程式。同时,老舍还写了三段鼓词和一篇旧体抗战小说,合并一起出版了《三四一》。

老舍写京剧与曲艺的本子在尝试写话剧之前,为什么他能在抗战一开始就熟门熟路地写作呢?因为他是在戏曲环境中成长起来的。住在翊教寺公寓中,因为看戏有了瘾,老舍便去和友人们学几句,赶到酒酣耳热的时节便唱上一段。追问老舍学戏的动因,除了一度得闲,更与其旗人的族裔身份相关。清代的皇上,从康熙到乾隆都喜欢听戏,晚清时慈禧太后就特好看戏,戏曲大行于京城,旗人更是名正言顺地上行下效。老舍说:"在清代末季,曲艺的票友很多。他们不但会唱,而且每每自己动笔编写新词儿,成为风气。我生在寒家,自然无暇及此,可是连我也有几家亲友不但好唱,而且会自己编制曲词。可惜,这些作品在民国初年已经丢失了很多!"辛亥革命以后,旗人们靠玩意儿不能糊口,许多擅长各种玩意儿、能编能演的艺人都没了。但是他们的影响却没有消失,老舍就是深受其影响的一个。没有抗战,老舍文武昆乱不挡的本领还真无从展现呢。

老舍能写京剧脚本,能清唱,他是在翊教寺公寓时开始学唱戏的。那年头的京剧即如今日的流行歌曲,汪桂芬、孙菊仙和谭鑫培便是当时的明星,这些艺术家的唱腔都是独创的,他们的作品至今仍在流传。其时的情景,老舍耳熟能详:"六七十年前,京剧三大须生(汪、孙、谭)鼎立,各有千秋。到了我上小学的时候,三大艺人俱入晚境,他们的歌腔却仍脍炙人口,余韵未歇。街头巷尾,老少争鸣,这里高歌'过了一天又一天,心中好似滚油煎'(汪派的《文昭关》);那里力吼'小东人,闯下了,滔天大祸'(孙派的《教子》);连妇女与小儿也时时咏叹着'店主东,带过了,黄骠马'(谭派的《卖马》)。"①老舍未从他们那里学到很多,不过起码模仿谭鑫培的念白是把握拿捏得挺准,知道那里面有真感情。京剧作为一种艺术,在北京流行上百年,必定熏陶练就了一批艺术家与鉴赏家,老舍就是那种在艺术表演门内,几乎

---

① 老舍:《看宽一点》,见《老舍文集》,第16卷,142页,北京,人民文学出版社,1991。

精熟了玩意儿的鉴赏家。老舍艺术赏鉴的范围又很广,他对相近的艺术行当——扬州评话艺术大师王少堂的《武松》推崇备至;他和京津两地的鼓书艺人交往几十年,极口称赞"鼓王"刘宝全,和鼓书名角骆玉笙等也多有交流。

1949年底,他从美国回到北京,文艺界的领导人明白地告诉过他,要将精力投入到戏曲与通俗文艺中去。这在老舍也属情愿,没有与个人志愿冲突的痛苦。十几年间,老舍在与戏曲界的艺术家相处与交往中,得到了好多的乐趣;但是在戏曲改进的过程中,也逐步产生了许多难言的痛楚。如何让经典的剧目在改进的过程中,保留其积极的精华部分,剔除其封建与迷信的糟粕,老舍为之殚精竭虑,他与艺术大师们反复讨论、座谈,为他们改编、新编剧本,全心全意地要让他们的绝活薪火相传。老舍和京剧各种行当的大师乃至曲艺艺人都有私交,虽然彼此的了解与情谊深浅不一,相互的尊重却是始终的。

老舍当上北京市文联主席后,其工作重点之一就是搞好戏改。他在报告中强调:"北京的戏曲在百年来,便已自成一派,受到各处的欢迎。北京戏曲界的名家,也是全国的,甚至是国际的名角儿。今天,全国各地普遍地展开戏曲改进运动;那么,以北京过去的在这一方面的贡献与成就,再加上现有的人才与他们的努力,我确信北京的戏曲改进的成绩要比别处做得更出色,因而发生带头作用。"[1]戏改首先要靠最懂行的戏剧艺术家,但是老舍提醒他们不要太保守,虽然他自己也有保守的倾向。老舍更明白,仅仅靠外行努力与上面的行政指令,只能是粗暴地改造,只会改糟。

老舍与戏曲渊源既深,总是谋划着让大师们的艺术财富与精华得以传承,总是尽量地用自己的文字,为这些艺术大师们做一点什么,好像不如此就不能心安。"净角"在京剧舞台的美,首先展现在人们面前的就是其脸谱。现而今,脸谱艺术似乎已经可以独立出来了,而如果没有老舍策划记录整理

---

[1] 老舍:《北京市文学艺术工作者联合会成立大会开幕词》,见《老舍文集》,第16卷,205页,北京,人民文学出版社,1991。

老舍、胡絜青与勾脸的郝寿臣合影。

出版的《郝寿臣脸谱集》，我们不知道会失去多少东西。当年敦请郝寿臣做北京戏曲学校校长，也是老舍促成的。老舍为这本书作序，序中说："把他的勾脸艺术纪录下来，大有文献参考价值；它足以说明继承和发展关系的脉络，又能在教学工作上起些作用。当然，这不过是郝老表演艺术的一个组成部分，不可孤立看待；可是，关于脸谱的科学性整理，这还是第一次；开个头大有好处。"这项工作进行了四年，老舍叙述自己去看郝老怎么勾脸："我觉得他的勾法和绘画有不少相通之处。他很注意章法：如曹操的壮年和衰年两谱有高勾与低勾的区别，李逵脑门的圆光稍小以便显出天庭饱满，都很有考究。他也注意笔法，连勾个眉子或眼窝，亦层层施墨，深浅有序；小至画几根鼻须，也将笔伸入鼻孔，由内而外，用力挑出。他的笔墨时时变化，渲染则泼墨生晕，勾勒则惜墨如金。这是民族风格极强，务期充分表现人物性格的艺术。"郝寿臣唱窦尔敦、张飞一类角色，除了脸谱的讲究，他对戏装的每一个细节都很在意。他身量矮，就把大带子系得很低。由台下看，观众就觉得他个儿很大。如果把带子系在当中，上半截那么短，就成个小张飞了。他还把黄大带加了个蓝边边，打一个蝴蝶结，这样就不单调了。老舍强调："这些地方都值得青年演员用心钻研……学习他的在继承传统的基础上不断革新创造的精神。"①言下之意，郝寿臣一直在进行戏改创新呀！我们千万不要把大师精益求精的好精神随便抛掷。

老舍似乎要向对京剧进行粗暴革命的人们表明，凡是艺术大师都是自觉的戏剧改进的专家。他适时地利用周信芳登台六十周年（1961年），在京作文纪念其"舞台花甲"。文章钦敬周信芳坚贞不屈的道德品质，感叹其演剧生活六十年，从封建专制的帝王时代到了人人平等的社会主义时期；文章号召学习周信芳全力演戏的精神，因为"他总是由后台把戏带出来，总是由心灵深处把字句吐出来。……他全身是戏！"即使演《投军别窑》这样的小戏，"他也别出心裁，不同凡响"。人称周信芳为海派，老舍称他为表演艺术革新家，因为"他的扮相、服装、做派、唱腔，无一墨守成规。他要求自己随时革新，不断创造"。②

戏改是"改"字当头，不妥处在于忽视了看家的功夫，有些东西是改不了也不能改的，那就是演员自幼的严格锻炼。老舍在《观戏简记》中谈名旦荀慧生先生重排的《荀灌娘》和尚小云先生新排的《双阳公主》："两位大演员都六十岁了，可是上得台来，生龙活虎，念、做、唱、打，一丝不苟……假若他们自幼没受过极严格的锻炼，怎能够到今天还腰是腰，腿是腿呢？""在《荀灌娘》中，慧生先生要先扮闺门旦，而后改扮武旦，最后改扮武小生。随着形象的改变，他须唱不同的腔儿，而且要耍枪、驰马，表现武功。好不容易呀！小云先生扮演的双阳公主，始终是武旦，单说耍雉鸡翎（特别是那一只手掏两支翎子）就需要极深厚的功力，他还须边舞边唱，而且是高唱入云！真有功夫啊！"③老

---

①老舍：《〈郝寿臣脸谱集〉序》，见《老舍文集》，第16卷，608页，北京，人民文学出版社，1991。
②老舍：《舞台花甲》，见《老舍文集》，第16卷，609~610页，北京，人民文学出版社，1991。
③老舍：《观剧简记》，见《老舍文集》，第16卷，538~539页，北京，人民文学出版社，1991。

舍对戏剧的改革始终是坚持在苦练基本功基础上的传承,然后才有可能创新。对老艺术家收徒弟,老舍很热心。老舍关心京剧界后继有人,亲自参加武生名家王金璐的收徒仪式,当时在场的有名丑马富禄和净角名家侯喜瑞。知道有几位青年演员已拜周信芳为师,老舍很兴奋。

创新者必然显示其创造力,大艺术家都是多才多艺之人。老舍了解梅兰芳、程砚秋、荀慧生、尚小云四大名旦都能画能写,有名的小生俞振飞,也能画能写,所以他们的行头才做得那么好看,不庸俗。1958年8月,全国曲艺界代表在首都会演,荀慧生为老舍画了一个扇面,老舍吟诗一首致谢:"荀公胸有好山川,笔下风流胜自然。赠我云林一段景,长松巨瀑接青天。"曾不无自得地说:"四大演员于剧艺多所创造,复精绘事,真艺术界之多面手。予藏有梅、程、尚三公作品,今得荀公笔墨,交映生辉,可傲人也矣。"

武生张英杰,艺名盖叫天,人称"活武松",1961年夏来京演《打店》。《打店》是盖叫天的拿手戏,看他的戏,已是炉火纯青,戏虽小,却是那么完整、精彩,使人看了,有"宁吃鲜桃一口,不吃烂杏一筐"之感。老舍全力肯定这出戏"是几十年来逐渐加工的结果,正像梅兰芳同志的《醉酒》、马连良同志的《四进士》那样,都是随演随加工,多少年不曾停止,精益求精,日见完整。……演

1958年8月,老舍出席第一届全国曲艺会演大会期间书赠荀慧生,诗中提及荀慧生所赠扇面上的画的内容与风格。

第二章 新/旧/之/间

左二起：老舍、梅兰芳、田汉、盖叫天、周扬、欧阳予倩。

员最珍视他所演的戏。他爱他的戏，如爱他的子女！别人不易有此感情"①。盖叫天的武艺超群，他决不把《恶虎村》的武打样式搬到《打店》里来。他的每一出戏的武打都是按照剧情与人物性格来安排的，他创造了自己的风格，也重视每一出戏的风格。"精益求精"是老舍戏改的法宝，是他评论各大京剧表演艺术家时采用的一贯的理论逻辑，更是他的艺术逻辑。

1950年5月，老舍在一个月里就开了6次关于戏改的会议，与此相关的审戏的活动超过10次。博览群戏的老舍往往会记下只言片语的感受，如：1950年3月2日，"李少春不纯，袁世海不如侯喜瑞更老练"。其实，只是希望后起的俊杰能更上层楼。新编的现代戏已经开始演出，有两部新戏都没有博得老舍的青睐，他直言表现太平天国的《洪宣娇》"不好"。5月25日，白天

---

① 老舍：《从盖老的〈打店〉说起》，见《老舍文集》，第16卷，593页，北京，人民文学出版社，1991。

参加文联会议,晚上看京剧《白毛女》,老舍看了一幕,就没有办法接着看下去了。嫌它"粗糙,话太多,且说的不自然。既取旧形式,又不充分取其所长。话既不像白话,又不像戏口"。此前,老舍在日记中也记下了这样的话:"一辙不到底。平仄不分。句子不紧练。用字不活。(官,事官)。"

1963年,戏改气氛紧张起来,另起炉灶创新编戏多了起来,这些新戏多是在话剧基础上加上类似京剧的歌剧唱腔。老舍先前已经帮北京京剧团新编与改编了两部戏,都不能得到有关方面的首肯。这一次,老舍决定全盘重写《红鬃烈马》,传统的本子缺乏统一的逻辑,分开来演每一折,里面都有独立的趣味,合起来往往自相矛盾。老舍为此一夜没睡好,"想出个门道来:全部《红鬃烈马》不是共有十折吗?这十折不是乱七八糟,一会儿是极严肃的《三击掌》,过一会儿又是没什么道理的《赶三关》,和调戏老婆的《武家坡》吗?好吧,把它减为五折,通体重新写过,全剧都顺着《三击掌》的线儿走,突出王宝钏,而且叫她始终一个劲儿,既不受调戏,也不跪下讨封,而薛平贵也既不娶两个老婆,又不'大登殿'。不错,王宝钏的十出戏里,每一折都有些弃之可惜的东西,可是为了剧本的完整、干净和人物的鲜明一致,只好狠狠心,该删就删;而且放大胆,能创造就创造——反正历史上没有这一回事,还怕什么呢?要全盘另写,一点不将就。要新就全新,何必东补补,西减减,半新半旧不像样子呢?况且,老词儿有许多欠通之处,必须另写,而且需统统另写,以期风格一致"。他告诉自己:"我们切勿粗暴,可也别老敷衍将就。我们要继承传统,可也要革新。"①

老舍与在京的马连良先生深入合作,两个戏都是为老生行当写的。1956年5月,文化部和中国剧协联合召开昆曲《十五贯》座谈会,周恩来总理出席并讲话,指出"其他剧种也可采用"。老舍为马连良和北京京剧团将昆曲《十五贯》改编成京剧,1959年又为他和北京京剧团改编了京剧《青霞丹雪》。老

---

①老舍:《新〈王宝钏〉》,见《老舍文集》,第16卷,645~646页,北京,人民文学出版社,1991。

第二章 新/旧/之/间

舍和北京京剧团的关系密切，正如与人民艺术剧院和青年艺术剧院一样，老舍和马连良是相知较深的朋友。1961年老舍作诗《再集马派名剧——赠马连良》："淮河营外火牛阵，天水关头白蟒台，三字经陈十道本，状元谱上百花开。"次年，又为《马连良演出剧本选集》作《序》，通过马连良看一个流派的完整性。老舍称赞其精益求精："连良先生有排一戏，必全局考虑，一

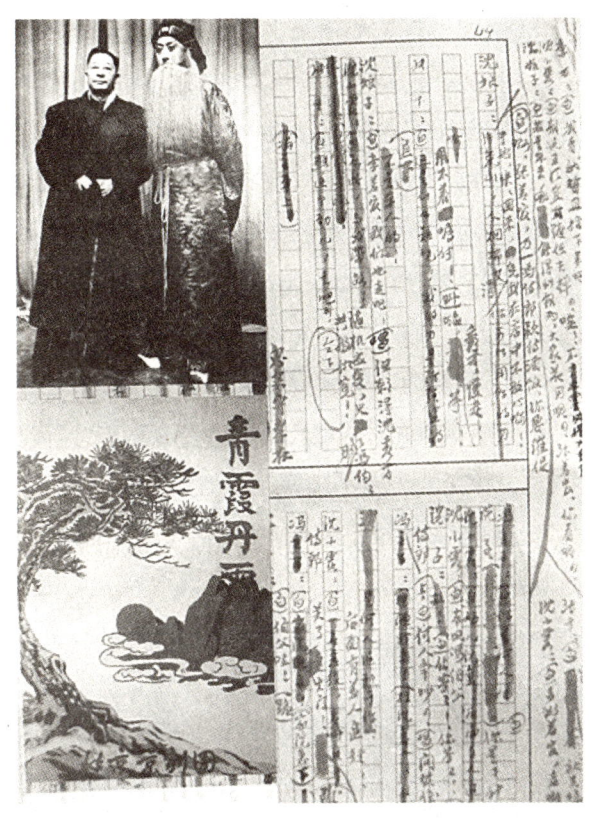

左上图：马连良在戏中饰演冯丹雪，着戏装与老舍合影；左下图：1959年3月的演出说明，由马连良、谭富英、张君秋、周和桐等演出；右图：老舍作品《青霞丹雪》的手稿，作品据《今古奇观》中的《沈小霞相会出师表》改编。

丝不苟，不只突出主角，忽略次要人物；不只重唱腔，而轻视细节的处理。即使是熟戏，也每唱必排，上场前，连龙套的服装亦加检视，务使一台无二戏，人人尽职，处处妥当。"老舍推崇出版演出本，认为其好处在于："马派戏不仅在唱、念、做上都有独创之处，连人物的扮相与行头亦精心设计。单学些唱腔，不足学得马派之长。这部选集不但录有戏词，且具人物扮相，表演提示，与主要马腔的乐谱，全面介绍，重点阐明，对继承与研究马派剧艺一定有很大的益处！"① 1959年3月9日，《青霞丹雪》在北京市工人俱乐部首演，由马连良、谭富英、张君秋等演出。

---

① 老舍：《〈马连良演出剧本选集〉序》，见《老舍文集》，第16卷，673页，北京，人民文学出版社，1991。

老舍是戏剧家们的知音，他在看这些大师们表演时，还期望能有人共赏。一次北京市文代会举办招待演出，有裘盛戎的《除三害》和马连良的看家戏《三字经》。马连良一出场，老舍就对身边的人讲："咱们得热情点儿，多鼓掌。"戏演的是江东才子罗隐向一个目不识丁的武弁歪讲《三字经》的故事。演到精彩处，身后的吴小如脱口叫好，老舍掉头看了一眼，点头自语："还有懂行的啊！"可惜这出戏绝迹舞台多年，台下观众对"人之初"这些过去的常识已然陌生，喜剧性的包袱抖开来，却没有多少反应，笑声稀少。老舍很遗憾："怎么捧场的不多啊！"沈从文接口说："看戏人的水平同台上那位将军差不多了。"①老舍最担心的是，各种艺术终于"不传"！由这些大师带着"一起下棺材"。如果戏剧改革随便了，和这个效果差不多。

老舍与梅兰芳是朋友，在生活与工作的交往中，他们的私交越处越厚。老舍钦佩梅兰芳的为人与生活作风，他们"一同出国访问过两次，一次到朝

前排（从左至右）：梅兰芳、扬州评话艺术大师王少堂、老舍。

①吴小如：《我同老舍先生的四次接触》，见舒济编《老舍和朋友们》，429页，北京，三联书店，1991。

鲜,一次到苏联。在行旅中,我们行则同车,宿则同室。在同车时,他总是把下铺让给我,他睡上铺。他知道我的腰腿有病。……他到哪里,哪里就得清清爽爽,有条有理,开辟个生活纪律发着光彩的境地"。

老舍在讲梅兰芳的艺术追求时有自己与梅先生志趣相通的骄傲与享受,所以他讲故事其实是在讲艺术的道理。他说,在梅兰芳故世后,1963年的春节,徐兰沅老先生送给老舍一张梅先生生前演出时用过的扇面。徐老原来就是演员,知道的戏很多,不但会唱,而且精通音乐,给梅兰芳大师伴奏了几十年,帮助梅先生创造了很多好腔儿。扇面是"梅大师当年唱《晴雯撕扇》时候用过的。这就很奇怪,既然要在舞台上把扇面撕碎,花一毛钱买一个就完了嘛。但是,梅大师就是梅大师,他每次唱这个戏,自己必先好好的画一扇面,画好了拿到台上把它撕碎。戏演完,徐老就把这撕碎了的扇子捡起来,而后把它裱好,所以他送给我的这个扇面上有显明的裂痕。这件事情使我非常感动!反正是把它撕掉了,何必自己画呢?而且画得那么好!扇上画的是菊花,工工整整地题着'梅兰芳'三个字。可见一个艺术大师,是一丝不苟的。艺术各部门好多地方是相通的。梅先生能写、能画,所以他穿的行头,戴的花,以及舞台布景,受他会画的好处很多。他懂得配色,红的该配什么颜色,绿的又该配什么。他戴的花,不是插满了头,像个大花篮似的。他懂得什么叫美。舞台上的一个重要条件是美,让人看着舒服"。

老舍喜欢漫谈说不尽的梅兰芳,一个个片段可以连缀:

梅大师活着时,他总亲自到后台,把这个姑娘的花摘掉两朵,或是给她头发顺一顺,片子挪一挪;或者是某个人嘴大,他便想法子给他另画一画,使嘴显着小一些。他极注意这些。艺术要完美,小的地方也要注意。梅大师当初没有成名的时候,演戏爱低头,那时他演戏有好多自己的朋友在下面坐着,他一低头,下面就作暗号,梅先生便赶紧抬头。……以前就连梅大师,也学过小生戏嘛,《黄鹤楼》《辕门射戟》,他都能唱,有时还反串武生哩……

……和梅大师一同到朝鲜去,他唱《贵妃醉酒》,没有带那么多人,临时把文工团的小姑娘请来配饰宫娥,梅先生早早到了后台,文工团的姑娘都很漂亮,穿得也都很对,可是一看颈项,啊,没有擦粉!大师说:"这个不行,你一转身人家不就看见了?"再看手,手掌还很好,噢,腕上不行,是黑的,没有擦粉,这一甩袖子,不看到里面了?于是,一个个又都加了粉。①

老舍也认同梅兰芳的戏剧理论和斯坦尼、布莱希特并立。梅兰芳在老舍心目中的地位,就是他心中中华艺术在世界上的独特地位。

老舍自己的京戏究竟唱得如何?老舍能戏,文武昆乱不挡,尤擅老旦,正牌龚云甫的腔儿。

老舍50岁之后和各流派大师一同献艺而不怯。1953年赴朝慰问中国人民志愿军,那天老舍一行在前线驻所听到胡琴声,原来是两位炊事员于战

1960年7月第三次文代会,会间休息,老舍(左一)和蓝马、梅兰芳、田汉聊天。

① 老舍:《戏剧漫谈》,见《老舍文集》,第16卷,667~669页,北京,人民文学出版社,1991。

火稍息的时候自娱自乐。当此情景,炊事员是现成的琴师,和老舍同行的马连良、周信芳、梅兰芳有意无意地慰问演出。于是马连良开场唱《马鞍山》,演伯牙碎琴的故事。接着,马连良又表演了《三娘教子》中忠心的老薛保的一段唱,周信芳献唱麒派代表剧目《追韩信》,梅兰芳唱的是《玉堂春》,三位大师各自唱了一段拿手好戏。老舍唱什么呢?那便是《钓金龟》中的康氏教训儿子张义的一段:

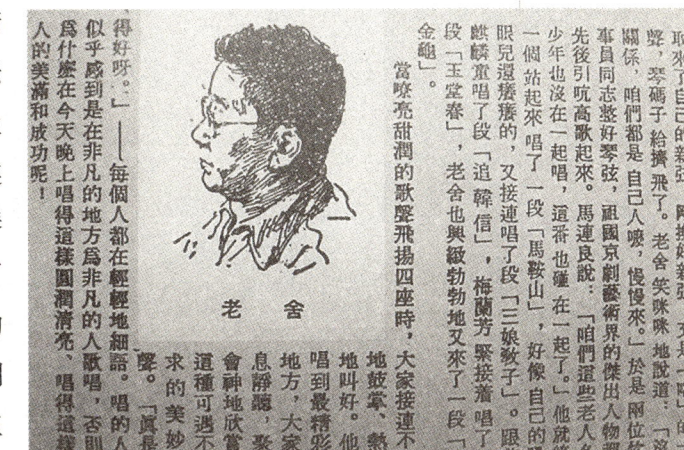

1953年,老舍作为副总团长随贺龙去朝鲜慰问志愿军。图为慰问团在前线与战士联欢的报道,插图为阿老速写的老舍像。

叫张义我的儿啊听娘教训,
待为娘对娇儿你细说分明。
儿的父遭不幸丧了性命,
抛下了母子们苦度光阴。
是为娘守贞节我不听他论,
皆因是我的儿年小,娘在中年,我怕的是百年之后身入九泉,难见儿那去世的先人!我的儿啊——

大师们技艺炉火纯青,老舍情感深厚,如泣如诉,字正腔圆。老舍敬重戏剧艺术大师们的一丝不苟,自己唱戏也和写文章一样,一毫不乱。此后,随行的记者专门做了报道。文中"钓金龟"的"钓"写作"吊",大概根据梨园行的俗称。民国初期龚云甫和萧长华演出的戏单上作"吊金龟";而20年代中期龚云甫和马富禄的演出则作"钓金龟",老舍当年看龚云甫的演出应该是后者。后来,戏曲界传承的整理本(中国戏曲学院)也是作"钓"。1958年8月2日,在中

1958年8月2日在中国文联茶话会上,老舍为欢送四川残废军人演出队演唱京剧《钓金龟》。

国文联茶话会上,老舍为欢送四川残废军人演出队,又为他们唱了京剧《钓金龟》。

既然老舍能唱而又戏路颇广,人们必会追问他为何喜欢老旦这一行当,在这一行当中专尚龚云甫,而且在其经典唱段中又最喜表演《钓金龟》?老舍为什么要唱这一段?人们不容易明白老舍在唱词之下的内心的潜台词。唱戏是老舍的抒情方式,其与人伦亲情的相关性,在选择的行当、角色乃至戏目上显现出来。老舍学唱戏的那一段,正是他反抗母亲议婚而顾不上孝顺,过后却留下了心里的愧疚的时候,唱康氏训子最能维持老舍的心理平衡;不知老舍在伦敦是否唱过这一段,如果他在英国唱戏,这理应是首选,他抛下母亲远走异国他乡五年,除了寄点钱,其他的就有心无力了,这是老舍自我谴责的第二桩事情;抗战到西南,老母留在北平,老舍不用说服侍,连奉养都办不到,平日里就忧愧交加,得到母亲亡故的音讯之后则心痛难愈。这一段段心曲,必须要有个合理宣泄的渠道,除了写文章纪念,便是唱京剧以歌当哭,

第二章 新/旧/之/间

唱一出与自己和母亲身世相近的《钓金龟》最为合适。唱戏不可无情,声情并茂的内核是一个"真"字。可以这样说,老舍几十年屡唱《钓金龟》,意在思母,在艺术趣味的追求中饱含深情与严肃。

仅仅有感情不能保证就能唱好戏,必须有名师真传才能有后来的发展。我们无法考证老舍唱戏直接师从过谁,但可以推想其最大的可能性是师从老舍生活圈中的旗人。他青年时代交往最深的同学朋友大多是满族。罗常培是否和他一起拍过

著名老旦龚云甫,民国前后最出名,改革并自创了老旦的经典唱腔。他在玉成班、鸿庆班中献艺,主演过《徐母骂曹》《孝节义》《母女会》,多出演《钓金龟》《行路哭灵》中母亲康氏。

曲?不得而知!但他们的昆曲都唱得好。说不定从学的"友人"是下海入班的票友,总之是有很深造诣的,因为不久之后就见出他的戏曲功夫。老舍辞去南开教职回京不久,应罗常培之邀到京师第一中学任国文教员。当年老舍的学生,后来成为集表演、编剧与理论于一身的戏曲艺术家翁偶虹回忆,老舍先生授课讲《为徐敬业讨武曌檄》,引申讲到《长生殿》,更逸兴遄飞地唱起昆曲来,学生"目击耳聆,老舍先生一本正经地拍着'四眼板','颠、滑、哦、撮'地唱起《弹词》来,不由惊佩地暗道一声:'先生真神人也'"。因为翁偶虹七岁便从师学戏曲,深知"没有神仙胚子不能学昆腔"。邓友梅记得在"大众文艺研究会"中,为了引用一句唱词老舍可以一口气背下半段《剑阁闻铃》或是《黛玉焚稿》。唱念做打,老舍未必一一精擅,但他的唱念功夫是毋庸置疑的,做打功夫也不缺。他在课堂上模仿谭鑫培的白口,念"悔不听先帝之言,错用马谡,乃亮之罪也",并告诫学生:"你们听戏,不要只听那些劲儿味儿,要看有益于身心的感人之处。"几十年后,老舍为文评介翁偶虹改编的《将相和》,仍强调情感:"尽管是专去听唱看开打的人,看完了也会受感动。"也是看翁

偶虹编的《云罗山》，老舍在座谈会上和他讨论身段，讲究做功。多少年哪，老舍对昆乱各行都能不断地体悟践行。①

没有老舍对戏曲亲习亲为的深入理解，就没有20世纪40年代为宣传抗战而学习改编旧戏，写新戏、鼓词、相声和其他通俗文艺作品。他的戏路之宽，有一个故事可以证明：1930年，老舍从新加坡回到上海，在一次晚间聚会，他"清唱《黄鹤楼》，一赶三，使人能从他的声音中辨别出谁是周瑜、孔明和张飞，怪不得他这样会以'对话'来显示出'人物'的个性，他那激昂慷慨的声音真可以说是响遏行云呢"②。还有人记得在重庆的文艺界聚会中，他也曾经"一赶三"分饰几个角色与多种行当。现代京剧名家多有"一赶二"(马连良演《群英会》)、"一赶三"乃至"一赶四"(裴艳玲在《火烧连营》中演黄忠、关兴、刘备和赵云)。老舍做到这等境地，一般的专业演员和票友都不能望其项背。不光唱功好，老舍的做功也好，萧伯青回忆，一次文协在从武汉往重庆去的船上，到了忠州，旅客们在岸边石滩上围坐联欢，有一老先生唱昆曲，老舍唱一段京剧，"唱完高举右手食指当作舞台上挥舞的马鞭，走了一个圆场，看的人欢呼起来"③。大庭广众下清唱，在老舍是家常便饭，最大的场子，是西北慰劳团去延安，听众上千。

难怪老舍投入戏改之后，几乎没有人能够像他那样和京剧大师们深入交流与沟通；他也没有想到，青年时期的游戏般的学唱，最终会派上如此大的用场。艺不压身的道理可以用老舍的经历去阐释，戏改与新旧之间的关系，至今难有人能说清楚！

---

①翁偶虹：《老舍先生的戏曲熏陶》，见舒济编《老舍和朋友们》，539~542页，北京，三联书店，1991。②赵景深：《我所认识的老舍》，见舒济编《老舍和朋友们》，342~343页，北京，三联书店，1991。③萧伯青：《老舍在武汉、重庆、北碚》，见舒济编《老舍和朋友们》，254页，北京，三联书店，1991。

第三章

英伦记略

第三章
英伦记略

老舍生来注定要有很多的国际交往活动，出生不久与八国联军打交道，很被动，也很危险。然后，他开始在教会服务，主持主日学工作，是和留洋回来的宝广林在一起，进而认识了英国伦敦传教会的易文思（Robert Kenneth

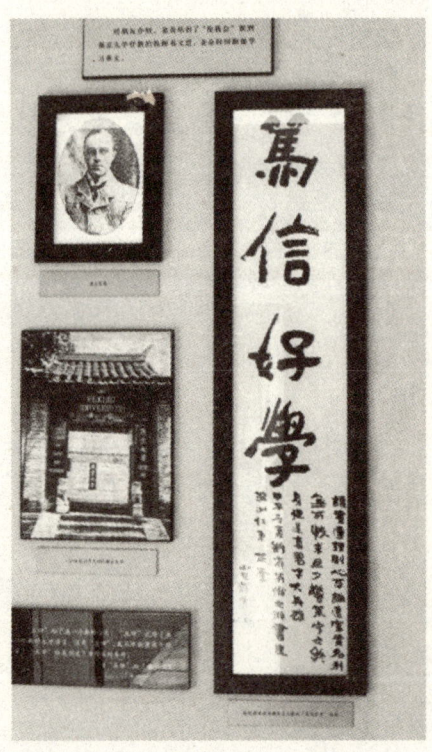

左图：易文思的照片；老舍在燕京大学旁听英语的地方；赠白涤洲的互勉条幅。右图：老舍与东方学院的合同；东方学院的大楼；老舍在英国的故居。

第三章 英/伦/记/略

Evans），此人在燕京大学神学院任教授。易文思了解老舍在教会主日学工作时的负责精神与学识，不由得产生信任感，于是介绍老舍去燕京大学旁听英语。接下来宝广林、易文思推荐老舍到英国伦敦大学东方学院任教，1924年7月16日，伦敦大学东方学院董事会通过接受舒庆春为东方学院中文讲师的决议。伦敦传教会驻北京代表、北京萃贞中学校长伍德小姐代表伦敦大学东方学院与老舍签署了赴英任教五年的合同，这是老舍第一次按照非人情化的合乎法律的协约方式决定生活中的大事。老舍即刻准备启程，从伍德小姐那里领取了北京到上海的路费50元墨西哥币。然后，依照聘任方设定的从中国经新加坡到伦敦的旅程安排，老舍将要乘坐德万号客轮启程去英伦。

老舍即将远行英国，与友人之间赠别一类的活动频繁，少不得多喝几顿酒。临别赠言，文字往还，既有他写给白涤洲的勉励条幅，也有他人的赠言、赠画。老舍向一位姓祝的朋友索画留念，得到了下图这幅扇面，其意境悠远，诗书画俱佳，并且很切题，被老舍一直珍藏。诗云：

秋树有奇艳，澄波涤素襟。
渺渺一帆远，悠悠万里心。

老舍去英国前，祝姓友人所赠扇面。

老舍来到英国,生活很简单,大致只有三桩事:教书、写小说,以及在学英语的同时帮助英国朋友翻译中国古典小说《金瓶梅》。客观的生活环境要求老舍在英国学会理解与适应的事情也有三桩:君主立宪下的公民政治,法律保障下的人与人之间的交往方式,市场机制下的生活。老舍在英国完成的是对西方文化和文学传统的深入认识与学习,对现代欧洲的文艺思潮与文学创作的认识,对中国文化与西方文化的生命与生活方式的比较。

一、起居、饮食、衣着与东方学院

老舍漂洋过海,经过一个多月到了伦敦。船停住后,大家都往下搬行李,海关检验护照,老舍排在最后。护照上盖了海关印章,却签署了"只准停留一月"的字样(后来由学校宴请内务部官员把这个给注销了),检查行李完事出来,看别人买车票,老舍也买了张票上车。火车非常的清洁舒服。越走,四外越绿,高高低低全是绿油油的。太阳有时出来,有时进去,绿地的深浅时时变动。远处的绿坡托着黑云,绿色显得特别的深厚。看不见庄稼,处处是短草,有时可看见一两只摇尾食草的牛。

美景还没有看够,车已到坎农街,大家都下了车,易文思教授准时守候在那里。接到老舍,一人一件行李,坐地铁到了利物浦大街。车站有行李转运处,托运了自会给送到家去。接着,他们去喝了杯啤酒,吃了块点心。老舍看车站与各处,外面都是乌黑不起眼,可是里面非常的清洁有秩序。后来老舍逐渐领略到,英国人也是这样,脸板得要哭似的,心中可是很幽默,很会讲话。易教授想带老舍上学校去,就在车站的外边,想想是礼拜天便作罢了。他告诉老舍已在巴尼特为他找好了房,离易教授住处近,而且是和许地山住在一块,这让老舍好兴奋。这里实际上是Hertfordshire(赫特福德),离伦敦有11英里,坐快车得走半个钟头。他们就又原地上了车,快到目的地,又看见大片的绿草地了,有太阳,树上还挂着水珠,刚下过雨。

正是9月初的天气,地上潮乎乎的,树和草都绿得鲜灵灵的,一进了巷子，路是柏油碎石子的，路边上还有些流水，因刚刚下过雨。两旁都是小楼，多数是两层的，瓦多是红色。道旁有小树，大多像冬青，结着红豆。房外二尺多的空地全种着花草，英国晚玫瑰上挂满了晶莹的水珠，显得更加娇艳。窗子都下着帘，绿蔓有的爬满了窗沿。路上几乎没人，也就有10点钟吧，易教授的大皮鞋响声占满了这条巷子。房子虽不很体面，可是被静寂、清洁、花草、红绿的颜色，雨后的空气与阳光，赋予了一种特别的味道。它在城乡交界处，是在伦敦做事的中等人的居所。有一股清香的气味，和一点安适的景象。

老舍觉得住在这里挺不错的。寓所也是两层小楼，门外也种着一些花，窗沿上悬着一两枝灰粉的豆花。房东是两位老姑娘，姐姐已白了头，胖胖的，说不出什么来。妹妹做过教师，语速很快，却很清晰，她也有四十岁上下了。妹妹很尊敬易文思教授，并且感谢他给介绍了两位中国朋友。许地山此时正在屋里写小说呢，用的是一本油盐店的账本。房子很小：楼下是一间客厅，一间饭室，一间厨房。楼上是三个卧室，一个浴室。由厨房出去，有个小院，院里也有几棵晚玫瑰。这里的玫瑰很多，历史上那场以玫瑰命名的战争就发生在这一带。

据许地山说，房间都是妹妹一个人收拾的；姐姐有些傻，对于工作更会"装"傻。她们的父亲是开面包房的，死时把买卖给了儿子，把两所小房给了两个女儿。姐妹俩卖了一所，把钱存起吃利息；自住一所，租两个单身客，也就可以维持生活了。哥哥不管她们，她们也不求哥哥。妹妹每天辛劳地操持着一切：她不肯让房客把硬领与袜子等交洗衣房，自己来洗并烫平。在相当的范围内，她没完全商业化。

易文思先生走后，姐姐戴起大而多花的帽子，去做礼拜。妹妹开始做饭，只好等晚上再到教堂去。她们很虔诚，教堂是她们唯一的交际场所。巷路上慢慢有了人声，多数是老太婆与小孩子，都是去礼拜的。偶尔也跟着个男人，打扮得非常庄重，走路很响，是英国小绅士的味儿。邻家有弹琴的声音。饭好了，姐姐才回来，傻笑着。许地山故意问她，讲道的内容是什么？她说牧师讲得很深，都是哲学。英国普通人家的饭食，好处是在干净；茶是真热，口味怎

样,不敢批评,各取所好吧。饭后,又没了声音。看着屋外的阳光出没,希望有点蝉声,没有。什么声音也没有。连许地山也不讲话了。寂静使老舍想起家来,开始写信。许地山又在写他的小说了。

环境虽好,但是老舍在那里只住了一冬,就搬到伦敦的西部。这回是与一个叫艾支顿的合租一层楼,他们之间有相互教语言等互惠的条件。学习似乎更重要一点,所以就搬家了。事实上这个艾支顿——称他为二房东都勉强一些——不是真正的房东。老舍与他在那里住了三年。之后,老舍住了半年的公寓。在公寓里,晚饭得出去吃,既费钱,又麻烦,所以又去找房间。

在伦敦南部,老舍找到一间房子,房东夫妇带着个女儿。老舍在那儿住了半年,也不清楚房东是干什么的。英国人不喜欢谈私事,房东达尔曼先生更不爱说话。他身边常带着尺,偶尔在老夫妇谈话中提到给人家设计做家具。老头儿是地道的英国小市民,言谈中只会重述《晨报》上的消息与意见,凡是《晨报》所说的都对!他有房,有点积蓄,勤苦,干净,什么也不知道,只晓得自己的工作是神圣的,认定英国人是世界上最好的人。达尔曼太太是女性的达尔曼先生,她的意见得自达尔曼先生口中念出的那几段《晨报》。达尔曼姑娘看老舍总拿着本书,她有一回便向老舍借一本小说,老舍给了她一本威尔思的幽默故事。念了一段,她的脸都气紫了!她有点青春期的苦闷,没有男朋友约她出去玩耍,往往吃完晚饭便假装头疼,跑到楼上去睡觉。在报摊上,老舍又给她找了本浪漫小说,说的是一个女招待嫁给了男招待,后来才发现这个男招待是一位伯爵的继承人。这本小书让她很高兴。她只看《晨报》上的广告,因为没事做,便在分类广告上登了一小段教授跳舞的广告。她声明愿减收半费教老舍。不同于虔诚的教徒姊妹和艾支顿那样的知识分子,从这一户人家老舍认识了英国市民。把知识变成金钱,是达尔曼姑娘和一切小市民的格言。

中国人的饮食方式培养不出清教徒来,当过小学校长和劝学员的老舍对美食有些心得。来到英国后,寄宿人家的餐饮让老舍头疼,总是面包、原汁原味的牛肉以及单调乏味的菜蔬,天天吃,绝对地倒胃口。难得的改善方式,是偶尔一人或与朋友到中国餐馆吃一顿杂碎,或是阳春面。但那都是额外的支出,没有算在计划内,每月的钱,除去房租、伙食和寄给母亲的,几乎没有剩余,也就不大敢去中国餐馆。1927年,郑振铎来伦敦,彼此做东吃中国饭店,那是不小的破费。二十多年后,东方学院又曾聘老舍去教书,老舍也有点心动,但是想起那牛肉就打了退堂鼓。那是20世纪40年代末,老舍在美国,面对多重选择踟蹰再三,他写信告诉何容,实在怕英国的生活艰苦。要说是牛肉帮助老舍从英国回到了中国,恐怕没有人相信,但那真是一个因素呢!

老舍于伙食不得不吃牛肉,入异域穿西服,这也是入乡随俗,他对此倒也还乐意。宁恩承记得他当时老是穿一套藏青西服,袖口磨得发亮。在英国拍照,他都是穿着西服,大概去英国前就准备好了,穿一件马褂去,把自己搞得那么突出,当然不大合适。后来又去美国,和曹禺乃至在美国长期教书的中国人,都一律地穿着西服,好像本该如此。其实未必!

上个世纪,中国人在中装、西装之间变化服饰,但西服本土化的中山装曾更为煊赫。这一时代,中装、西装、中山装的变化与社会政治的互动非常明显,尤其是那些身历时代风雨的知识分子的穿着。中国现代文学作家更是这样,老舍可为代表。他们的穿着应是文化批评的重要对象。根据已有的文献研究现代作家,是走一条熟悉热闹的康庄大道;间或有一个岔道口让我们转进去,可做一点不太费力的图文叙述;另外有一条作家图像历史的幽深胡同,正等着我们深入探访。老舍几十年的照片,时而着中装(皮袍、长衫、大袄、小褂),但以西装和中山装为主。老舍着装,中装标志不了其社会身份,而西装、中山装体现其身份立场,而以中山装历史蕴涵更丰富。这里又要把话儿拉长一点,我要做的是根据老舍照片和其朋友的文字回忆,通过老舍着装(中装、西装或中山装)的数十年历史演变,分析其中蕴藏的国家、民族立场的暗示与政治态度的表达。

这还要从老舍的民族身份说起。老舍是满族正红旗,"铁杆庄稼",他们家吃一份朝廷钱粮。论理,老舍是小儿子,未必补得上钱粮,继承父亲皇城护军位置的应该是大哥。老舍父兄辈的旗籍子弟穿旗兵军装是正常的,他们回到家中就不穿什么箭袖、马甲的旗装了。二三百年来,旗人已经适应了中原文化,也戴惯了瓜皮小帽,穿惯了中装大褂。辛亥革命革除了旗人的"铁杆庄稼",也让少年老舍一家堕入困窘。就情感而论,沦落底层的旗人虽不得不承认这一场"鼎革",但是绝无拥护认同辛亥革命的可能,他们憋屈着。因此,在辛亥革命之后的着装,旗人绝大多数没有适应那"假洋鬼子"的西装,而对革命党人发明的中山装,不抱敌意也难。

辛亥革命时,老舍刚12岁。家境困难,把祖坟地典出去,才给哥哥娶了媳妇。这12年生活中最重大的变化,如老舍后来用幽默笔调所述,"无父无君"。3岁时父亲的阵亡,让他家损失了一半"铁杆庄稼"的钱粮;帝制的覆灭,则完全断了他们家固定的经济来源。这一段时期,他能够读书还是因了善人相助,其服装只能是传统的家常穿着。尽管是辛亥革命以后了,孩子们头上仍然梳着辫子,人们记忆中的少年老舍,"梳大松辫,冬天穿长棉袄"。除了进师范穿学校供给的制服,少年老舍一直是穿中装,这种着装延续到青年时代去英国。这段时间,他在南开教书。送给好朋友存念的相片,都是穿着中装。

"中山装",这种服装是根据陆军军服变化设计,因孙中山做临时大总统穿用而流行。中山装是清王朝崩溃和帝制时代终结的象征,老舍即使游历欧洲而开了眼界,认同了现代民主政治,意识上不一定排斥中山装,但要穿上它却有种种情感、心理的障碍。在民国时期,中山装仿佛有一种提醒老舍"旗人原罪"的功能。我们在老舍去英国前的照片中,没有发现一张穿中山装的,老舍根本不会穿它。1924年至1930年初,老舍在英国教书和回国的途中,无论照片还是别人的回忆文字,老舍都穿西装。和他在英国一起成立读书会的宁恩承,说起老舍当年的穷困,"一套哔叽青色洋服冬夏长年不替,屁股上磨得发亮,两袖头发光,胳膊肘上更亮闪闪的,四季无论寒暑只此一套,并无夹带"。君子固穷,老舍更不愿花冤枉钱,如民国官员一般地穿中山装,让自己与周围环境格格不入。

中山装是被高度意识形态化的政治表征。民国政府通令将中山装定为礼服,赋予它特别含义:四个口袋表示礼、义、廉、耻;门襟五粒纽扣标志行

第三章 英/伦/记/略

政、立法、司法、考试、监察五权分立；袖口三粒纽扣表示民族、民权、民生。它是为体现共和的政治生活方式而设计的。老舍回国之前，1929年国民政府制定宪法时规定，一定等级的文官宣誓就职时一律穿中山装。不关心政治的老舍，回国来更不可能穿这种"官服"。大量的照片和文字回忆都表示：一直到抗战开始，老舍的穿着只是在西装和中装之间转换。创作《骆驼祥子》时，老舍的照片是全套西服，外罩大衣，头戴礼帽。

老舍在青岛创作《骆驼祥子》时留影。

1930年，赵景深"在振铎的书房里幽绿的灯光下，看到一位精神饱满、面容活泼、略带黝黑的穿西装的人"，那是老舍从英国回来不久。台静农记得，1936年在青岛街头漫步的老舍，"头发修整，穿着浅灰色西服，一手牵着一个小孩子"；在青岛，臧克家和老舍也在黄昏前"沿着海边的'太平路'慢步西行……清风吹着我们的夏布长衫……飘飘然欲举"。自称不懂政治的老舍，自然地远离政治意识形态的象征——中山装。

老舍穿西装的照片，现存最早的是1926年在伦敦寓所拍摄的。侧面转向镜头的坐姿，身后书桌上一排外文书籍，墙上挂着模糊难辨的一些照片，洋地、洋文、洋装，时过境迁，老舍应该把辛亥年的生活艰辛与屈辱淡忘了一些。尽管老舍只有300镑年薪（开始合同上签订的只有250镑），还要寄钱回北

1926年,老舍在伦敦寓所留影。

京奉养老母,但个人的自信却增长了。与英国人打交道,他也努力争取维护尊严,向校方提出加薪的要求。穿西装,清末的中国知识界已经开始流行,这种不分国界又不打上民族烙印的服装,是中国留洋的知识分子的共同选择。老舍穿西装,既合于时尚,又能掩盖体格羸弱的缺点,更重要的是它不会如中山装一样勾起心头的隐痛,也不像穿中装时好像挂着块弱国子民的招牌。西装好像是世界公民的服饰。

从此西装就频频装扮着老舍的一生。中装是家居日常的选择。学界、知识界、文艺界的聚会，老舍多是穿西装。《老舍》画册中，除了抗战期间的照片，老舍穿着长袍或"斯文扫地"的劣质中山装制服，其他各个阶段穿西装的照片达上百帧。

老舍从济南回北平与罗常培合影。老舍穿的是胡絜青亲手做的皮袍。

1946年至1949年，老舍应邀去美国期间拍的照片，几乎都穿着西服，似乎那个在青岛、济南的老舍又回来了。人们对他当年形象的记忆，也是穿西装。有人在美国雅斗（Yaddo）文艺创作中心遇到老舍，他"穿着一套整齐的西装，系着一条颜色素朴的领带"。从美国回到国内，邓友梅第一次见到的老舍，也是"穿着讲究的西装，说着道地的京白"。

把西装和中装混搭着，老舍倒是有那么一些日子这样穿。1950年2月黄裳写过一篇《老舍在北京》，向上海《文汇报》的读者报告在北京的老舍的状况，因为《我这一辈子》在上海演得挺起劲。黄裳是在饭馆见着老舍的：

客人差不多都到齐了他才来。服务员掀起门帘，我们就看见在院子里走进来一位中等身材胖胖的人，穿着皮大衣，走起路来一歪一歪的，不大得劲。进门一脱大衣，他上身穿着一件绿呢西装。里面是大红黑花的呢衬衫,就像美国西部的牧童的装束,底下穿的是两条蓝绸子棉套裤,扎着裤脚。太现成了,说明了这位老北京刚从美国回来。①

那时候,胡絜青还没有带着孩子从重庆来,他的这身装扮,上身不用说是美国风格,下身是一条棉裤,然后外加棉套裤,大概是老舍姐姐的指派与安排。老舍的腿病刚刚在香港医治过,西装的裤子只有那薄薄的一条,北京正是正月里,天寒地冻的,只能这么穿着才能出门呢。此外,没有图片清楚显示过,也没有任何其他作家用文字记录过他这样的穿着。倒像是个隐喻,中国棉裤支撑着洋装,一个从美国回来,要在各方面实现转变的知识分子,一半自主,一半由别人装扮着。

此后,老舍穿着西装出席了一次次的文艺界活动,但只要在这个活动中代表着职位与政治身份,老舍就必须穿上中山装。但是能不穿的时候,他也不愿让服装拘束住自己。1965年老舍去日本,在水上勉家,主人看到"也许是旅途劳累的关系,他的脸色不大好。他在门口脱下淡褐色夹大衣,里面穿的西服不怎么讲究,略旧的深蓝色裤子不够笔挺,虽结着黑领带,衬衫的领口却随随便便"②。穿西装的老舍,似乎标志着一种个人的自由独立,一种轻松自在;穿中山装的老舍,好像离他自己远了一点。

老舍穿上中山装,代表着对现代民族国家的认同。从辛亥革命到1937年的26年间,最引人注目的是老舍对现代社会的认同,远远大于对中华民国政府的认同。日本人的入侵让老舍坚定地奔赴国难,与文艺界同仁团结抗战。"抗战"成了他接纳交往朋友、与他人和平相处的基本前提。1937年以后直到1945年10月以前的老舍的照片,见不到穿西装的身影。像在英国一样,他又穿上同一身衣服,只是中山装替代了西装。穷,是老舍

---

① 黄裳:《老舍在北京》,见舒济编《老舍和朋友们》,120页,北京,三联书店,1991。
② [日]水上勉:《蟋蟀葫芦》,见舒济编《老舍和朋友们》,126页,北京,三联书店,1991。

第三章 英/伦/记/略

1965年,老舍率作家代表团访日。中日作家都穿西服。这是老舍最后一张穿西装的照片。

总穿同一套衣服的共同原因,但是两种不同的语境决定了他穿不同的衣服。

老舍告诉我们:"抗战后,由家中逃出,我只带着一件旧夹袍和一件破皮袍,身上穿着一件旧棉袍。这三袍不够四季用的,也不够几年用的。所以,到了重庆,我就添置衣裳。主要的是灰布制服。这是一种'自来旧'的布做成的,一下水就一蹶不振,永远难看。吴组缃先生名之为斯文扫地的衣服。"①1938年,他还穿着这样的中山装拍过证件照,此后的各种场合他也常穿这斯文扫地的衣服或者长袍合影。曾克记得他穿过中式长袍出席诗歌朗诵会。多数人记得的老舍形象都与这灰布中山装分不开。楼适夷记得在重庆时的老舍:

①老舍:《多鼠斋杂谈》,见《老舍文集》,第14卷,589页,北京,人民文学出版社,1989。

1945年，老舍在北碚寓所院中留影。

"日常生活非常简朴……穿的是从北方小行包中带来的几件旧衣服……从来未见他穿过当时大家习穿的西服。"①叶以群回想，"当他初穿上那套样式太欠美观的灰色平价布中山装时，朋友们都为他难过，然而，他却安之若素，好像毫无感觉"②。胡絜青从北平逃出，来到北碚（1943年11月），带来了他往日穿过的西装。就这样，这西装还免不了被换来酒菜，招待朋友。曹禺回忆说过，在重庆，"如若来了一位远方的友人，他必盛宴款待。而那餐宴的费用是他典当或变卖了自己的衣物得来的"③。

抗日战争时期的"中山装"，在老舍心目中，是国家与民族的象征符号，穿上它就是注定要为抗战贡献一切。老舍穿中山装表明民族国家的立场，并不意味着他对中山装下的人的认可。他在重庆写过被禁演的讽刺剧。稍后，长篇小说《四世同堂》中，老舍又拿中山装做文章，让一个丑角穿上中山装。祁瑞丰参加日本人攻陷中国重要城市的庆贺游行，"他极大胆的穿上了一套

---

①楼适夷：《忆老舍》，见舒济编《老舍和朋友们》，227页，北京，三联书店，1991。②叶以群：《我所知道的老舍先生》，见舒济编《老舍和朋友们》，102页，北京，三联书店，1991。
③曹禺：《怀念老舍先生》，见舒济编《老舍和朋友们》，188页，北京，三联书店，1991。

第三章 英/伦/记/略

中山装！……假若日本人能这样原谅了中山装，他便是中山装的功臣，而又有一片牛好向朋友们吹了"。中山装下面覆盖着卑劣、无聊、装怯作勇的汉奸心理。老舍的叙述构成了对中山装命意的反讽。因为要对和"中山装"融为一体的"文协"负责，老舍付出了许多心血，付出了身体的健康。同时，老舍在重庆也看到了诸多披着中山装的人的丑恶与暴行。老舍脱下斯文扫地的中山装是对一个时代的告别，这身不中看的衣服却是老舍在这场战争中的勋章——虽然他连一个抗战纪念章都没有。

新中国成立后，是什么原因让老舍重新穿上了中山装？是人民政府，是老舍在人民政府中的地位，是新政权对他的尊重——他是在人民政府的渴望中，应周恩来总理的邀请从美国回来的。在北京市文联成立大会上，老舍仍穿着从美国回来时的西装。从1951年2月老舍担任北京市政府委员开始，老舍就正式穿上了标志着政治身份的有棱有角的中山装。

1951年底，老舍因《龙须沟》而获得北京市人民政府颁发的奖状，被称为"人民艺术家"。用于宣传的照片，穿什么样的服装拍摄才能够体现出一点"人民"的内涵呢？绝对不是西装，那似乎和西方帝国主义有点莫名的关联；也不可能穿中装，它多少和封建主义有那么一点瓜葛。只有中山装才能表示出这种意思。中华人民共和国成立后，领袖人物和政府干部都穿中山装。毛泽东主席欣赏并一直坚持穿中山装(国外有人称中山装为"毛式制服")，和老舍有朋友般关系的周恩来穿中山装，中共中央的领导、中央人民政府的官员都穿这种国家礼服，群众也穿这种服装迎合新时代，民间曾称之为"人民装"。于是，穿中山装的近乎标准照的老舍的照片，被人们默

20世纪50年代，老舍在家中的院子里。

认为"人民艺术家"的天然模样了。

老舍认同人民政府,拥护人民政府。他的旗人亲属,在人民政府领导下,都能够安居乐业了。自辛亥革命以后,老舍从来没有这样为旗人高兴过。瑞典人马悦然回忆,1958年曾经在香山饭店和老舍交谈时,特别提到他"以极大的自豪感谈到了满族对中国历史的贡献"①。差不多也是在这时候,毛泽东在人民代表大会会议期间对老舍说清朝了不起,尤其是康熙开疆拓土、在满汉民族之间实行"统一战线"等等。憋在心头多年的话,终于被崇高的毛泽东主席代他说出来了。听完毛泽东的话,老舍为抑屈了近半个世纪的旗人兴奋了好久,辛亥革命以后的几十年,旗人是怎样地被丑化、妖魔化,被认为是懒惰的渣滓!他彻底地认同了举国一致的中山装。中山装和国家政府紧密相连,他爱中山装就像爱国一样。看得出他爱这身礼服,以至于家居和写作的时候,也穿着中山装。但是后来他逐渐地感受到同样穿中山装的"同志"的压迫时,他渐渐地缄口不言了。

叶浅予为老舍画像,他要画出一个本色的老舍。他肯定考虑过:中装也

老舍在花丛中(叶浅予速写)。

---

① [瑞典]马悦然:《我不是曹禺,我是老舍,且不——》,见舒济编《老舍和朋友们》,632页,北京,三联书店,1991。

第三章 英/伦/记/略

好,西装、中山装也罢,哪一种服装可能距离意识形态更远一点?汪曾祺描述:"叶浅予曾用白描为老舍先生画像,四面都是花,老舍先生坐在百花丛中的藤椅里,微仰着头,意态悠远。这张画不是写实,意思恰好。"他忘了说老舍先生穿着中装棉袄,而且头也没有仰起来。一个静穆的却又慈祥和蔼的老人,夹着一支香烟,静静地思索着。画面褪尽了任何政治色彩,历史与服饰的更易,在这里似乎都定格了。穿中装,是老舍先生最不费心思的选择,似乎更适合他的身份。老舍弃世四十多年了,今天的中山装,早已不再大行其道,西装充斥着整个中国。真想不透,叶浅予居然能够把一个连穿衣服都与历史政治有密切关联的人,画得那样的超然,他那身中装似乎在穿越了一个世纪的社会历史变迁与政治变动之后,一点不为所动。

英国伦敦大学东方学院真正找到了一个价廉物美的劳动力,一个无与伦比的中文讲师,事隔二十多年,老舍在美国的时候,他们还想让老舍继续为其服务(老舍没有提是否聘为教授)。东方学院的课程,从根本上说,等于现在的对外汉语教学。现如今,孔子学院在海外培养学汉语的洋人,尽管教汉语的几乎可以不搭理孔夫子,学汉语的也不必知道孔夫子。老舍那时却不可能照本宣科,因为无所"本",教材都是要他们自己编写,更何况来学习的人汉语程度不等,必须因材施教。这可比私塾里一个先生分不同程度地教学生难得多,因为学生可以"点菜",要什么,老舍这个大厨房里就得拿出来。众口难调,

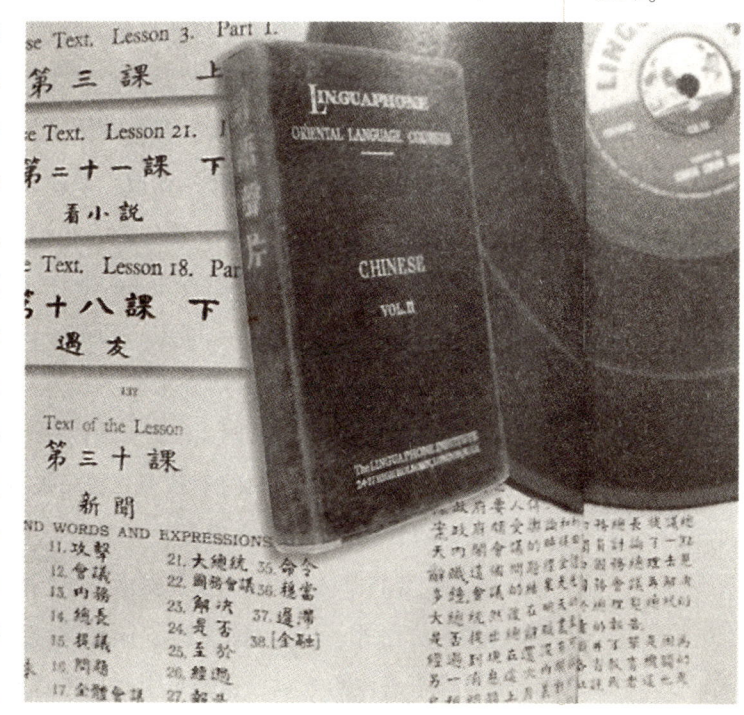

老舍在英国伦敦大学东方学院编写的汉语言学习的教材、录音,甚至教材中的中文字,都是老舍用毛笔所书。

可是从院长、秘书、同事到学生没有对老舍不满意的。

老舍1924年到英国，伦敦大学的东方学院，其实就是亚非学院，以教授语言为主。大一点的系里，如果有学生愿意深入了解点儿文学、哲学，总会有教师来教授，引领讨论。每个系只有一位教授，当时的教授是布鲁斯，像老舍这样的讲师，了解中国文化与文学的深入程度，其实非一般教授可比呢！学院还专门应对不同的要求临时聘任教师，譬如当过溥仪的教师的庄士敦，20世纪20年代后期往来于英国与中国，也在东方学院有差事。宁恩承回忆说，他就是东方学院的教授，易文思和东方学院也有这种关系。东方学院教授远东、近东和非洲的一切语言文字。中国语文系、阿拉伯语系大一点。学院也教日本语，只设一个固定的讲师，如有人特意请求讲授日本的文学或哲学等，就由这个讲师包办。不甚重要的语言，有了学生再临时去请教员，按钟点计酬。譬如有人要学蒙古语文或非洲的非英属的某地语文，也是这么办。学院有点实用主义。重要与不重要，多少与英国的政治、军事、商业有关。

老舍对自己的生活环境的批判是一贯的，对东方学院也一样。他所在的系里有一位教授、两位讲师。教授是伦敦大学聘的，老舍的讲师聘书是东方学院发的，和大学不发生关系。那些英国讲师多数是大学聘的讲师，他们有资格由讲师升为副教授，再升为教授。教授是英国人，他每天与讲师们一样的教课。两位讲师总是有一个英国人，中国语文系的一位中国讲师就是老舍。系里在固定的讲师外，还有好几位临时的教员，以方便有学生要学中国某一种方言；这系里的教授与固定讲师都是说官话的，如果要是有人想学厦门话或绍兴话，就非得临时请人来教不可。

他们的教授必须是英国人。东方学院中国语文学系的教授，还没有一位真正有点学问的。幸而别的学系有几位好的教授与讲师，扯平了看，学院的教员大致算说得过去。除各系的主任教授之外，还有几位学者来讲专门的学问，像古印度的律法、古巴比伦的美术等等，把这学院的声誉也提高了不少。除这些教员之外，另有一位音韵学专家，教授所有学生发音与辨音的技巧，以增加学习语言的效率。这倒是个很好的办法。

东方学院对学生几乎没有任何限制。从年龄上说,有的是七十多岁的老头老太婆,有的是十几岁的小男孩或小女孩。只要交上学费,便能入学。于是,一人学一样,很少有两个学生恰巧学一样东西的。老舍在中国语文系的时候,学生中就有两位七十多岁的老人:一位老人是专学中国字,不大管它们都念作什么,所以他指定要英国的讲师教他;另一位老人指定要跟老舍学,因为他非常注重发音。这位老人对语言很有研究,古希腊语、拉丁语、希伯来语,他都会,他要听听中国话是什么味儿;学了些日子的中国话,他又选上了日语。这两位老人都很用功。其他的许多学生,有的学言语,有的念书,有的要在伦敦大学得学位而来预备论文,有的念元曲,有的念《汉书》,有的是要往中国去,所以先来学几句话,有的是已在中国住过十年八年而又想深造……总而言之,他们学的功课不同,程度不同,上课的时间不同,所要的教师也不同。这样,一个人一班,教授与两个讲师便一天忙到晚了。这些学生中最小的一个才12岁。老舍作为讲师做了许多教授才有资格做的事,如主讲"唐代爱情小说"讲座。

因此,东方学院就出现了一些滑稽的场面。教育的市场化决定按需供应,学院没有办法开设一定的课程,而是兵来将挡,学生想学什么就教什么,教授与讲师就很不易当。中国语文系有一回收了个英国医生学生,要求教他点中国医学。老舍不肯教,教授也傻了眼。结果呢,还是由教授和他对付了一个学期。如果他不肯敷衍这个医生,大概院长那儿就更难对付。老舍只能"欣赏"这个学院的办法,来者不拒,一人一班,完全听学生的。不过,系里只有两三个教师,根本没办法让学生人人满意。

整班上课的,军人是一类。成批的军人一同来就合成一班,分成几组,三个学中文,两个学日文,四个学土耳其文……这些小军官好教,差不多都是世家出身,很守规矩而且用功。他们学语言不管用得着与否,考试最重要。据说学会一种语言的可以每年多领100镑。他们在英国学一年中文,然后就可以派到中国去。到了中国,他们继续用功,而后回到英国接受测验,测验及格便可加薪俸了。老舍参加过对他们的书面和口头的考试,考题很不容易,既

要能和中国人会话,又要能够阅读报纸上的社论与新闻,还要会翻译中国的操典与公文。学中文的如是,学别种语文的也如是。这些人在英国与别国的交战中充当秘密侦探等。老舍认识一个年轻的军官,他已考及格过四种言语的初级试验,才23岁!不由得令他感慨,要想打倒帝国主义,得先充实自己的学问与知识。

最差的学生是银行的练习生们。这些中等人家的子弟,没有军人那样的规矩与纪律,他们学语言只为混资格,考试及格就有被调到东方来的希望。即使真被派遣到新加坡、香港、上海等处,他们也可以不说一句东方语言而把事全办了。他们是来到这个学院预备资格,不是预备语言,所以不好好地学习。教员们都不喜欢教他们,他们也看不起教员,特别是外国教员。他们身上有英国人的一切低劣的品质,而英国人所具有的优点他们还没有学到。

东方学院的学制是一年分三学期,每学期上十周课,一年可以有五个月假。要不然,班次这么多,功课这么复杂,真是累呢。老舍往往不能在假期中一气离开伦敦许多天,假期中可能还有学生愿意上课,不过这也得教学双方都情愿。假期中上课,学费便由先生定。在1925年7月学院秘书的书信中,就有征询老舍意见的,问他是否愿意给一个学生上课。学期中正常上课,课表上总设法使每个教员空闲半天,加上星期六下午没有课,合起来每周有两天的休息时间。

老舍在东方学院开头的两年,基本上是以教授语言为主。在英国,一切都以协约的法律形式说话。1926年6月,老舍根据合同,给院长写信提出下学期应该增加工资。7月,院长以一种迂回的方式提出,让他在学院举办的"东方和非洲诗歌"系列讲座做一个讲演,指定题目为"唐代爱情小说"。按照院方的行政逻辑,给教师加工资必须有相应的业绩标志其学术水平与能力,所以在一个诗歌系列讲座中插进去一个关于小说的内容。隔一天,老舍就给秘书回信,并且陈述了详细的讲演提纲,院长次日当即回复表示满意。在老舍提出增加工资的要求,学院秘书与他签约的时候,在北京的伍德小姐去信询问合同副本交给谁了,顺便称赞老舍"舒先生的工作非常令人满意"。接下

第三章 英/伦/记/略

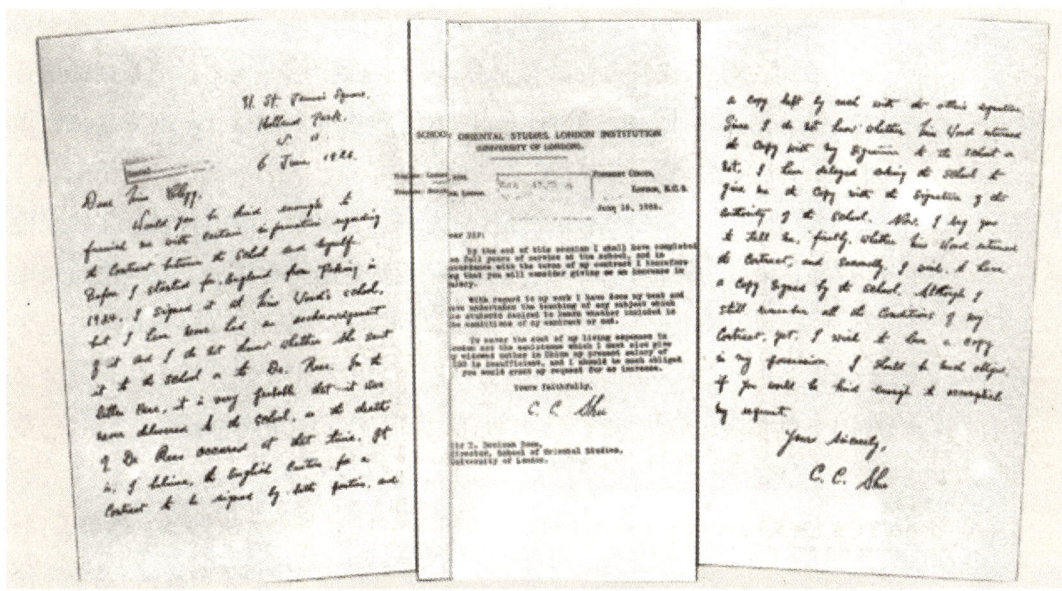

这是老舍1926年给学院秘书和院长的两封信,手书的是向秘书查询来东方学院任教前签署的协约副本,中间用学院公函信笺打印的是给院长要求履行协约,给予加薪的信件。前者的日期是6月6日,后者是6月16日。两封信反映出老舍已适应了英国的法律协约交往的社会行为方式,这和老舍后来的社会态度与行为方式有密切关联。

来,老舍被任命为中国官话和中国古典文学讲师,年薪300镑,学校将付给他回国路费。1927年老舍在东方学院的工作,是讲授官话口语、翻译、古文和历史文选。老舍和布鲁斯一起承担道教、佛教文选的课程,和爱德华兹小姐一道承担写作课程。

说到底,老舍在东方学院和他的同事一样,最主要的工作是教中国语言。教学过程时过境迁,留下的痕迹却不简单。有一套名为《言语声片》(Linguaphone Oriental Language Courses)的系统的对外汉语教学教材保存着,这是老舍在东方学院任教期间和他的同事布鲁斯教授、爱德华兹讲师共同编写的,署名老舍(英文名C.C.Shu)、布鲁斯、爱德华兹编。全书分上、下两册,注音(采用当时流行的威妥玛式拼法)英文解释和汉字部分分开,上册为注音和英文解释,下册为汉字部分,另有一套录音唱片。全书由"发音练习"和"课文"两部分组成。另外,书后还附有汉字表。书的中文部分全由老舍负责,课文、生词是他亲手抄写的。前面的15课只有生词和句型,没有会话;16—27课是会话,专题对话内容丰富,有16个专题:打电话、卖水果、遇友、火车站、游戏、看小说、贺友人结婚、邮政局、银行、洋服装、烟铺和卖糖的、旅馆、江上、商业谈话、阿拉伯人和他的骆驼、新闻；28—30课的内容全部由老舍执笔；录音唱片也是老舍洪亮而有青春气息的声音。老舍的北京话的语音是英国人无法比的，1926年9月29日，英国广播电台（BBC）曾邀请老舍去做过一个简短演讲。

《言语声片》是以北京音进行教学的。老舍用自己的语言教学实践来推广以北京语音为标准音的国语，是普通话教育的先驱之一。它完全是用丰富、活泼、地道的北京口语编写的，用词造句符合北京真实的口语习惯。老舍在课文中还对中国当下的白话小说与传统旧小说作比较，给学生选课文又兼顾中西经典，有《伊索寓言》中的"酸葡萄"故事的中文翻译和《红楼梦》第二十五回等。

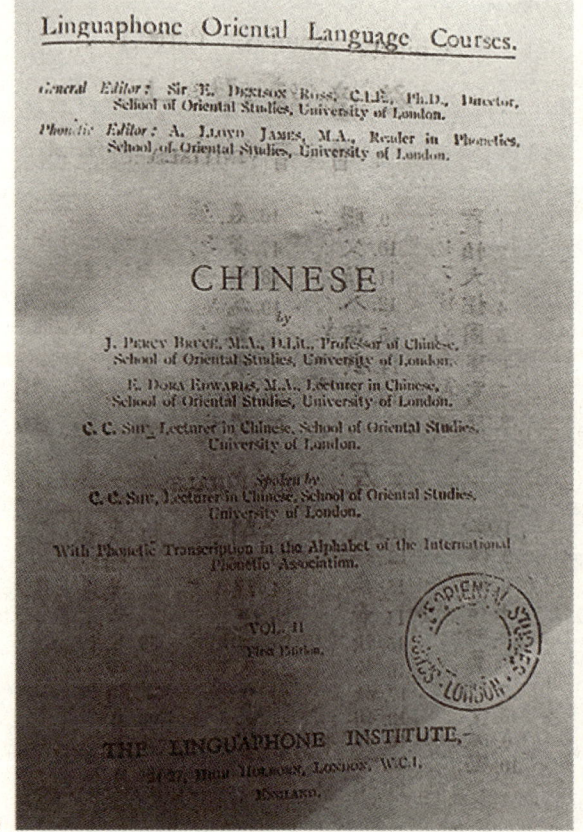

《言语声片》教材版权页，上面有老舍的身份说明。

从1924年的秋天，到1929年的夏天，老舍在伦敦住了5年。除了暑假、寒假和春假，老舍离开伦敦几天，到乡间或别的城市去游玩，其余的时间都消磨在这个大城里。1924年秋老舍初到伦敦，许地山已先来到，要去牛津继续研究比较宗教学，开学前先在伦敦住几天。几天的工夫，许地山带着老舍到城里城外玩耍，观赏泰晤士河上的落日余晖，沿着河走，去看古木参天的汉普顿宫……把伦敦看了一个大概。

第三章 英/伦/记/略

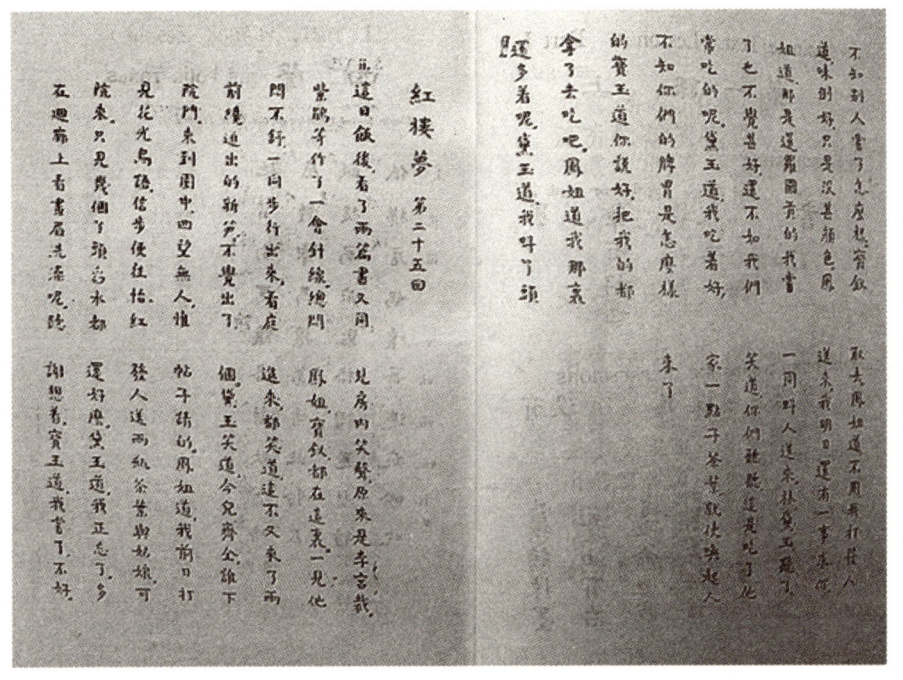

老舍抄录的《红楼梦》片段，印在教材《言语声片》中。

要想像英国人那样旅游度假不容易。工作忙，假期里有时还得到学校去；经济条件也是个限制，英国的旅馆与火车票价都不便宜。走出伦敦，老舍游览过名胜巴斯，到过布里斯托尔和英国海军基地朴次茅斯，也去过著名的牛津、剑桥——许地山在那里呢。暑假、寒假时，许地山必从牛津到伦敦来玩几天。这里的宁恩承、郦堃厚、吴定良、邱祖铭、吴南如，加上老舍成立了一个"六君子"读书会。许地山更是个会读书的，来了就请他闲扯。他能从容地从贩夫走卒的俗野高飞到学者的深刻高明，谈一整天不倦，大家听一天也不感疲倦。许地山独自出去，不是到博物院，必是入图书馆，一进去就忘了出来。有一次，在上午八九点钟，老舍在东方学院的图书馆楼上发现了他。到吃午饭的时候去唤他，他不动。一直到下午5点，他才出来，还是因为图书馆已到关门时间。找到了老舍，他不住喊饿，说已饿了10个小时。许地山遇到朋友的时候，就忘了自己；朋友们说怎样，他总不驳回。到东伦敦去买黄花木耳，大家做些中国饭吃？好！去逛动物园？好！玩扑克牌？好！他似乎永远没有忧

老舍和张伯苓等在英国伦敦植物园留影。

郁,永远不会说"不"。许地山是诗人,又是"俗"人。为了读书,他可以忘了吃饭。但一讲到吃饭,他却又不惜花钱。老舍也一个人出游,为了对英伦三岛都有所认识,1928年他远行到爱尔兰都柏林的避暑胜地霍斯,此后又去了苏格兰的爱丁堡。1929年,老舍领了返程路费离开英国,去欧洲大陆走了一遭。

二、读书、写小说

老舍如何写起小说来？第一动因是记忆的活跃,北京城与北京人在他的头脑中太活跃,不把他们写在纸上,便心下难安。老舍一生,从20世纪20年代到20世纪50年代之前,一半的岁月身在异乡为异客。作为生于斯、长于斯、歌哭于斯的故土北京,常常会浮现在他脑海中。唯有在济南、青岛可以不时地回北京城来探望老人和朋友。北京城的景象与声息活在老舍的情感世界中,他在英国想了五年,抗战时在武汉、重庆想了八年,战后去美国想了三年。这个经验,他在青岛时候就总结为《想北平》:

第三章 英/伦/记/略

设若让我写一本小说,以北平作背景,我不至于害怕,因为我可以捡着我知道的写,而躲开我所不知道的……

可是,我真爱北平。这个爱几乎是要说而说不出的。我爱我的母亲。怎样爱?我说不出。……我所爱的北平不是枝枝节节的一些什么,而是整个儿与我的心灵相粘合的一段历史,一大块地方,多少风景名胜,从雨后什刹海的蜻蜓一直到我梦里的玉泉山的塔影,都积凑到一块,每一小的事件中有个我,我的每一思念中有个北平,这只有说不出而已。

……因为我的最初的知识与印象都得自北平,它是在我的血里,我的性格与脾气里有许多地方是这古城所赐给的……

……面向着积水潭,背后是城墙,坐在石上看水中的小蝌蚪或苇叶上的嫩蜻蜓,我可以快乐地坐一天,心中完全安适,无所求也无可怕,像小儿安睡在摇篮里……

……北平在人为之中显出自然,几乎是什么地方既不挤得慌,又不太僻静;最小的胡同里的房子也有院子与树;最空旷的地方也离买卖街与住宅区不远。这种分配法可以算——在我的经验中——天下第一了。北平的好处不在处处设备得

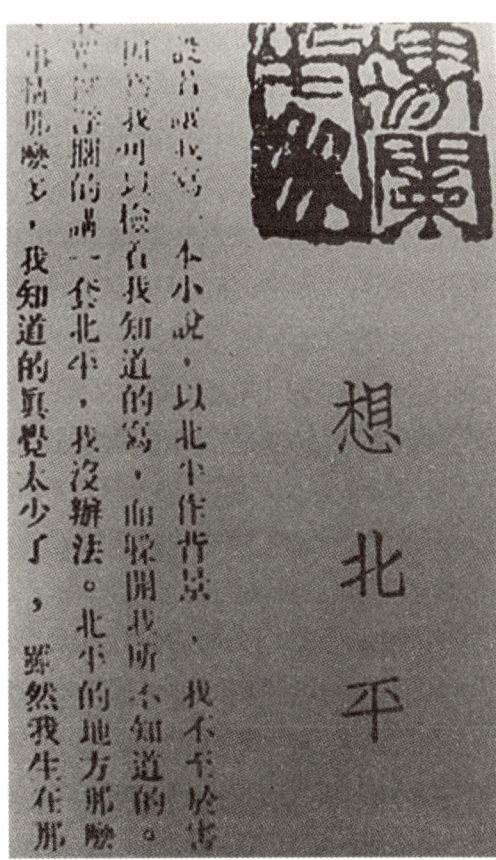

散文《想北平》,老舍在文中倾诉了对家乡的深情。

完全,而在它处处有空儿,可以使人自由的喘气;不在有好些美丽的建筑,而在建筑的四围都有空闲的地方,使它们成为美景。每一个城楼,每一个牌楼,都可以从老远就看见。况且在街上还可以看见北山与西山呢!①

这种怀乡的情感渗透在老舍编写的《言语声片》中,教材让外国学生了解北京的地名、商号、交通工具和习俗:地名有正阳门大街、钟鼓楼、青石桥……;老字号有同和、永昌、银城银行、华北储蓄银行……;交通工具有轿子、小车、东洋车、轿车、人力车……;抽的烟有叶子烟、黄丝烟、吕宋烟、"三炮台",此外,还有水烟;穿着的有时兴的河南绸和法兰绒的卫生衣等。这里当然记不下老舍太多的记忆:

……物质上,我却喜爱北平的花多菜多果子多。花草是种费钱的玩艺,可是此地的"草花儿"很便宜,而且家家有院子,可以花不多的钱而种一院子花,即使算不了什么,可是到底可爱呀。墙上的牵牛,墙根的靠山竹与草茉莉,是多么省钱省事而也足以招来蝴蝶呀!至于青菜,白菜,扁豆,毛豆角,黄瓜,菠菜等等,大多数是直接由城外担来而送到家门口的。雨后,韭菜叶上还往往带着雨时溅起的泥点。青菜摊子上的红红绿绿几乎有诗似的美丽。果子有不少是由西山与北山来的,西山的沙果、海棠,北山的黑枣、柿子,进了城还带着一层白霜儿呀!②

到异乡的新鲜劲儿渐渐消失,老舍半年后开始感觉寂寞,也就常常想家,想在国内所知道的一切。乡愁历来是抒情的重要源头,为文做诗是纾解

---

① 老舍:《想北平》,见《老舍文集》,第14卷,62~63页,北京,人民文学出版社,1989。
② 老舍:《想北平》,见《老舍文集》,第14卷,64页,北京,人民文学出版社,1989。

第三章 英/伦/记/略

《老张的哲学》不同版本书影。

乡愁的好办法。老舍写旧体诗在师范学校就有很好的根底,可是五四开始的白话文对他是一个更大的诱惑。待在英国当然要学好英文,老舍把读小说作为重要的学习方法。想起北京来眼前便浮现出一些图画,这些图画常在心中来往,每每在读小说的时候,他忘了读的是什么,而呆呆地忆及自己的过去。小说中是些图画,记忆中也是些图画,为什么不可以把自己的图画用文字写下来呢?于是老舍想拿笔写小说了。这是他写作《老张的哲学》和《赵子曰》的最大动力。

写什么有了,怎样写?老舍读过唐人小说和《儒林外史》,外国小说刚刚读了《尼考拉斯·尼柯尔贝》和《匹克威克外传》,狄更斯的幽默有更大的吸引力,足以使他大胆地放开去写。形式学外国的,内容上就把浮在记忆上的那些有色彩的人与事都随手取来。当过小学校长和劝学员,那就写北京办小学的经历,把五四婚姻自由的要求变成两对青年男女的感情穿插着进行,顾不上对人事的控制。《老张的哲学》中的人与事情,有许多值得讽刺批判,于是幽默一下,毫不客气地叫做"哲学"。幽默文字要俏皮,一旦放手去写就容易流于耍贫嘴,可是这个诱惑不易躲避。一个局面或事实可笑,描写的时候便

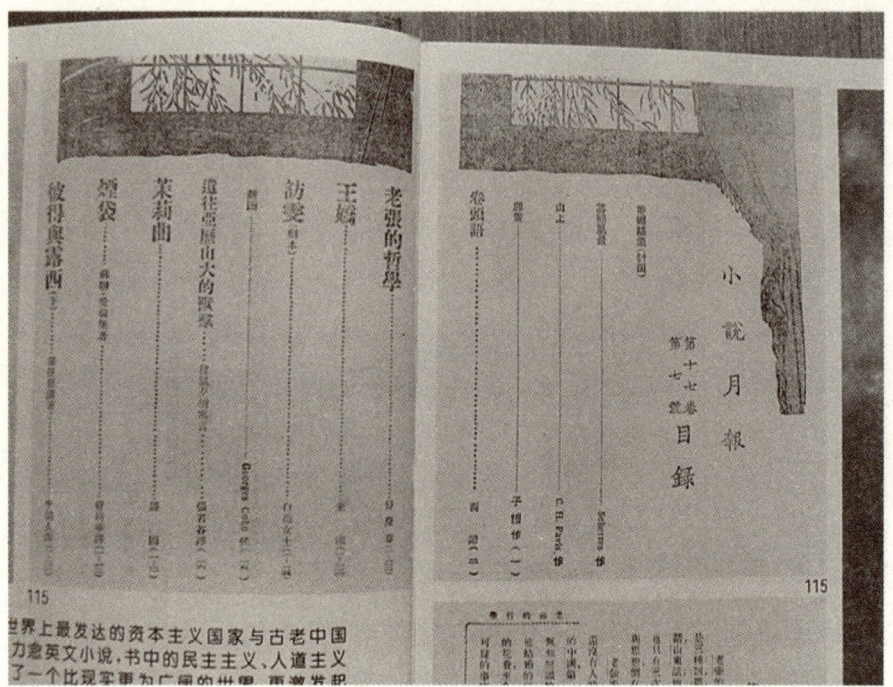

《老张的哲学》连载于1926年《小说月报》第17卷7—12号，第8号上首次使用笔名老舍。

顺手加上了招笑的文字，成了一种夸张的文体。一年里闲着就写点，没有稿纸，就学许地山用三个便士一本的作文簿，钢笔横书。老舍写完后恰好许地山到伦敦来了，谈话间就掏出小本给他念两段，许地山听得只顾了笑，并怂恿老舍寄到国内给郑振铎。两三个月后，《小说月报》把它登载出来了。

成功促使人更投入，《赵子曰》便是这激励的结果。"老张"揭发社会上那些老舍熟悉的人与事，"老赵"是描写一群学生。写"老张"依赖经验，人与事多半是真实的，专凭想象是不会来得这么方便的。写《赵子曰》时，老舍离开学生生活已六七年，学校的情形大不相同了。老舍在"招待学员"的公寓里住过，也同情学生们的热烈与活动，可他是站在五四运动外面的，所以在思想上与写的这些人物有距离。老舍冷静地在解放与自由的声浪中，在严肃而混乱的场面中，找到了笑料，看出了缝隙。所以，后来老舍检讨《赵子曰》不鼓舞，而在轻搔新人物的痒痒肉！

《老张的哲学》和《赵子曰》的不同在于：前者事实多，想象少，后者想象

第三章 英/伦/记/略

多,事实少;前者文字与构思都不免才情的泛滥,后者文字挺拔利落,结构上紧凑了许多。《赵子曰》的人物只有一两位有真的影子,叙述的主体与后来一般写五四青年学生运动的作品差别不小,在老舍那里实业救国可能比思想革命更具体、更切实可靠一点。

老舍的生活经验决定了他的思维方式与叙述态度,他说:"虽然我那时候还未到三十岁,我自幼贫穷,做事又很早,我的理想永远不和目前的事实相距很远,假如使我设想一个地上乐园,大概也和那初民的满地流蜜,河里都是鲜鱼的梦差不多。"《赵子曰》里只有一个女角,而且始终没露面。老舍后来说他怕写女人,没机会交女友,也似乎以此为荣。这本书仍然写在练习簿上,也差不多用了一年时间。幽默也是一贯的,写完后交给宁恩承看看有什么错儿,宁恩承边吃早餐边看,笑得把盐当糖放到了茶里。

老舍在北京师范学校所学的是传统的诗文和民初改良的新知识,而真正中西贯通是在英国教书之余通过大量阅读实现的。否则很难想象,老舍回到中国后怎能在大学里开设种种西方文艺的课程,怎能写出系统的文学理论著作《文学概论讲义》。东方学院图书馆给了他一个良好的环境。读西洋书

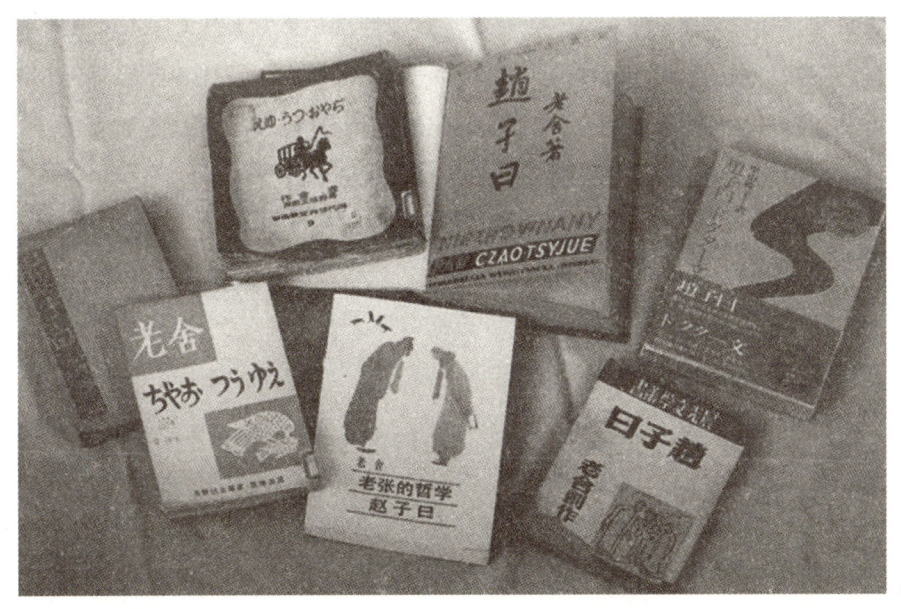

《赵子曰》各种版本书影。

东方学院大楼内的图书馆,老舍在英国五年中在此读书、写小说。

的原初的起点仍然是写小说,老舍明白要写作便须读书,读书与著书是不可分离的事。他初次执笔写小说的时候,并没有考虑自己应否学习写作和自己是否有写作的才力。一边写着"老张",一边抱着字典读莎士比亚的《哈姆莱特》。当时他怀疑:以我们的大学里的英文程度,而必读一半本莎士比亚,是不是白费时间?再读英译的《浮士德》,也丝毫没得到好处。老舍非常苦闷,这公认的不朽之作,为什么并没有给他一点好处呢?

想必是许地山等人,教老舍先读欧洲史,读完了古希腊史,再去读古希腊文艺,读完了古罗马史,再去读古罗马文艺……这是研究文学历史的学者的方式,当时未见得有显著效果,后来教书却派上了用场。从历史中,老舍看见了某一国在某一时代的大概情形,而后在文艺作品中又看见了那一地那一时代的社会光景,二者相证,就弄明白了一点文艺的内容与形式都有其规律。然而老舍有点不耐烦这样的过程,可是,一位会读希腊原文的老先生给他读了几十行荷马,那不是读诗,而是在唱最悦耳的歌曲!大概荷马的音乐就足以使它不朽吧?老舍决定继续读,他感觉《奥德赛》更有趣一些,有点像冒险小说。

老舍是那种研究的理性与创作的形象思维并行不悖的学者型作家,不过他的理论表述可以如谈话一样,清晰而易于接受。他在上世纪三四十年代的省思,是在东方学院的图书馆开始的:

> 希腊的悲剧教我看到了那最活泼而又最悲郁的希腊人的理智与感情的冲突,和文艺的形式与内容的调谐。我不能完全明白它们的技巧,因为没有看见过它们在舞台上"旧戏重排"。从书本上,我只看到它们的"美"。这个美不仅是修辞上的与结构上的,而也是在希腊人的灵魂中的;希腊人仿佛是在"美"里面呼吸着的。
>
> 假若希腊悲剧是鹤唳高天的东西,我自己的习作可仍然是爬伏在地上的。一方面,古希腊的三大悲剧家是世界文学史中罕见的天才,高不可及,一方面,我读了阿里斯托芬的喜剧,而喜剧更合我的口胃。假若我缺乏组织的能力与高深的思想,我可是会开玩笑啊,这时候,我开始写《赵子曰》——一本开玩笑的小说。
>
> 在悲剧喜剧之外,我最喜爱希腊的短诗。这可只限于喜爱。我并不敢学诗。我知道自己没有诗才。希腊的短诗是那么简洁,轻松,秀丽,真像是"他只有一朵花,却是玫瑰"那样。我知道自己只是粗枝大叶,不敢高攀玫瑰!
>
> ……
>
> 古罗马的作品使我更感到气闷。……我喜爱跳动的,天才横溢的诗,而不爱那四平八稳的工力深厚的诗。维吉尔是杜甫,而我喜欢李白。罗马的雄辩的散文是值得一读的,它们常常给我们一两句格言与宝贵的常识,使我们认识了罗马人的切于实际,洞悉人情。可是,它们并不能给我们灵感。一行希腊诗歌能使我们沉醉,一整篇罗马的诗歌或散文也不能使我们有些醉意——罗马伟

大,而光荣属于希腊。

对中古时代的作品,我读得不多。北欧、英国、法国的史诗,我都看了一些,可是不感兴趣。它们粗糙、杂乱,它们确是一些花木,但是没经过园丁的整理培修。尤其使我觉着不舒服的是它们硬把历史的界限打开,使基督前的英雄去做中古武士的役务。它们也过于爱起打与降妖。它们的历史的、地方的、民俗的价值也许胜过了文艺的,可是我的目的是文艺呀。

使我受益最大的是但丁的《神曲》。我把所能找到的几种英译本,韵文的与散文的,都读了一过儿,并且搜集了许多关于但丁的论著。有一个不短的时期,我成了但丁迷,读了《神曲》,我明白了何谓伟大的文艺。论时间,它讲的是永生。论空间,它上了天堂,入了地狱。论人物,它从上帝,圣者,魔王,贤人,英雄,一直讲到当时的"军民人等"。它的哲理是一贯的,而它的景物则包罗万象。它的每一景物都是那么生动逼真,使我明白何谓文艺的方法是从图像到图像。天才与努力的极峰便是这部《神曲》,它使我明白了肉体与灵魂的关系,也使我明白了文艺的真正的深度。

文艺复兴时期的作品永远给人以灵感。尽管拉伯雷是那么荒唐杂乱,尽管英国的戏剧是那么夸大粗壮,可是它们教我的心跳,教我敢冒险去写作,不怕碰壁。不错,浪漫派的作品也往往失之荒唐与夸大,但是文艺复兴的大胆是人类刚从暗室里出来,看到了阳光的喜悦,而浪漫派的是失去了阳光,而叹息着前途的黯淡。文艺复兴的啼与笑都健康!

因为读过了但丁与文艺复兴的文艺,直到如今,我心中老有个无可解开的矛盾:一方面,我要写出像《神曲》那样完整的东西;另一方面,我又想信笔写来,像拉伯雷那样要笑就笑个痛快,要说什么就说什么。细腻是文艺者必须有的努力,而粗壮又似乎足以使人们能听见巨人的狂笑与嚎响。我认识了细腻,而又不忍放弃粗壮。我不知道站在哪一边好。①

老舍出入于西方文学的各个时期与风格，《神曲》是无可比拟的，五四运动从中国封建的中世纪走出来，却很难在断裂中找到一个承续与重建的转折点。就本质来说，老舍的小说美学是个古典主义的修订版。在古典主义中，他抓住了"节制"，在文学的感情、美与想象的特质中，老舍总是对想象控制得恰好，当然这是从《老张的哲学》以后开始的。对文学想象中的结构、处置与表现，老舍都有谨严的计划。必须强调的是，老舍的"节制"并不仅仅受限于古典主义，《二马》的结构很匀调，但是现代主义的康拉德对他的启发意义更大。所以，老舍的古典主义不是匍匐在古人面前，而是一种开放的、吸纳一切时代的文学精华的小说美学。老舍说：

> 在我做事的时候，我总愿意事前有个计划，而后一一的"照计而行"。……在我的作品里，我可是永远不会浪漫。我有一点点天赋的幽默之感，又搭上我是贫寒出身，所以我会由世态与人情中看出那可怜又可笑的地方来；笑是理智的胜利，我不会皱着眉把眼钉在自己的一点感触上，或对着月牙儿不住的落泪，因此，我很喜欢十七八世纪假古典主义的作品。不错，这种作品没有浪漫派的那种使人迷醉颠倒的力量；可是也没有浪漫派的那种信口开河，唠里唠叨的毛病。这种作品至少是具有平稳，简明的好处。在文学史中，假古典主义本来是负着取法乎古希腊与罗马文艺的法则而美化欧西各国的文字的责任的；对我，它依样的还有这个功能——它使我知道怎样先求文字上的简明及思路上的层次清楚，而后再说别的。②

---

① 老舍：《写与读》，见《老舍文集》，第15卷，542~544页，北京，人民文学出版社，1990。
② 老舍：《写与读》，见《老舍文集》，第15卷，544~545页，北京，人民文学出版社，1990。

1928—1929年，老舍开始读现代的英法小说。读近三十年来的第一流作家的代表作，计划至少读每人的一本名著。可是现代是小说的世界，每一年都产生几本可以传世的作品。而且读过名家的一本小说，趣味又推动着再读另一本。英国的威尔斯、康拉德、梅瑞狄斯，法国的福楼拜与莫泊桑……一年多的时间里昼夜读。老舍总结"论"文艺不如"读"文艺，现在中国大学里，恐怕光论而不读是毛病。阅读经验影响着开始小说创作不久的老舍：第一，他喜欢近代小说的写实的态度与尖刻的笔调。小说已成为社会的指导者，人生的教科书，是用引人入胜的方法做某一事理的宣传。第二，最心爱的作品，如赫胥黎的科学的浪漫故事和康拉德的海上的冒险，未必是能仿造的。第三，传久的作品，不管是属于哪一派，大概都有健康、崇高、真实的相同点。风行一时的作品难免境迁书灭。自己写长篇小说，永远不刻意地模仿任何文派的作风与技巧，写短篇有时去模仿一下是为给自己一点变化。第四，多读而多知道一些形式，就能把内容放到最合适的形式里去。回国之后，老舍才有机会多读俄国的作品，觉得俄国的小说是世界伟大文艺中的"最"伟大的，虽然才力不够去学它们，可是有它们在心中，催促自己别太低级，勿甘自弃。

老舍要求自己：要成为一个新文艺家，一定不能只以模仿为满足。要开拓我们的思想，把世界上那些最善最美最真的都须略略知道一点，使我们成为一个会为全人类思想的中国人。必须在描写自己的时候，也关切到我们的世界。因此，欲治新文艺，就必先预备至少一两种外国语言，使我们多长出一两对眼睛来。为我们学习起见，便不应只抱着《红楼梦》，而不去多学几招。无论是但丁、歌德，还是托尔斯泰，他们总把眼睛放开，看到他们所能看到的世界，尽管你一点也不信天堂、地狱，但是你没法不承认但丁的伟大。他把天堂、地狱与人间合到一处去指导人生。他到今天也使我们崇拜，因为世界文学史中还没有第二个但丁。假若我们只闭户读文艺遗产，而不睁眼去看社会，便只认识了死的灵魂，而忘了活的世界。

通过对整个欧洲文学阅读咀嚼，对欧洲与世界现代进程的了解与感受，老舍的文化与文学的视野比写《老张的哲学》有了很大的调整。《二马》是老

第三章 英/伦/记/略

《二马》各种版本书影。

舍在英国写的最后一部长篇小说,它有意往"细"里写。《二马》中的细腻处,在《老张的哲学》与《赵子曰》里是找不到的,前两部小说中的泼辣恣肆处从《二马》以后也不多见了。

《二马》以倒叙开篇,结构上先有了结局,故事的全盘设计已有了轮廓。老舍要像康拉德那样把故事看成一个球,从任何地方起始它总会滚动。在文字上,老舍试验做出一种简单的、有力的、可读的而且美好的文章,这从《二马》中的那些风景描写上可以体现出来。那时候老舍就想试试:一个洋车夫用自己的言语能否形容一个晚晴或雪景呢?假如他不能的话,让我代他来试试,用顶俗浅的文字,做不到宁可不去描写。小说的材料,是他在国外四五年中慢慢积蓄下来的。故事中那些人与事完全属于虚构,几乎没有一个人、一件事曾在伦敦见过或发生过。《二马》的写作动机是比较中国人与英国人在文化上的不同处,所以一切人差不多都代表着什么;不完全忽略他们的个性,可是更注意他们所代表的民族性。小说主题上的成功与限制都体现在文化与民族特点的比较上了。

老马代表老一辈的中国人，小马代表年轻一代。老马的描写有相当的成功；虽然他只代表了一种中国人，可是到底他是作者最熟识的。作者自己分析老马这个形象："不好，也不怎么坏；他对过去的文化负责，所以自尊自傲，对将来他茫然，所以无从努力，也不想努力。他的希望是老年的舒服与有所依靠；若没有自己的子孙，世界是非常孤寂冷酷的。他背后有几千年的文化，面前只有个儿子。他不大爱思想，因为事事已有了准则。这使他很可爱，也很可恨；很安详，也很无聊。"

马威不能算是个成功的形象。五四运动时老舍是个旁观者，当革命军北伐时他又远在英国，写比自己小十岁的青年，老舍未免有隔膜。老舍交代当时的想法，是要给中国人找一个理想的青年形象："那时在国外读书的，身处异域，自然极爱祖国；再加上看着外国国民如何对国家的事尽职责，也自然使自己想做个好国民，好像一个中国人能像英国人那样做国民便是最高的理想了。个人的私事，如恋爱，如孝悌，都可以不管，自要能有益于国家，什么都可以放在一旁。这就是马威所要代表的。……马威反正是这个理想的产儿。他是个空的，一点也不像个活人。他还有缺点，不尽合我的理想，于是另请出一位李子荣来作补充；所以李子荣更没劲！"小说中的英国人形象，是在幽默的叙述语调中完成的，他们的褊狭的爱国主义决定了他们所表现出的某种偏见。

老舍控制着恋爱的穿插，把恋爱作为副笔，设法使之成为揭露人物性格与民族成见的机会，不准恋爱情节自由地展动。写《二马》也差不多用了一年的工夫。全篇写完，托朋友看一遍，把错字给挑出来，然后寄给《小说月报》，老舍便和伦敦说了"再见"。

三、译 事

老舍有个心愿，希望在世界与中国之间确立一个新的出发点，这就必须沟通世界与中国。文学界都知道，老舍兼擅各种文体，是"文武昆乱不挡"的全能作家。一般人很少了解老舍精通英语，他在英、美时用英文写作、做学术讲演,在英国讲过《唐代的爱情小说》(T'ang Lover Stories),在美国谈《中国现代小说》(The Modern Chinese Novel),也写过英文话剧。当然更少有人知道,老舍不仅是个"写"家,还是个"译"家。他能在现场同声翻译英语,也能从事小说、戏剧、诗歌、散文的笔译。

老舍的口语好,只是偶尔一露风采。抗战期间,一次公众集会,有许多外国朋友在场,他的朋友负责英、法两种语言的翻译,累得出汗了。老舍不忍,提议朋友只管翻译法语,把英语留给自己。老舍说得一口流利的伦敦英语,一时举座皆惊。

老舍涉及的译述范围很广。1930年从英国回来任齐鲁大学教授时,他就开始书面翻译。他主讲的"文艺思潮""文学概论""文艺批评""小说及作法"和"世界文艺名著"五门课程,主要参考文献是外文的。他的《文学概论讲义》引述了数十位西方作家、理论家的观点,从古希腊到现代主义,较多的是现代前沿外国理论,当时这些文献十之八九没有现成译文。老舍译过R.M. Church论但丁的论文,译过Elizabeh Nitchie的《文学批评》,前两章刊载于《齐大月刊》。所译作品有近现代小说、诗歌和戏剧,署名舍予或絜青等。这些翻译作品,大都集中在20世纪30年代前期。

20世纪50年代,老舍一度重拾译事。1954年在中国作协召开的全国文学翻译工作会议上,老舍说过翻译工作者的困难:既须精通外文,还得精通自己的语言文字。就在这精通的基础上,围绕着萧伯纳的戏剧翻译,两位受尊敬者的文字谋面,产生了译界的"华山论剑"。以老舍的幽默把握萧伯纳的讽刺,可谓相得益彰。他翻译了萧伯纳的戏剧《苹果车》,收入人民文学出版社1956年出版的《萧伯纳戏剧选》。前一年楼适夷从中介绍,请老舍审读朱光潜翻译的萧剧《英国佬的另一个岛》。二人英文都很好,但彼此的理念有出入,翻译风格的追求有差别。二人在通信中交流意见和交锋,态度都不失绅士风度:体谅对方,坚持自我。老舍给朱光潜写信:"我细细地读了您的译本,译得好极!恕我吹毛求疵:我觉得译笔枝冗了些——我知道这是为了通俗易懂,但有时即流于琐碎无力。好不好再稍紧缩一些呢?特别在原文非常俏皮

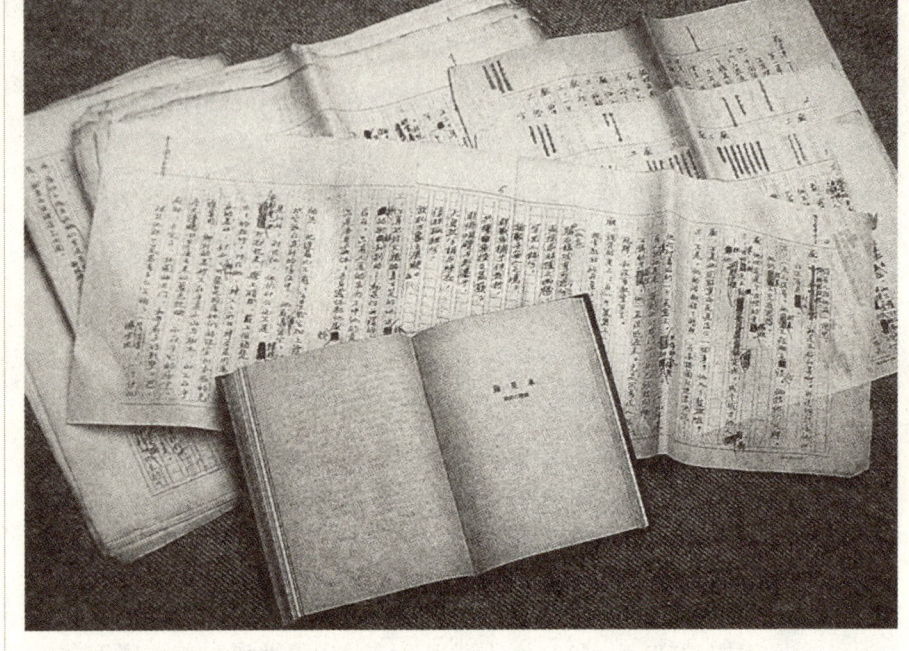

老舍翻译的萧伯纳的剧本《苹果车》，收入1956年7月人民文学出版社出版的《萧伯纳戏剧选》。图为老舍译《苹果车》部分手稿。

的地方，似乎不宜只顾通俗而把俏皮变为笨拙。"老舍将一些地方做了改动，最后表明："您若认为不妥，即祈再改回去。"朱光潜十多天后回信："承你应允替我校订萧剧译文，我十分感激。……你的译文我读过两遍，有些地方你译得很灵活……有些地方直译的痕迹相当突出。我因此不免要窥探你的翻译的原则。我所猜想到的不外两种：一种是小心地追随原文，亦步亦趋，寸步不离；一种是大胆地尝试新文体，要吸收西方的词汇和语法，来丰富中文。无论是哪一种，我都以为是不很明智的。"最终表明："自恃和你多年相识，才敢冒昧提出上面一点很直率的意见，我想你会了解而且原谅这一点忠直的意思。"二人对待翻译的差别在语境体味、现代白话形塑与风格处理上。作为多年的文字之交，他们都把翻译当做严肃的工作，即使为此而辩驳，也不在意。这番"华山论剑"，双方都显示出自尊与尊重他人的良好风范。不妨推测：朱光潜的信对老舍《苹果车》的翻译是个客观的推动。①

---

① 老舍：《老舍书信集》，238~240页，天津，百花文艺出版社，1992。

最为重要的译事是老舍不署名的"中译英",翻译明代小说《金瓶梅》和老舍自己的长篇小说《离婚》《四世同堂》和《鼓书艺人》。这是中外文人的跨文化合作,也是中国古典与现代文学穿越古今的世界流播。此事又分为两个时段,一段是20世纪20年代后期在英国翻译中国古代的经典,一段是20世纪40年代末在美国翻译老舍看重的自己的作品。前一段充满了真挚与诚信,平静的湖水波澜不惊,后一段在友谊之外,打上了现代社会文化的市场经济的烙印,如太平洋上的风生水起;前一段欧洲的保守与中国的诚信结合,后一段金钱与文化展开角逐,人本尊严与商业经济法则抗争;前一段是双向互助基础上的无私,后一段则是多元互利与争夺的关系,最大的问题是知识产权的不平等。

老舍帮助艾支顿翻译《金瓶梅》是一次无意间的遇合。老舍在《我的几个房东》中回忆艾支顿是他的"二房东","见到我,他说彼此交换知识,我多教他些中文,他教我些英文,岂不甚好?为学习的方便,顶好是住在一处,假若我出房钱,他就供给我饭食。"其实艾支顿这一阶段赋闲,只是由第二任夫人供养。他们一起住了三年,老舍绝口不提如何帮助艾支顿翻译《金瓶梅》的事情。艾支顿却不掠美,书出版时,他在扉页上特地印有"献给我的朋友舒庆春",并且注明:"在我开始翻译时,舒庆春先生是东方学院的华语讲师,没有他不懈而慷慨的帮助,我永远也不敢进行这项工作。我将永远感谢他。"两个人都有君子风范。

友谊增进学识,对双方都是如此。没有老舍,艾支顿大概无法准确地复现明代生活,语言也难以传神;没有艾支顿,老舍也不大可能精心研读《金瓶梅》,获得独立精确的文学史判断。二十年后,他在美国演讲《中国现代小说》,评价"明朝最出名的是《金瓶梅》,曾由英国人克利门·艾支顿译成英文,译名为《金莲》(*The Golden Lotus*——笔者注)。这部小说……无疑是中国最伟大的作品之一……是部极为严肃的作品,文笔优美。古怪的是,在英译本里,所谓淫秽的段落都译成拉丁文,大概是尽可能不让一般读者读懂"[①]。

[①] 老舍:《中国现代小说》,见《老舍全集》,第17卷,127~128页,北京,人民文学出版社,1999。

老舍帮助艾支顿翻译的《金瓶梅》(*The Golden Lotus*)是英文版的权威翻译，1939年出版。艾支顿在题词与"译者小记"中对老舍表示感谢。

艾支顿这样做，多半是迫于英国的道德保守，《查泰莱夫人的情人》不是也曾被禁吗？五次印刷之后，1972年的新版《金瓶梅》中的拉丁文才被改译成英文。

跨文化的工作就像两个恋人融为一体，必须由两人各自跨入对方的语境。老舍与外国人的合作始自"灵格风"教材。当年东方学院中文系的三位教师，布鲁斯（Bruce）教授、爱德华兹（Edwards）讲师和老舍密切合作，才有那样一套成功的教材。教授字词句是为会话打基础，而会话背后的文化语境的共融才是"通"的境界。没有这样的一段合作基础，老舍帮助艾支顿，其方式就不会让对方自然与顺畅地受益。"灵格风"汉语教材，可以算作老舍的第一桩译事。

第三章 英/伦/记/略

1946年，老舍和曹禺受美国国务院邀请赴美讲学。一年以后，曹禺回国，老舍申请留美继续创作。写完了《四世同堂》，又继续写《鼓书艺人》，其间还用英文写了三幕四场话剧《五虎断魂枪》。那时他内心一直回荡着一个声音：要把中国现代的优秀作品介绍给世界。老舍在国内时就驳斥"中国没有伟大作品"的谬论，认为茅盾、沙汀、曹禺、吴组缃诸先生的作品，若好好地译为外文，比之当代各国第一流著作，实无逊色。眼下适合做的工作，就是把自己的重要作品翻译出来，更因为美国人伊凡·金翻译《骆驼祥子》有意篡改，弄出个大团圆的结局，严重违背了《骆驼祥子》的主旨和悲剧风格，所以，他必须自己动手，维护作品的尊严。于是，他整天投入翻译工作，晚上和浦爱德（Ida Pruitt）合作翻译《四世同堂》，白天和郭镜秋合作翻译《离婚》，后来又翻译了《鼓书艺人》。这两个合作者，对中国文化都有着相当的了解，自己也有创作的经验。

20世纪的长篇小说，与《金瓶梅》在艺术上旗鼓相当者为谁？老舍努力证明是自己。从帮助翻译《金瓶梅》到自主翻译《四世同堂》，老舍对现代中国文学的自信日益增强。他要把自己最看重的作品翻译出去，让世界认识中华民

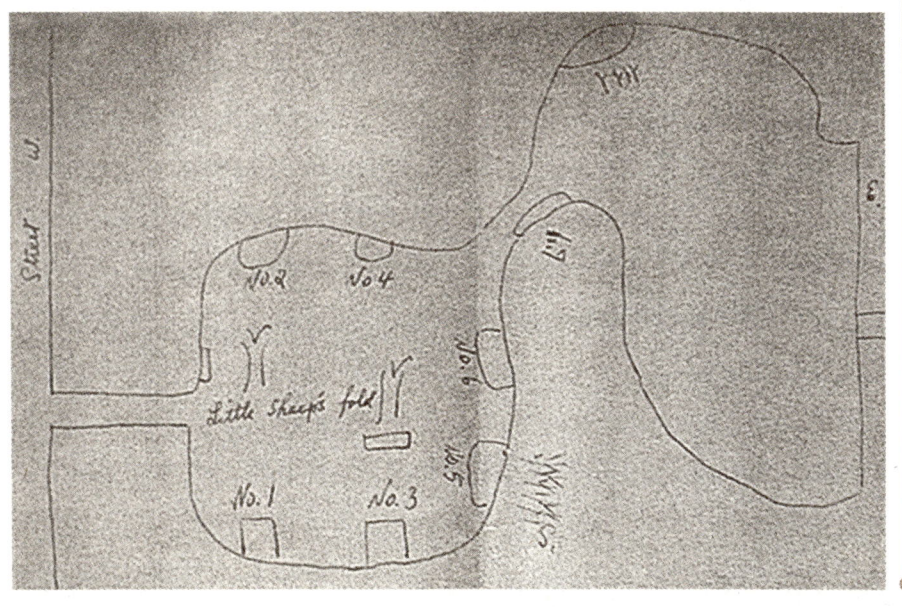

老舍和浦爱德合作翻译《四世同堂》，为了让合作者清楚，他自己画了小羊圈胡同的地理位置图。

《四世同堂》译者艾达·浦爱德20世纪40年代的照片。她出生于中国，在协和医院做过18年的社会服务工作，著有《在中国的童年》《汉家女儿》等小说。

族的生活方式、中国人20世纪以来承受的苦难、现代中国人的精神与情感特征。老舍只是给翻译者读、讲小说内容，绝不在修辞上参与。因为他了解，一旦生硬介入，结果足以破坏对方的语言风格的一致。他的方式，与林杼翻译外国小说，由一个了解外国生活的中国人讲述外国的过程构成对照，却更为接近了翻译的本质。

也有一时无法通译的，在这种情况下，往往是双方都妥协。老舍和艾支顿的合作是君子"固穷"而重"义"，但是和美国两位翻译者的合作也不能仅仅以"利"来衡量。她们背后有一套西方现代人合作的文化与经济规则。美国人对翻译著作的共同署名有规定：除去稿费分成的比例有所倾斜，原著者和翻译者平等合作、利益均沾。从翻译到出版，原著者和翻译者各自选定其法定代理人，由他们与出版方打交道，乃至和作者稿费分成的问题，也是由代理人提出与约定。尽管老舍的东方情感难以接受这般地绕弯子，实际运作过程还是按照法律保证的方式。老舍对郭镜秋的分成比例一再退让，因为稿费不是老舍的主要目的。而对伊凡·金侵犯著作权的行为，老舍则坚决斗争，绝不回避。伊凡·金在出版市场上被资本家看重，《骆驼祥子》的畅销刺激了老板们的逐利之心。伊凡·金也尝到了甜头，他又要翻译《离婚》，而且让老李和马少奶奶来一次团圆，这种荒唐的擅自更改简直是对这一作品的侮辱。老舍

第三章 英/伦/记/略

这部作品的主旨不是老李对爱的追求，而是对个人尊严的维护、对敷衍苟且的生活的针砭。伊凡·金一再用大团圆的结局破坏原著的精神结构，老舍视他的行为是严重挑衅，所以必须起而抗争。他让赵家璧在国内寻找种种版权证据，后者费尽心思请郑振铎出面，寻找著名的美国律师证明。但是，中美之间没有保护版权的法律协议，伊凡·金又因《骆驼祥子》的版权在手而占尽先机，打官司也不了了之。最终是资本市场胜利了，老舍和郭镜秋合作翻译的《离婚》与伊凡·金的篡改本《离婚》都摆上了售书架。老舍面对这样的事情，非常苦闷。他不能一直待在这样的国家里。

老舍看到资本主义的文化逻辑是一派"混沌"。1950年回国后，除了由朋友代理领一点属于自己的稿费，就不再和资本家的出版市场打交道了，也停止了自主翻译的努力。与外国翻译家合作的热诚，在与前苏联的翻译家打交道的时候，曾一度显现出来。参加苏联作代会期间，得知一位年轻的苏联翻译家正在翻译《月牙儿》，老舍非常高兴，随时指点种种文化上易于隔膜的地方。然而，这只是偶一为之。在翻译老舍作品的译作里，能吃透他的意思并体现在翻译中的，英若诚翻译的《茶馆》当为上乘之作。

老舍的翻译与一般学者型翻译家有不少差别，如果要命名，应该是体验与文字风格的有机结合。在译事草率成风的时候，说一说老舍的翻译逸事，正是不想让历史逃逸。

> 镜秋仁家 正教
>
> 南国骚人郭镜秋 青山碧海共悠悠 纵横
> 肇阵千军扫跌宕 文澜万里遨吟到梅
> 香花昊梦起看霜月玉为钧年 锦绣
> 添新著倾说英雄兑女愁
>
> 老舍

老舍在美国时赠给郭镜秋（《离婚》等的译者）的诗。

四、新加坡与《小坡的生日》

离开伦敦,老舍到欧洲大陆玩了三个月。他自我解嘲说:"钱在我手里,也不怎么,不会生根。我并不胡花,可是钱老出去得很快。据相面的说,我的指缝太宽,不易存财;到如今我还没法打倒这个讲章。在德法意等国跑了一圈,心里很舒服了,因为钱已花光。钱花光就不再计划什么事儿,所以心里舒服。幸而巴黎的朋友还拿着我几个钱,要不然哪,就离不了法国。这几个钱仅够买三等票到新加坡的。"老舍在欧洲大陆和在由马赛到新加坡的船上写《大概如此》,一共写了四万多字,到了新加坡因少了欧洲语境,便放弃了。这本是写在伦敦的中国的一男一女:男的穷而好学,女的富而遭了难,穷男救了富女而恋爱。男的堕入情海,女的拿爱作为报答,结果把男的毁了。

漂洋过海到了新加坡,老舍心里悬虚着。上岸之后,坐上一辆洋车,用手一指,车夫便跑下去。老舍想上商务印书馆去,记得是在条热闹街上,到英国

在巴黎,老舍与留法的朋友董绍良合影。

去的时候曾经在此处玩过一天。果然看到了商务印书馆。进门就找经理自报家门，请他介绍工作。经理包先生，先请老舍吃饭，然后让老舍去看南洋兄弟烟草公司的黄曼士先生，他在地面上很熟，而且好交朋友。后来，老舍和黄先生成了很好的朋友，在新加坡时常到他家去吃饭，也常一同出去玩。黄先生家给他寄龙井与香片，他把香片送给老舍。最终，中华书局经理徐采明先生给老舍找了个事做，他领老舍去了华侨中学。这个中学正缺少一个国文教员。

　　老舍马上搬来行李上任，支了点钱买条毯子夜间盖，又买了身南洋风味不中不西的白衣裳，赊了部《辞源》，这一夜睡得挺舒服。不过房间里有老鼠，啃坏了《辞源》，还有许多壁虎。上半天教书，吃过午饭就睡大觉，六点钟太阳落下，晚饭后还做点工，早午晚三次，在自来水龙头下冲凉。夜间不热，必须盖毯子，比起南京的夏夜，这里简直是仙境了。新加坡雨多，来得快，止得快，沙沙地下一阵，天又响晴。路上湿了，树木绿到不能再绿。空气里有些凉而浓厚的树林子味儿，马上可以穿上夹衣。住了不到几天，老舍发起烧来，身上起了小红点。把校医请来，吃了两包金鸡纳霜，躺了两天便好了。早晚在床上听着户外行人的足声，想象着一幅美的图画：路的两旁杂生着椰树、槟榔；海蓝的天空；穿白或黑的女郎，赤着脚，趿拉着木板，嗒嗒地走，偶尔看一眼树丛中那怒红的花。矮而黑的锡兰人，头缠着花布，一边走一边唱。

　　老舍对这里的学校和学生们的印象不错，反而是教员有点差劲：

　　　　学校也很好。学生们都会听国语，大多数也能讲得很好。他们差不多都很活泼。因为下课后便不大穿衣，身上就黑黑的，健康色儿。他们都很爱中国，愿意听激烈的主张与言语。他们是资本家——大小不同，反正非有俩钱不能入学读书——的子弟，可是他们愿打倒资本家。对于文学，他们也爱最新的，自己也办文艺刊物。他们对先生们不大有礼貌，可不是故意的；他们爽直。先生们若能和他们以诚相见，他们便很听话。可惜有的先生爱耍些小花样！学生们不奢华。一身白衣便解决了衣的问题；穿西服受洋罪的倒是先生们，因为先生们多是江浙与华北的人，多少习染了上海的派头儿。吃也简单，除了爱吃刨冰，他们并不多花钱。天气使衣食住都简单化了。……社会是个工商社会，大家不讲究穿，不讲究排场，也不讲究什么作诗买书，所以学生自然能俭朴。从一方面说，这个地方没有上海或北平那样的文化；从另一方面说，它也没有酸味的文化病。……事业都在广东福建人手里，当教员的没有地位，也打不进广东或福建人的圈里去。教员似乎是一些高等工人，雇来的；出钱办学的人们没有把他们放在心里。玩的地方也没有，除了电影，没有可看的。所以住到三个月，我就有点厌烦了。别人也这么说。还拿天气说吧，老那么好，老那么好，没有变化，没有春夏秋冬，这就使人生厌。况且别的事儿也是死板板的没变化呢。学生们爱玩球，爱音乐，倒能有事可做。先生们在休息的时候，只能弄点汽水闲谈。我开始写《小坡的生日》。①

老舍爱小孩，注意小孩子们的行动，《小坡的生日》便是写他们。他自己交代选材、主题：

在新加坡，我虽没工夫去看成人的活动，可是街上跑来跑去的小孩，各种各色的小孩，是有意思的，可以随时看到的。下课之后，立在门口，就可以看到一两个中国的或马来的小儿在林边或路畔玩耍。好吧，我以小人儿们作主人翁来写出我所知道的南洋吧——恐怕是最小最小的那个南洋吧！

上半天完全消费在上课与改卷子上。下半天太热，非四点以后不能做什么。我只能在晚饭后写一点。……得把外间的一切都忘了才能把笔放在纸上。这需要极大的注意与努力，结果，写一千

---

① 老舍：《还想着它》，见《老舍文集》，第14卷，29~30页，北京，人民文学出版社，1989。

第三章 英/伦/记/略

来字已是筋疲力尽,好似打过一次交手仗。朋友们稍微点点头,我就放下笔,随他们到林边的一间门面的茶馆去喝咖啡了。从开始写直到离开此地,至少有四个整月,我一共才写成四万字,没法儿再快。

写《小坡的生日》的动机是:表面的写点新加坡的风景什么的。还有:以儿童为主,表现着弱小民族的联合——这是个理想,在事实上大家并不联合,单说广东与福建人中间的成见与争斗便很厉害。这本书没有一个白小孩,故意的落掉。写了三个多月吧,得到五万来字;到上海又补了一万。

这本书中好的地方,据我自己看,是言语的简单与那些像童话的部分。它不完全是童话……又非以儿童为主的故事……

《小坡的生日》写到五万来字,放年假了。……在这个时节,又有去做别的事情的机会。……可是这些事都没成功,因为有人从中破坏。这么一来,我就决定离开。我不愿意自己的事和别人捣乱争吵。我已离家六年,老母已七十多岁,常有信催我回家。在阳历

《小坡的生日》,创作开始于新加坡,在上海郑振铎的家中完成。

二月底，我又上了船。

在上海写完了，就手儿便把它交给了西谛，还在《小说月报》发表。登完，单行本已打好底版，被"一·二八"的大火烧掉；所以才又交给生活书店印出来。①

倡导童心的冰心最喜欢《小坡的生日》，大概在她的心目中，小说要比作家自己评价得好得多。

---

①老舍：《老舍自传》，68~69页，南京，江苏文艺出版社，1995。

第四章
家山湖海

第四章

家山湖海

老舍从英国回来,到山东济南齐鲁大学任教,此后又转到青岛的山东大学。老舍在济南和胡絜青有了自己的家,母亲在北平,那里也有个自己的家,无论在济南还是青岛,常常回北平看母亲和亲戚朋友,那衣胞之地可是"家山"?!站在济南城里,南有山,北有湖,山、湖与泉水是济南的特色美,在此安居乐业,也算幸运了。来到青岛,老舍虽不能下海游泳,樱海、蛤藻和风物人情自然很美,写的《骆驼祥子》却全然是北平的人与事。所以家山湖海读破下来,就是老舍这几年的行踪,连起来读还是他的生命整体。

一、全家福

1930年3月老舍从新加坡回到上海,在上海完成了《小坡的生日》,回到北京已经是5月下旬了,他暂时住在白涤洲家。老舍这时已经是名满天下的作家,自然有人来探访。在《学生画报》当记者的陈逸飞来访时,他在午睡。陈逸飞留下一封信称之为"笑王"。这正对老舍的幽默劲儿,于是他又写了《辞王启》,说是"无妃无府无大轿",不能称为"笑王"。说的是笑话,可是这个"府"与"妃"的问题,正让老人和朋友着急呢。三十多岁不结婚,没有个太太("妃"),没有个家("府"),在那个时代一般人眼中,是个怪物!老舍不着急,他有朋友就行了;但朋友放出话来,再不结婚,朋友都不与他来往了。他只好听朋友的了。这时，老舍已经就了山东齐鲁大学教授的教席。

老舍说自己是34岁结的婚，那是按照虚岁算的，足岁实际是32岁。且慢说他的婚事，他可是到了30多岁还没有找到一个可以结婚的对象呢。差不多十年前，母亲给他定的亲，硬是给退了。在英国的时候，哥哥也曾想给他做主，被他坚决拒绝了。这次朋友给操心，当然是按新方式了。老朋友兼老同学白涤洲、罗常培、董鲁安都热心于集体做红媒。有个在北京师范大学读书的学生胡絜青，她的二哥与罗常培是同学，董鲁安也是她哥哥的同学，胡家的老太太也在谋划女儿的归宿，托过罗常培，于是她自然地成为罗常培、董鲁安为老舍安排的对象。胡絜青为兼课的事情去找白涤洲，和寄住在他家的老舍就见了面。这桩红媒安排得不露痕迹。白涤洲、罗常培、董鲁安为给老舍和胡絜青创造面谈的机会，他们三家轮流专请老舍和胡絜青做客。三家的轮流家宴促进了他们二人情感的发展。

1931年初的寒假，老舍与胡絜青进一步接触，开学后老舍回到济南，就开始了两人之间的通信。老舍给胡絜青写信，说自己的家庭身世、理想和志愿，说他的处世原则和夫妇之间的生活理性。老舍的第一封信中说：

> 你的家庭情况，罗莘田兄已给我透露，我们两家是门不当户不对。我的家庭是贫民，是正红旗最底层的贫民；而你的家庭是伊姆佐领，是正红旗的最上层的三品大官。所以曾顾虑两人合不来。
>
> ……转眼我们现在已是男大当婚女大当嫁的时候了。而且得知您的人品端正，功课优秀。同时，我愿意与我结婚的人，能吃窝头，而且还是个不期望坐汽车的人，能吃苦耐劳的人。我希望家庭和睦、不吵闹，平平安安，互助共好，互相补助。

胡絜青的第一封复信说：

我自幼性格刚强、立志自立。我受不了北平的封建传统和满族礼教,我渴望脱离束缚人的大家庭,成立轻松的小家庭。更不愿意依赖他人,喜欢单树独栖;我不愿意给人家当太太,当校花,做摆设。只要你有一技之长,我也有一技之长,互敬互爱,相互理解,彼此帮助,就能成为良好的婚姻。①

老舍由北平返回济南后,于1931年2月20日寄给胡絜青的第一张照片。

彼此的相互理解是最可靠的基础,于是老舍寄给了胡絜青自己的照片。

这年的4月初,老舍专程回到北平,于4月4日与胡絜青举行订婚仪式。白涤洲、罗常培、董鲁安三位媒人,送了一个鲜红的银盾,上面刻着胡絜青、舒舍予"订婚纪念"四个篆字。回到济南之后,二人继续鸿雁传书,"由年下到7月28日结婚",老舍和胡絜青互通了100封信。

老舍和胡絜青书信议定到香山去旅行结婚。胡絜青的妈妈说:絜青是我唯一的女儿,按你们新派做法办了,街坊四邻、亲戚朋友会

①克莹:《患难情缘——老舍与胡絜青》,75~76页,合肥,安徽人民出版社,1999。

第四章 家/山/湖/海

老舍、胡絜青结婚照片。

以为我的闺女偷偷地跟人家跑了呢。老人坚持要敲锣打鼓地把女儿送出家门。老舍通情理、敬重老辈,爽快地答应在西单牌楼附近的聚贤堂饭庄办酒席举行结婚典礼。白涤洲、罗常培忙着送请柬,遍请两家亲戚好友。婚礼请的伴娘是胡絜青的同学李秀芬,伴郎是北京大学学生萧伯青。可巧絜青的同学也于此时举行婚礼,从天津租来了一件白色婚纱,给絜青打扮了起来,老舍一身夏季浅淡色的西装,新娘新郎相得益彰。

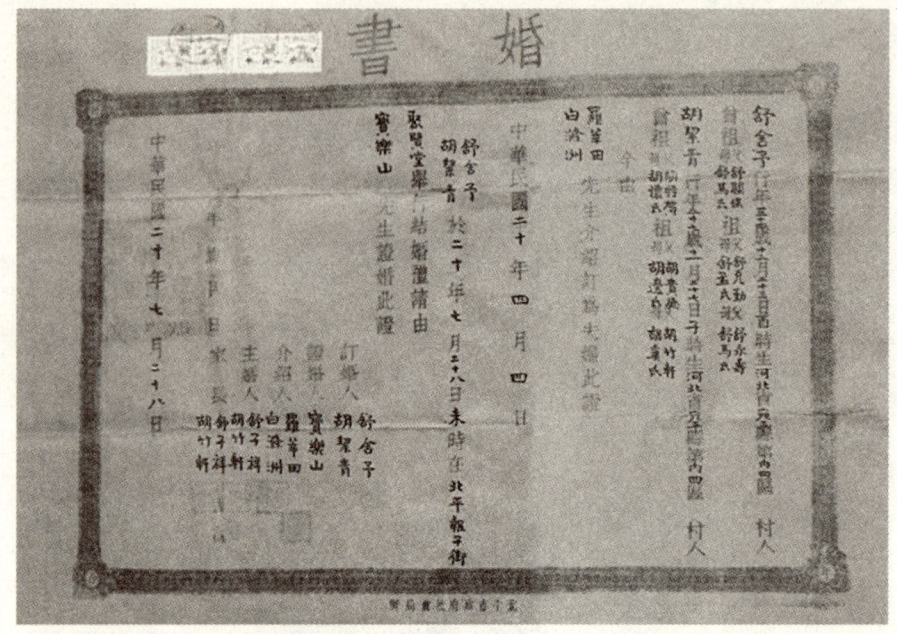

老舍、胡絜青的婚书,上列人名与条款有:结婚人双方人氏,上溯三代;介绍人;婚礼时间、地点;证婚人;家长。

　　结婚典礼下午一点钟举行,典礼上一应程序中,最重要的是宣读婚书。罗常培、白涤洲是介绍人,宝乐山为证婚人,主持人是舒子祥和胡竹轩。结婚日期为中华民国二十年七月二十八日。聚贤堂饭庄距胡絜青家很近,过一条马路就是,按习俗,老舍乘一辆马车去迎亲。典礼之后,盛宴宾客。当晚,老舍和胡絜青在东城区灯市口不远处的寰瀛饭店住下。

　　婚后第二天,老舍携絜青回门,胡家住宫门口西三条一所环廊的四合院。进门老舍就给岳父母大人叩头行大礼。第三天,老舍和絜青到母亲家去。母亲年岁大,不曾去聚贤堂参加婚礼。老舍和絜青双双给老母叩首,拜谢老人。他们后来又去给老舍的父亲上了坟。老舍和絜青回胡家搬她的书和用品。母亲对女儿说:"我送给你四只大皮箱,给你做了两大箱的新衣服。"

　　老舍与胡絜青在北平东城寰瀛饭店度过了欢乐的婚后第一个月,即启程赴山东齐鲁大学。此前齐鲁大学校长去寰瀛饭店看望老舍与胡絜青,祝贺他们新婚,并请胡絜青也到齐鲁大学教书。夫妇俩住进大学校门外租来的一所小房子,南新街54号。一切准备好了,卧室内设有两张单人铁床、一个五屉柜、一张桌子。北屋里放置着藤桌藤椅,靠窗处放了一张书桌,这作为客厅。厨房里也一应俱全。这所房子的院落不很大,当时种满了花草,还有一株不算小的紫丁香和一大缸荷花。院子里有一眼水井,一早一晚,老舍自己打水浇花、施肥、捉虫,所以花儿开得很旺盛。

家安顿好,老舍建议胡絜青:我们俩都在齐鲁大学教书会很惹眼,还不如你去齐鲁中学教语文。胡絜青接受了这个建议,每日坐着包月的洋车,到东门外齐鲁中学去上语文课。新婚夫妇忙于工作,并不放多少心思在日常饮食上。老舍只在饭前写两个菜单:两菜一汤,由临时聘请的工友去做,连胡絜青也不用操心了。两人都教书,老舍还要写小说,他婚后就向胡絜青交代:"每天清晨起来,不要跟我说话,倘若我坐在那里吸烟,一声没言语,你也别跟我说话,那是我正在构思呢。我也没有跟你闹别扭,也不是讨厌你,你不要打搅我。"此后,不打搅老舍的写作,成了舒家几代人的家规。

结婚后,老舍第一次回北平,居然给妻子带回来一双长筒的棉靴,穿上一试,还正合适,尺码不大也不小。"他什么时候量过我的脚,比过我的鞋尺码呢?"胡絜青掂量。她每次去邮局发信,从来不会空手回来,每每都是要从街上给老舍带回点什么来,如每月喝茶用的半斤"大方"茶叶等等。

到了年下,按着满族的习惯,春节前要做"豆儿酱"。

新婚夫妇在济南南新街寓所合影。

这是一种把肉皮和黄豆一起煮出来的呈胶冻状的食品,类似汉族人吃的皮冻。胡絜青不仅忘了放酱油,煮出来的黄豆怎么也不胶着,只好放进了许多的团粉把黄豆"糊"到一块儿。但胡絜青也有她的才能。济南的瑞蚨祥绸缎庄开业,胡絜青去买了一块蓝绸袍料子,还买回了狐腿皮子,亲手给老舍做了一件大皮袍,剪裁得当,缝制精细,尤其衣领做得立整合适,让老舍惊喜不已。

济南是老舍的第二故乡。从1930年7月到1934年秋初,他在那儿整整住了四载。在那里,他们有了第一个小孩,即起名为"济"。老舍离开济南后,亦深深地怀念那里:

> 我交下不少的朋友:无论什么时候我从那里过,总有人笑脸地招呼我;无论我到何处去,那里总有人惦念着我。在那里,我写成了《大明湖》《猫城记》《离婚》《牛天赐传》,和收在《赶集》里的那十几个短篇。在那里,我努力地创作,快活地休息……四年虽短,但是一气住下来,于是事与事的联系,人与人的交往,快乐与悲苦的代换,便显明地在这一生里自成一段落,深深地印划在心中;时短情长,济南就成了我的第二故乡。
>
> 它介乎北平与青岛之间。北平是我的故乡,可是这七年来,我不是住济南,便是住青岛。在济南住呢,时常想念北平;及至到了北平的老家,便又不放心济南的新家。好在道路不远,来来往往,两地都有亲爱的人,熟悉的地方;它们都使我依依不舍,几乎分不出谁重谁轻。在青岛住呢,无论是由青去平,还是自平返青,中途总得经过济南。车到那里,不由的我便要停留一两天。趵突泉、大明湖、千佛山等名胜,闭了眼也曾想出来,可是重游一番总是高兴的:每一角落,似乎都存着一些生命的痕迹;每一小小的变迁,都引起一些感触;就是一风一雨也仿佛含着无限的情意似的。①

---

① 老舍:《吊济南》,见《老舍文集》,第14卷,96页,北京,人民文学出版社,1989。

第四章 家/山/湖/海

　　家庭的空间多半属于女人和小孩。没有小孩的时候想要,有了之后,就必须调整空间了,从心理和物理两方面。如何去处?老舍用一篇《有了小孩以后》幽默地告诉世人:

　　　　家庭之累,大半由儿女造成。先不用提教养的花费,只就淘气哭闹而言,已足使人心慌意乱。小女三岁,专会等我不在屋中,在我的稿子上画圈拉杠,且美其名曰"小济会写字"!把人要气没了脉,她到底还是有理!再不然,我刚想起一句好的,在脑中盘旋,自信足以愧死莎士比亚,假若能写出来的话。当是时也,小济拉拉我的肘,低声说:"上公园看猴?"于是我至今还未成莎士比亚。小儿一岁整,还不会"写字",也不晓得去看猴,但善亲亲,闭眼,张口展览上下四个小牙。我若没事,请求他闭眼,露牙,小胖子总会东指西指的打岔。赶到我拿起笔来,他那一套全来了,不但亲脸,闭眼,还"指"令我也得表演这几招。有什么办法呢?!

　　　　这还算好的。赶到小济午后不睡,按着也不睡,那才难办。到这么四点来钟吧,她的困闹开始,到五点钟我已没有人味。什么也不对,连公园的猴都变成了臭的,而且猴之所以臭,也应当由我负责。小胖子也有这种困而不睡的时候,大概多数是与小济同时发难。两位小醉鬼一齐找毛病,我就是诸葛亮恐怕也得唱空城计,一点办法没有!在这种干等束手被擒的时候,偏偏会来一两封快信——催稿子!我也只好闹脾气了。不大一会

1933年9月5日,舒济出生。照片上:中间大的盾,是关松平与关友声两位画家朋友送给孩子出生的贺礼,上面刻有"爱情结晶"的字样;左右有"爱"的红字的小一点的杯与镂花的心形的小盾,则都是祝贺老舍、胡絜青结婚的贺礼。

儿，把太太也闹急了，一家大小四口，都成了醉鬼，其热闹至为惊人。大人声言离婚，小孩怎说怎不是，于离婚的争辩中瞎打混。一直到七点后，二位小天使已困得动不得，离婚的宣言才无形地撤销。这还算好的。遇上小胖子出牙，那才真教厉害，不但白天没有情理，夜里还得上夜班。①

此时，老舍已经完成出版了长篇小说《猫城记》和《离婚》。《大明湖》写成更早，但是赶上沪战，一把火烧掉了稿子，老舍又向来不留副本。沪战以后，老舍开始写一些短篇小说，应对各处的索稿。简直可以说，这是老舍创作的丰收时期呢。但是琐屑的生活常常给人以烦恼，过后思之，喜乐与烦忧各占了一半。在幽默的行文中，老舍心中充溢着对孩子的慈爱和自己的童心，欢乐之中有烦忧，健康的对待方式，就是需要心宽的幽默。老舍其实深得其中三昧呢！

1934年7月老舍辞去齐大的教职，8月跑到上海去看看有没有可能专门以写作为职业，做一个职业的作家。他早就不想再教书了。在南京看看朋友，到上海住了十几天，看到了"一·二八"以后书业的不景气，文艺刊物很少，朋友们劝他不要冒险。还得去教书，于是老舍接受了山东大学的聘书，来到青岛。到了青岛不久，白涤洲去世，他跑回北平哭至友。他感慨：

愿意干的事不准干，应当活着的人反倒死。是呀，我知道活一天便须欢蹦乱跳一天，我照常的做事写文章，但是心中堵着一块什么，它老在那儿！写得不好？因为心里堵得慌！我是个爱笑的人，笑不出了！我一向写东西写得很快，快与好虽非一回事，但刷刷的写一阵到底是件痛快事；哼，自去年秋天起，刷刷不上来了。我不

---

①老舍：《有了小孩以后》，见《老舍文集》，第14卷，556~557页，北京，人民文学出版社，1989。

第四章 家/山/湖/海

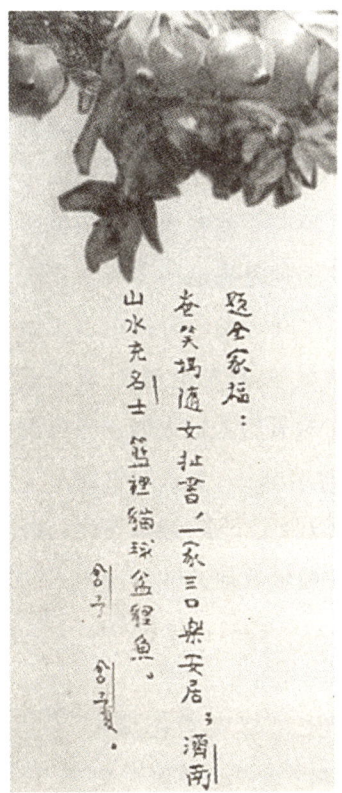

1934年夏,老舍夫妇抱着未满周岁的长女舒济的三人照,地点在济南寓所。

信什么"江郎才尽"那一套,更不信将近四十岁便得算老人;我愿老努力的写,几时入棺材,几时不再买稿纸。可是,环境也得允许我去写,我才能写,才能写得好。整天的瞎忙,在应休息的时间而拿起笔来写东西,想要好,真不大容易!我并不愿把一切的罪过都推出去,只说自己高明。不,我永远没说过自己高明;不过外面的压迫也真的使我"更"不高明。这是非说出不可的,我自己的不高明,与那些使我更不高明的东西,至少要各担一半责任。①

到山东大学仍然是教书,这里与齐鲁大学有什么差别呢?

---

① 老舍:《樱海集·序》,见《老舍小说全集》,第10卷,162页,武汉,长江文艺出版社,2004。

齐鲁大学是个教会学校,学术气氛不太浓厚,学生的活力没有发展与发挥的空间。在青岛的山东大学保留有活气,有连接着山东古老大地的生命力,在与身边的种种现代生活的接触中,这种生命力一点不减退。老舍到青岛时,山大刚成立不久。他感受到:山大并不因青岛是一个避暑胜地而带上洋场的庸俗,那里的舞场、咖啡馆、电影院、浴场……或者如人们所说的花花世界确实是青岛的夏天,但是山大所表现的精神是青岛的冬天。夏天的时候,青岛忙,山大也忙,学会、参观团、讲习会,有时候同时借用山大做会场或宿舍。过了夏天的暑假,上课的期间,自秋至冬,自冬至初夏,青岛差不多老是静寂的。春山上的野花,秋海上的晴霞,避暑的人们大概连想也没想到过。冬日寒风恶月,避暑的人们换成这个时节来,一个星期也住不下去。能在青岛住过一冬,需要耐心与定性。学生们四年下来,静肃态度已经养成了。看到校园里的一切,老舍明白这里有一种带有地方性的中国人的气节:

　　山大的校舍是昔年的德国兵营,虽然在改作学校之后,院中铺满短草,道旁也种上了玫瑰,可是它总脱不了营房的严肃气象。学校的后面左面都是小山,挺立着一些青松,我们每天早晨一抬头就看见山石与松林之美,但不是柔媚的那一种。学校里我们设若打扮得怪漂亮的,即使没人多看两眼,也觉得仿佛有些不得劲儿。整个的严肃空气不许我们漂亮,到学校外去,依然用不着修饰。六七月之间,此处固然是万紫千红,士女如云,好一片摩登景象了。可是过了暑期,海边上连个人影也没有;我们大概用不着花花绿绿的去请白鸥与远帆来看吧?因此,山大虽在青岛,而很少洋味儿,制服以外,蓝布大衫是第二制服。就是在六七月最热闹的时候,我们还是如此,因为朴素成了风气,蓝布大衫一穿大有"众人摩登我独古"的气概。

　　还有呢,不管青岛是怎样西洋化了的都市,它到底是在山东。

第四章 家/山/湖/海

"山东"二字满可以用作朴俭静肃的象征,所以山大——虽然学生不都是山东人——不但是个北方大学,而且是北方大学中最带"山东"精神的一个。我们常到崂山去玩,可是我们的眼却望着泰山,仿佛是。这个精神使我们朴素,使我们能吃苦,使我们静默。往好里说,我们是有一种强毅的精神;往坏里讲,我们有点乡下气。不过,即使我们真有乡下气,我们也会自傲的说,我们是在这儿矫正那有钱有闲来此避暑的那种奢华与虚浮的摩登,因为我们是一群"山东儿"——虽然是在青岛,而所表现的是青岛之冬。①

1935年8月16日,长子舒乙出生在青岛金口二路寓所,老舍有了一双儿女。1936年,老舍辞去教职专门从事写作。全家移居黄县路6号,一栋两层小楼房,房东住楼上,老舍一家住楼下四间房。在这里,老舍写出了《骆驼祥子》和《文博士》。在黄县路住的这一年多的时间里,老舍靠写作的稿费收入过日子,胡絜青也辞去了市立女中的教职,照顾两个幼小的孩子,因此,一家人过着清贫的生活。

台静农见证过老舍在青岛的生活:

> 那时他专门在从事写作,他有一个温暖的家,太太温柔地照料着小孩,更照料着他,让他安静地每天写两千字,放着笔时,总是带着小女儿,在马路上大叶子的梧桐树下散步,春夏之交的时候,最容易遇到他们。仿佛往山东大学入市,拐一弯,再走三四分钟路,就是他住家邻近的马路,头发修整,穿着浅灰色西服,一手牵着一个小孩子,远些看有几分清癯,却不文弱,——原来他每天清晨,总要练一套武术的,他家的走廊上就放着一堆走江湖人的

---

① 老舍:《青岛与山大》,见《老舍文集》,第14卷,60~61页,北京,人民文学出版社,1989。

1935年,老舍在青岛金口二路的寓所。1935年8月26日(农历七月十八),长子舒乙出生于此。

家伙,我认识其中一支戴红缨的标枪。①

老舍说,这一段的生活好似一篇流水账,其中确实流淌着一个日常的严肃的生活过程:

> 辞职后,一直住在青岛,压根儿就没动窝。青岛自秋至春都非常的安静,绝不像只在夏天来过的人所说的那么热闹。安静,所以适于写作,这就是我舍不得离开此地的原因。
>
> 除了星期日或有点病的时候,我天天总写一点,有时少至几百字,有时多过三千;平均地算,每天可得二千来字……
>
> 地方安静,个人的生活也就有了规律。我每天差不多总是七点起床,梳洗过后便到院中去打拳,自一刻钟到半点钟,要看高兴

---

① 台静农:《我与老舍与酒》,见舒济编《老舍和朋友们》,114~115页,北京,三联书店,1991。

不高兴。不过,即使高兴,也必打上一刻钟,求其不间断。遇上雨或雪,就在屋中练练小拳。

……

打完拳,我便去浇花,喜花而不会养,只有天天浇水,以求不亏心。有的花不知好歹,水多就死;有的花,勉强地到时开几朵小花。不管它们怎样吧,反正我尽了责任。这么磨蹭十多分钟,才去吃早饭,看报。这差不多就快九点钟了。

吃过早饭,看看有应回答的信没有;若有,就先写信,溜一溜脑子;若没有,就试着写点文章。在这时候写文,不易成功,脑子总是东一头西一脚的乱闹哄。勉强的写一点,多数是得扔到纸篓去。不过,这么闹哄一阵,虽白纸上未落多少黑字,可是这一天所要写的,多少有了个谱儿,到下午便有辙可循,不至再拿起笔来发怔了。简直可以这么说,早半天的工作是抛自己的砖,以便引出自家的玉来。

十一时左右,外埠的报纸与信件来到,看报看信;也许有个朋友来谈一会儿,一早晨就这么无为而治的过去了。遇到天气特别晴美的时候,少不得就带小孩到公园去看猴,或到海边拾蛤壳。

十二点吃午饭。吃完饭,我抢先去睡午觉,给孩子们示范。等孩子都决定去学我的好榜样,而闭上了眼,我便起来了;我只需一刻钟左右的休息,不必睡那伟大的觉。孩子睡了,我便可以安心拿起笔来写一阵。等到他们醒来,我就把墨水瓶盖好,一直到晚八点再打开。大概的说吧,写文的主要时间是午后两点到三点半,和晚上八点到九点半。这两个时间,我可以不受小孩们的欺侮。

老舍没把孩子的调皮算在里面。舒济好动、淘气,自会走路以后,爬坡上高,没有她跑不到的地方。舒乙出生之后,胡絜青全力照顾小乙。午睡时,老舍带着舒济,她从不安稳地午睡,等爸爸一闭眼,听到他的呼呼入睡声,就悄

悄地爬起来，轻轻地下床。尽管才3岁，她的本事却很大：不管什么小裤子、小裙子，都能自己穿到身上去，然后跑到大街上去玩耍。等父亲醒来，四处找她。青岛这个城市海沙地挺多，等老舍找到她，她已是满身、满头沙子，双膝磕得皮破血流。把她背回家去，又是洗澡，又是抹得满头的痱子粉。双膝上擦满了红红紫紫的药水。

九点半必定停止工作。按说，青岛的夜里最适于写文，因为各处静得连狗仿佛都懒得吠一声，可是，我不敢多写，身体顶不住；一咬牙，我便整夜的睡不好；若是早睡呢，我便能睡得像块木头，有人把我搬了走我也不知道，我可也不去睡得太早了，因为末一次的信是九点后才能送到，我得等着；还有呢，花猫每晚必出去活动，到九点后才回来，把猫收入，我才好锁上门。有时候躺下而睡不着，便读些书，直到困了为止。读书能引起倦意，写文可不能；读书是把别人的思想装入自己的脑子里，写文是把自己的思想挤出来，这两样不是一回事，写文更累得慌。

星期六下午和星期日整天，该热闹了。看朋友，约吃饭，理发，偶尔也看看电影，都在这两天。一到星期一，便又安静起来，鸦雀无声，除了和孩子们说废话，几乎连唇齿舌喉都没有了用处似的。说真的，青岛确是过于安静了。可是，只要熬过一两个月，习惯了，可也就舍不得它了。

按说，我既爱安静，而又能在这极安静的地方写点东西，岂不是很抖的事吗？唉（必得先叹一口气）！都好哇，就是写文章吃不了饭啊！①

比吃饭更大的事情是战争。卢沟桥事变，老舍还在青岛赶写长篇小说

---

①老舍：《这几个月的生活》，见《老舍文集》，第14卷，85页，北京，人民文学出版社，1989。

第四章 家/山/湖/海

《病夫》和《小人物自述》(供上海《宇宙风》、天津《方舟》连载)。但是写不下去了。在北平的母亲好久没有音讯,胡絜青生产,生完孩子,孩子又病了,老舍心绪坏极了。1937年8月1日下大雨,出生的女儿就取名舒雨。次日,老舍带着舒济、舒乙去医院看妈妈与小妹。本来托友人买船票去上海,陶亢德来电:"沪紧缓来"。老舍上个月与齐大约定了,秋初开学给国文系上两门课。不得已他先去济南,以便在校内找房,再来青岛接家小。离别时,女儿啼哭,胡絜青也落泪;到济南,老舍心中很不安,青岛一旦陷落,家中没有个男人,该怎么办?8月15日,胡絜青带着刚刚出生的女儿来到济南,车上拥挤不堪。下车后,老舍在大雨中把疲累到极点的胡絜青急急地送入医院。大一点的儿女托在朋友家,两岁的舒乙闹着要回家,刚刚出生的小女儿受凉也病了,又送入小儿科。每天到医院分看妻女,到友宅看小儿,焦急万状。

9月15日,齐鲁大学开学,学生来了半数。进入10月,又都走了,校内寂无人声,只有饿得惨叫的猫狗。11月,中国军队已经退守黄河。老舍是有气节的,再不走,济南陷落,难免白白牺牲。但是他必须考虑:车极难上,沿途还要冒轰炸之险;儿女幼弱,遇险或受病,同是危难;一年来没有教书,版税稿费都停了,存款又不多,对付着家中买一点柴米还行,一同上路,没有钱就等着做难民吧。胡絜青决定留守,济南的朋友也愿帮助照料。好几次老舍把一只小皮箱打点好,又几次打开,实不忍独自逃走。老舍后来在诗中沉切慨叹:

> 弱女痴儿不解哀,牵衣问父去何来?
> 话因伤别潸应泪,血若停流定是灰。
> 已见乡关沦水火,更堪江海逐风雷;
> 徘徊未忍道珍重,暮雁声低切切催。

11月15日黄昏,在将要吃晚饭的时候,天上起了一道红闪,紧接着是一声震动天地的爆炸。三个红闪,爆炸了三声,院中的树木都被震得叶如雨下。这是中国军队破坏了黄河铁桥。路上已断绝了行人,老舍抚摸了孩

子们的头,提起小箱极快地走出去。接下来,就是他与妻儿整整六年的长离别。

老舍在流亡中总是有信给在北平的妻子胡絜青,在《家书一封》中老舍明确表示他对于儿女的教育理念:

> 济与乙都去上学,好极!唯儿女聪明不齐,不可勉强,致有损身心。我想,他们能粗识几个字,会点加减法,知道一点历史,便已够了。只要身体强壮,将来能学一份手艺,即可谋生,不必非入大学不可。假若看到我的女儿会跳舞演讲,有做明星的希望,我的男孩能体健如牛,吃得苦,受得累,我必非常欢喜!我愿自己的儿女能以血汗挣饭吃,一个诚实的车夫或工人一定强于一个贪官污吏,你说是不是?教他们多游戏,不要紧逼他们读书习字……
>
> 至于小雨,更宜多玩耍,不可教她识字;她才刚四岁呀!每见摩登夫妇,教三四岁小孩识字号,客来则表演一番,是以儿童为玩物,而忘了儿童的身心教育甚慢,不可助长也。①

老舍给梁实秋的女儿的题字是这样写的:"身体强学问好才是最好的公民。"做一个好公民就是老舍的现代教育思想,绝无自己要做官发财的想法;不幸而自己没有成功,便将做官发财的希望寄托在儿女身上,老舍明白这是中国人的文化病,所以从小就给儿女们预防和矫治。

胡絜青困在济南一年后,她大嫂设法将他们母子接回北平。胡絜青住在宫门口三条,在北京师范大学女附中教书,她将孩子都改称姓胡,免得惹来麻烦。从济南带过来的帮工周姐,照顾着舒雨。老舍的母亲健在的时候,胡絜青奉养她一年四季的衣服都不缺,有细粮也往老人那里送。老太太去世,胡絜青治丧出殡酬谢亲友,一样不缺。老舍写信,则化名胡春。1943年9月,胡絜

---

① 老舍:《家书一封》,见《老舍文集》,第14卷,216页,北京,人民文学出版社,1989。

第四章 家/山/湖/海

1943年胡絜青携子女经过50余天,历经艰险跋涉来到重庆的北碚寓所。

青带着一家人和周姐从北京城突然失踪,她带着孩子,五个大柳条箱子,五副铺盖卷,经过51天,旅程2700多公里,千辛万苦来到重庆。她在1944年春天写成两万多字的文章《从北平到重庆》,生动叙述了长途跋涉五千多里到老舍身边的经历。

1937年11月20日老舍到达汉口,此后就一直自己料理自家事。从汉口到重庆,老舍在"文协"负责的事儿一点没有减轻,体重却越来越轻,身体差了,明显地显老。1943年10月初,老舍得了盲肠炎,住进了江苏医学院附属医院。外科主任刘玄三先生亲自主刀,很长时间才找到盲肠——胃下垂让盲肠挪了地方。还没出院,胡絜青带着儿女由北平逃到了重庆。出院后,老舍只能静养,不能去重庆,只好教他们上北碚来。两位老同学设法找车,将一家人带行李都接到北碚。胡絜青在编译馆找了个小事,月间拿一石平价米。老舍照常写作,勉强对付着过日子。

1945年2月4日,老舍和胡絜青又生了一个女儿,和父亲一样生于农历立春。老舍为小女儿取名舒立。这前后,老舍还在创造一个更大的艺术生命,这就是胡絜青一再讲给他和朋友们听的,北平城里的人们如何在日本人的铁蹄下生存。老舍决定写这个前所未有的鸿篇巨制,给它取了一个名字叫《四世同堂》。这两年来,老舍贫血,身体仍然弱,睡不好,又患头晕,春初又打摆子。他抱怨:"以前,头晕总在冬天。今年,夏天也犯了这病。秋间,患痔,拉痢。这些病痛时常使我放下笔。本想用两年的工夫把《四世同堂》写完,可是到三十四年年底,只写了三分之二。这简直不是写东西,而是玩命!"

早在老舍初来北碚居住期间,友人就已注意到他常常利用写作之余读英文原版文艺作品,有时是出声地朗读。他晚上写作不多,在家眷南来之前,曾有较长一段时间,晚上给他的邻居萧伯青和萧亦五讲故事。他把白天读的英文原版狄更斯小说,凭记忆原原本本复述给二萧,讲得有声有色,十分动人,听者极其入迷。在病中,老舍只能搁笔。但是他依然关注着世界文坛的动向,并且将中国新文艺与之相比较。老舍读了《美国六十家》《罗斯福传》《巴黎地下二妇人》《出使苏联记》《她必须走》《天才与性格》等书。看完以后,他确信:"茅盾、沙汀、曹禺、吴组缃诸先生的作品,若好好的译为外文,比之当代各国第一流著作,实无逊色。"

胡絜青携三个子女从北平到北碚,又添了一个女儿,紧紧巴巴地过了两年多,抗战终于胜利了。老舍既不想当官,又不要发财,正当他准备接受山东大学的聘书时,美国政府邀请中国作家老舍和曹禺访美讲学。1946年1月20日,中华全国文艺界协会举行酒会,给他们两位送行。美国国务院到2月5日才正式宣布邀请

1945年冬,在北碚寓所院大门前全家合影。这一年他们家的人口已经有夫妇俩和三女一子了。

老舍和曹禺的消息，华盛顿宣布他们来美国讲学一年。

胡絜青与孩子们在北碚送别了老舍，谁曾料这一别竟又是三年半。在那个战乱、饥荒的年代，胡絜青要养活四个孩子和周姐，负担六口之家！在北碚，胡絜青在西南师范学院任副教授，老舍的义兄弟赵水澄主持的乡村建设学院，为胡絜青安排了每周两个小时的古诗词课程。她每周往返于西南师范学院和乡村建设学院，乘汽车再换乘"滑杆"才能到达。第二天清晨从乡村建设学院赶回北碚。

舒济、舒乙在重庆读南开中学，舒雨上了小学，舒立刚满一岁。学院给胡絜青两间房，让她能兼顾上课与照看孩子。周姐带着舒立和舒雨住一间，胡絜青住临街的另一间，去乡村建设学院讲课的那天，舒雨就住妈妈这间。当时盗贼很多，如果房间无人居住而被盗，全家就一无所有了。但是，舒雨一个人住在妈妈房里，心里十分害怕，她把门窗用木板钉上，这才能稍稍安心睡得着觉。舒雨长大，母亲不在家，她自己能自理。有一天，舒雨放学归来，手里拿着一个药袋，胡絜青问她拿的什么，舒雨回答说："是药！我发烧，到福利院看病去了。"胡絜青把孩子搂在怀里，摸着孩子的手心和烫烫的额头："啊，孩子能自己去看病了……"胡絜青每周跑一趟重庆，去南开中学给住读的舒济、舒乙送衣物，检查功课。通货膨胀、物价飞涨，每月发工资以后，胡絜青就匆匆赶到嘉陵江边去兑换银元，否则几天之后就值不了几个钱，买不来粮食了。

这期间，胡絜青和孩子们最大的一次欢乐，是收到老舍从美国寄回的礼物，四个孩子每人一份：小立收到一件粉红色的和一件白色的细麻绸面料上面印有小花的衣裙；给舒雨的是一件粉红的和一件天蓝色的纱衣裙；舒乙得到极体面的衬衣；舒济的衣服上面带有方格格，穿着十分合身，还有一件红格衬衣和一双白色皮鞋。胡絜青收到一件大衣。舒济述说当年的情景：我和三个弟妹们穿上了爸爸寄自美国的衣衫，很洋气、很漂亮。妈妈欣喜地带领我们穿着新衣照了相，想尽快寄给爸爸看看。曹禺叔叔从美国先期回国，他告诉我们，在美国，爸爸想家，想我们四个孩子。

1949年12月12日老舍回到北京，他受到新政府的礼遇，下榻在北京饭店。回来后，一边联系留在重庆的家人，一边准备在北京城里买一处房子，全家团聚。老舍在1950年1月7日的日记中记载"晚到圣陶处饮酒，房极好，有竹"，很羡慕，实在是想给家人一个很好的生活环境。1月16日的日记中就记载"写房字"，应该是已经定了要买后来的"老舍故居"。那曾经是凌叔华的房子。这房子多少钱？有一种说法是用100匹白布换来的。以物换物，那应该是实行供给制时期的规矩。3月2日早晨，老舍接到了从重庆回到北京的一家人，中午就一同去市场吃爆肚。他有太多的补偿要给妻子和儿女。他们一家在4月初住进了新买的小四合院，在灯市口西街丰富胡同19号。老舍、胡絜青在院子里种下了两棵柿子树，秋季到来的时候，果实累累，红若丹霞，后来这院子就有了"丹柿小院"的称号。和济南一样，也有个荷花缸，年年岁岁也栽种花花草草，最多的是菊花。

在培养孩子方面，老舍先生并不"望子成龙"。早在1942年的一封家信中他曾写道："我愿自己的儿女能以血汗挣饭吃，一个诚实的车夫或工人一定强于一个贪官污吏。"他主张孩子"不必非入大学不可"，只希望孩子身体健康长大后当个普通劳动者。舒立童年记忆最深刻的一点就是"玩"，小女孩最

1953年，全家在院中合影。左起：老舍、胡絜青、舒立、舒乙、舒雨、舒济。

爱玩的游戏当然是"过家家"。老舍特别鼓励孩子多玩耍,每次出国归来的礼物总是洋娃娃,甚至上高中后收到的礼物仍是洋娃娃,在老舍眼里她永远是个长不大的小妞。

舒立是最小的女儿,她的洋娃娃有十多个,漂亮的、金发碧眼的俄罗斯娃娃,苗条的、金发长辫子的波兰娃娃,金发短辫、穿着民族服装的捷克娃娃,尖帽大肚的俄国小丑娃娃以及整块木头旋成的日本娃娃……还有精巧的整套小型炊具,小听诊器、小针筒等扮医生的全套设备……"过家家"所需的全套硬件设施如此齐备,哪个小女孩能抵抗住这么大的诱惑?她记得:

> 放学后几个小朋友来到家里玩,作业只需个把小时就做完了。做完作业便又可以玩耍了,有的玩"过家家",有的看小人书,有的观看他们的大爷种花。
>
> 我们小学毕业那天,校方给我们颁发了毕业证书,老爸一见到我们就幽默地问:"学校除了发毕业证书外,没给你们发洋娃娃吗?"逗得我们哈哈大笑。
>
> 我的历史、珠算之类的功课学得很差。小学四年级有一次考珠算才得了四十分,不及格。这是自上学以来最坏的分数,心里很难过。回到家哭了一鼻子。吃午饭,母亲问我怎么了,我不肯说。因为我知道母亲从来要求子女们门功课百分。这回才考四十分,准挨骂不可,别自讨没趣。吃完饭,趁母亲不在,父亲再问我时,我才坦白考试得了坏成绩。父亲听后不但没批评我,反而很幽默地说:"四十分不算少了,我小的时候算术学不会,考试时压根儿算不上来,尽捡别人的废卷子,签上自己的名字,把卷子交上去,还得不上四十分呢!"一席话说得我破涕为笑了。①

---

① 舒立:《回忆父亲老舍关于"四十分"的美丽谎言》,见2005年8月23日《人民日报》(海外版)。

丹柿小院的幸福生活很丰富有趣,家人共享,朋友分享。一时也说不完,克莹在她的《患难情缘——老舍与胡絜青》中对过年的叙述可以略见一斑,全部抄录于下:

在丹柿小院过年,是全家人营造的最难忘的幸福年,人口最全,适逢孩子们企盼过年的最好年龄段,每个人都兴致很高。

按习俗过年,整个腊月都忙乎。最早的是腊月初八喝腊八粥。老舍发动孩子们都动手帮助周姐剥各种果仁,如核桃仁、瓜子仁、花生米、杏仁等等,放进大米、小米、红豆、绿豆一起,煮成平时难以吃到的粥。老舍常常在喝腊八粥时,笑吟吟地说,这不是粥,这是小型的农产品展览会!

就在喝腊八粥的这天,要开始泡腊八蒜——把剥好的蒜瓣泡在醋里,一直泡到大年初一,为了那天吃饺子用。北方人吃饺子要蘸醋和就蒜瓣,泡腊八蒜可以溶两种作料于一体。腊月初八泡在醋里的蒜不仅变成有醋味的蒜或者有蒜味的醋,而且蒜瓣的颜色会由白色变成翡翠色,从坛中或瓶中取出,放在盘中,其色、香、味诱人,可爱得令人叫绝。一般来说,餐桌上的食物,都可以在食品店中购到,可是腊八蒜,却似乎从来都是各家自制出来的。

到了大年初一那一天,当热气腾腾的饺子一大盘一大盘地端到餐桌上的时候,老舍必然要高喊一声:"拿腊八蒜!"嗓音高着八度,透着自豪,连饺子都会多吃几个。腊八蒜的身份和它在过年中的地位、价值也都在这一声喊中,被提得高高的。

春节期间,老舍和胡絜青用两种花填充这一时期花卉的匮乏。

一种是水仙花。水仙花的高贵品格,就在于它能在最寒冷的季节,走进千家万户。但是,莳弄水仙,却不是每家人都养得好的,老舍和胡絜青却深得其法,他们叫"晒水仙"。

让水仙准确地在春节开花,是一种特殊的本事,老舍和胡絜青都精于此道。他们晒出来的水仙，水仙花朵开得繁茂，而叶子都短短的、粗粗的，也不与花朵夺空间。

春节时，老舍和胡絜青能把好几盆开得散发着幽香的水仙花摆放在客厅里，让客人一进门就惊呼："太漂亮了，好香呀！"

……

腊月二十三，通常人家在这天过小年，丹柿小院就节目多了，因为这天是爸爸的生日，又是小妹小立的生日，这就够大家忙乎的了。所以这天买来糖瓜，按旧习俗，一要送灶王爷上天，给他吃了，粘住他的嘴，叫他上了西天不说家里的坏事；二是甜了他的嘴，到了玉皇面前多说家中的好话。这些习俗早已废除，老舍在这一天，每每买回些糖瓜，分给大家。50年代初的一年，正适腊月二十三他与文联的几位同志上天桥去看新凤霞演戏，到了后台，他从兜里掏出一大包糖瓜，分赠给每个演员说："灶王爷上天的时候，正是我落生的时候，吃吧，今天是我的生日。"演员们手里拿着糖瓜，瞧着这位小老头，都笑了。

过完小年，老舍便动员全家动手，进行一年一度的彻底的大扫除。按旧时的风俗，这叫"扫棚"，是要认真做的。在丹柿小院里，这彻底的"扫棚"却不容易。因为除了客厅，还有好些屋子呢！年纪小的孩子们，登高去擦顶棚下面的雕花，隔扇上的灰尘。遇见镂空的雕花，还要湿手巾塞进镂空的部位，来回抽拉，清除落灰。老舍腿脚不便，却要亲自指挥，亲自督战，给自己选择的活儿是洗涮脏抹布。大家站在高处，把脏抹布扔给他，他就抱着个盆，给大家轮流地搓洗脏布，再把洗好的抹布像戏园子"扔毛巾把儿"那样扔回去。嘴里还吆喝着："接着姑娘！"或者"小子，看镖！"登高的人一多，他就会出现应接不暇的局面。还得一趟趟地换新水。忙乱中也出现过哭笑不得的尴尬：那天舒乙的爱人于滨急着出门，找不到围巾了，问谁都不见其下落。原来让他老先生忙中把那块围巾，按

在脏水盆里,当抹布用了。当他举在手中时,早已成了深灰色的脏条条了,这当然地成了可乐的"话把儿"。"扫棚"每年都是个快乐的节日。

年前,大扫除完毕,将各处清洗一遍,就该为年下准备吃食了。北京人讲究大年初一到初五,家里不动刀、不动剪,以免"破"了什么,不吉利、不圆满。要做到这一点,必须准备出够吃的主食和菜来。蒸馒头是由山东籍的周姐负责;年菜里,保留节目有"芥末墩儿""豆儿酱""小酥鱼""炒二冬"(冬笋和冬菇)。其中最地道、最闻名的要算是"芥末墩儿"。凡是来过的客人,没有不夸的,说它"又脆又辣又酸又甜还又凉,清爽可口",所以"销路"特别好。为了保持它的名牌效应,老舍总是让妻子胡絜青亲自下厨操作。每年都要做两大盆。老舍每每看到客人对芥末墩儿倾心,总在餐桌上大声说:"来吧!我这儿芥末墩儿味儿冲,管够!"

老舍平时很忙,顾不过来孩子们的事情。他每日写作、开会、接待来访,没有休息日。有时越是过年过节,越多来约稿的人,他几乎没有和孩子们玩的时间。但他深知,过年过节首先是孩子们的节日,再忙也要分出一点时间给孩子,还得热热闹闹的。吃饭的时候,他要和孩子们划拳。他已久不喝白酒,过年时喝一点黄酒。孩子们不会划拳,他便和孩子们来"老虎、杠子、鸡、虫"或"石头、剪子、布"。他右手拿一根筷子,坐在那里和孩子们一个一个地对阵,孩子们也人手一筷,和他碰,三拳两胜,谁输了谁喝酒。

酒足饭饱后,老舍、胡絜青和孩子们一起打牌。在牌桌上,谁还分得清是老是少,玩得特痛快。老舍有时对舒雨的爱人潘武一叫道:"老潘,来,打牌!"他和孩子们一起嘻嘻哈哈,欢乐得忘了辈分。他也和孩子们一起,对性格随和的潘武一开玩笑,说他是意大利脑袋!

谜语晚会也是午夜饭后的余兴节目,格外受孩子们的欢迎。

第四章 家/山/湖/海

老舍由书房抱出一沓红纸来。上面是他早已亲笔创作好的谜语，让孩子们一一挂在铁丝上，猜中者有奖！他的谜语又容易猜，又幽默，一点儿也不难。如"杨八郎"——"多哥"；"盼冬天"——"希腊"；"丰收"——"喀麦隆"等等。

老舍设的奖品大多是自制的。譬如自己写的一幅字、一首诗、三颗大蜜枣等等。

就是这些，够欢乐一个年除夕的了。①

一张张照片，见证着老舍、胡絜青的孩子们的成长，一代代人之间观念与知识结构的差别会让孩子和父辈的沟通发生一点困难，父辈会突然感到自己指导者的角色发生了动摇，新时代的青年有他们自己的话要说。老舍在1963年的元旦写下一篇文章《可喜的寂寞》：

1959年夏天，全家在院中合影，此后就再也没有全家六口聚齐的照片了。

①克莹：《患难情缘——老舍与胡絜青》，216~218页，合肥，安徽人民出版社，1999。

近来呀，每到星期日，我就又高兴，又有点寂寞。高兴的是：儿女们都从学校、机关回家来看看，还带着他们的男女朋友，真是热闹。听吧，各屋里的笑声、辩论声，都连续不断，声震屋瓦，连我们的大猫都找不到安睡懒觉的地方，只好跑到房上去呆坐。虽然这么热闹，我却很寂寞。他们所讨论的，我插不上嘴；默坐旁听，又听不懂！

我的文艺知识不很丰富，可是几十年来总以写作为业，按说对儿女们应该有些影响。事实并不如此。他们都不学文艺，虽然他们也爱看小说、话剧、电影什么的。他们，连他们带来的男女朋友，都学科学。我家最小的那个梳两条小辫的娃娃，刚考入大学，又是学物理！这群小科学家们凑到一处，连说笑似乎都带点什么科学味道，我听不懂。

他们也并不光说笑、争辩。有时候，他们安静下来：哥哥帮助妹妹算数学上的难题，或几个人都默默地思索着一个什么科学上的道理。在这种时候，我看得出来，他们的深思苦虑和诗人的呕尽心血并没有什么不同。我可也看到，当诗人实在找不到最好的字的时候，他也只好暂且将就用个次好的字，而小科学家们可不能这么办，他们必须找到那个最正确的答案，差一点点也不行。当他们得到了答案的时候，他们便高兴得又跳又唱，觉得已拿到打开宇宙秘密的一把小钥匙。

我看到了一种新的精神。是，从他们决定投考哪个学校，要选修哪门科学的时候起，我就不断地听到"尖端""发明"和"革新"等等悦耳的字眼儿。因此，我没有参加意见，更不肯阻拦他们。他们是那么热烈地讨论着，那么努力预备考试，我还有什么可说的呢！我看出来，是那个新精神支配着他们，鼓舞着他们，我无权阻拦他们。

……现在是原子时代，而我们的科学技术还有些落后，必须急起直追。想建设一个有现代工业、农业与文化的国家，非有现代科学技术不可！我不能因为自己喜爱文艺而阻拦儿女们去学科

第四章 家/山/湖/海

学。建设伟大的祖国，自力更生，必须闯过科学技术关口……

……小科学家们，你们的责任有多么重大呀！

于是，我的星期日的寂寞便是可喜的了。我不能摹仿大猫，听不懂就跑上房去。我默默地听着小将们的谈论，而且想到：我若是也懂点科学，该多么好！写些科学小品，或以发明创造为内容的小说，该多么新颖，多么富有教育性啊。若是能把青年一代这种热爱科学的新精神写出来，不就更好吗？是呀，我们大概还缺乏这样的作品。我希望这样的作品不久就会出现。这应当是文艺创作的一个新的重要题材。①

1963年的老舍的认识如上。到了1966年春，老舍与英国人斯图尔特·格尔德、罗玛·格尔德的谈话中则表述了另一种寂寞：我们这些老人不必再为

1964年拍摄。老舍与外孙女王研(左)、孙女舒悦(右)合影。

①老舍：《可喜的寂寞》，见《老舍文集》，第14卷，395~397页，北京，人民文学出版社，1989。

我们的行为道歉,我们能做的就是解释一下我们为什么会这样,为那些寻找自己未来的青年人扬手送行。在"丹柿小院"中,老舍不愿意讲自己内心的隐忧,没办法再找着家人多说话,所以他在香山对王莹讲:公事忙,电话多,会议多,应酬多,来客多……跟家人聚会谈话的时间很少,因此感到遗憾。老舍告诉王莹最近他深居简出,除了到作协办公室独自处理公事外,他几乎没有也不想和任何人多谈话。

在小院里,1966年8月21日,老舍最后一次与舒乙、舒雨谈话,他在质疑、担忧刚刚起来的"文革",他判断出了有气节的人的悲惨结局。8月24日老舍出门,再也没有回来。

二、教授与职业写家

1930年7月,老舍来到山东济南,应聘为齐鲁大学教授。初到学校时住在办公楼二层西南角上的一个房间里,住了整整一年,第二年结婚后才住到租的房子中去。这一年校园就是他的家,也是他散步读书的公园。齐大在南关外,空气新鲜,春天花多,秋天树叶美。春天的花,多是丁香和玫瑰;秋天有红叶,草色变黄;冬树叶落,透着见了山体,却少了笼罩着的深远意味;夏天最好,一切颜色沉在绿中,由地上一直绿到树上浮着的绿山峰,进校门就见一座楼,"爬山虎"把楼盖满,露几个白边的窗户,小风掀动层层的绿叶,成一片竖立的绿浪。楼前是大片绿草地,四围全是树,树尖上浮着一两个山峰。

齐大是个宜于读书人待的地方。老舍刚来,暑假还没过完,校园里常常不见一个人影。几条白石凳,上面有树荫,是他的临时书房。地上树影比书还有趣:细碎的绿影与七棱八角漏下来的光斑。小黑驴似的蚂蚁,小蓝蝴蝶懒懒地飞,飞在了黄蜀菊的蕊儿上,小蝶儿又飞走了,愣头怔脑的马蜂要占它的位。看南边,千佛山懒懒地倚着一些白云,一声不出;听北面,围墙脚下经过的驴正微微有点铃声。……从树隙里偶尔看见一个小女孩,花衣裳特别花哨,突然把这一片静的景物全刺激了一下。槐树上轻轻落下个豆瓣绿的小虫,在空中悬着,其余的全不动了。

新办的《齐大月刊》上介绍新职员:"舒舍予,北平人,北平师范毕业,曾任英国伦敦大学东方学院华文教师,现任本校国学研究所文学主任兼任文学院文学教授。"这个综合刊物编辑部刚刚成立,老舍任编辑部委员、编辑部主任。编辑部主任有随时召集编辑部会议权及委托编辑员审查稿件权。《齐大月刊》的《发刊词》出自老舍手笔,他在刊物上发表了论文《论创作》《文学的创造》和译文《但丁》等,还有一系列的当代西方文论的翻译,再就是自己的散文《一些印象》(连载)等。

老舍担任的课程有"文学概论""文艺批评""文艺思潮""小说及作法""世界文艺名著"等。老舍所授课程和他的学术修养,关于中国文学的研究,早在北平师范就打下了基础,而世界现代文艺的理论与思潮,都是在英国伦敦大学东方学院图书馆中得到提升的。学贯中西而又学术研究与创作并行,

1931年在齐鲁大学留影的文学研究会会员。

在20世纪30年代的中国大学里并不罕见，但是多数是创作上有所成就而后去大学里就任，一旦重心转向教书和研究，创作的事情就是次要的了。老舍则不然，他内心里有"写作第一"的宗旨，几次三番地要当职业写家。抗战期间甚至20世纪50年代初归国，各种人劝他到大学里教书，他始终没有应允。20世纪50年代，他也参与过大学中文系课程《中国现代文学史大纲》的拟定，也曾给北京大学的研究生考试，可他不愿意到大学教书了。老舍书教得好，他在大学教书编写的讲义是水平很高的著述。仅凭一部《文学概论讲义》的完整讲稿，老舍就足以称得上是文学理论家了。比较起来，郁达夫、刘永济、程千帆等留下的文学概论的讲稿，就完整性和中西两个参照系的均衡与不偏不倚，都有不及老舍这部讲稿的地方。毫不夸张地说，老舍对中国现代文学理论，既是一个开拓者，又是一个自成体系的卓然大家。

在齐鲁大学做教授时的老舍。

《文学概论讲义》的"引言"之后，两章先讨论"中国历代文说"，由"文"而及文学，首先确立了中国文论本土资源的价值基础，比起20世纪50年代以后的文学概论依靠舶来的苏联、西方的文学概念系统，高明了许多。老舍所说的"文学的特质"是立足于对人的理解、对审美的追求和对创作心理乃至特殊的技巧的把握，这不是一个完全立足于逻辑推演的方式,而是读文学、创造文学的人真正进入到了文学的本质。老舍关于"文学的创造"的论说,是源于个人、人的心境,这个说法是一家之言,与反映论有很大距离。他讲"文学的起源",首先破除将起源作为说明文艺的根据。在这方面,研究院的学者走的是科学主义的路径,他们不关心如何理解与欣赏文艺;历史学家只是为系统而努力,过去的文艺在他们只是一些史料;艺术论的作者只关心文学是干什么的。其实这些人的科学主义的态度距离文学有时很远,老舍赞成的是文学的超越性的普遍人类意义。以古证今者和以今例古者的眼中都没有永恒的关乎人心的文学。老舍讨论"文学的风格",广泛征引刘勰的《文心雕龙·体性篇》、曹丕的《典论·论文》、严羽的《沧浪诗话》、曾国藩、唐顺之言论,对比西方美学界从朗吉弩斯到克罗齐、圣茨伯里、赫伯特·里德的理论,更重要的是他注重实际的文学创作,引述《诗经》、福楼拜的修辞经验,他赞成风格是个性的说法,认为个性中的"天才"与"习性"是不可忽略的。把"诗与散文的分别"作为专门问题来讨论的只能是对各种文类都有所心得的作家,通常有理论癖的人是看不见的。老舍说这二者的差别,只是表现之中有创造的与构成的区别,诗更讲究创造,散文现成一些。"文学的形式"一章,包含着中西文类的比较论,从萧统到姚鼐、曾国藩,老舍简洁地整理出中国的文类观与系统的变化,但是一旦归结到形式论,就有种种局限。而西方文论家建构的形式系统也有其孤立的片面性。老舍赞成形式与内容的密不可分,形式成为死板的格式便无精力,精神找不到形式不能成为艺术的表现。接下来的两章讨论"文学的倾向",那是老舍对欧洲文学流派的精当把握,与现在一般的文学概论的教条对照,足见老舍立足于文学是创造的价值立场的独具慧眼。接下来对诗歌、戏剧与小说三种重要文体的讨论,既有理论来源,更有创作者的体悟。总之,这是一个充满活力的作家和一名有深厚理论修养的学者的合二为一的讨论,老舍要讨论,总是不离开精当的作品分析论证。这是一部以生命(精神与血肉)情感为本,以美的创造为目的,充满多彩多姿的艺术创作经验总结的有活力的文学理论著作。

老舍刚到齐大就忙着备课,可是每次走在街上,看见西门与南门的炮眼,便自然地想起"五三"惨案,有意识地收集了许多材料、相片。在济南熟了,对"五三"的情形也知道了个大概,老舍就起意写了《大明湖》。这部小说由爱情线索推动故事发展,性欲问题又主导着爱情。重要的人物是很穷的母女两个。母亲受着性欲与穷困的两重压迫,最后跳了大明湖;女儿没有人保护着,而且没有一分钱,也就走上了她母亲所走的路。《月牙儿》用散文诗的文体重新叙述过这个故事。小说寄给《小说月报》,因为刚登完《小坡的生日》,便留到过了年再登,可是"一·二八"的战火把它烧成了灰。

只有等到放暑假,老舍才有时间写长篇小说。老舍自述的暑期作息时间是:早晨开始写作,六点到九点,也许写成五百字,也许写成三千字。九点以后写信,浇浇院中的草花,和小猫在地上滚一回,然后读欧·亨利。十二点吃午饭;夏天闻闻菜饭便可以饱了。饭后睡觉,醒来弄讲义,天天弄出一点来。六点,又吃饭。饭后,到齐大的花园去走半小时。九点钟前后就去睡,不管多热,身体弱,应多睡觉。一气睡到天明,又该起来拿笔写作。大概这还是没有孩子时的充裕打算。

写小说与教书双管齐下,人必定很累。老舍的教学任务也不轻松,施蛰存主编的《现代》杂志,约老舍写个"长篇",老舍这次写的是《猫城记》。写这本小说的外部原因是"九一八"事变后对国事的失望。《猫城记》是以科幻探险为内容的寓言小说,意在讽刺中国现实。《猫城记》的叙事结构是但丁游"地狱"式的,看见什么说什么。小说中的探险者是个伤感的新闻记者,他来到火星上,进入一个猫城,目睹政治、外交、教育、民生的丑恶现实,而展开种种批评。小说对甘于自我封闭而又为故去的公使看管一群小妾的公使夫人、猫城经营的入学即是毕业的大学,讽刺入木三分。老舍说:"所以必

《猫城记》,1933年8月由现代书局出版,有英、法、德、日、匈、俄译本。

用猫城,而不用狗城者,倒完全出于一件家庭间的小事实——我刚刚抱来个黄白花的小猫。……我之揭露他们的坏处原是出于爱他们也是无可否认的。可惜我没给他们想出办法来。……猫人的糊涂与聪明是相等的。我爱他们,惭愧!我到底只能讽刺他们了!"①后来,有种种批评与研究,对猫人的国民性表现给以肯定。人们对《猫城记》与威尔斯的关系研究得不多,它与斯威夫特的讽刺传统是如何联系的,它是否如奥威尔《一九八四》那样解释人类社会的政治现代性,仍有很大的研究探讨空间。

20世纪40年代老舍到昆明时,和吴晓铃以及西南联大的研究生漫谈,他们说喜欢《骆驼祥子》,老舍说他自己喜欢《离婚》。小说刚出版,批评家、学者李长之就说:"这本小说高出于他先前的一切作品。"《离婚》"返归幽默"。它写北平的事情,一个财政所里的人们,都在闹离婚。老李大学毕业,他娶了个乡

《离婚》,1933年8月由上海良友图书印刷公司出版发行。

①老舍:《我怎样写〈猫城记〉》,见《老舍文集》,第15卷,190页,北京,人民文学出版社,1990。

下太太,有了一双儿女,不大愿意让太太来身边生活。老张以做媒为天职,反对一切的离婚,他帮老李把太太接到城里。老李害着小资产阶级的"苦闷病",他心中有一股浪漫的诗意,恰恰体现在房东家的马少奶奶身上,马少奶奶也是一个丈夫要与之离婚的……但是最终诗意幻灭,谁也没有离婚,老李和太太回到乡下去了。小说印证了叔本华的悲观虚无的哲学:人的一切努力都是白费!这个意思贯穿在老舍20世纪30年代的许多小说中,包括《骆驼祥子》。

小说对老李的内心悲剧刻画得很成功,另一个成功的形象是张大哥。老舍说:"北平是我的老家,一想起这两个字就立刻有几百尺'故都景象'在心中开映。啊!我看见了北平,马上有了个'人'。我不认识他,可是在我20岁至25岁之间我几乎天天看见他。他永远使我羡慕他的气度与服装,而且时时发现他的小小变化:这一天他提着条很讲究的手杖,那一天他骑上自行车——稳稳的溜着马路边儿,永远碰不了行人,也好似永远走不到目的地,太稳,稳得几乎像凡事在他身上都是一种生活趣味的展示。我不放手他了。这个便是'张大哥'。"

小说的结构也是一个创造。老舍把所有的人和事都拴在一个桩上,这就是"离婚"。老舍的构思过程这样呈现:"叫他做什么呢?想来想去总在'人'的上面,我想出许多的人来。我得使'张大哥'统领着这一群人,这样才能走不了板,才不至于杂乱无章。他一定是个好媒人,我想;假如那些人又恰恰的害着通行的'苦闷病'呢?那就有了一切,而且是以各色人等揭显一件事的各种花样……《离婚》在决定人物时已打好主意:闹离婚的人才有资格入选。一向我写东西总是冒险式的,随写随着发现新事实;即使有时候有个中心思想,也往往因人物或事实的趣味而唱荒了腔。这回我下了决心要把人物都拴在一个木桩上。"①这个"拴桩"的长篇小说的结构形式的创造,在古今中外都属独创,《骆驼祥子》也沿用此法。

老舍每天早晨从六点写到九点,日均两千字。有一种写入了迷的幸福感

---

① 老舍:《我怎样写〈离婚〉》,见《老舍文集》,第15卷,192页,北京,人民文学出版社,1990。

第四章 家/山/湖/海

受。《离婚》有一种符合古典主义美学的"匀净"。老舍立意要它幽默,它的"底气"坚实。《离婚》精致然而不免笑得带着点酸味!老舍还是嫌它没有陀思妥耶夫斯基的复杂与伟大。

良友做广告,将《离婚》与《赶集》放在同一页上。后来,因为约稿多了,长篇小说创作来不及,老舍开始"赶"写一些短篇小说。他的短篇小说创作分抗战前与抗战中两阶段,艺术上成熟于《樱海集》《蛤藻集》。他的经验是:

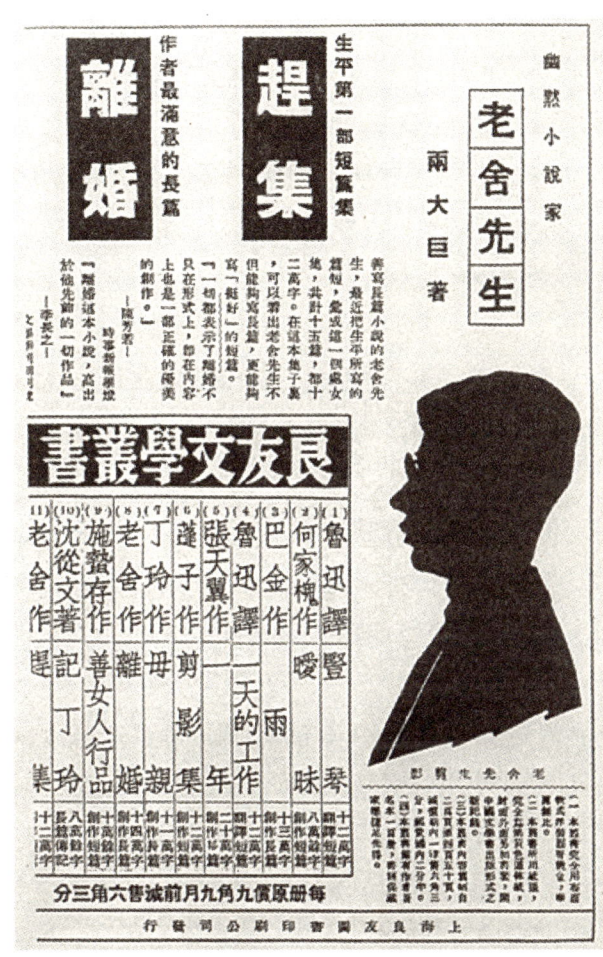

1934年《人间世》杂志上的《离婚》《赶集》广告和老舍剪影。

我本来不大写短篇小说,因为不会。可是自从沪战后,刊物增多,各处找我写文章;既蒙赏脸,怎好不捧场?同时写几个长篇,自然是做不到的,于是由靠背戏改唱短打。这么一来,快信便接得更多:"既肯写短篇了,还有什么说的?写吧,伙计!三天的工夫还赶不出五千字来?少点也行啊!无论怎么着吧,赶一篇,要快!"……还没法不硬着头皮干。

我在写长篇之前并没有写短篇的经验。我吃了亏。短篇想要见好,非拼命去作不可。长篇有偷手。写长篇,全篇中有几段好的,每段中有几句精彩的,便可以立得住。这自然不是理应如此,但事实上往往是这样;连读者仿佛对长篇——因为是长篇——也每每格外的原谅。世上允许很不完整的长篇存在,对短篇便不很客气。……短篇小说是后起的文艺,最需要技巧,它差不多是仗着技巧而成为独立的一个体裁……

……这时候我还有点看不起短篇,以为短篇不值得一写,所以就写了《抱孙》等笑话。随便写些笑话就是短篇,我心里这么想。随便写笑话,有了工夫还是写长篇;这是我当时的计划。①

有了短篇小说创作的经验,老舍逐步明确了他自己的短篇小说的"匀调、集中"美学,这种美学的产生,至今也没有人进行过深入的讨论,在这里约略地重复一下也许有一定的价值:

《微神》与《黑白李》等篇都经过三次的修正;既不想再闹着玩,当然就得好好的干了……

……

……《月牙儿》《阳光》《断魂枪》与《新时代的旧悲剧》——并没有什么特别的好处。……我的态度变了。事实逼得我不能不把长篇的材料写作短篇了,这是事实,因为索稿子的日多,而材料不那么方便了,于是把心中留着的长篇材料拿出来救急。不用说,这么由批发而改为零卖是有点难过。可是及至把十万字的材料写成五千字的一个短篇——像《断魂枪》——难过反倒变成了觉悟。经验真是可宝贵的东西!觉悟是这个:用长材料写短篇并不吃亏,因为要从够写十几万字的事实中提出一段来,当然是提出那最好的一

---

① 老舍:《老舍自传》,95~96页,南京,江苏文艺出版社,1995。

段。这就是楞吃仙桃一口,不吃烂杏一筐了。……长篇要匀调,短篇要集中。拿《月牙儿》说吧,它本是《大明湖》中的一片段。……由现在看来,我楞愿要《月牙儿》而不要《大明湖》了。不是因它是何等了不得的短篇,而是因它比在《大明湖》里"窝"着强。

《断魂枪》也是如此。它本是我所要写的"二拳师"中的一小块。"二拳师"是个——假如能写出来——武侠小说。我久想写它,可是谁知道写出来是什么样呢?写出来才算数,创作是不敢"预约"的。在《断魂枪》里,我表现了三个人,一桩事。这三个人与这一桩事是我由一大堆材料中选出来的,他们的一切都在我心中想过了许多回,所以他们都能立得住。那件事是我所要在长篇中表现的许多事实中之一,所以它很利落。拿这么一件小小的事,联系上三个人,所以全篇是从从容容的,不多不少正合适。这样,材料受了损失,而艺术占了便宜;五千字也许比十万字更好。文艺并非肥猪,块儿越大越好……

……有长时间的培养,把一件复杂的事翻过来调过去的调动,人也熟了,事也熟了,而后抽出一节来写个短篇,就必定成功,因为一下笔就是地方,准确产出调匀之美……

《新时代的旧悲剧》有许多的缺点。最大的缺点是有许多人物都见首不见尾,没有"下回分解"。毛病是在"中篇"。……陈老先生确是有个劲头;假如我真是写了长篇,我真不敢保他能这么硬梆。因此,我还是不后悔把长篇材料这样零卖出去,而反觉得武戏文唱是需要更大的本事的,其成就也绝非乱打乱闹可比。①

此时,老舍在中国文坛上的风格定位就是一个幽默作家。老舍看幽默是

---

①老舍:《我怎样写短篇小说》,见《老舍文集》,第15卷,195~200页,北京,人民文学出版社,1990。

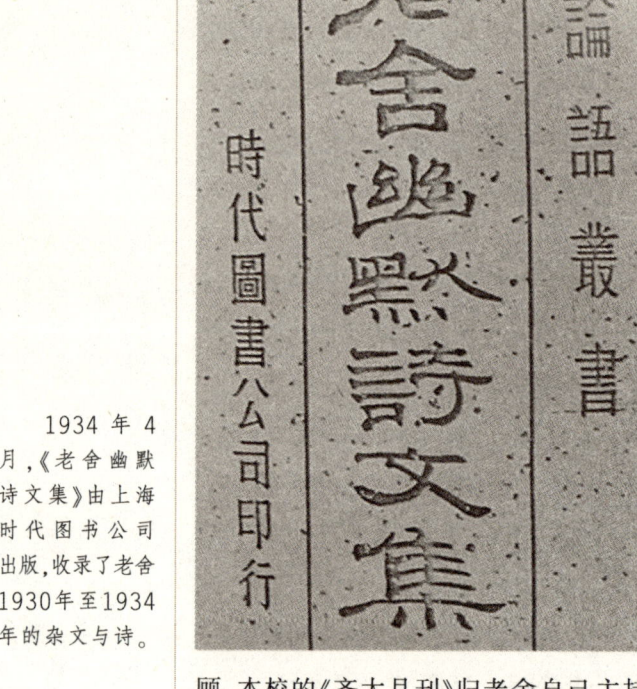

1934年4月,《老舍幽默诗文集》由上海时代图书公司出版,收录了老舍1930年至1934年的杂文与诗。

一种心态,必须心宽才能幽默;幽默家本质上是一个哲学家,能够宽容地把握世界,才是成功的幽默。但是20世纪30年代的中国文坛,幽默是一种充满西洋味的绅士文化。它在中国本来就没有什么市场,中国现实语境很难欢迎这种风格,激进的社会批判态度很自然地与其相"左"。即使这样,幽默在文坛上仍发展得热热闹闹。老舍到山东之后,已不像刚回北京被记者称为"笑王"时那样能轻松应对了。上海的多家刊物都向他要幽默文章,像《申报》的副刊"自由谈"和天津《益世报》的副刊"语林"也常常光顾,本校的《齐大月刊》归老舍自己主持,哪能够让它闹稿荒……于是,老舍各种各样不拘形式的幽默诗文被催生出来。赵景深编的《现代界》被当局停刊,他又编起《青年界》来,急急忙忙向老舍索稿。他在信中写了一个大大的赵字,用圈圈起来,说是赵某被围,要老舍快发救兵。老舍回信:

景深兄:

元帅发来紧急令:内无粮草外无兵!小将提枪上了马,青年界上走一程。呔!马来!

参见元帅。带来多少人马?两千来个字!还都是老弱残兵!后帐休息!得令!正是:旌旗明日月,杀气满山头!

祝吉~

弟舍予躬

第四章 家/山/湖/海

赵景深曾经在抗战胜利后的一次文艺欣赏会上,当众宣读此信,一时传为文坛佳话。老舍的回信明显地追求趣味,这一段不太重要的游戏文章中却包含着老舍幽默的民族内涵。幽默往往带着西洋文化气息,其句式、情境很难符合汉语表达的特点。老舍不然,这完全是对一折京剧的戏拟,其中有武生、老生行当,前段可唱,后段念白。从赵景深的符号表意,到老舍的剧情演绎,这才是真正的趣味盎然的中国式幽默。

林语堂倡导幽默。1932年开始编幽默刊物。《论语》是幽默家的阵地与大本营,半个月就出一期,需要多少稿子!年底时,黎烈文接编《申报》的副刊"自由谈",也向老舍要稿。1934年4月,林语堂主持的《人间世》又创刊了。1935年9月,林语堂、陶亢德主编的《宇宙风》半月刊创刊,他们常常缺兵少将,不得不请求援兵,老舍便自然地成了主将。此外还有很多种刊物的版面对老舍虚席以待,老舍虽不忍让他们失望,可又哪里来那么多时间与精力

1934年致林语堂的信。老舍给林语堂《论语》《人间世》的稿子多是幽默诗文,后来又把长篇小说《骆驼祥子》给了他主编的半月刊《宇宙风》连载。

满足朋友们？或者有读者要问，老舍的幽默是否也不免"将屠夫的凶残，使大家化为一笑，收场大吉"呢？到1934年，《论语》已办了两年，老舍在上面发表了不少杂文，对自己的这些作品的严肃内涵，他赋诗明志：

（一）

共谁挥泪倾甘苦？惨笑唯君堪语愁！
半月鸡虫明冷暖，两年蛇鼠悟春秋；
衣冠到处尊禽兽，利禄无方输马牛。
万物静观咸自得，苍天默默鬼啾啾。

（二）

国事难言家事累，鸡年争似狗年何？！
相逢笑脸无余泪，细数伤心剩短歌！
拱手江山移汉帜，折腰酒米祝番魔；
聪明尽在胡涂里，冷眼如君话勿多！

发表在1934年9月16日《论语》第49期上的《〈论语〉两岁》。

老舍静对苍天默默，心系国事、家事，他对"惨笑""笑脸无余泪"的阐释，非常明白。

就这样在教书与写作的冲突中协调，实在很累。老舍感叹："一边做事，一边写作，简直不是回事儿！"他老早就想放弃教书匠的生活。到了1934年，老舍一边立下专门写作的心愿，一边心里为生活负担矛盾着。终于得到了辞职的机会，老舍在6月29日下了决心，不再管学校里的事。"希望能在暑后不再教书，而专心写文章，这个不是容易实现的。自己的负担太重，而写文章的收入又太薄；我是不能不管老母的，虽然知道创作的要紧。"[①]老舍当时感受

[①] 老舍：《一九三四年计划》，见《老舍文集》，第14卷，458页，北京，人民文学出版社，1989。

第四章 家/山/湖/海

到时间与志愿冲突的痛苦还不算什么，20世纪50年代的老舍才是有苦难言。

1934年7月暑期，老舍又接着写《牛天赐传》，"生活，创作，二者在心中大战三百几十回合。寸心已成战场，可还要假装没事似的"。那年简直热得出奇，屋里九十多度！"小孩拒绝吃奶，专门哭号；大人不肯吃饭，立志喝水！"老舍得赶文章，昏昏忽忽地，左手挥扇与打苍蝇，右手握笔疾写，汗顺着指背流到纸上。写累了，想走一走，可每天街上都热死行人！他一连十五天没敢出街门。学期中开始写这部长篇，三个多月写成两万多字，放假后半个月又赶出来五万多字，到8月10日《牛天赐传》完稿。19日动身去上海，看看做职业写家的可能。

按现在的理论表述，《牛天赐传》是个成长小说，按照文学生产的理论来讲，它又是在刊物上成长起来的，是《论语》半月刊的特约长篇。《论语》上的作品必须幽默，困难在于每一期只要四五千字，既要顾到故事的连续，又须处处轻松招笑。为达到此目的，老舍只好放手幽默地表现。过犹不及，故意招笑与无病呻吟的毛病一样。连载的问题是，在每期的四五千字中人与事不能

《牛天赐传》，1936年由上海人间书屋出版。

自然发展。每期刊载的那一段中，如果只详细描写一个景或一个人，故事趣味就无从显现。老舍要使每期热闹，但是全书整体上就不免紧促慌乱，缺乏深厚的味道了。天赐是个小孩，他不可能如《离婚》中的人物那样注重生命的意志表现与行动，全仗着别人来陪衬。所以老舍写他出生及之后的几章，热闹的陪衬几乎有点和小孩子开玩笑的嫌疑。老舍对小孩子最有同情心，认为小孩子都可爱。牛天赐是个"出窝老"，是按照别人的意志、在既定的旧文化中被"养"大的，所以他不是一个独立的个体生命。但是等到他自然成长到一定年龄的时候，社会的变动让他无所作为，他没有多少行动力，而站在青春的岔路口上，悲剧的结局可以预见。牛天赐是一个从小被疼爱着而没有一点儿自主的孩子，他一出生就受到文化的压迫，压迫者又是爱他的人，这是一个中国式的文化悖论。老舍说：

> 世界上有千千万万的受压迫的人，其中的每一个都值得我们替他呼冤，代他想方法。可是小孩子就更可怜，不但是无衣无食的，就是那打扮得马褂帽头像小老头的也可怜。牛天赐是属于后者的，因为我要写得幽默，就不能拿个顶穷苦的孩子作书胆——那样便成了悲剧。自然，我也明知道照我那么写一定会有危险的——幽默一放手便会成为瞎胡闹与开玩笑。于此，我至今还觉得怪对不起牛天赐的！①

1934年8月，老舍还没有拿定主意是否应聘到山东大学去教书。8月19日他动身南下，8月底在南京与白涤洲、齐铁恨相聚。然后去上海走了一趟，老舍决定不当专职的写家。这一年，山东大学宣布聘请舒舍予为中国文学系讲师，1935年改聘老舍为中国文学系教授。从上海回来，老舍就开始写长篇武

---

① 老舍：《我怎样写〈牛天赐传〉》，见《老舍文集》，第15卷，203页，北京，人民文学出版社，1990。

侠小说《二拳师》,到初秋方携全家去青岛应聘。

老舍换了个大学继续教书,也继续写短篇小说与散文,这时期的短篇小说的艺术水准比《赶集》又有了提高。半年的时间,因挚友白涤洲去世,他的创作激情有所低抑。上课的内容仍很丰富,1934年所教课程有"文艺批评""欧洲文学概要""小说作法",第二年的课有所变化,开设"文艺思潮(代小说)""高级作文"。老舍自己撰写的讲稿,大概是讲欧洲文学概论所用,标明的题目是"世界文学史",讲授的内容却是从"希腊的历史与历史家"入手。他授课的影响从毕业生的论文选题可见一斑。1935年老舍负责指导四年级两个学生的毕业论文,其中一个题目选的是"希腊的生命观",另一个是关于藏传佛教的。这两个题目都依稀可见老舍当年在伦敦大学东方学院所读书籍与曾经教过的课程,他关注任何事情都是一贯的。虽然在不同的大学教书,老舍中西贯通的治学特点也是一致的。老舍最为重视的是人的生命,是对生命经验的鲜活表现,所以他对用语言文字创造一个生命世界的兴趣远比讲理论大多了,甚至他对读文学也比论文学的兴趣大。

老舍在青岛结识了一批文学界的朋友。来青岛的第二年的夏天,老舍和

山东大学1935年秋课程表。

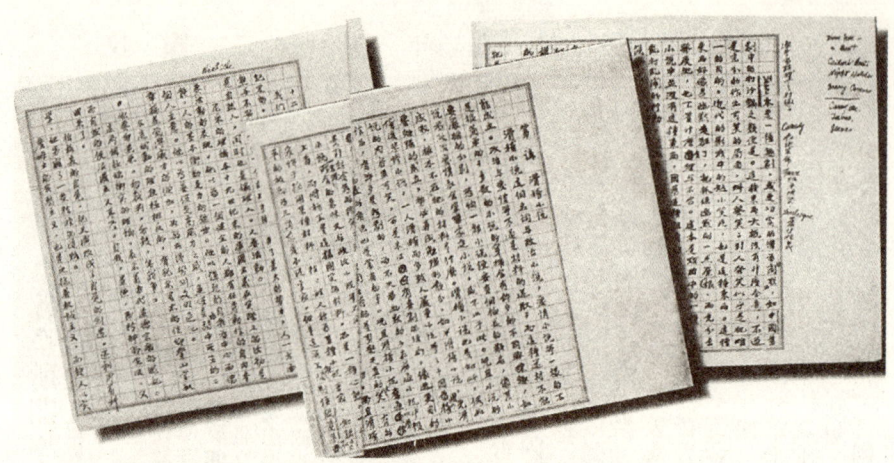

讲稿三页：右边是谈趣剧，抓住幽默不放，创造"笑"的戏剧效果，老舍的第一个话剧《残雾》就是一个讽刺的趣剧；中间谈滑稽小说，针对通俗文学概念，辨别小说文类的命名；左边则是谈世界文艺思潮，着重谈尼采。

王统照、王亚平、吴伯箫、孟超、洪深、赵少侯、臧克家等12位借《青岛民报》合办副刊"避暑录话"，大家把副刊办得红红火火。那个夏天里，老舍本来说要"歇夏"的，可还是写了一批散文等作品发表在这个副刊上。这中间的一些朋友，成了老舍终生的朋友。朋友来往热闹，环境却是静定的。老舍此时有了自我回顾与评价的愿望，于是写起后来收在《老牛破车》中的一些文章来。上海、天津两地的报纸和刊物对老舍的作品都很欢迎。

在山大教过两年书之后，学校闹了风潮，老舍随同事辞了职。他没有和任何人商议，决定在青岛专门写作营生。他要告别既不能专心致志地写作，又终年无一日休息，有损于健康的生活。《骆驼祥子》和老舍的写作生活有很重要的关系，是他做职业写家打响的第一炮。他给《宇宙风》的编辑陶亢德写信说："这是我的重头戏，好比谭叫天唱《定军山》……是给行家看的。"

小说的故事来源其实很简单："在一九三六年春天吧，'山大'的一位朋友跟我闲谈，随便的谈到他在北平时曾用过一个车夫。这个车夫自己买了车，又卖掉，如此三起三落，到末了还是受穷。听了这几句简单的叙述，我当时就说：'这颇可以写一篇小说。'紧跟着，朋友又说：有一个车夫被军队抓了去，哪知道，转祸为福，他乘着军队移动之际，偷偷的牵回三匹骆驼回来。……我只记住了车夫与骆驼。这便是骆驼祥子的故事的核心。"[1]听完故事，直到夏天，老舍都在心中构思，如何把简单的故事扩大成为一篇十多万字的小说。随着对车夫行当的了解，老舍多次变换了祥子的生活与相貌。他也打听过骆驼的生活习惯，终于决定把骆驼与祥子结合到一处，而骆驼只负引出祥子的责任。

　　人物的想象与全书的结构仍然是《离婚》的"拴桩"法：祥子是中心人物，是主角，与各种车夫是主宾关系，别人构成他的社会环境。再说开去，祥子租赁谁的车，拉怎样的人？车夫社会扩大到比他的地位高的人，祥子所遇到的事情也以拉车为主。老舍让所有人都和车产生联系，把祥子拴在车上，就像把小羊拴在草地上的柳树下那样。设想这样的一个游戏：把拴着羊的那根绳事先绕无数圈在那棵树上。羊从树这个圆心往外走，越走圈越大，标志圈的半径的那根绳越来越长，圈内的那块草地上的各种花草越来越多。不等树上的绳全部松开，这个游戏便告结束。羊代表祥子和车，那根不断延伸半径的绳是历史、社会、文化、人的生命的努力。于是圈内出现了车夫阶层、军阀、侦探、曹先生、刘四、虎妞、二强子、小福子、夏太太，他们都是那个历史、社会、文化的产物，他们都对祥子的奋斗与堕落产生着影响。祥子所走的那个"辙"（入辙）便是"一切人类努力的虚幻"的悲剧之辙。祥子的生命运动轨迹，恰好是数学上的"等进螺线"，他在任何一个角度上都重复着一个合不拢的圆。这个不能合拢的正是情感张力所在。祥子给读者的永久压抑，恰是源于这种张力。由于这个生命轨迹的运动趋向无限扩展，悲剧就没个尽头。老舍小说的结尾，在情感上，总是开放的。

---

[1] 老舍：《我怎样写〈骆驼祥子〉》，见《老舍文集》，第15卷，205页，北京，人民文学出版社，1990。

人际关系还不全是祥子生命经验的意义。老舍让他与自然接触,写他刮风下雨天的体验,把这些细琐的遭遇都写出来,写出吃喝与风雨的关系,写出自然给祥子神经的考验。老舍更要写出祥子的肉体、情感乃至灵魂,"由车夫的内心状态观察到地狱究竟是什么样子"。车夫们也有志愿、有性欲、有家庭和儿女,车夫外表上的一切,都必有生活与生命上的根据。辞职以后,老舍开始把祥子写在纸上,刚刚入夏,就将它写完了。小说共24段,恰合《宇宙风》每月要一段,于1936年9月16日第25期开始连载,至1937年10月1日第48期续完,连载了一年。

老舍自认为《骆驼祥子》的成功的地方是:第一是写实层面的,收集的材料多,都统一在人物的行动逻辑下,不枝蔓、不敷衍,祥子在北京城的行走路线都很切实;第二是情感与心灵层面的,故事在心中酝酿得久,每天写一二

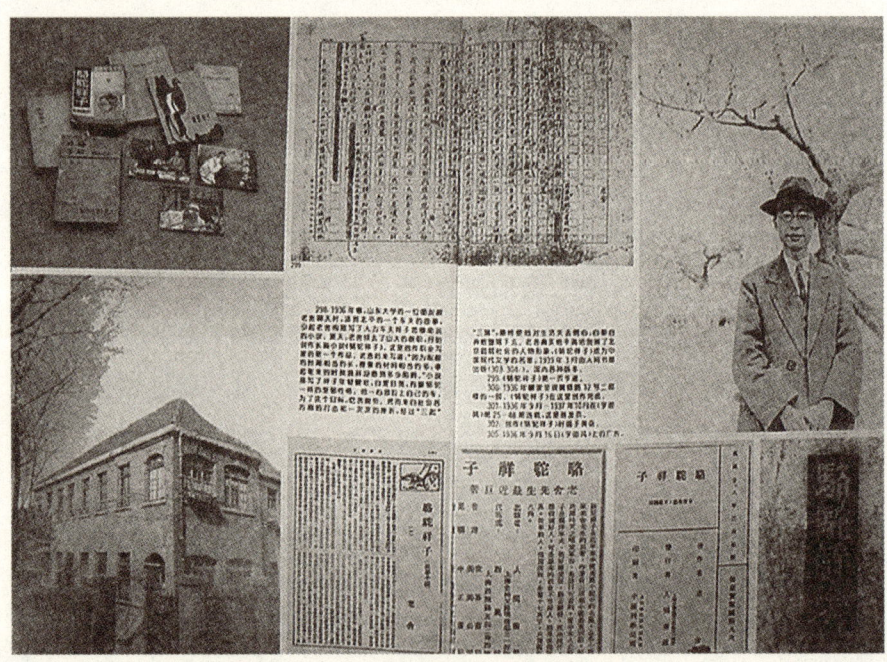

上左:《骆驼祥子》1939年3月人间书屋版与其他版本;上中:《骆驼祥子》手稿第1页;上右:写《骆驼祥子》时的老舍在青岛户外留影;下左:青岛黄县路6号,老舍住一楼,在此创作《骆驼祥子》;下中:《骆驼祥子》人间书屋版版权页与正文第1页;下右:1936年9月16日《宇宙风》刊载《骆驼祥子》的广告。

千字，始终在思索，长时间的思索让笔尖上滴出血与泪来；第三是行文风格，《骆驼祥子》不完全排除幽默，可是它的幽默是出自事实本身的可笑，而不是由文字里硬挤出来的；第四是文字极平易、澄清，从容调动口语，言语是活的，可以朗诵，亲切、新鲜、恰当、活泼。这些成功的地方可以说是给行家看的。

老舍的读者定位不是大众，更不是一般的车夫阶层，而是以生命创造为目的，通过特别的想象方式，传达人类痛苦的情感，达到艺术的审美创造的文学界中人。但是，《骆驼祥子》的高明之处是它不拒绝普通读者，因为小说能让普通人和祥子发生情感上的共鸣，能同情这个努力的、不幸的、受苦的劳动者。可是祥子这个劳动者无法和当年的普罗大众在精神上沟通。为什么呢？因为从职业行当看，祥子这个形象是个劳动者；从精神历程看，祥子又超出了车夫身份的限制。从后者看，《骆驼祥子》不只是一部写实的小说，它更是一个现代人类生存的寓言。祥子是现代的，因为他是一个"个人"，他是有志愿的，买车是他人生的目标，可是他不可避免地走向了个人的末路。祥子是有自省能力的，仿佛一低头就能看到自己的心，但是他的心灵世界变成了地狱，他放弃心灵向上的要求，他自弃、堕落了。祥子的三起三落的曲线不是均衡的，这三个起落，无论是从波峰还是波谷看，都能连成一根滑落的直线。从物质层面的，每一次身体、积蓄的起落都走下坡路；从精神层面看，每一次他身上都失去了一些优良的品行。祥子的买车的努力与精神上的挣扎是同步的。小说告诉人们，想得到什么必定要失去一些，往往得到的比失去的更不值，所以人的志愿与追求往往是虚幻的，追求的结果常常落空。这仍然是叔本华的悲观主义哲学：人的一切努力都是白费！

老舍将一个复杂的精神历程寄托在一个简单的车夫的故事中，也许这种精神现象在知识阶层那里更普遍，但是没有一个现代作家把人的物质与精神追求的虚妄加在一个车夫身上表现得那么深刻。由此可知，为什么当一个车夫问老舍出路，老舍无言以对。老舍写这部小说，并不曾注意过能给社会开什么药方，他只是在具象的故事中表现他的抽象的哲理思考。如果读者得到了具象的感受与收获,那就很好了;如果谁愿意往深里看一看,看出人类的悲哀,那也是老舍的本愿。

《骆驼祥子》被翻译成几十种语言,跨语言文化传播的另一端的人们,更看重的是什么?不该是伊凡·金有意违背原著的思想逻辑设置的"大团圆",其实大团圆未必不是一般中国人的意愿。小福子之于祥子的价值与意义会完全和虎妞的价值与意义相同吗?老舍未必同意!否则他不会强烈反感那个"大团圆"。老舍的用意是不同一般的,所以不能简单地将祥子仅仅当成一个劳动者,去为他设想出路。

《选民》几乎与《骆驼祥子》同时出炉,所表现的人物却截然不同。老舍的作品中有一系列受过高等教育,甚至有留洋资历的伪知识分子形象,他们体现了虚伪驳杂的中国现代性。《牺牲》《铁牛和病鸭》等小说和抗战期间的《不成问题的问题》都是围绕这个主题展开的。原定给上海《宇宙风》连载的小说《病夫》,也许仍是这个没有得到充分发展的主题。这些小说的结构

《骆驼祥子》的各种语言的翻译本。

第四章 家/山/湖/海

1936年10月至1937年7月，长篇小说《选民》在《论语》第98—115期连载。1940年11月，香港作者书社、成都作家书屋将其重新命名为《文博士》出版。

大都是开放性结尾，以至于《选民》似乎是未完成稿。但是它不像《小人物自述》和《病夫》，老舍从来没有提过是主动放弃它的。小说的主人公是一个留学美国五年的哲学博士，看不出他的新学问是什么，但凡中国传统中有的投机钻营手段他无不精通。他回国后的目标是"能打入社会的最上层去"，拉关系走门路是他的长项，利用婚姻（不管女方的长相与德行）关系，借着岳家势力以求腾达，终于如愿以偿。小说的价值并不在于提供一个会钻营的现代权术家的形象，而是显示读过一点书的中国人怎样将传统的腐败基因给予现代的生长发育的机会，这是中国人不见起色的重大原因，也是中国现代性的虚伪与杂色之一。另一个贡献，是给中国小说"擅长人际关系"的美学充实了现代因素，这也是此一主题的小说比《官场现形记》更能体现中国现代性的地方。

战争打到了大门口，一切过去的思路都得改变，创作的主题必须修正。而且，文艺刊物的生存空间也发生了变化，沦陷的与将会沦陷的天津、上海等地的文化生产机制，都不容老舍继续手边的创作。《小人物自传》在天津的《方舟》上连载（1937年8月1日开始）四期即中辍，《病夫》则没有心思写下去了。《小人物自传》注定是写不完的，20世纪50年代末老舍继续这个题材写《正红旗下》，仍然未能完成。当年从法国回来的路上，老舍还在写一部长篇

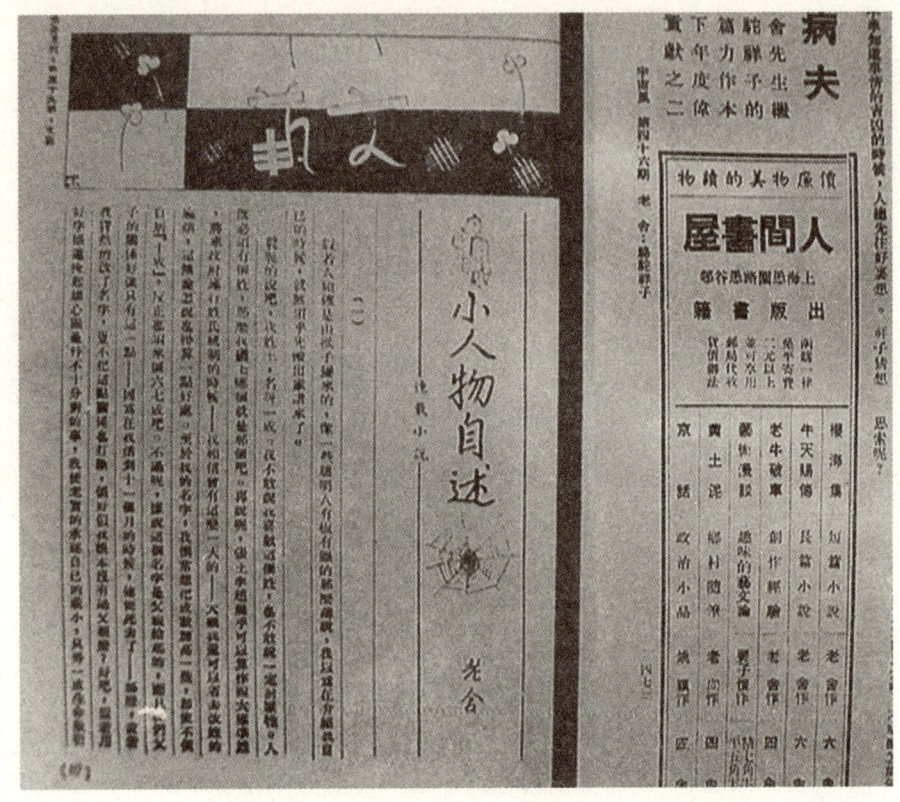

《病夫》广告和《小人物自述》之首页。前者未能面世,后者多年后续写,仍旧没有完成。

《大概如此》,到了新加坡,生活与思想环境大变,老舍放弃了;这一次放弃了两部共写成了10万字的小说,战争年代不唱"太平歌词",老舍又是主动放弃;至于《正红旗下》的放弃也是主动的,但是它与时代政治语境有无关联性,似乎还没有人能说清楚。

三、老牛破车

老舍喜欢"牛",否则不会自称"文牛",不会给自己肯定的小说人物取"铁牛"的绰号,也不会在卧室里挂李可染画的牛。鲁迅说,牛吃进去的是草,挤出来的是奶。老舍不夸耀自己的作品如何有益于人,只希望能够像牛一样地在自己的园地上耕耘。牛只会往前走,从不回头来看拉着犁走过的田野,

第四章 家/山/湖/海

牛是只配被驾驭劳作却没有反思的。《老牛破车》是对劳动成果的反思，老舍自觉地在文学园地中耕种，明白自己种下的是什么，收获的是什么成果。对自己的耕作方式，老舍不时地自我检讨，已经养成了一辈子的习惯。说这种习惯是基督教的忏悔意识，大概有点过头，孔门弟子"日三省吾身"的经验思维，未必对他没有启迪。说得简单点，就是爱惜自己的羽毛。老舍自爱，哪儿写得不漂亮，下次注意修饰。

不能说老舍是个经验论者，但是他重视经验。《老牛破车》的经验由两部分构成，一部分是自己的写作经验，或者说是自我批判，不是说是与非，而是检验做到了怎样的地步；另一部分主要是自己的阅读经验，这是上升到理论的经验，是作家兼理论家乃至教授的理论，因为它是可以当做讲义使用的，是对老舍自己的《文学概论讲义》的补充。

第一部分有一个基本模式："我怎样写……"省略号代表的是他已经完成的八部长篇，有《老张的哲学》《赵子曰》《二马》《小坡的生日》《大明湖》《猫城记》《离婚》《牛天赐传》。虽然我们看不到被战火烧掉的《大明湖》，却知道老舍写了什么，怎样写的。"写什么"是一个题材的问题，除非特殊的语境和作家自己的问题，不存在因为写什么而犯禁；一个"我"字，突出的是艺术家的主体；"怎样写"是重要的研究对象，是一个艺术探索与创造的途径问题，是一个作

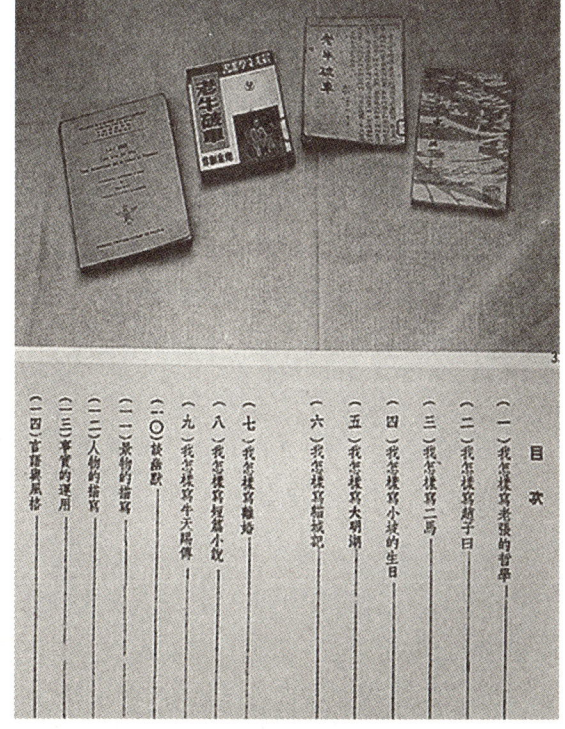

《老牛破车》，1937年4月由人间书屋出版。

家创作的艺术道路的问题。可惜,我们的理论好高骛远,不习惯在作家的艺术践行中总结。对老舍一类的作家的经验如何估价,是一个重要课题。老舍在自我检讨的过程中,始终有一个乃至多个参照系,在比照中看得失与成就,看中西文学的特点,体现自己的追求与文坛一般情形的差别。《老张的哲学》与《儒林外史》和《匹克威克外传》的形式;《二马》与《留东外史》文化主体的差异;《猫城记》与但丁的"地狱"、与威尔斯的想象、与阿里斯托芬的讽刺传统的关系比照;《离婚》与陀思妥耶夫斯基的心灵上的异同……老舍的比较还在自己的前后创作中展开,《二马》与先前两部长篇的形式差异,写法上如何"细"起来;"幽默"的运用的前后差别与最高境界的追求……这全是文学研究的原创性的论文题目。

  第二部分是专题总结,总结的范围不在自己,却是全世界的古今创作的精髓。有五篇文章,分别是《谈幽默》《景物的描写》《人物的描写》《事实的运用》《言语与风格》。这是老舍阅读、思考与讲授的结晶,如果他不是在齐鲁大学和山东大学做教授,大概也不会写这几篇文章,它们应该是讲稿的提升。讨论"幽默"的美学范畴与讽刺、夸张、机智、反讽之间的区别与联系,至今中国的美学理论研究者说到幽默,鲜见有比老舍说得透彻的。文章到言语风格为止,根本上从"字"开始,每一个形容词或设喻的难处,不假装饰的难度,句子与动作的内在一致,中国语言无复句的特征的显现……文章无处不深入。老舍说到人物,强调的是创造,与今天的后现代语境已经有了巨大的差别,后现代一切都讲平面化,哪一天会不会再来一个反动,重新肯定创造?老舍关于"人与事是相互为用"的论述,是以中国小说的传统为基础,以西方现代文学的最高成就为补正的中国现代叙事理论,可惜他没有将语言充分融合进去,降低了这个论题的复杂性。写传记的也明白,如果那样,就是仅仅限于专家讨论了。《风景的描写》说的就是一片风景即是一种心理状态,但是内涵比风景更大,它包括时间和空间。这部分的探讨,"技术"性的因素很突出,这是理论家没有的东西。老舍选用的古今文学经典的实证,作为一种经验呈现,经验中包藏了丰富的技术因素,若不是见多识广,若不是立足于实践,

第四章 家/山/湖/海

"技术"不能自己凸显出来,而这样的内容是一般理论书籍中见不到的。

老舍总是自谦,做教授没有多少自己的理论好讲,没有几天就说完了。世界上有几个教授总是在讲自己的东西呢?老舍作为文学理论家的身份,我们至今没有重视。歌德说,理论是灰色的,生命之树常绿。老舍就是要给理论灌注一些活生生的东西,使理论更"绿"一点。

上面谈老舍的自审,几乎是和读传记的人过不去。下面我们来审视一件老舍与武功、武侠有关的事情,从武侠小说中知人论世,以《断魂枪》管中窥豹。

老舍的练武,是从那次"小型的复活"开始的,那时他请人教过形意拳、六合拳和剑术。从此,时断时续地一辈子与武术结缘。亲眼见过老舍练武的人不少,刘世森大夫是一位。他持续十几年给老舍做按摩推拿,治疗他的腰腿病。有一天老舍和他谈论拳术,"说他年轻时练过少林拳和花拳,讲了练拳的手法,说得很在行。说着说着就走到小院里,他站在柿子树下面对我说:'我比划几下,你看看!'说着他表演了几个式子,抬手、踢腿都很到家。说明老舍先生曾下苦功夫练过"。"1957年老舍先生跟我讨论过气功……有好几次我到老舍先生家,看他站立着面朝北,双手放在堂屋柱子边的茶几上,静静地练气功,一般练十分钟左右。"①另一位是陈逸飞,他记得1930年曾经和老舍过招,老舍只是顺势一拨,他的半边身子都麻木了。有一次,老舍在白涤洲家,陈逸飞看见老舍练昆仑六合拳,学燕子飞,收势以后,就像动物被雨淋后抖落水一般,浑身摆动了一会儿。1935年老舍到青岛的第一个除夕,主持国立山东大学辞旧迎新晚宴,他热情地招呼大家,妙语连珠讲笑话,一个重要的节目是表演剑术,有人专门为文发表在《益世报》上:"最后老舍先生表演舞剑,真叫棒,掌声雷动之中,他在台上来上无数大作揖。"1938年初,冯玉祥曾经对他的手枪队士兵训话:"你们看见舒舍予先生没有?他每天早晨穿这单衣打拳,没有一天不是这样。"据文洁若记述,1965年老舍率团访问日本,

---

① 刘世森:《我崇敬的老舍先生》,见舒济编《老舍和朋友们》,603页,北京,三联书店,1991。

在箱根与日本作家城山三郎相遇,说话间谈论拳术,便起身较量。老舍一拳把城山打了个趔趄。1966年最后的夏日,萧军和老舍一道被批斗,萧军说按道理,老舍只要伸手,红卫兵几个也不是对手。

老舍练武收获最大、学到真的技击功夫的时期,应该是1933年在山东济南师从马子元拳师。老舍当年记述:"在四月里忽患背痛,痛得翻不了身,许多日子也不能'鲤鱼打挺'。缺乏运动啊。……于是想起了练拳。原先我就会不少刀枪剑戟——自然只是摆样子,并不能去厮杀一阵。从五月十四日开始又练拳,虽不免近似义和团,可是真能运动运动。因为打拳,所以起得很早;起得早,就要睡得早;这半年来,精神确是不坏,现在已能一气练下四五趟拳来。"①

在1934年离开济南前,老舍赠马子元一折扇,一面是济南名家关友声画的山水,画面是空山新雨,峭壁飞泉,一面是老舍自题学拳术过程的文字:

去夏患背痛,动转甚艰。勤于为文,竟日伏案,寔为病根。十年前曾习太极与剑术,以就食四方,遂复弃忘。及病发,谋之至友陶君子谦,谓:健身之术莫若勤于运动,而个人运动莫善于拳术。遂

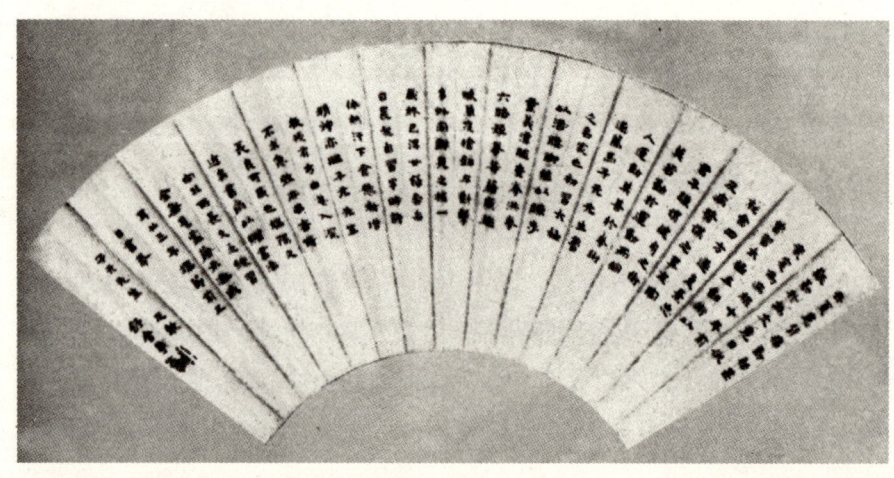

1934年,老舍离开济南去青岛,行前为马子元拳师书扇面。

---

① 老舍:《一九三四年计划》,见《老舍文集》,第14卷,459页,北京,人民文学出版社,1989。

第四章 家／山／湖／海

> 荐马子元先生，鲁之名家也。初习太极，以活腰脚；继以练步，重义潭腿、查拳、洪拳、六路短拳等，藉广趣味；兼及枪剑与对击，多外间鲜见之技。一岁终，已得廿余套。每日晨起，自习半时许，体热汗下，食欲渐增，精神亦旺。子元先生教授有方，由浅入深，不求急效，亦弗吝所长，良可感也！端午又近矣，书扇以赠。书法向非所长，久乏练习，全无是处，藉示激感耳。廿三年端（午）节前三日书奉
>
> 　　子元先生　正教
>
> 　　　　　　　　　　舒舍予

马子元拳师名马永奎（1893—1982），字子元，是一位有名的回族拳师。自幼习武，入山东冠县人杨洪修门下，得查拳真传，枪术尤为超群，有"山东一杆枪"之誉。马子元曾开过镖局，做镖头闯荡江湖多年。认识老舍时，他正在济南馆驿街佛照寺山东国术馆第四分社授徒。马子元住上新街，距离老舍住的南新街很近，每天上门传授老舍。老舍学拳一年多，二人成了无所不谈的朋友，马子元给他讲了不少武术界的人和事。

这许多的侠义的、武术家的故事正像那个车夫的故事一样，在老舍心中反复盘旋。1934年春天，老舍将这个计划透露给了赵家璧，说"我要写一部长篇小说，内中的主角儿是两位镖客，行侠仗义，替天行道，十八般武艺件件精通，可是到末了都死在手枪之下。我的意思是说时代变了，单刀赴会，杀人放火，手持板斧把梁山上，都已不时兴……一方面是说武侠与大刀早该一起埋在坟里，另一方面是说代替武侠与大刀的诸般玩艺不过是加大的杀人放火，所谓鸟枪换炮者是也，只显出人类的愚蠢"[①]。夏天到上海，见着赵家璧，他愿意将这本小说放在《良友丛书》里。回到济南就开始写，到青岛继续写作，寒假中写成了五六千字，看到一个短篇小说，写的事情有点相近，就不愿再写了。1935年6月间，《良友》的编辑马国亮还写信给老舍，询问写两位镖客的长

[①] 张桂兴：《老舍年谱》，133页，上海，上海文艺出版社，2005。

> The Spear That Demolishes Five Tigers at Once
>
> Wang Ta ch'eng - over 30, a Northerner, very tall, broad back big eyes and bushy eyebrows. An expert on Chinese boxing but being modest seldom shows up, that is why he moves slowly so that no people will discover that he is an expert. Very proud man but tries to hide that fact. Always courteous, well mannered. In spite of his young age, he is a very famous and self supporting p'ao shih......
>
> Mrs. Wang the wife - a bit younger than her husband, very small, not good looking but rather just ordinary, tidy, a simple woman of the North. As a compensation for her ordinariness she has a quick temper, she even sometimes challenges her husband. She is not nagging without a reason but she always stands up on her dignity and rights as a housewife.
>
> Ting Te-sheng - man, over 20, the first pupil that Wang Ta-ch'eng had, very tall and strong, simple and straightforward. Respects Mr. Wang and puts

老舍用英文写于美国的《五虎断魂枪》剧本。

篇小说写得怎样了。

1935年9月22日,短篇小说《断魂枪》在天津《大公报·文艺副刊》第13期发表,后来收入《蛤藻集》。老舍后来补充说:"它本是我所要写的'二拳师'中的一小块。'二拳师'是个——假如能写出来——武侠小说。我久想写它……在《断魂枪》里,我表现了三个人,一桩事。这三个人与这一桩事是我由一大堆材料中选出来的,他们的一切都在我心中想过了许多回,所以他们都能立得住。那件事是我所要在长篇中表现的许多事实中之一,所以它很利落。拿这么一件小小的事,联系上三个人,所以全篇是从从容容的,不多不少正合适。这样,材料受了损失,而艺术占了便宜;五千字也许比十万字更好。文艺并非肥猪,块儿越大越好。""有长时间的培养,把一件复杂的事翻过来调过去的调动,人也熟了,事也熟了,而后抽出一节来写个短篇,就必定成功,因为一下笔就是地方,准确产出调匀之美。"想了一年多,然后高度凝练地表现,可见老舍自己很欣赏这个短篇的成功,心中的骄傲溢于言表。

小说中的主人公是"神枪沙子龙",武艺与名字都有暗指武术家马子元的地方。虚构人物的神枪技艺(西北一带没遇到过对手)的原型无疑是"山东一杆枪";"马"与"沙"都是回族较大的姓氏,以"沙"代"马"是现成的;"元"与"龙"在成语"元龙豪气"中是连成一体的。看似文字游戏,实在是老舍忘不了马子元。短篇小说中写他,长篇小说中也曾写他,《国家至上》中主要人物是他,英文创作的戏剧仍然要写他。在重庆,老舍与宋之的合作四幕话剧《国家至上》,主要人物是回民老拳师张老师,老舍言明他"是我在济南交往四五年的一位回民拳师的化身"。1947年在美国,老舍又将短篇小说中的人与事重新创造,写了英文话剧《五虎断魂枪》。

除了生活经验以及友人感情之外,《断魂枪》的命意何在?除了长篇计划中说给赵家璧的那一层意思,这个短篇小说包容着对过去时代遗留下来的一切生命的象征与隐喻功能,也与当时文坛上的通俗小说的创作展开了对话。《断魂枪》写的是"遗民"生命与另类武侠。请允许我在此对这篇小说做一个专门的分析。在全书中,如果没有一处真正咀嚼老舍的文学代表作,那是个遗憾!中国现代的短篇小说,用三千字写得最出色的是《孔乙己》,五千字的就是《断魂枪》。现在抛开一切原型的影响与经验的限制,把这个短篇看成一个兼具写实与象征功能的艺术精品来赏析。

老舍的短篇小说《断魂枪》具有现代历史叙事与文学价值。小说风格简约,五千字写出了色彩浓淡不一却印有深刻历史印记的人物。沙子龙、王三胜和孙老者都是武林中人,《断魂枪》可谓是武侠小说,然而内容与武侠类殊异。主人公沙子龙着墨似浅却深,在近现代全球化背景下,对阐释中国历史文化别具作用。写沙子龙的情节弱化,既与小说中写其他人的突出情节、动作性构成鲜明对比,又和传统习见、上世纪二三十年代流行的武侠小说截然有别。老舍钟爱沙子龙,20世纪40年代末在美国用英文写成话剧形式来表现(在三幕四场话剧《五虎断魂枪》中这一人物仍是"神枪王",却改名叫做王大成)。

小说叙述的人和事为新文学中罕见:沙子龙生活在清末,有独门功夫"五虎断魂枪",在江湖上走过镖,现在改行开客栈。某一日,武林中孙老者来访求"五虎断魂枪",先在土地庙前轻易胜了练把式的王三胜(沙子龙走镖时的大伙计),继而与沙子龙见面,结果相安无事离去,也没有得传枪法。老舍承认这是篇武侠小说,然而它既不炫"武",也无一般意义上的"侠",更缺乏扣人心弦的技击与惊险情节。究竟如何论定《断魂枪》的文类?它是反武侠文类的一次创造,借武侠的躯壳写出中国人在世界现代性巨大变动中的被动地位,反映某一类人身上的时代或朝代的"遗民"记号与生命经验。

"遗民"沙子龙

《断魂枪》呈现的社会性与个人生命的一般价值在于:处于中国现代社会开端时的人们不得不面对的变化,以及中国人无法直面世界的尴尬;其特殊性则是以一个武林中人宣示近代生活的前朝后世。小说着力把握住生命与时代及世界和中国政治、经济变动之间的关系,把握住被动的生命和世界的联系方式。沙子龙生活在传统中国向现代转型阶段:"走镖"的他过的是前现代生活,一旦火车通商、现代工业文明逐渐渗透到中国,他就不得不服从现代工商社会的规律。历史已发生了不以人的意志为转移的重大转折,个人往往无法适应,从前现代向现代工业社会转变的过程中,中国人的生活态势完全是被动的。老舍的20世纪30年代的小说多数写被动的人,那些对自己的被动认识得越清楚的人,其内心叙述越悲凉,沙子龙经历的外部世界的变化与被遗落的经验,终于转化成他的内心悲剧。

小说的另两个人物孙老者、王三胜不大明白身外的世界。孙老者视武术至上,心中有宗教一样的信念:尽有生之年把天下最高明的武术都学会,便一生功德圆满。王三胜未必有追求,他的武艺被用来炫耀,愿意和那些外行打交道,摆个场子唬人,弄几个钱糊口。他吹嘘"脚踢天下好汉,拳打五路英雄",一碰上孙老者就输了,于是人们发现他的功夫其实不行。小说虽然把王三胜写得很热闹,孙老者也不凡,但是直接切入人的生命核心的还是沙子龙。沙子龙有深刻的自我意识:知道属于自己的世界完了,知道自己是被动的,他的被动和世界的变动联系在一起。沙子龙的生命陷落,郁结于心,而又无言、难言的悲哀情结,才是《断魂枪》的核心。

沙子龙生活的时代即将发生国体鼎革,皇权时代正向现代民主共和偏移，小说暗示了帝王制度即将崩溃，"有人还要杀下皇帝的头呢"。革命即将到来，谁在革命，革谁的命，沙子龙搞不清楚，只是他走镖的饭碗已经被打破。沙子龙走南闯北，可他的精明只限于走镖行当。在晚清情境中的个别生命的主体亦随对世界的了解而被定义，小说命题实指属于旧时代的主体在现代社会中的陷落。"断魂枪"三个字乃是主人公沙子龙生命主体陷落的隐喻。"枪"的所指有三个层面：一是指物质的枪；二是指武术中的技艺、专门套路；三是人和枪融为一体，成为立身处世、谋生的本钱，这套枪可以帮沙子龙在江湖立足，供他吃饭、开镖局。"魂"既是沙子龙的精神、人格，又是他独擅枪法的神话，也可以延伸讨论——中华武术到沙子龙而几乎登峰造极，但是否已经面临寿终正寝的危机，或是仅余一缕幽魂！如何说这套枪是有魂的呢？枪本来没魂，武艺也是没魂的，是物质的枪以及那套武艺和人的精神状态联系在了一起。"断"是时代的断裂，沙子龙对当下世界无法把握，他陷落在因被动而产生的精神迷茫乃至委靡中。沙子龙的经历仿佛是从天上掉到地面，像一只受伤的鸟飞不起来。是什么让他的魂断了，又是什么让枪没用处了？这个"断"字，从被动者沙子龙的生计来说，让这套枪法寄生与逞威的经济脉络被阻断了；从主动方面讲，是一个强大、陌生的外来力量的闯入，以其(快枪)工业技术的先进性完全取代了中国传统武术，这种现代性力量体现着席卷全球的巨大变化。

现代性像一把利剑斩断了中国人和过去生活的联系，斩落了沙子龙独步天下的枪法的威风，所以就中国的普通民众而言，现代性是双刃剑，它伤及许多生命，破坏了他们的生活。沙子龙的整个生活方式必须要变，他不得不改行。沙子龙不知变因，但知道应变，他识时务地及早改行了。可是，从镖局到客栈的经历是失落，标志着地位的改变，赖以谋生的方式的改变。沙子龙的镖局是天下独一无二的，镖局的主人是江湖至尊；天下可以有无数沙子龙的客栈，客栈的主人是庸常市民，也是前朝"遗民"。沙子龙丢失了镖局抓住了客栈，他往日的走镖经验中，日常打交道最多的是客栈，开客栈不是往前走而是回头看，沙子龙的客栈是一个"遗民"的记号。

沙子龙被推动着一脚踏进新时代的门边,整个身子还留在旧世界,他经历着一场"新时代的旧悲剧"。小说的第一个陈述句是"沙子龙的镖局已改成客栈","已"字表达的是一个过去完成的状态,不是今天改,也不是明天才开始改,是已经无奈地改成客栈了。世界局势的变化,国家政体即将发生的变化并非冲着沙子龙一个人来的,所有人都要面对,大家都得换个活法。沙子龙应变并不成功,他不善于经营客栈,生意冷冷清清。他已经被迫接受了客栈老板的身份与生活,白天有生意就做,没生意就抓本《封神榜》看。

老舍擅长大落墨笔法,小说从东亚现代性落笔,呈现整个东方生存空间的巨大变化,由东南亚渐渐聚焦中国人的生活,集中于核心人物沙子龙。西方帝国主义的武力征服,令"东方的大梦没法子不醒了"。东方受西方入侵,"炮声压下去马来与印度野林中的虎啸","虎啸"代表自然、未开化的蛮荒,"炮声"体现现代工业世界的杀伤力。"炮声"和"虎啸",标志强势的西方工业文明入侵到蛮荒落后的东方世界里;联系"炮声"与"虎啸"的是表现世界不平等的"压"字。"半醒的人们"以沙子龙为代表,孙老者还在梦中执著伟大的武术,王三胜根本没醒。中国人崇拜祖先、信奉神明,他们的祷告失灵了,失去国土、自由与主权。国门被打开,"门外立着不同面色的人,枪口还热着"——充满着威慑。东方丛林中人们的"长矛毒弩,花蛇斑彩的厚盾"都没有用。"龙旗的中国也不再神秘",龙的文化失去了和西方对抗的力量,其政体也不行了,国内的革命党散布着要推翻皇权的恐怖,中国人面临全面的政治、经济和文化价值的失落与崩溃。沙子龙的"五虎断魂枪"应运而殁,火车"穿坟过墓破坏着风水",现代通商不再需要镖旗、钢刀、口马、江湖上的智慧与黑话,"义气与声名,连沙子龙,他的武艺、事业,都梦似的变成昨夜的"。昨夜的梦必须醒来,但沙子龙梦醒之后无路可走!

沙子龙的心灵悲哀,魂牵梦绕,变成"月夜练枪"的意象一再呈现。夜间,沙子龙把小院的门关好,熟习他的"五虎断魂枪"。练枪时一个人回忆当年的英勇,在虚拟练习中召回"野店荒林的威风",找回过去属于自己的世界。可是他回不去了,现代性一刀斩断了和过去的联系。沙子龙使用原始武力,靠身体搏斗的方式征服世界，这样建立的江湖世界的秩序被西方工业文明轻易颠覆了。沙子龙们所能做的不过是无奈地诉诸记忆和现代性对抗，发出沉重的感喟——"不传"！沙子龙失落的世界固然与武术这个行当相关，但他能代表所有刚刚被推到现代社会门口的人的心态——不甘接受自己的失落。沙子龙成了一个陷落的主观意志世界的标本，这是对所有中国人的一场现代性锻炼。老舍尊崇人本而对现代文明有些不屑，之所以极力呈现月夜练枪的意象，是为了在陷落中实现反超越——沙子龙武侠身份消失而荣誉、价值和尊严的魂灵不灭，这是断魂枪中不断之魂。

孙老者的来访与王三胜等小辈们不时地讨教，其实源出于对世事暗昧不明。尽管不认同其蒙昧，耽于过去的人们还是触动了沙子龙，刺激他重温枪法。重温是一个心理过程，贯注于"重温"全过程的却是"凄凉"，沙子龙身心一体，"只是摸摸这凉、滑、硬而发颤的杆子，使他心中少难过一些而已"。重摸枪杆并不能重操旧业，也不能到西北走镖路上故地重游，因此沙子龙未必少些难过的感受："凉"源于内心的苍凉，枪已经不能给他温暖；"滑"则证明这枪抓不实在了，属于他的生活偷偷地从手下滑走了；这是一段坚"硬"的生活，现存的世界没有一丝温暖，沙子龙的心在发"颤"。他想少一点难过——回到记忆中会一时忘记难过，可是一旦醒来情何以堪。入梦容易，从梦中出来就很难受了。他越是难受越要摸枪，"只有在夜间独自拿起枪来"，而"在白天，他不大谈武艺与往事"，在一个人的世界里，他仍然是自尊的，有价值的。这个世界只是夜间独立地存在，它已经虚幻了，这是一个遗民的世界。

老舍为什么要创造出这个遗民世界，为什么选择武林中人为主角写《断魂枪》？一方面是对历史的反思和对现代性的悲观，另一方面与他的旗人身份有关系。1935年老舍写《断魂枪》时，虚构中的客栈掌柜沙子龙的历史已经过去了三十年，民国也已经有了二十多年历史。这二十多年间，作为大清朝遗民的旗人的日子不好过，他们经历过双重的悲哀——物质生活的艰难与精神心理的失落。舒家在八旗中隶属正红旗，老舍的亲戚朋友家在艰难中煎熬的不知凡几。而旗人生活走向没落并非从辛亥革命开始,无论是《茶馆》还是《正红旗下》,老舍呈现的旗人生活从戊戌变法以后就开始走了下坡路。当清朝政体还没有灭亡的时候,它的子民已经成了遗民,这虽然是事后得出的结论,但其中包含了真理。用什么来表现这个无可挽回的衰败过程,以什么样的人来展现这个过程中的心灵悲剧,这是对老舍创造力的挑战。老舍用沙子龙的形象来回应与证实了王纲解纽、皇权崩溃之前就已经处于一个遗民语境之中。

真正的遗民心理终将"遗世独立",沙子龙和周围人群的关系更是他遗民身份的注脚。走镖时的沙子龙统领一大帮人,王三胜和小顺们一帮伙计跟定了他,一道享受着威风与饮馔,也一道辛苦跋涉。这时候的沙子龙是一呼百应的盟主。即便沙子龙改行开客栈,手下训练起来的少年伙计们成了"没落子的,都有点武艺,可是没地方去用"("没落子"的身份几乎是清朝灭亡后旗人的标志),他们仍在追随着,"没钱,上沙老师那里去求。……不让他们空着手儿走",沙子龙仍是武林中的神话:"沙老师一拳就砸倒了个牛!沙老师一脚把人踢到房上去,并没使多大的劲!"沙子龙在众人中的地位仍然是靠武艺维系着。当沙子龙看穿了武功无用,并且无所作为,他就渐渐地不得人心了。自从王三胜吃败仗而沙子龙不肯为他出头,沙老师的形象就一落千丈了:"沙子龙栽了跟头,不敢和个老头儿动手……连句硬话也没敢说。'神枪沙子龙'慢慢似乎被人们忘了。"沙子龙孤独地将自我封

丁聪1987年作的老舍练拳的漫画。

闭起来。文字历史的代价是对一般生命的遗忘,老舍用形象证明被遗忘的生命并没有结束,小说结尾处又出现"月夜练枪"意象的反复:"夜静人稀,沙子龙关好了小门,一气把六十四枪刺下来;而后,挂着枪,望着天上的群星,想起当年在野店荒林的威风。叹一口气,用手指慢慢摸着凉滑的枪身,又微微一笑,'不传!不传!'"沙子龙所谓"不传"并无特指的传授对象,而是深谙现代性自然地让武术的实际用途被弃绝,这是他心中文化的绝灭。枪就是他的老伙计、知心朋友,甚至是终身伴侣:"那条枪和那套枪都跟我入棺材,一齐入棺材!"遗民的决绝与凄清溢于言表!沙子龙深夜自省,他在新时代已经成了一个多余的角色。

另类武侠

《断魂枪》是一篇反武侠文类的小说,老舍打破中国古典武侠小说的框架,创造性地给它充实以现代美学因素。武侠小说特有的美是"奇",也算是一种浪漫,然而《断魂枪》不浪漫,它是一种无奈的现实。老舍的想象力简直与武侠小说拧着劲:一般武侠小说由头绪纷繁的"事件"来建构,《断魂枪》的结构不靠事件支撑,全然"息'事'宁人";武侠小说排列组织(处置)事件与人物动作基本服从于"冲突"原则,老舍则根本不让冲突激化;武侠小说绝大部分篇幅用于人的外在动作,然而老舍要表现的是沙子龙内心的"遗民"世界。

老舍不落武侠小说窠臼:没有门派,不论恩仇,更无冲突升级、终于"华山论剑"的俗套。他一心不给人们热闹看,越是核心人物越没有武斗的"戏"。小说表现沙子龙、王三胜和孙老者三人:沙子龙摒弃"快意恩仇"的武侠行径;孙老者行动不悖武德,多些闲云野鹤的姿态,勉强可以归类为侠之隐者;王三胜习武而少武德、无侠骨,只是一介莽夫。沙子龙背离了武侠小说的套路,孙老者若即若离,唯有王三胜像是武侠小说中的末流角色。

武侠小说是富有想象力的文类,它与科幻小说一样地异想天开,老舍却故意不理会奇思异想的思路。沙子龙属于何种武侠类型?古今武侠小说的参照中没有答案。与现代通俗小说家相比,《断魂枪》与向恺然(平江不肖生)、

顾明道等创作的耽于幻想、兼顾言情的现代武侠小说截然不同。历史地比较,他不是那种"轻财、轻生、重义、重交"的战国游侠,不是权门所养的"私剑",不是济人困厄的"超人"(如红线、虬髯客、昆仑奴),不是展昭、白玉堂那样被皇家收服的御用侠客,而是近代商贾雇用的开镖局的走镖客。就写实而言,老舍对武侠传统文类的颠覆是残酷的。《断魂枪》中的晚清社会褪尽了武侠的浪漫折光,沙子龙随时代变化而变动着地位与心态,被晾在了严峻的现实土地上:外表超脱,内心痛苦虚无,生命价值无所寄托。

武侠小说想象的最基本的方式是情节的炫奇,冲突反复出现而一再升级,说一波三折则远远不够,那是重重叠叠的奇人、奇事、奇境,是高潮迭起、环环相扣、充满悬念的戏剧性展现,武侠美学的实质是一种浪漫美学。《断魂枪》是一篇"不够格"的武侠小说:那里有一个庸人客栈老板,一点也看不出他的"奇";那儿只有打拳卖艺,一点小小的摩擦,总体上波澜不惊,叙述上把"事"的因素放在了很次要的地位,将空间留给了"人心";那儿只有土地庙前的空场和孤零零的小院,"荒林野店"存在于遥远的记忆中。老舍故意出格,他是写一篇反武侠、反英雄的小说。

应该了解武侠小说情节的功能美学,在一般意义上构成对照,才能明白为什么说《断魂枪》是反武侠文类的。中国传统的小说长于情节,武侠小说更重情节纠葛:江湖上忽生事端(诸如争夺山头、码头等势力范围,或是抢某一武术秘籍),人物分派为正、邪或亦正亦邪,正、邪两派对立冲突,亦正亦邪者的参与、搅局使得矛盾复杂化,情节扑朔迷离。情节虽波澜起伏,但总体走向是逐渐高潮化,介入冲突的武侠的技击功夫越往后出场者越是高明到不可揣想。阅读武侠小说的主要乐趣有二:一是追逐超乎常理而又合乎人情的情节想象过程,并不特别看重结尾;二是置身事外地欣赏各种各样的人物性格,而性格展现的最主要的方式就是"武打",武功的深邃与性格的深度、复杂恰成正比。

"武打"的安排形成武侠小说情节进展的主要节奏,对这种节奏的合理安排规约了阅读的心理过程的紧张与松弛,看"武打"情节变成了一种张弛

第四章 家/山/湖/海

有致的心理运动,成了多数读者读武侠小说的基本动力之一。尽管读者会对人物产生认同的倾向性,但是看武打冲突却不希望一方迅速落败,武打之美正在于叙述的表演性,它必须延续一段时间,否则就会让读者失望。看武打的审美主体与打斗双方都保持距离,越是势均力敌越能实现审美愉悦。一般地说,解构武打等于消解情节,会让武侠小说的美学趣味消失殆尽,几乎等同于拒绝读者。

老舍知道情节在武侠小说中的重要性,也让读者看武打。单是王三胜就使了三种器械:钢鞭、大刀和枪——钢鞭定场,大刀表演,枪是用来交手的。孙老者被王三胜限定使用三节棍,见了沙子龙,他又打了一套查拳。十八般兵器和徒手套路都选择了一些,让读者大开眼界。王三胜的套路风格是刚猛,孙老者则快捷、飘洒。读者无疑要抱怨看武打不过瘾,只有区区两回合!而且,重中之重的"五虎断魂枪"没有上演,王三胜饶是会得多,使枪大概只懂一些皮毛。

《断魂枪》的情节动力在于"学艺"。孙老者珍视的"艺"就是那套五虎断魂枪法,它寄托在活人沙子龙身上,而与他关系最近的王三胜只会点皮毛,因此也带来沙子龙与那套枪法的神秘性。如何使沙子龙表演这套枪法?请将不如激将,迫使他动手最好。这样,孙老者与王三胜比武就成为导火线,点燃起武林中人的好胜之心,最好安排沙子龙靠五虎断魂枪胜了孙老者,无论是小说情境中人还是读者都大饱眼福。前面孙、王比武的一段武打作为沙、孙较技的武打的铺垫,而后一段自然要比前面打得持久而精彩纷呈。

老舍虽未放弃情节,但在叙述了孙、王比武和孙老者的单边演艺之后,就把读者闪在了情节欣赏的半道上。他处置《断魂枪》的情节美学是反高潮化,从情节走向淡化情节、无情节。孙、王比武之后不再满足武打升级的阅读预期,更无孙、沙比试启用五虎断魂枪的武打,沙子龙连做一次教学演示也断然拒绝。沙子龙反思自己从走镖到开客栈的生活历程,明白自己是在工业化社会中大大地"栽了跟头",这决定了他的虚无主义的生活态度,彻底放弃,再也不提自己的武林绝技"五虎断魂枪"。所以,他决心不与任何人交手,孙老者只能失望而归了。于是人们的阅读期待全部落空。

《断魂枪》擅长对人物性格与动作的描写,却不依赖它们。老舍能写活人的外形、语言、动作,更能看到人的心底。王三胜虚张声势唬人,却是外强中干;孙老者欲扬故抑,众人恭维也罢,取笑也罢,他自信。仗着跟沙子龙走过几趟镖,王三胜在土地庙前的场子上大话欺人,众人眼中的他是"大个子,一脸横肉,努着对大黑眼珠,看着四围。大家不出声"。王三胜操演大刀一段,动作连贯,一气呵成。从来对武术表演套路的描写鲜有过此文者,这与后来孙老者演示查拳构成绝妙的合掌文章。因为没有收到几个钱,他报复性地鄙夷观众:"没人懂!"这句话极其自然地把懂行的人召唤出来,实现了场面转换。孙老者与他恰成对照:"小干巴个儿,披着件粗蓝布大衫,脸上窝窝瘪瘪,眼陷进去很深,嘴上几根细黄胡,肩上扛着条小黄草辫子。"他肯定三胜:"有功夫!"王三胜心浮气躁叫他:"下来玩玩,大叔!"带有挑衅的意味,但又不失体面。

老舍真正懂武术,叙述动作没有花架子,并不故弄玄虚地使出些"大漠孤烟直"之类的招数,但那是真的过招,简洁而得要领,孙、王两个回合的比武就让后者服输。王三胜先发制人,"三节棍进枪吧"。孙老者的动作谦恭而有序:"点点头","拾"起家伙来,似乎漫不经心。三节棍兵器用铁环连着,器械的三节与招数的使用交代得一清二楚。孙老者见对方使枪奔上路而来,"身子忽然活展了,将身微偏",不慌不忙,"前把一挂"打来者枪身,后把并不奔对方要害,只是顺枪杆打王三胜手,"啪,啪"两响,王三胜的枪离了手。这一回合先将来者的枪招架开,然后再攻击对方。第二回合对方奔中路来,老者屈身闪避,并不招架,只有一响"啪","枪又落在地上"。此一回合已然了解对手,成竹在胸,直接打落对手的器械。对场外的叫好、喝彩声没有反应,孙老者不想邀宠,而是为了找一个见沙子龙的进阶。于是,交手改成了斗口:"你敢会会沙老师?"孙老者直爽:"就是为会他才来的!"

孙老者与沙子龙二人的会面因前文的比武而充满悬念,到了客栈,王三胜的期待和担忧也是读者的心情。他报以"栽了跟头",使的不是那条十八斤重的钢鞭或大刀,而是"枪,打掉了两次"。沙子龙打了个不甚长的哈欠,"不甚长"而看出他在敷衍。他用哈欠掩饰对这种"栽跟头"的无动于衷乃至有点不屑的反应。因为王三胜的有形的跟头远不如沙子龙无形的跟头栽得重,后者的跟头那是一蹶不振,根本放弃。沙子龙的对手不是孙老者,那是一个无名的对手,无处不在地具有压迫力,他说不明白快枪就是现代化的工业社会。

前文的叙述,对沙子龙一直是侧面、间接的铺垫描写,叙述进行过三分之二篇幅,他才真人现身。两个一流的武术家会面切磋,孙老者愿意放低身段当学徒,教传与"不传"是语言交锋的关键,话语的交流的攻防并不亚于三节棍进枪。沙子龙老于江湖,并不因孙老者轻易胜了王三胜而不客气。孙老者直奔目的:我来领教领教枪法!沙子龙没接茬,权当没听见。孙老者又说"我来为领教领教枪法",多了一个强调的"为"字。沙子龙始终避实就虚,"功夫早搁下了……已经放了肉"。孙老者继续进逼,"不比武,教给我那趟五虎断魂枪"。说完,孙老者立起来,练了趟查拳给沙子龙看够得上学艺不够,看着他精湛到家的功夫表演,沙子龙在台阶上点着头喊好,然后表态:"孙老者,说真的吧,那条枪和那套枪都跟我入棺材,一齐入棺材!"两个人的世界观、武术观的差异使得他们无法成为朋友,遭到拒绝而离开的孙老者很受伤,沙子龙强掩内心的震动,兜上心头的伤感并不亚于孙老者。

这里有必要综合比较一下对这三个人物形象的印象:孙老者的一条小辫给我们一个倔强的背影,王三胜除了夯头夯脑的伟岸身躯就是一颗唯衣食是尚的心,沙子龙短小、利落,连他长一张怎样的脸都没有清晰的描写,然而他标志一个转型的时代。沙子龙入世很深,世事变更,经验告诉他不能再指靠武艺吃饭,而武艺既是他的技艺也是他的精神支柱,做了客栈老板的沙子龙的精神世界早已坍塌。那两个人物都是有血肉之躯的"人",沙子龙则是略具形体的"魂",而且是注定要消失在历史深处的"断魂"。"断魂"缥缥缈缈,回观前朝,弃绝今生,不敢期望后世,沙子龙给读者心灵的震撼力在武林中是无与伦比的,他是一个成功的反武侠的武侠形象。

  老舍在山东创作的小说,有太多的精品。限于篇幅,只能拣短的说,这已经越出了一般传记的轨道。文学家的传记,如果没有什么真正的文学领悟,那个轨道可能永远到达不了文学家的艺术境界与心灵深处。

第五章

八方风雨

第五章

八方风雨

卢沟桥事变后,老舍不甘坐以待毙,为寻求用笔抗日,他由青岛到济南,从济南到武汉,参与领导了中华全国文艺界抗敌协会,又随着"文协"从武汉撤退到重庆。八年中,为慰问前线的抗日将士,老舍曾经到过重庆、洛阳、西安、兰州、青海、绥远,一路风尘。也曾有朋友约请他到川东、川西去看看,西南联大的朋友也邀他去昆明、大理。他说:"我老拿着我的笔。风把我的破帽子吹落在沙漠上,雨打湿了我的瘦小的铺盖卷儿;比风雨更厉害的是多少次敌人的炸弹落在我的附近,用沙土把我埋了半截。这,是流亡,是酸苦,是贫寒,是兴奋,是抗敌,也就是'八方风雨'。"战后,美国方面邀请他去讲学、写作,老舍再次漂洋过海。

抗战中,冯玉祥的"丘八诗"很是著名。冯玉祥与许多文化人有交情,竭力支持"文协"的工作。左图这一首诗,是冯玉祥赠老舍的诗,并不那么出名。老舍与冯玉祥私交好,是道义之交,是对事业与个人的

冯玉祥为老舍写的诗。

老舍先生到武汉,
提只提箱赴国难;
妻子儿女全不顾,
蹈汤赴火为抗战!

老舍先生不顾家,
提个小箱子撑中华;
满腔热血有如此,
全民团结笔生花!

冯玉祥

第五章 八/方/风/雨

理解和支持。冯玉祥懂老舍、赞老舍。"不顾家",对老舍来说,心理情感上付出的代价很大,但是纾解"国难",为救"中华"的价值更大。后者有行动为证,前者不足与外人道,只能在夜深人静的时候,提笔对知交朋友说说。在1938年5月的《宇宙风》上,陶亢德发表了老舍给他的信:

亢德兄:

由家出来已四个月了。我怎样不放心家小,是你可以想象得到的;因为你现在也把眷属放在了孤岛上,而独自出来挣扎……

这四个月来,最难过的时候是每晚十时左右。你知道,我素日生活最有规律,夜间十点前后,必须去睡。在流亡中,我还不肯放弃了这个好习惯。可是,一见表针指到该就寝的时刻,我不由得便难过起来。……眼看着院内的黑影或月光,我仿佛听见了前线的炮声,仿佛看见了火影与血光。多少健儿,今晚丧掉了生命!此刻有多少家庭都拆散,多少城市被轰平!这一夜有多少妇孺变成了寡妇孤儿!全民族都在血腥里,炮火下,到处有最辛酸的患难,与最悲壮的牺牲……

……

自恨使我睡不熟,不由得便想起了妻儿。当学校初一停课,学生来告别的时候,我的泪几乎终日在眼圈里转。"先生!我们去流亡!"出自那些年轻的朋友之口,多么痛心呢!有家,归去不得。学校,难以存身。家在北,而身向南,前途茫茫,确切可靠的事只有沿途都有敌人的轰炸与扫射!啊,不久便轮到了我,我也必得走出来呀!妻小没法出来,我得向她们告别!我是家长,现在得把她们交给命运。我自己呢,谁知道能走到哪里去呢!我只是一个影子,对家属全没了作用,而自己也不知自己的明日如何。小儿女们还帮着我收拾东西呢!

我没法不狠心。我不能把自己关在亡城里。妻明白这个,她也明白,跟我出来,即使可能,也是我的累赘。我照应她们,便不能尽量做我所能与所要做的事。她也狠了心。只有狠心才能互相割舍,只有狠心才见出互相谅解。她不是非与丈夫揽臂而行不可的那种妇女，她平日就不以领着我去看电影为荣，所以今天可以放了我，使我在这四个月间还能勤苦的动我的笔。

……

我想念我的妻与儿女，我觉得太对不起她们，可是在无可奈何之中，我感谢她，我必须拼命的去做事，好对得起她。由悬念而自励，一个有欠摩登的妇人，是怎样地能帮助像我这样的人哪！严肃的生活，来自男女彼此间的彻底谅解，互助互成。国难期间，男女间的关系，是含泪相誓，各自珍重，为国效劳。男儿是兵，女子也是兵，都须把最崇高的情绪生活献给这血雨刀山的大时代。夫不属于妻，妻不属于夫，他与她都属于国家。①

1939年，老舍参加全国慰劳总会北路慰问团，路过延安，给《中国青年》杂志题词。

以全力打击敌人 老舍

这才刚四个月，接下来的日子更长，文艺抗战路漫漫，在坚持抗战到底的过程中，老舍上下求索。

一、"文协"

应该把老舍参加"文协"当回书来说。那是一段历史——一个民间的知识分子曾经肩起过国家民族重任的历史；在老舍个人经历中，这是辛劳与疲敝的一页；在文艺界的抗敌历史上，这是辉煌的一章。它不该被轻视。

---

①老舍：《一封信》，见《老舍文集》，第14卷，118~122页，北京，人民文学出版社，1989。

到了武汉,爱交朋友的老舍很兴奋,文艺界的人忽然都集合到武汉来了。老舍一向在北方,极少去上海,认识的文艺界朋友不是很多,现在天天遇到新文友:郭沫若、茅盾、胡风、冯乃超、艾芜、鲁彦、郁达夫……与话剧、电影界的名家也见面了,有阳翰笙、宋之的和其他许多著名导演、演员。他说:"朋友们见面,不约而同地都想组织全国文艺界抗敌协会,以便团结到一处,共同努力于抗敌的文艺。我不是好事喜动的人,可是大家既约我参加,我也不便辞谢。于是,我就参加了筹备工作。"①

老舍是中华全国文艺界抗敌协会的筹备人之一。1938年1月上旬进行第一次非正式的筹备商讨时,老舍还没有介入。阳翰笙回忆说,闻知老舍已经来武汉,就派人去请他出山,老舍一口允诺,愿意和大家一起干。第二次大家在普海春聚餐,商讨筹备工作,老舍成为14位临时筹备员之一。从1月到3月27日中华全国文艺界抗敌协会正式成立,其间有若干次非正式临时筹备会和正式的筹备会。2月中,周恩来与冯玉祥会谈,推荐老舍负责筹建工作,他说:"要老舍来主持,别人都不如他合适。"这话代表了国共两党的共识,老舍没有政治色彩与派系特点,也合乎各种非党派人士的意愿。

为了"文协"的成立,老舍撰文《快活得要飞了》,叙述从28岁开始创作,有三桩令他快活的事情:一是第一部作品印出来,二是小女刚学会走路,三是"文协"成立。因为,他成了一个不拿枪的战士。老舍宣誓:"我是文艺界中的一名小卒……我没有特殊的才力,没有高超的思想,我所以能还在文艺界之营里吃粮持戈者,端赖勤苦。""在我入墓的那一天,我愿有人赠给我一块短碑,刻上:文艺界尽责的小卒,睡在这里。"②但是他当不成小卒,却要被委以将帅。此前几乎不懂政治组织微妙特点的老舍,并不清楚中国的文艺界任何一个组织都有政治性。政治关系太复杂,兼顾各方所花费的心血,比干具体实在的事情还要累得多,何况老舍两样都要干,他非但不能"飞",而

---

① 老舍:《八方风雨》,见《老舍文集》,第14卷,288页,北京,人民文学出版社,1989。
② 老舍:《入会誓词》,见《老舍文集》,第14卷,114页,北京,人民文学出版社,1989。

且能不累趴下就是万幸了。

4月3日开第一次理事会，老舍等15人被推举为常务理事，老舍、华林被推举为总务部正、副主任，王平陵、楼适夷为组织部正、副主任，姚蓬子、老向为出版部正、副主任，郁达夫、胡风为研究部正、副主任。《会章》规定："理事会不设理事长，由担任总务部主任的常务理事对外代表本会，对内领导全会工作，实际等于会长。"老舍不答应："我算老几，怎能担此重任！"他不明白，国共两党的成员都不适合担当这个总揽全局的职位，在南昌曾经开过类似的会，双方针锋相对，没有议出个结果。文艺界协会代表整个中华的团结，不分种族，不论新旧，不计前嫌，过去文艺界的各种派别与意识形态的分歧都退居次要的地位，一切左派的、京派的、海派的、旧派通俗的各种文学力量汇聚到一起，与共同的敌人斗争。谁有团结天下文人的凝聚力？声望与为人都很重要。老舍爱交朋友四海扬名，更兼是个"素名人"（冯玉祥的说法），没有政治背景，没有介入过任何文艺界的纷争，这个位置非他莫属。王平陵说，不是老舍来召集，他就什么也不干。老舍自己推说不干，就成了僵局。郁达夫是个真性情的人，看到这个局面，出头说话："老舍先生的总务部主任不干，我的研究部主任也不干，吃完冯焕章先生的饭，我们就散伙！"这话未必没有激将的功用，老舍无话可说，只能笑了，于是大家就把这一笑算作他肯担当了。回忆筹备过程，老舍自述：

1938年，老舍担任"文协"总务主任，穿"斯文扫地"的中山装。

筹备得相当的快。到转过年三月二十七日成立大会便开成了。……文艺协会的筹备期间并没有一个钱，可是大家肯掏腰包，肯跑路，肯车马自备。就凭着这一点齐心努力的精神，大家把会开成，而且开得很体面。

第五章 八/方/风/雨

......

　　我被推举为常务理事,并须担任总务组组长。我愿作常务理事,而力辞总务组组长。……总务组组长,事实上,就是对外的代表,和理事长差不多。我不愿负起这个重任。我知道自己在文艺界的资望既不够,而且没有办事的能力。

　　可是,大家无论如何不准我推辞,甚至有人声明,假若我辞总务,他们也就不干了。为怕弄成僵局,我只好点了头。①

　　老舍在"文协"的阵地上打了一场持久战。他办事勤谨,资望越来越高。贫病交加中,他做事亦从不敷衍,结果自然是屡辞未获批准,只得年年连任。老舍整整做了七年的总务主任,任何个人的计划都不用再想了,"文协"的事

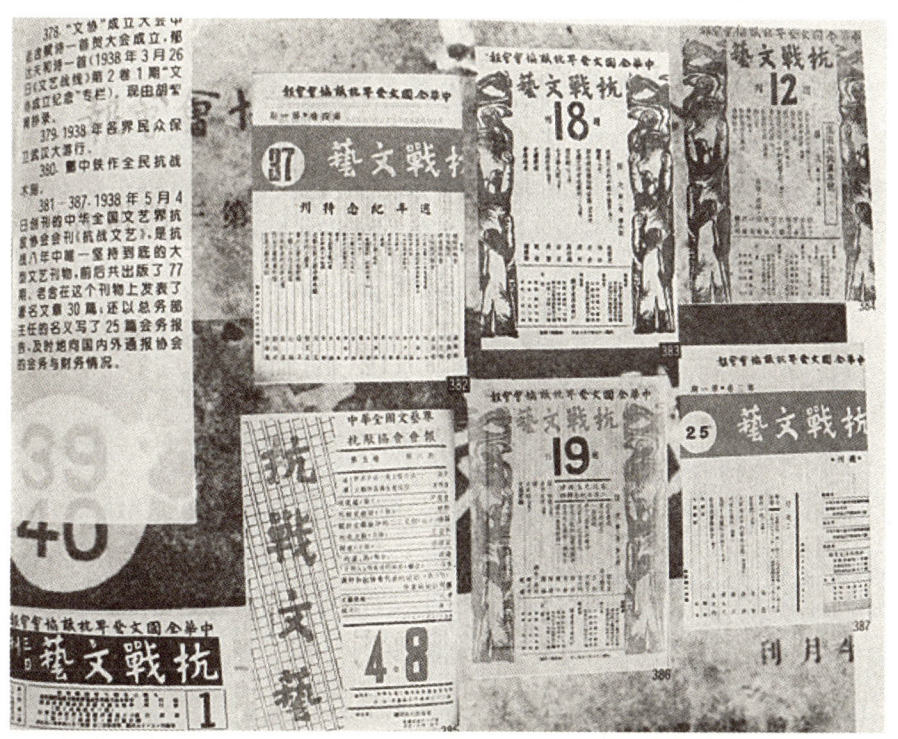

378. "文协"成立大会,老舍献诗一首庆贺大会成立,即《庆祝和诗一首》(1938年3月26日《文艺战线》第2卷1期"文协成立纪念"专栏),题由胡愈之撰录。
379. 1938年在各界民众保卫武汉大游行。
380. 郁中铁作全民抗战木刻。
381-387. 1938年5月4日创刊的中华全国文艺界抗敌协会会刊《抗战文艺》,是抗战八年中一直坚持到底的大型文艺刊物,前后共出版了77期。老舍在这个刊物上发表了署名文章30篇,还以总务部主任的名义写了25篇会务报告,及时地向国内外通报协会的会务与财务情况。

"文协"会刊《抗战文艺》。主要功能是发表会员的文艺创作,另外的功能是通报会中事务和各地会员举行的抗战文艺活动。因物质条件限制,白纸后来改为土纸。会刊是公开会务的窗口,老舍在上面发表《会务报告》和有关财务的报告。

————————
　①老舍:《八方风雨》,见《老舍文集》,第14卷,288~290页,北京,人民文学出版社,1989。

务把他困在了武汉、重庆。

老舍办"文协"会刊《抗战文艺》一丝不苟,不惜气力。它最初是三日刊,忙不过来,出到5期就改成了周刊。开始的时候,姚蓬子、楼适夷、孔罗荪与锡金热心办刊,昼夜操忙。以前从来没有过《抗战文艺》这样的刊物,它不是同人圈子里的刊物,而是属于全国作家。它是"文协"抗战的鲜明旗帜,没有宗派山头,稳健活泼,集思广益,它一方面抱定了抗战宣传的目的,一方面又不失文艺水准。它的风貌是一贯的,抗战大局第一,始终没有一篇发泄个人感情而不顾及大体的文章。《抗战文艺》在武汉一共出了20期(包括特刊)。从第17期起在重庆复刊,印刷条件差了,纸张也更换成了土纸,即便这样也难保证如期发行。从"文协"周年纪念日起,周刊改为半月刊,后来又改成了月刊,还难免有时候脱期——因为缺钱且印刷不便。但是,《抗战文艺》没有停刊,这面特殊的抗战的精神旗帜没有倒,到抗战胜利共出了77期。《抗战文艺》作为"文协"会刊,是一部重要的历史文献:既有作家的活动,又有文艺创作,还发表战时文艺观念的讨论。这一切都靠老舍领着身边有限的几个人的全力维持。如果文艺界有过什么人居于高位而不弄权,手中又空空如也,办事躬行,却没有忘记自己是个普通的写家的,中国现代史上大概只有老舍一人。

这个刊物撑持得很不容易,从它诞生之日起,就靠借钱与捐款运行。中国人办民间的事,都是全体热热闹闹地开场,但是一旦开了头,就没有多少

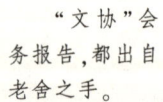

"文协"会务报告,都出自老舍之手。

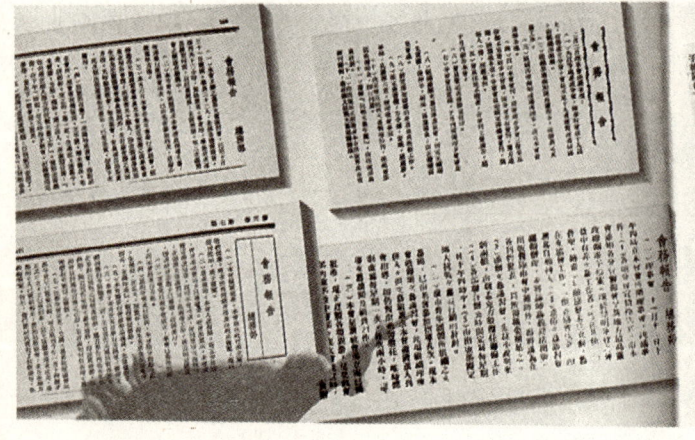
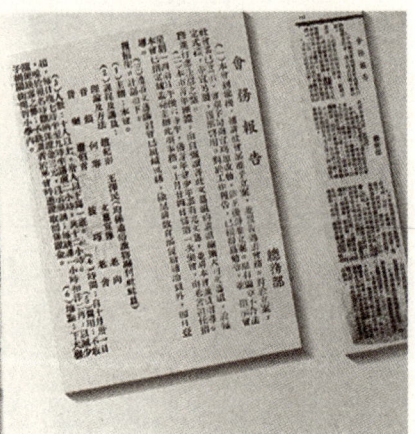

第五章 八/方/风/雨

人与之相依相伴了,剩下的事情交给谁,他就得像牛一样,默默地、任劳任怨地坚持。"文协"就是一个民间组织,老舍就是那头牛!总务主任总务一切,首先对付的是一个字:穷!"文协"的一切都是公开的,它一开张就欠债,筹备会已经欠了300多元。政府各部答应补助,到手的却很少。开头的4月、5月两个月只有100元可用,要债的紧逼,会中该购置的又非买不可,只好向"文协"的名誉理事冯玉祥、于右任求助,捐了700元,又借了300元,这才能还清旧债,会刊也办了起来。好在各部职员肯努力,理事们也都热心。拿出版部来说,会刊的买纸、审稿、校对与寄发,一切都是老舍自己动手,往往忙到半夜。会中其他一切事务全交给总务部,他们被埋在事务底下,只有驻会干事萧伯青拿极少的30元车马费津贴,什么都是他管,他办不来便由老舍亲自动手,真是有苦道不出。用钱的规矩很苛刻:每入一文,必交存银行;支出力求节省,开会只有茶水,香烟自备。钱少,许多人因为要养活自己而渐渐地离去。但事情做得并不少,全靠大家努力。"文协"的长处是大家一心,真诚团结。短处是钱少难办事,不能充分发挥大家的能力。老舍希望在各处的会员分头组织起分会来,一同担负起文艺抗战的使命。

虽然忙,老舍在精神上很愉快,朋友们在一起,添了许多的乐趣。他告诉朋友:"在忙着办会刊而外,我们几乎每个星期都有座谈会联谊会。那真是快活的日子。多少相识与不相识的同道都成了朋友,在一块儿讨论抗战文艺的许多问题。开茶会呢,大家各自掏各自的茶资;会中穷得连'清茶恭候'也做不到呀。会后,刚刚得到稿费的人,总是自动的请客,去喝酒,去吃便宜的饭食。在会所,在公园,在美的咖啡馆,在友人家里,在旅馆中,我们都开过会。假若遇到夜间空袭,我们便灭了灯,摸着黑儿谈下去。"

这种愉快并没有能够一以贯之,工作上遇到了种种阻力。"文协"每年开纪念鲁迅的会议。老舍主办"文协"的活动,常常会遇上各种借口不许集会,老舍不得已只能请冯玉祥出面,让他来主持,才能将会开起来。有些会议,终于被阻挠。尽管这样,老舍主办的诗歌讨论与朗诵晚会、戏剧晚会、小说晚会等活动还是坚持着进行。在活动中,老舍总是很积极,朗诵、讲演总少不了他。

在报纸上的预报与报道的"文协"组织的各种活动。

某种意义上，抗战时期的老舍就是个兵，他是个战士。笔是老舍的武器，"文协"是老舍的战斗阵地，在这块阵地上坚守的方式是将《抗战文艺》办下去，这就是老舍抗战到底的壮烈胸怀。老舍眼中的"文协"，好像是个有生命的人，其成长很不容易。这中间，老舍也有坚持不下去的时候，也说过"我因生活太苦，本拟去教书，可是朋友们不许我走，自己心中呢也真舍不得'文协'，于是就仍旧留在这里，过着蛤蟆垫桌腿的生活"，坚持了七年后，他抚今追昔：

在我的眼睛里，"文协"有时候睡一会儿觉，而没有死过一回。

当"文协"在武汉的时候，几乎每一位会员都详详细细的知道会中工作的日记，因为座谈会与茶会是那么多，人人都能听到会中昨天做了什么，和明天要做什么。那时候，会款差不多没有超出三百元过，可是工作的紧张倒好像我们开着一家银行似的。那时候，大家初次尝到团结的快乐，自然要各显身手，把精神、时间与钱力，献出一些给团体。那时候，政府与民众团体之间有着密切的联系，所以大家喜欢做事，政府也愿给我们事做。那是些愉快的日子。

赶到"文协"迁来重庆，大家在精神上还是愉快的，可是工作就赶不上在武汉时节那么多了。一来是山城的交通不便，不像在武汉时彼此捎个口信便可以开会；二来是物价渐渐的高涨，大家的口袋里不再像从前那么宽裕；于是，会务日记仿佛就只有理事们才知道，而会员们便不大关心它了。慢慢的，物价越来越高，会中越来越穷，而在团体的活动上又不能不抱着一动不如一静的态度，"文协"就每每打个小盹了。可是它并没有死。它的会刊时常脱期，而没有停刊。它还组织了前线访问团，并派代表参加前线慰劳团。每到七七，它必去献金——不管钱数多少，我们总愿尽心力而为之。它举行各样的座谈会，参加国民月会和种种的集会。它的会所依然是会员们的"娘家"。

它没有死，所以得到社会上的信任。它永远不故意惹是非，所以政府对它也愿时时予以提携援助。

去年，它发动了援助贫病作家基金的征募，没有怎样费力，它便得到了好几百万元。社会上看得起它。这笔钱有了极大的用处。有许多害病的会员，因得到助金而可以安心养病，有许多由湘桂流亡出来的会员，在半路上得到接济得以及早的来到四川或云南。有的会员来到重庆，"文协"因有了基金，所以能招待他们，给他们一些安慰。"文协"或者可以不再打盹儿了。

"文协"自二十七年三月二十七日降生，到如今已经整整的活了七年。它的会刊，《抗战文艺》，自二十七年五月四日降生，到今天也整整的活了七年。七年虽短，可是以一个团体来说，以在抗战中种种的艰苦来说，这实在不能算是很容易的事，在这七年中，它听见过多少次炸弹的爆炸声音哪！

"文协"总会的穷而乐，睡而不死，也就影响到它的分会。虽然香港的、桂林的、曲江的、襄樊的分会都因军事的关系而结束，可是贵阳的、成都的、昆明的分会反而因此而更见活跃。以昆明分会来说,它曾有一个时期也打了盹。可是在近二年来,它又复兴起来,去年为贫病作家募集基金,它的成绩比重庆总会还好。于此,我不能不喊一声"文协万岁"了!①

老舍盼望本着民主传统,大家尽力,让"文协"更精神一点儿,连个盹儿也不打;《抗战文艺》是"文协"的旗帜,会员们应更自觉地认同它;贫病作家基金应该用,若因矜持而损及健康,便对不起社会;有点钱都用于推动会务,使文艺发生更多的社会影响;办会务就是服务,"文协"必须成为一个民主精神的团体。老舍忠于民族抗战的事业,有民主的作风与态度,仍有"忠而见疑"的待遇,看看上图的材料,你会觉得荒谬、齿冷乃至狂笑。文化人如老舍

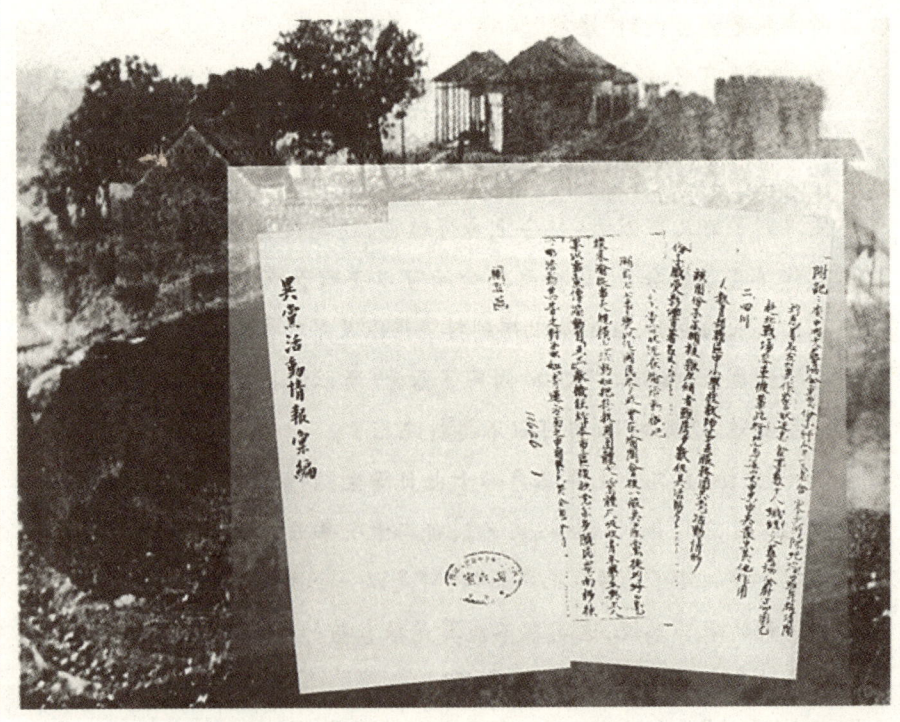

1939年国民政府军事委员会政治部调查室的《异党活动情报汇编》,老舍、宋之的参加的北战场慰问团劳军去延安,当局恐二人与中共发生其他联系。

①老舍:《文协七岁》,见《老舍文集》,第14卷,272~273页,北京,人民文学出版社,1989。

不肯打盹儿地工作,另外也有只眼睛不打盹儿地盯着这工作的人。老舍也许根本不知道有这么一回事,但是当他跨越不同的政治文化语境,到他生命终结的时候,已经自觉到被盯了许久,盯得紧紧的。他只好一边告诉别人,一边自我安慰:某某人了解我;或者自辩:我没有问题,还让转告朋友。

  一场文艺界的抗日持久战的崎岖路途终于走完了,在穷山恶水之间,老舍是给"文协"架桥的人。八年是一个个日子累加起来的,老舍为"文协"——不,老舍就是"文协"——写了那么多宣传文字,接济了那么多贫病作家,而他自己却陷在贫病之中。他通过《抗战文艺》联系着天涯海角志在抗战的文艺家,为着同一个抗战的目标努力。老舍是文艺界的一座联系这个历史时期的路径的桥梁,他也是联系种种人脉团结一致的枢纽。老舍与冯玉祥、邵力子有感情,但是"文协"这个民间的组织与官方疏离着,如果当时的国民政府直接掌管"文协",老舍会坚持不下去,因为老舍心中的民主内涵有自己的主体性,他是有自主能力的。老舍是倾向进步的,却又不能让"文协"失去中立的面貌,因为那无异于自己谋杀了亲生的孩子。他的这段经验饱含辛酸与精神上的痛苦,但是后来一些年文艺界的新生活,超出了老舍的此一阶段的经验。支撑"文协"的过程中,老舍也穷,更兼贫血病弱,险些被炸死,他在各个方面为"文协"付出了多少?这无法统计。虽然他为"文协"悄悄地落过泪,但是他没有灰心放弃过任何该做的事情,尽管人少、钱缺、力薄又时时遇阻,不能理想地去做。每一届"文协"大会,他总是一再恳请辞去总务主任的职务,但每次都辞不掉,老舍这头老牛只能继续拉车前行。总之,老舍为"文协"付出了一段完整的生命。这比他写作品更难,历史对此的记录却难说完整。

  1946年5月4日,《抗战文艺》第73期中华全国文艺界抗敌协会会务报告的标题是《文协的过去与将来》,这是在一个历史关头总结过去与展望未来,身为总务主任的老舍当然是发言人,它的民主性不容置疑。总结过去实事求是,展望未来则有些事情是老舍望不透的,文运与国运关联,团体与政体不分,那是后话了。连着几年的"五四",老舍都做会务报告。比起一年前的会务

报告的丰富感性,这更像个理性的报告。且看老舍说了什么:

"文协"成立了七年多,工作不够紧张,而团结得很好。工作之所以欠紧张,因为:一、经费太少,巧妇难为无米之炊;二、会员忽聚忽散,忽来忽去,于是今日之所热烈倡议者,明天因人去而事废;三、驻会办事人员太少,乃至提议者多,而执行者寡;四、大家生活都苦,对会务出钱出力就心有余而力不足;五、书生本乏干事之才,坐在一处都觉得大有可为,及至独当一面去执行某事,就往往知难而退。

团结得可是很好,因为:一、有"抗敌"的帽子在上边,大家都肯以诚相见;二、会中一切都能公开,无人想把持什么,或遇事先咬咬耳朵;公则正,正则得其平;三、会中无钱,会员也穷,于是穷与穷有同感;四、没有肥头大耳朵的阔人做理事长,所以大家都心平气和,无拥护谁与打倒谁的纠纷;五、大家只来以文会友,而并不想由会中产出一两位参政员,或什么代表,于是会务与政治无关。会中清净,会外人也就放心;六、会所虽小且陋,可是来者不拒,大家挤一挤总可以小住为佳,得到些温暖;七、各地分会工作都很努力,这使总会也就更加团结得紧,工作得起劲。

上述数事,满可以功过相抵,但是我还愿指出它的最大缺陷,作为对明日的事(情)上的警策:一、组织方面甚欠周密,总会与分会及散居各地的会员都联络得不够好;二、没能作出什么研究工作来;三、没能充分尽到奖掖文艺青年的任务;四、做事的态度偏于只求无过,不求有功。

此四事的重要原因自然是人少钱少,想得到而做不来,可是外间的阻力也该分去一部分责任。阻力所及,虽开一小小座谈会亦是引起猜疑,而只求无过,不求有功之态度遂渐渐形成。"文协"未夭折者以此,其半死不活者亦以此,感慨系之矣!

可是尽管它半死不活,它却始终没有死。

现在,抗战已经胜利结束,"文协"也删去"抗敌",改名为"中华全国文艺协会"。根据过去八年的经验,我愿意提出个人对它的将来的希望:一、摘去了"抗敌"的帽子的"文协",必须逐渐地成为作家的职业性的公会;二、会员的资格必须严格的规定,并且不许通融;入会后必须尽会员应尽的义务;三、分会不得随便成立,而且一经成立,就必须与总会有密切的联结;四、必须有专人担任组织的责任与事务,万不可马马虎虎;五、它必须由一开始,便有些底款,用几位支薪的办事员,有够用的一处会所——总会应设在上海;六、必须有几位品学兼优的理事住在会中,经常的办公;七、对作家的权益,必须争取保障,但对政治问题须极慎重发言;八、应与国际的文艺团体取得联系。①

老舍有坚持到底的欣慰,虽然他在坚持"文协"工作的过程中曾和朋友喝醉酒而痛苦地号啕大哭;字里行间也有对"文协"因外部与内部因素而半死不活的惋惜,但坚持活下来更是一段可歌可泣的历史;也有面对种种"阻力"时,老舍进行的合理合法的巧妙斗争;老舍的态度中庆幸没有"肥头大耳"做理事长,但是他不会想到有朝一日面对"肥头大耳"在劫难逃;他更有对没能实现的理想的方式与做法的期待,但他想不到越过内战时期,后来的组织方式更完备、更严密了,和文艺界人士内心的联系却有点"西望长安"了。

二、"文牛"

接掌"文协"大任,肯定会耽误老舍的创作,可是他毫不松懈,战争开始

---

① 老舍:《文协的过去与将来》,见《老舍文集》,第15卷,597~599页,北京,人民文学出版社,1990。

时老舍宣传热情高涨,他利用旧形式写出了大批通俗文艺作品和长诗,为宣传而牺牲艺术,这是他心甘情愿的。抗战相持阶段,他写的旧体诗词也不"贫血",而新开辟的话剧空间,为他在小说以外的另一个文体领地开疆拓土,为十多年以后创作经典话剧《茶馆》做了必要的探索,演出也取得了成功。老舍割除盲肠之后,在小说领域,其《四世同堂》取得的成就是史诗性的。

通俗文艺

抗战初期的文坛上,大多是简短、灵活、以宣传为主导的文艺作品,因为战争时期国家、民族与社会都需要它。与文坛上的街头剧、墙报诗或"好一记鞭子"不同,老舍是从传统曲艺和戏曲的方式入手进行创作的。在"文协"成立以前,老舍和朋友们已经开始了这项工作。老舍到武汉半个月后,北平和山东的朋友先后来到了武汉,王向晨陪他去见冯玉祥,就谈到要给民间大鼓形式注入新的内容,希望以此形式传播到前线士兵中去。冯玉祥支持创办《抗到底》《抗战画刊》,也拉老舍参与。老舍就写了新三字经《女儿经》,宣传"身为女,心似男,知爱国,不苟安",发表在《抗战画刊》的"战时妇女专号"上。这一时期,老舍创作有短篇小说、抗战京剧、杂文、鼓词等作品。

抗战通俗文艺作品集《三四一》,1938年8月出版,内收三段鼓词、四个抗战京剧、一篇通俗小说。

作为"文协"负责人,对"文协"提倡的口号老舍身体力行。"文协"成立大会上就提出"文章下乡""文章入伍"的口号,文学界认识到五四以来的新文学缺少深入民众的传播力量,还没有创造出有民族本色的自己的文艺。抗战要动员全体民众,精神的食粮必须送到前线与乡村。"文协"为士兵们印有《战线专刊》,戏剧发展日趋普及。到汉口以后,老舍的态度是抗战第一,需要什么宣传作品就写什么,只求尽力,而不考虑自己应当写什么。老舍说:"我的力量都在一支笔上,这支笔须服从抗战的命令。……我设若因此而被关在艺术之神的寺外,而老去伺候无名英雄们,我必满意,因为我的笔并未落空。"①

"三月莺花黄鹤楼,骚人无复旧风流",来武汉以后老舍的创作风貌变了。起码老舍转换了读者定位,暂时要丢开专为读书识字的人写作的方式,他写出来的东西要让凡有耳朵的人即能明白。为了把鼓词等可以口头表演传唱的曲艺作品写好,老舍和北京逃亡过来的艺人结交朋友,他正式向富少舫(旗人,艺名"山药蛋")先生学大鼓书。几个月里,老舍和"文协"的楼适夷、何容等抽空去向富少舫请教,从一段《白帝城》学唱起,腔调都模拟刘宝全(刘派大鼓)。这么一来,老舍写的鼓词就有把握能用来表演。老舍创作的几段鼓词被艺人们采用了:《新拴娃娃》(救济难童,富少舫唱)、《文盲自叹》(扫除文盲,富少舫唱)、《陪都巡礼》(赞美重庆,富贵花小姐唱)、《王小赶驴》(乡民抗敌,董莲枝女士唱),这些曲目,时常在重庆演唱。老艺人欧少久当年和富少舫一起搭班子演出,他称老舍为良师。他记得老舍为他们写了相声、鼓词数十段,除了上面提到的还有:《骂汪精卫》《卢沟桥战役》《啼笑姻缘》《台儿庄战役》《欧战风云》《樱花会议》《中秋月饼》《八面玲珑》等。老舍不仅自己写,还带领"文协"的朋友们去看、去听鼓书。他领着锡金去"新市场",听山药蛋的大鼓,听一段分析一回唱腔,哪段好哪段不太好。老舍一边说,一边拍着腿低声唱几句。锡金说老舍还能唱河南坠子,给他分析岔曲。老舍还利用旧的京剧形式写关于抗战故事的剧本。

老舍除了能写能演大鼓,对其他的艺术形式也很熟悉。老舍说相声、演双簧,也是一绝。文人圈子里合作演出,当属梁实秋和老舍,他俩配合说相声,一个稍胖一个瘦,一个捧一个逗,诙谐幽默,妙趣横生。有一次,北碚各机关团体发起的募款劳军晚会吸引了众多观众,一连两晚,把北碚儿童福利试验区的大礼堂挤得水泄不通。张充和、姜作栋(名伶钱金福的弟子)要合演一出《刺虎》。在这一出戏之前,需垫一段对口相声。老舍自告奋勇,并拉上梁实

---

① 老舍:《这一年的笔》,见《老舍文集》,第14卷,135页,北京,人民文学出版社,1989。

秋做搭档，两个晚上"逗哏"与"捧哏"轮着演。演之前老舍嘱咐梁实秋："说相声第一要沉得住气，放出一副冷面孔，永远不许笑，而且要控制住观众的注意力，用干净利落的口齿，在说到紧要处，使出全副气力，斩钉截铁一般迸出一句俏皮话，则全场必定爆出一片彩声，哄堂大笑，用句术语来说，这叫做'皮儿薄'，言其一戳即破。"①老舍把词儿写出来，一段是《新洪羊洞》，一段是《一家六口》，都是老相声。老舍认为相声已到了至美的境界，不可稍有损益。经梁实秋坚决要求，老舍才同意在用折扇敲打头的时候，只略为比划而无需真打。他们认真排练了好多次。到了上演的那一天，二人走到台前，泥雕木塑一般，绷着脸肃立片刻，观众已经笑得不可抑制，之后几乎只能在阵阵笑声之间的空隙进行对话。该用折扇敲头的时候，老舍不知是一时激动忘形，还是有意违反诺言，抡起大折扇狠狠地向梁实秋打来，后者看来势不善，向后一闪，折扇正好打落了眼镜，说时迟，那时快，梁实秋手掌向上两手平伸，正好托住那落下来的眼镜，保持那个姿势不动，喝彩声历久不绝，有人以为这是一手绝活儿，还高呼："再来一回！"

此外，老舍也和富少舫说过对口相声。1938年老舍住在冯玉祥那里，在西北军纪念日那天，老舍和富少舫二人合作演双簧。老舍坐在前面，红绒绳扎朝天枪小辫，眼睛和嘴抹了白粉圈，长衫领子折在里面，成了无领大褂，富少舫在后面说一句，他就比划着配合动作，一本正经，赢得一片叫好声，给朋友们留下了深刻的印象。富少舫是旗人，老舍的童年时代在旗人生活圈中早就接触了许多的曲艺形式，所以，他的多才多艺是有来源的。

1950年老舍回到北京，最早写作的就是鼓词和相声，当时他住在北京饭店的客房里，没有办公桌，就在梳妆台上写作。新年全国文联的联欢茶会上，老舍就唱了他刚刚写好的太平歌词《过新年》。这一次和抗战期间自主服务于宣传不尽相同，周扬用肯定老舍对新中国文艺的作用的方式表示：老舍的

---

①梁实秋：《老舍和我说相声》，见舒济编《老舍和朋友们》，164~165页，北京，三联书店，1991。

回国将有助于中国文艺的通俗化运动。其实，这是一种官方定位，是在布置工作任务。老舍于是投入到改编相声、写京韵大鼓、写快板、为唱单弦写弦词的创作活动中。同时，他还写了一连串的关于曲艺的文艺杂谈和论文，如《谈相声的改造》《习作新曲艺的一些小经验》。不久老舍被选为中国民间文艺研究会副理事长，我们今天都知道，这些文艺界的职位是由领导指示特意安排的。老舍不仅自己做这样的工作，而且还拉上老朋友罗常培和北大的教师吴晓铃一起参与曲艺界的活动，给艺人们改稿、整理改编传统曲目。20世纪50年代老舍的第一个话剧剧本《方珍珠》就是写曲艺艺人的新旧艺术生活的转型。老舍喜欢曲艺，更对曲艺的宣传效果和大众的接受有明确的认识，在抗战的大时代中利用它是一个必然，在对新社会的感奋中，采用这个形式对大众说话，很大程度是符合老舍自己的意愿的。写作曲艺作品与论文的同时，老舍又投入到"戏改"活动中，文艺管理部门是将戏曲曲艺当做一个门类的工作来"抓"的。老舍并没有因此放弃他的文学追求，与此同时，他还在继续创作长篇巨著《四世同堂》。《方珍珠》之后，《龙须沟》公演的成功以及政府的奖励，自然地使老舍将写作的重心放到话剧上去了，这也使老舍拥有了和通俗文艺一样地面对大众，却拥有比曲艺更大、更充分地创造的空间。老舍从近一年来创作的曲艺作品与论文中选编成一本作品集，就是《过新年》。

此后老舍也从未放弃过曲艺，继续做指导性工作，写了一系列的曲艺理

《过新年》，1951年2月由晨光出版公司出版，其中有多篇曲艺论文和十部曲艺作品。

论文章，有《怎么写快板》《大众文艺怎样写》《谈文艺通俗化》，他又担任了《说说唱唱》的主编。为北京曲剧团写的剧本《柳树井》，将过去一个曲艺演员一人多角的表演方式分拆开来，由不同的演员分担角色在戏剧舞台上演出，这是一个成功的创造。从中可以看出老舍的苦心，曲艺形式是固定的，但是他从来不甘心在固定的形式中一再重复，总要做出一些创造来才满足。用闻一多作诗的话说，这是"戴着镣铐跳舞"。文艺界领导交代的工作，总得做得有点创造性才是。老舍去世多年后，北京市曲剧团又推出了《茶馆》《正红旗下》，没有辜负老舍当年的一片苦心。所有的努力都不会白费，老舍惯说"艺不压身"，他的话剧《茶馆》中采用快板书的形式，由串场人物大傻杨将五十年跨度的三幕戏联系起来，这是话剧历史上从来未曾有过的成功形式。到1966年4月，老舍还发表了快板书《陈各庄上养猪多》。从海外归来，到离开人世之前，老舍一旦允诺，就将通俗文艺工作贯穿到底。

话剧作品

还是回到抗战期间。老舍写通俗文艺，是为了宣传而主动牺牲艺术，但有学习新的艺术形式的机会，老舍从不放过。1939年春天，他开始学写话剧剧本。因为和戏剧界的朋友有了来往，老舍耳濡目染，多少有了一些感性的经验，再加上在山东教书的时候，曾专门写过关于"趣剧"的讲稿，理性上也有些认识。这一番定下讽刺的目的，便决定试验一下写《残雾》。第一次写话剧剧本只是为了练习练习。老舍说："如何写剧本还不大熟悉，但是它的长短有限制，有四五万字就能成一个剧本，写成了就高兴。仗着剧本有一点比小说容易，那就是戏剧在舞台上能靠导演和表演者将薄弱处挽救填补。"老舍不熟悉戏剧形式是个短处，可是他的文字适合于戏剧台词，小说中的对话是他的长处，另一个强项是生活经验丰富，于世故人情看得透彻，人情练达即文章，有这两项垫底，老舍就大胆地尝试创作第一个剧本《残雾》了。比写抗战京剧多花了几天，也仅写了半个月就成了。初学乍练，老舍也不怕人家耻笑剧本写得不好。

马彦祥在天津编刊物时候就和老舍有文字之交，到济南又见过面，他看了《文艺月刊》上刊发的《残雾》剧本,见人物都有个性,对话流利,有意排演这个戏。老舍此时随慰劳总团去了西北慰问战地将士,马彦祥没法和他商量,就自己做主将剧本作了调整,便于演出。由石羽、吴茵、舒绣文等人主演,演员们也喜欢这个戏。排演好后,由中国电影制片厂的怒潮剧社公演于国泰大戏院。马彦祥说:"这个戏在中国舞台上是空前绝后的,从体裁上说,是趣剧,又是闹剧,人物脸谱夸张,上下场有时不合生活逻辑,很热闹的。但题材是很现实的。这个戏也是很难写的,剧中有科长、局长、土匪、流氓、汉奸、诗人、女间谍、小难民、时代姑娘、苦命妇人……深刻地揭露了社会黑暗,抨击国民党政府的官僚腐败,并对他们破坏抗战、鱼肉人民的种种罪行给予了辛辣的讽刺。老舍笔锋犀利,刻骨传神。"①因为讽刺得厉害,这个戏后来被当局禁演了。《残雾》上演,老舍得到了300元的上演费。他说:"我管这点钱叫做'不义之财',于是就拿它请了客,把剧团的全班人马请来,喝了一次酒:别人醉了与否,我不晓得,因为我自己已醉得不成样子了。这是我与戏剧界朋友有来往的开始。"

  剧本能被演出,老舍很高兴。他总结自己的经验,好处有两点:其一,人物对话不只是呆板地只支撑剧情的进展,还时时露出机智来;其二,人物的性格相当地明显。他给添上一条属于他的戏剧结构上的特点,更值得注意。也许有意和熟悉的旧戏的有限人物区别开来,老舍一开始写戏就不回避出场的人数多,其实这很难处理。有此经验,渐渐成熟,后来创作的《茶馆》虽然在每一幕中都有那么多的人物出场,但是从从容容,从未乱阵脚。

  老舍因为《残雾》而多了一重剧作家身份。在别人看来,他能写成功一个戏,就有可能如法炮制写另一个。复旦大学教授、中国回教救国协会负责人马宗融先生请他一定给协会写一本宣传剧。马宗融是个极热情的人,老舍写

---

① 马彦祥:《马彦祥谈老舍》,见舒济编《老舍和朋友们》,511~512页,北京,三联书店,1991。

老舍与宋之的合作的话剧《国家至上》。

过一篇散文《马宗融先生的时间观念》，说的是马宗融凡事都有热情，却常常被本来不需要参与的事情把自己扯进去，结果忘了正事的时间，当然这是为了幽默效果而夸张了。1940年，老舍与宋之的合作写了宣传剧《国家至上》。这个戏的故事情节生动，结构严谨，看得出这是老于此道的宋之的发挥了作用，但剧本中的人物及其对话一眼便看得出是老舍的风格。戏中的人物个个有血有肉，绝对不是宣传的传声筒。第二幕中回族老拳师张老师受伤躺在床上，没有医药，已经与之分道扬镳的汉族盟兄黄子清捐弃前嫌，送来治伤的药，两人紧紧握手，发誓："要打日本去，就死在一起！"演出时，观众无不动容。当时的话剧家与理论家一致给予此剧高度评价。

老舍对这个成绩很满意，说："这是一本成功的东西，它有人物，有情节，有效果，又简单易演。这出戏在重庆演过两次，在昆明、成都、大理、兰州、西安、桂林、香港，甚至于西康，也都上演过。在重庆上演，由张瑞芳女士担任女主角；回教的朋友们看过戏之后，甚至把她唤作'我们的张瑞芳'了！"1941年8月，老舍去昆明西南联大讲学，然后去大理，等车的时候，好些回族朋友来看望他，因为他们演过《国家至上》。有一位八十多岁的回族老人，一定要看看写《国家至上》的人，并求老舍给他写几个字留念。老舍感慨："回汉一向隔膜，有了这么一出戏，就能发生这样的好感，谁说文艺不应当负起宣传的任务呢？""此剧的成功，当然应归功于宋之的兄，他有写剧的经验，我不过是个'小学生'。可是，我也很得意——不是欣喜剧本的成功，而是觉得抗战文艺能有这么一点成绩，的确可以堵住那些说文艺不应与抗战结合者的嘴，这真应浮之大白！"①

1940年8月，同样是宣传剧，老舍的《张自忠》话剧剧本在张将军殉国后，受军界的朋友之托写成。在5月底，老舍对宣传对象已经有了较深入的了解，他写了《张自忠将军的战绩与殉国经过述略》，然后就停下了正在写作的长诗《剑北篇》，开始写剧本。老舍承认"这回，我卖了很大的力气，全体改正过五次"，每写一遍，都请吴组缃看了后提建议。这是一个完全写实的作品，没有办法虚构英雄的事迹，"材料真确，写的又相当仔细，按说应当有声有色；可是全失败了！主要原因是没有'戏'"。和《国家至上》相反，这是个不大成功的经验，并非宣传的都能成功，或者换个说法，符合戏剧规律最重要。老舍的戏剧创作也是付出过失败的代价的。

老舍明确剧本要有"戏"，他要找回自己的特色，所以下一个剧本《面子问题》回到讽刺与幽默的风格。这时，因为长期的劳累与战时生活条件的艰苦，老舍的身体状况很差，营养不足导致贫血，头晕起来天旋地转。躺一会儿，起身来继续赶写剧本，一直坚持到这一年的最后一天。这个戏触及的是战时的国民性批判问题。它写重庆郊外的某一小机关，各种高低职位的人物都在为"面子"奋斗，他们致力于人际关系的钩心斗角，贻误抗战，

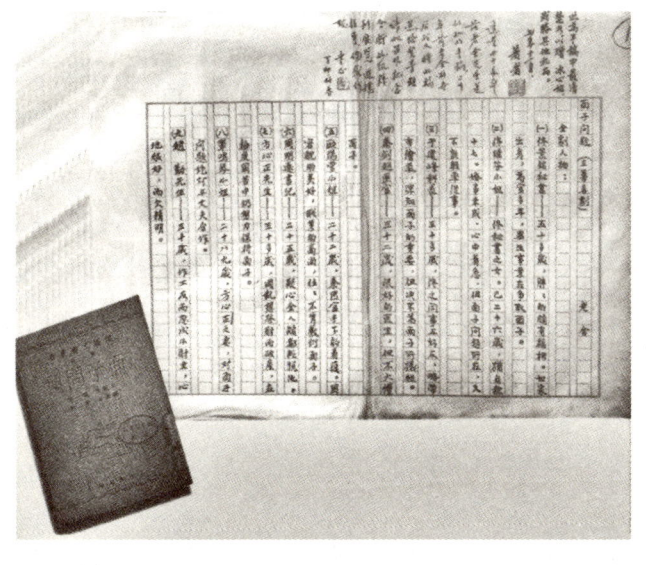

1940年冬创作三幕讽刺话剧《面子问题》，1941年由正中书局出版，1943年2月由中华剧艺社在重庆上演，应卫云导演，秦怡等出演。老舍后来将手稿的第一页奉送冰心为礼，其余的手稿参加义卖。

---

①老舍：《闲话我的七个话剧》，见《老舍文集》，第15卷，212页，北京，人民文学出版社，1990。

害人害己。在"面子"的幌子下,他们实际上在行骗,他们是国家、民族的蠹虫。老舍总结这个剧本的特点,认为案头阅读或者朗诵的效果都很不错,但是不宜搬上舞台,它的写作吃了不管舞台的亏。在重庆排演的时候,导演应云卫再三问老舍,要排成喜剧,还是闹剧?老舍坚持排成喜剧。因为剧情本来就单薄,又要郑重其事地板起面孔来演,结果是应有效果的好台词都温柔地溜出去,什么效果也没有。剧情单薄,郑重其事的道白很容易将应有效果的好台词浪费了。事后设想,"假若按着闹剧去演,以人物的相貌服装举动及设景的有趣去烘托,或者还能补救故事的薄弱"。因为这个戏人物少,比较简单,结果各处都在排演。

老舍节录《大地龙蛇》第一幕的一段对话,赠吴晓铃。

《大地龙蛇》的主题是表现对东方文化的希望。老舍说:"抗战的目的,在保持我们文化的生存与自由;有文化的自由生存,才有历史的繁衍与延续——人存而文化亡,必为奴隶。"这个戏标志着老舍抗战开始时的兴奋、热情为冷静的文化审思所替代。《大地龙蛇》也是不大方便搬上舞台的案头剧,因为它不依赖故事情节。剧本是一个三幕六场的话剧歌舞混合剧,有四支短歌,两个大合唱与六个舞蹈,在表演形式上有探索与突破,也很有想象力。这个戏是1941年9月老舍应邀去昆明西南联大时,在昆明郊外的龙泉镇完成的。戏中将眼前的抗战与文化的预想结合起来。二十年后，国家与社会都已经度过了战争进入到太平天下的阶段，艺术进一步发展，科学也昌明起来，这是一幅中国与全人类理想的远景图画。文化思考而外，对未来展望的思想根源，仍然是老舍的天国在人间的基督教的理想。老舍说："《大地龙蛇》中的思想，颇费了我一些心血去思索。其结构则至为幼稚。"①写完以后，老舍朗诵给朋友杨振声、罗膺中和北大文科研究所的几个研究生听。

《归去来兮》是以连载的方式发表的，1942年6月10日至29日在《新蜀报》副刊"蜀道"第733—745期载完。写这个戏时老舍待在乡下，身体略有好转，然后接着就又写了《谁先到了重庆》。《归去来兮》的主人公是一个有点哈姆莱特性情的青年，"他有所顾虑，行动迟缓，可是他根本不是个怀疑抗战者；他不过是因看不上别人的行动，而略悲观颓丧而已。这个颓丧可也没有妨碍他去抗战。"在艺术表现上，老舍说它"四平八稳，没有专顾文字而遗忘了技巧，虽然我也没太重视技巧"。老舍解释这里的技巧是："第一，这里的讽刺都是由人与人、事与事的对照而来的……第二，我写出一位可爱的老画家，和一位代替《罕默列特》(现译为《哈姆莱特》)里的鬼魂的疯妇人……疯妇的可爱是因她在此剧中的作用。……她是个活人，而说着作者所要说的话，并且很自然，因为她有神经病。第三，文字相当的美丽，在末一幕还有几支短歌。……拿它当做一本案头剧去读着玩，我敢说它是颇有趣的。"②

人们对老舍20世纪40年代创作的戏剧的研究热情不够大，所以有些问题轻易从身边溜走了。老舍写《面子问题》《大地龙蛇》和《归去来兮》，连续三个戏都特别注重案头阅读与朗诵的效果。这时候他已经对舞台技巧有所认识，并且有所创造与发明，但是他还是坚持戏剧台词的语言美，坚持它的音乐性甚至舞蹈性，不能不说这是他有意为之。剧作家有多大的主体性与

---

①老舍：《闲话我的七个话剧》，见《老舍文集》，第15卷，214页，北京，人民文学出版社，1990。②老舍：《闲话我的七个话剧》，见《老舍文集》，第15卷，215页，北京，人民文学出版社，1990。

自主的可能？老舍用剧本向导演和表演者们询问，一剧之本如果值得尊重，我们应该如何去实现？可以猜测，老舍的这个努力不大容易引起舞台上的人们的注意。写完了七个话剧，老舍就放弃了这个形式，回归到小说创作中去，他似乎已经有点失去耐性了。

1942年，青年剧社托老舍写个剧本，就是四幕剧《谁先到了重庆》。这个戏写沦陷的北平的年轻人，其中的爱国者下决心去重庆，有的被迫做了敌人帮凶，故事中的爱国青年要去重庆却因走漏了风声被捕，附敌的人翻然悔悟，帮助他们逃脱，其中有爱国者牺牲，戏剧让观众回答：活着的人与爱国者的英灵谁先到了重庆？写完以后，老舍拿到北碚请张骏祥看，得到了张骏祥的肯定。老舍也觉得"仿佛可拿出一点技巧来"。这里面有成功，更有教训，老舍似乎有意表现一下，先前不知道舞台技巧，现在我也会玩一点。可是，弃己所长取其短让他心中更不安："这一回，我的眼睛是常常注意到舞台的，将来有机会演出的时候，果否能照预期的这样热闹，我不敢代它保险。我可是觉得，在人物方面，在对话方面，它都吃了点亏。我不懂技巧，而强要技巧，多半是弄巧成拙，反把我的一点点长处丢失了，摹仿之弊大矣哉！"①

1943年，老舍与赵清阁、萧亦五合写过四幕话剧《王老虎》。接下来，在6月至7月间，老舍与赵清阁先生合写四幕话剧《桃李春风》（又名《金声玉报》）。10月初老舍住院开刀割盲肠，还躺在病床上，胡絜青带着孩子来到重庆，转来北碚。这前后，老舍开始写长篇小说《火葬》。《桃李春风》发表在10月20日发行的《文艺先锋》第3卷第4期"周年纪念特大号"上。剧本"为纪念教师节而作"，实际与《大地龙蛇》在战争中审视固有文化的主题一贯，但是这个剧本有了具体的人和事，并且落实在一个有气节的老教师辛永年身上，他为教育"辛苦备尝，志未稍馁"。这是抗战最艰难的时候，民族文化的气节既是抗敌也是反腐败的精神武器。《桃李春风》上演时老舍正卧病北碚。1944年2月15

---

① 老舍：《闲话我的七个话剧》，见《老舍文集》，第15卷，216~217页，北京，人民文学出版社，1990。

日，教育部借戏剧节之际颁发优秀剧本奖励，《桃李春风》的剧本、导演和演出团体都得了奖。得奖之类的事情不说明价值，但是《桃李春风》自身的"气节观"是最有价值的，这与老舍一年后在《痴人》中自明心志的表达完全一致：

> 谁知道这点气节有多大用处呢？但是，为了我们自己，为了民族的正气，我们宁贫死，病死，或被杀，也不能轻易地丢失了它。在过去的八年中，我们把死看成生，把侵略者与威胁利诱都看成仇敌，就是为了那一点气节。我们似乎很愚傻。但是世界上最良最善的事差不多都是傻人干出来的啊！①

老舍在戏剧创作中艰难跋涉，终于走过了一段艰苦的路程，也取得了相当的成功。他总结的经验是："剧本是多么难写的东西啊！动作少，失之呆滞；动作多，失之芜乱。文字好，话剧不真；文字劣，又不甘心。顾舞台，失了文艺性；顾文艺，丢了舞台。我看哪，还是去写小说吧，写剧太不痛快了！处处有限制，腕上如戴铁镣，简直是自找苦头吃！自然，我也并不后悔把时间与心血花在了几个不成剧本的剧本上，吃苦原来就是文艺修养中当然的条件啊！"②

诗与书

老舍本质是个诗人，虽然他的诗名被小说家、剧作家掩盖着；他还是个书法家，当然他从来不以书家自命。本质的诗人追求真理，感情纯洁，他是富有强烈的正义感与使命感的，他会热烈地拥护对人类有益的事物，也会强烈地抗议一切与人类为敌的恶行，他是一切阴谋家的敌人。老舍在1941年5月30日的《大公报》副刊"战线"的第一届诗人节纪念特刊上发表了《诗人》，他申明：

---

①老舍：《痴人》，见《老舍文集》，第14卷，277页，北京，人民文学出版社，1989。②老舍：《闲话我的七个话剧》，见《老舍文集》，第15卷，217页，北京，人民文学出版社，1990。

他(诗人)的眼要看真理,要看山川之美;他的心要世界进步,要人人幸福。他的居心与圣哲相同,恐怕就不屑于,或来不及,再管衣衫的破烂,或见人必须作揖问好了。所以他被称为狂士、为疯子。这狂士对那些小小的举动可以因无关宏旨而忽略,叫大事可就一点也不放松,在别人正兴高采烈,歌舞升平的时节,他会极不得人心的来警告大家。人家笑得正欢,他会痛哭流涕。及至社会上真有了祸患,他会以身谏,他投水,他殉难!正如他平日的那些小举动被视为疯狂,他的这种舍身救世的大节也还是被认为是疯狂的表现而结果。即使他没有舍身全节的机会,他也会因不为五斗米而折腰,或不肯赞谀什么权要,而死于贫困。他什么也没有,只有一些诗。诗,救不了他的饥寒,却使整个的民族有些永远不灭的光荣。诗人以饥寒为苦么?那倒也未必,他是中了魔的人!

……

……要成为诗人须中魔啊。要掉了头,牺牲了命,而必求真理至善之阐明,与美丽幸福之揭示,才是诗人啊。眼光如豆,心小如鼠,算了吧,你将永远是向诗人投掷石头的,还要作诗么?①

除了求真理、爱人类之外,老舍给诗人的定义,其人格核心就是"气节"两个字,老舍用他的生命保全了这个"气节",用他的生命证明自己是最

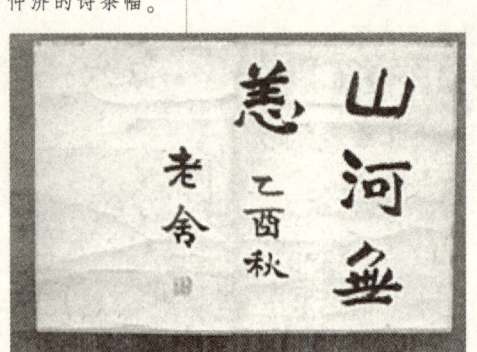

给柳亚子、田仲济的诗条幅。

---

① 老舍:《诗人》,见《老舍文集》,第14卷,178~179页,北京,人民文学出版社,1989。

第五章 八/方/风/雨

1939年6月26日到12月9日，老舍代表"文协"参加全国慰劳总会北路慰劳团，赴西北八省慰问抗日将士，历经五个战区，行程两万多里，感于途中所见所思，写成了长诗《剑北篇》，1942年5月由大陆图书公司出版。

真的诗人。他的小说几乎都是生命的诗歌，他的戏剧，尤其是《茶馆》，都是或欣喜或忧郁的抒情诗。他有过史诗的追求，在小说与戏剧中有的实现了，如《四世同堂》《茶馆》。真正用诗歌的形式有诗史规模与自我期待的是《剑北篇》，但是没写成预定的规模。其中的原因很多：一是他的身体差，贫血、疟疾、盲肠炎等疾病不断地困扰着他，二是应社会宣传要求的话剧与曲艺作品也不停地插进来打断他的创作。这首诗创作历时之长，唯有《四世同堂》可比。老舍在这首诗中采用了从民间与古典作品中汲取的音韵节奏，他在朗诵会上诵读过，现场的反应也很不错，但是在新诗界根本没有引起反响。

《剑北篇》是长篇叙事诗，它是老舍对个人所见的中华民族抵抗日本侵略者的精神行动的记录与颂歌。1939年老舍作为中华全国文艺界抗敌协会的代表，随全国慰劳总会北路慰劳团出发，历时五个多月，从夏到冬，行程两万里，踏遍西北的山水与黄土地。《剑北篇》描绘、呈现了中国的大好河山，这里有历史文化的蕴涵与积淀，更有中国西北地区人民的勇敢与坚定。诗中有一个叙述者老舍，更有一个抒情的主人公老舍。若是按传统归类，《剑北篇》

应该是游记诗,但是它远远超出了个人游历,也超出了对历史、风景和文物的欣赏与凭吊。它的寥廓的空间感是由老舍和慰劳团穿行在中国西北的行踪传递的,他们从重庆出发,然后一路经过剑阁、汉中、宝鸡、西安、潼关、洛阳、老河口、襄樊、宜川、榆林等地,各地的山川地貌、风土人情与其他见闻无不和抗战紧密相关。这首长诗写了一年,最终没有全写完。它的长度和从古代传统和民间汲取资源的实验性,在现代中国诗坛是独一无二的。《剑北篇》也不是老舍唯一的长诗,先前他就写过长诗《鬼曲》,不过那首诗更倾向于现代艺术。

老舍的旧体诗成就很高。这一辈的作家很多都能写作旧体诗,却没有谁拿它当创作,仅在一定的场合,心有所感,即能赋诗一首,鲁迅、郁达夫、郭沫若……名字可以列出一长队。老舍认为他的旧体诗近于宋诗,但是也不限于此。他的诗中所蕴涵的激情接近陆放翁、吴梅村,有时也颇有杜诗的韵味,这一类诗表现人格比较明显。他对清代诗人查慎行和近代诗人苏曼殊特别欣赏,其中的趣味在于艺术的把玩,他出题给齐白石作画,多选这一类。

1939年的"五四","文协"遭敌机轰炸。为了躲避日本人的轰炸,老舍和"文协"的办事人员一起搬到南温泉。此后老舍随慰劳团去了西北,除《剑北篇》外,他还写有一些旧体诗,如《留侯祠》等。1940年夏天,有一段时期为写《剑北篇》,老舍曾住到陈家桥的冯玉祥公馆的花园中。此后的两个夏天,老舍都搬到乡间去,其间都有一些旧体诗作。后来老舍大多数时间住在乡间和北碚,与友人们的日常生活交往常常形诸旧体诗。老舍说:

> 可是,在过去的二年中,我似乎添了个"旧诗季节"。这是在夏天。两年来,身体总是时常出毛病,不知哪时就抛了锚;所以一入夏便到乡间去住,以避城市的忙乱,庶几可以养心……
>
> ……当我完全无事作的时候,身体虽然闲在,脑子却不能像石头那样安静。眼前的山水竹树与草舍茅亭都好像逼着我说些什么;在我还没有任何具体的表示的时候,我的口中已然哼哼起来。

哼的不是歌曲或文章，而是一种有腔无字的诗。我不能停止在这里，哼着哼着便不由得去想些词字，把那空的腔调填补起来；结果，便成了诗，旧诗。……兹将村居四首写录出来，并无"此为样本"的意思，不过是多少也算生活上的一点微痕而已：

茅屋风来夏似秋，日长竹影引清幽。
山前林木层层隐，雨后溪沟处处流。
偶得新诗书细字，每赊村酒润闲愁；
中年喜静非全懒，坐待鹃声午夜收。

半老无官诚快事，文章为命酒为魂。
深情每祝花长好，浅醉唯知诗至尊！
送雨风来吟柳岸，借书人去掩柴门。
庄生蝴蝶原游戏，茅屋孤灯照梦痕。

中年无望返青春，且作江湖流浪人；
贫未亏心眉不锁，钱多买酒友相亲。
文惊俗子千铢贵，诗写幽情半日新，
若许太平鱼米贱，乾坤为宅置闲身。

历世于今五九年，愿尝死味懒修仙。
一张苦脸唾犹笑，半老白痴醉且眠。
每到艰危诗入蜀，略知离乱命由天；
若应啼泪须加罪，敢盼来生代杜鹃。

夏天，能够住在有竹林的乡间，喝两杯白干，谄几句旧诗，不论怎么说，总算说得过来。一到冬天，在过去的两年里，可就不这么乐观了。冬天，我总住在城里。人多，空气坏，饮食欠佳，一面

1942年老舍在寄给梁实秋的信上，附手录的六首旧体诗。

要写文卖钱，一面还要办理大家委托的事情；于是，由忙而疲，由疲而病；平价米的一些养分显然是不够支持这部原本不强健的身体的。一病倒，诸事搁浅；以吃药与静卧代替了写作与奔走。……慢慢的把病魔敷衍走；大半已是春天了。春残夏到，我便又下了乡，留着神，试着步，天天写一点点文章；闲来无事便哼一半首诗。①

　　1942年夏天，老舍和梁实秋在北碚各机关募款劳军晚会上说相声，老舍回到陈家桥给梁实秋写信，附上了六首旧体诗。包括上引文章中的《村居》前三首，第一首写乡间的情境，二、三首为抒怀，其他三首中有一首是记吴组缃邀饮酒，另一首《泥中》写吴组缃的儿子，有辛弃疾"最喜小儿无赖"的韵致，还有一首是记到冰心、吴文藻家做客宾至如归的感觉。这些诗体现老舍的文人本色，趣味盎然，感慨殊深。

　　新文学家写旧体诗，往往是由于沉于内心而找不到与之相应的新文艺形式来表达。他们新旧兼修，不由自主地就会吟出旧体诗词来。如果事有偶然，赶上新文学运动的纪念日"五四"，该写点什么呢？老舍除了在1939年写了《五四之夜》，记录日本人的轰炸，很少见他专门以"五四"作为文章题目。

---

①老舍：《旧诗与贫血》，见《老舍文集》，第14卷，242～245页，北京，人民文学出版社，1989。

第五章 八/方/风/雨

当然,"文协"的周年纪念与会务报告是放在了5月4日,因为《抗战文艺》是这一天创刊的,它秉承的就是五四的精神宗旨,那是战时的五四新文艺。1957年,当一些人热衷于对知识界的人做特殊审视的时候,老舍因为感受到压力,写了《"五四"给了我什么》,这是自我表白与明志兼有的表达。此外,只有1962年给胡絜青的画上题字。其他的时候,要么被动地开会,要么故意地跳过这一天而不写文章,大概老舍心中已经找不到当下的生活与"五四"之间的关联。这种关联越来越少,1963年老舍只能在《春来广州忆》中写道:"形势逼人!屋中养花,有如笼中养鸟,即使用心调护,也养不出个样子来。"内心渐趋沉寂,所以就越来越多地写旧体诗。看老舍1963年的日记,连篇累牍的旧体诗。旧体诗居然会成为老舍精神的暂时栖居地!这一次和抗战时不同,没有贫血的头昏,但是许多事情仍然让他的眼前晕晕乎乎。逃离这种状态,而又不放下笔,就写写旧体诗吧!

1964年"五四",老舍一边准备下农村参加"四清"工作,一边忙着与章士钊诗歌唱和,真是诗人恢复旧风流啊!农村是必须去的,老舍还是文艺界的一员,要响应号召。章士钊何许人也,青桐老人起码不是"五四"阵营中人。毛泽东可以和他诗歌往还,老舍想来也不至于犯错误。从信函中的"再"字以及"倘获韵语"来看,他们的唱和虽不至于频繁也不在少数。选"五四"

1964年5月4日老舍给章士钊的和诗。

这一天写旧体诗,谈些不乏健康的花花草草,心态也不同于做"文协"负责人时。是老舍忘了"五四"是怎么回事,还是已经不是"五四"的时代?"五四"是不会忘记的,只是时代已经变了。

时隔一年,又是"五四",老舍再一次写些闲篇诗章给郭沫若,这次寄的十七首诗是不事进取的"诗言志"。1965年他的心理压力不比去年小。老舍作为代表团长访问日本是工作上的事,可是他完全以文人的姿态出现,在有吉佐和子那里,老舍乘着酒兴让女作家解开和服的腰带,在上面题诗,竟然全是一派诗人狂态。这幅墨迹竟然让有吉佐和子狂喜不已,收藏作镇室之宝。如此所作所为,不是佯狂也是退隐。老舍更多地沉入到内心,回到自己的出身的过往时代。这样的消极心态不符合时代对他的要求,所以老舍不得不装点门面,写些"东风""向阳葵"之类的字眼。两年的"五四",他一再示意:我已经仅仅是一个有点旧时代文化修养的老人,一个跟不上时代的人,只能给新一代送行的资产阶级老人(老舍自语)。当然,有时写一段快板,算是工作成绩,足够应差就行了。

这时老舍已经六十多岁,每逢岁末年初、重大节日,不由得兴起一种无从遣怀的寂寞,抚今追昔,无限感慨,多少人事成了过眼云烟,朦朦胧胧地遮盖着许多的生命与血肉之躯。

1965年春,老舍访日。归国后,5月4日他将17首诗手录,寄给郭沫若。下图限于篇幅没有全部拍摄。

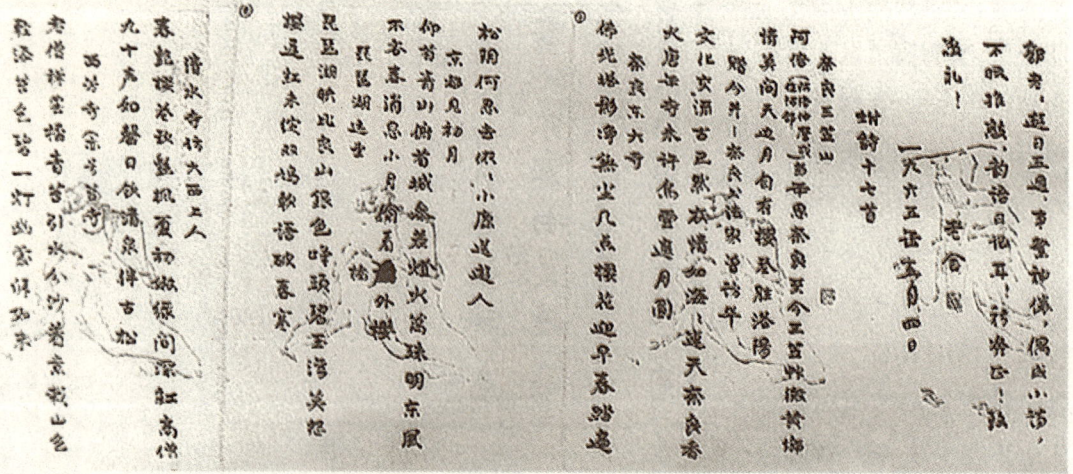

最后这几年，老舍并不如他给蒲松龄故居题词所写的那样"鬼狐有性格，笑骂成文章"。曲笔在友朋赠答中表示一点不便明言的意思，在那个时代应该不是孤立的。杜宣就是一个这样的朋友，1965年3月至4月间，中国作家代表团访问日本，杜宣一路与老舍同行，渐渐相知到能够说一些不便与外人道的话。于是，杜宣从日本回到上海之后，有诗呈老舍：

老舍晚年写的今昔对照诗两首。

江南处处麦青青，千里遥归罢远征。
长夜每怀慈母线，蜗居常伴读书灯。
半生踪迹浮沧海，一片愚诚唱赤旌。
纵有繁霜摧两鬓，更磨利剑击苍鹰。

杜宣是对知心的朋友说点萦绕个人胸中的真话，诗中的句子有的其实只能私自揣在怀中，那一句"一片愚诚唱赤旌"实在是有点碍眼，好在这首诗只给老舍一人看。再来北京，老舍请他中午便宴，当天同席的有端木蕻良、骆宾基和臧克家。大家坐定以后，老舍就拿出一张宣纸写就的小条幅来摊在桌上，指着说："我今儿写了首诗和你。"为什么隔了大半年没有应，到今天才来唱和，杜宣还是想得少了一点。大家看了诗，都称赞写得好，杜宣后来写纪念老舍的文章时却说："诗中对我未免有溢美之处，受之有愧。"[1]

---

[1] 杜宣：《绝唱》，见舒济编《老舍和朋友们》，400页，北京，三联书店，1991。

当年在东来顺席上,旁观者与唱和双方,其实都不能一致。那三位可以理解,只是就诗说诗,并不明白前因后果。杜宣感受到老舍的朋友情谊,一直念念不忘,但是对其诗中第二联的句子,是不愿意全然接受的,只是碍于形势和面子不便说破。老舍似乎对他那句隐衷并不介意,而且堂皇正大地作答。这就不是知音啦! 老舍的诗是这样写的:

无产无神无长物,囊中唯有杜家诗。
惯凭笔下惊心语,高举人间革命旗。
樱岛春花识我辈,椰林夜雨忆君时。
越南吟就英雄颂,又理轻装望海湄。

诗的首联语涉唱和双方,明心性志趣。说的是诗人书生本分,这一句好在与革命意识形态兼容不悖,"杜家诗"当然是双关的,其实老舍的意思更在老杜,他的旧体诗的理想境界是杜甫。囊中羞涩,唯有杜家诗,这是气节,是他在20世纪40年代说的不同于一般文人的诗人,是"浩然正气的寓所"。第三联,上句说的是在日本相识而成"我辈",那是人格上的认同与接受,交往非泛泛。因此,想象朋友的踪迹,在那越南的椰林夜雨中呢! 这与首联一致,情志相通,时时关切,真朋友! 尾联当然说到此番能聚会的缘由,又勾勒出诗人匆匆的身影。唯有第二联难解,似乎老舍并不搭理杜宣的"愚诚"的反思,反而高调地应对"赤旌",要"高举人间革命旗"。于是,在多年以后,杜宣仍然不能释怀,却之不恭而"受之有愧"啊! 细细品味,老舍根本没有回避"一片愚诚唱赤旌"的话头,而是诉诸"曲笔"了,此联的上句明明有"惊心语"在。"惯凭"是坚持一贯,"惊心语"乃是"硬语"(访问时,给两个日本朋友的题诗都用了"硬语",给土歧善麿诗"硬语最惊人",给有吉佐和子"惊心发硬语"。此时的"硬语",最是老舍的心语),是杜甫等一流诗家的真正追求,"语不惊人死不休"哪! 惊心的是真理所在,"惊心语"不是"欺心语",我辈是坚持追求真理的,这个真理与革命是真的一致吗? 我们诚则诚矣,但是并不愚蠢,你的反省

第五章 八/方/风/雨

我明白,我的"惊心"你应知!可见在那个时代,文字之交的沟通也很困难,要打哑谜。

1966年4月底,老舍去西山看望王莹。她从美国回来一年多,丈夫谢和赓成了右派,夫妇俩就避居西山写作了。听说她的两部书写好了,老舍来探望表示祝贺,更多的是要找一个可以说说想说的话的人。老舍带来一幅写好的诗词条幅,其中有些曲笔在自我陈述之中,上题"王莹同志两正":

　　小住郊园百病除,
　　西山爽气入蓬庐。
　　风香云暖松阴外,
　　细读人间革命书。

1966年写给当时住在西山养病的王莹。

"郊园"并非"家园",那只是一个理想的消除百病的地方,现实中有吗?就设想结庐在人境吧,即使做不了陶渊明,西山也是一个暂时逃避的地方,这里的风云时或有些自然的香暖,不像城里那样风云激荡。世外桃源不可得,郊园与人间也有差别,苟安中打量人世间如火如荼的革命情景,这部生活的大书如何细读得透?老舍解释,原来"读"字拟用"著",王莹是个作家当然著书,但还是觉得这个"读"字有"阅"遍人世沧桑的意味。

行文至此,传记中已经见了不少老舍亲笔所书的文字的照片。一般地说,文字的图片毕竟不是人物风景的图像,通常只是用于印证,少一些感性。但是老舍的文字是有相当高水准的艺术品,不同于舞文弄墨的人到处题写的东西,这是真正的书法。通常人们对老舍的认识中几乎不包括书法家概念。1941年"文协"在《新蜀报》营业部义卖会员字画18天,他们打出标语"'文协'出纸，作家出力，请诸公出钱"，为劳军筹款。订购老舍册页、单条或成幅的字的人很多，老舍与郭沫若的墨迹卖得最好。他刚刚脱稿的《面子问题》的一张手稿也能卖两块钱。老舍为朋友书写的扇面、条幅、册页，现在画传《老舍》中保存照片的就不在少数。他给臧克家写过两个小幅，竖的是"诗人之家"，横的是"健康是福"。凡懂点书法的老舍就愿意给，经常给他裱画的工艺师刘金涛也得到过他的馈赠。

老舍的书法是魏碑为主体的楷书，隐约有魏晋写经的书卷痕迹，时时能够不经意地融化魏晋、北朝、唐代楷书。他的书法作品并不是为展示书家艺术而写，偶有题匾如北京"仿膳"，大都是题赠朋友。他的笔力坚实敦厚，运笔一丝不苟，用的劲道似乎搏兔亦用全力，这与他的为人处世一致。他现存的墨迹，只有书信中略微有一点行书的痕迹，但不草。李长之说："他的原稿，都是楷书，每一个字如果印出来，大概同他题匾的字差不多，不苟，就像他的创作和为人不苟一样。"他自己写得好，却不苛求朋友，并不讲究其功力如何，如要臧克家写字，一边看一边说好，只要是挚友亲手所书，都珍爱收藏。老舍书法的风格，方正中有硬气，但不乏趣味与俏皮，灵动处时见隶意，隶书笔触有助于幽默性情显示于毫端，不板滞。有时他的字偏硬一点，那是看用途而转变的。我最喜欢他那有点隶书笔触的楷书，刚柔兼济，方正刚强中饶有趣

老舍墨迹。

第五章 八/方/风/雨

味,这两者结合起来不易,非幽默家办不到。

老舍书法作品在刊物上印行的很多,作为书法作品正式参展的记录却很少,有一幅书法在1961年4月30日由北京中国画研究会和国画工场联合举办的"首都第四届书扇画展"上展出。老舍的许多幅字,一般只是赠予朋友,其实都是艺术价值很高的。他和著名画家张仃有过一次完美的合作:张仃作曹雪芹巨幅画像,老舍在画上录写曹雪芹的挚友敦诚的《佩刀质酒歌》。1963年8月,在曹雪芹逝世200周年纪念展览会上,人们看到了这一书画合璧的巨幅作品。

仔细看这幅作品,它不是一般的题款之类,而是两人合作构思的精品。老舍录写的《佩刀质酒歌》,占据了近四分之一画面,这比一般的条幅要大。张仃将上半幅画面用于绘曹雪芹像,上面的老树所占空间有限,只是虬枝横逸,都没有留倚斜的空间,因为画面的下半幅另有用场。画中曹雪芹不是一般的书生模样,生气勃勃,发梢上指,衣着线条柔中寓刚,简洁有力。他坐在巨大的岩石上,重心偏于左侧,下面老舍录写的长歌的重心在右,恰好构成平衡。画面巨石左侧边缘的勾勒棱角鲜明,与刚性的画面风格统一,点以绿色的藓类,和上面的几星红花遥遥

1963年6月,老舍和张仃合作完成的曹雪芹巨幅书画作品。

呼应。张仃的工作到此为止，若无老舍所录文字，画面上留下的空白就极其不合理，省到极简，旷到极空，这不是张仃这样成熟而且高明的艺术家的创作方式。他们必是为合作计议再三，老舍所书字数，都度量好了，这样才有了张仃的布局。张仃在左下角打上印章，右下侧大部分的画面就属于老舍了。老舍将诗歌正文写完，这才补录小序，为的就是要控制到既不疏阔，又不密塞。在比张仃高一点的位置落下印鉴，也是两方。这次老舍的魏碑不带一点隶书的意味，为的就是要和画的线条风格统一，而且敦诚的诗歌内容豪放，所写的情境也是秋晓风寒，不然何须质刀沽酒。

现在能见到的老舍书法，写得最长的条幅是1963年春节书录的杜甫的《壮游》。

不知是宣纸的尺幅有限，还是写这般大的作品耗精力太多、难以为继，老舍并没有抄录完这首诗。就全诗来看，这只是半截《壮游》。作传人有另外的解释：从流贯全幅的气势看，老舍毫不松懈，一以贯之，这么长的诗，无一脱漏，工整规矩中壮气勃发，看得出他是积聚全力而为。联系当年的历史语境，1963年的老舍对自己的行为受到限制有所认识与体验，创作计划多数已经没有实现的空间与可能性，此生的人世"壮游"恐怕会半途而废。这"半截《壮游》"可作

1963年春节，老舍书录的杜甫《壮游》诗。

为人生多艰的一个隐喻。

重拾小说

老舍曾经把长篇小说《骆驼祥子》在自己全部创作中的地位比做谭叫天的《定军山》。他抗战时写的话剧中还找不出这样的作品,那要有待《茶馆》的问世。但是老舍对自己的小说的追求远未实现,在他心目中,伟大的作品应该像托尔斯泰的《战争与和平》一样。抗战开始,老舍就说一个大时代来了,如何拿出与之相符的文学创作来,如果专论小说,老舍当仁不让。抗战开始以后,老舍先是写曲艺类的通俗文艺,后来是创作话剧剧本,却将小说冷落了。在武汉与重庆,根本没有写作长篇小说的条件。战前的老舍心是静的,不缺柴米烟茶,家里有干净的桌子和可爱的花草,纸笔合手,能沉下心写作。抗战后局面忙乱混杂,实在不能安心去写长篇小说。

老舍告诉我们:因为忙、病、生活不安定,很难写出长篇小说来,连短篇也不大写了。他从1940年冬到抗战胜利前始终贫血。病好一点便写点,身体越来越坏,作品也打折扣。1938年至1943年,只写了十几个短篇,收入《火车集》《贫血集》。《火车集》中的《兔》写一个爱好京剧艺术而下海的小陈,唱好戏是他的人生目标,他不理睬唱戏圈子中的潜规则,于是"许多人说小陈是个兔(相公)",恶劣的社会文化环境逼迫他走向末路。这是通俗小说家常写的题材,老舍处理这个对象时,立足于生命,写出个人在"许多人"构成的以摧残有价值的生命为能事的社会中的悲剧必然性,显示其超越的力量。《我这一

《火车集》收录9个短篇小说,1939年由上海杂志公司出版。

辈子》中的主人公是一个旗人青年，他挣扎要强一辈子只能当个"臭脚巡"，个人奋斗的无用与无奈与祥子同调，但是它通过一个京城的普通人眼中的历史，见证了中国近现代历史的变迁。《贫血集》中的《不成问题的问题》揭示的中国现代性中的腐败元素的活力与空间，是今日中国的殷鉴。

1943年6月至7月老舍到北碚写长篇小说《火葬》。老舍关于《火葬》的创作过程的叙述，其价值不比小说本身低，是那个时代文人艰难创作经历的真实写照。虽然空袭少了，但是天热得不像话，只好5时起床写到8时，每日可得千余字。计划中的中篇，写到五六万字仍难收笔，于是改成了长篇。老舍说：

> 九月尾，已获八万余字，决于双十日完卷，回渝。十月四日入院割治盲肠，一切停顿。廿日出院，仍须卧床静养。时家属已由北平至宝鸡；心急而身不能动，心乃更急。赖友好多方协助，家属于十一月中旬抵碚。廿三日起缓缓补写小说；伤口平复，又患腹疾，日或

老舍的《火葬》，1944年5月由晨光出版公司出版。

仅成三五百字。十二月十一日写完全篇，约十一万字，是为《火葬》。……而过度的勉强每每使写作变成苦刑。我吸烟，喝茶，愣着，擦眼镜，在屋里乱转，着急，出汗，而找不到我所需要的字句。勉强得到几句，绝对不是由笔中流出来的……这不是文艺创作，而是由夹棍夹出来的血！（三）故事的地方背景……是由我心里钻出来的。我要写一个被敌人侵占了的城市，可是抗战数年来，我并没有在任何沦陷区住过。只好瞎说吧。这样一来，我的"地方"便失去读者连那里的味道都可以闻见的真切。……我想多方面地去写战争，可是我到处碰壁，大事不知，小事知而不详。……像《火葬》这样的作品，要是搁在抗战前，我一定会请它到字纸篓中去的。现在，我没有那样的勇气。这部十万多字的小说，一共用了四个多月的光阴。光阴即便是白用，可是饭食并不白来，十行纸——连写抄副本——用了四刀，约计一百元。墨一锭，一百廿元——有便宜一点的，但磨到底还是白的。笔每枝只能写一万上下字，十枝至少须用二百元。求人抄副本共用了一千一百元。请问：下了这么大的本钱，我敢轻于去丢掉么？我知道它不好，可是没法子不厚颜去发表。我并没瞎碰，而是作家的生活碰倒了我！这一点声明，我并不为求人原谅我自己，而是为教大家注意一点作家的生活应当怎样改善。假若社会上还需要文艺，大家就须把文艺作家看成个也非吃饭喝茶不可的动物。抗战是艰苦的，文人比谁都晓得更清楚，但是在稿费比纸笔之费还要少的情形下，他们也只好去另找出路了。①

胡絜青来到北碚，带来了北平沦陷中的生活境况，她向老舍叙述，也向

---

①老舍：《我怎样写〈火葬〉》，见《老舍文集》，第15卷，225~229页，北京，人民文学出版社，1990。

来访的友人们叙述。听着听着,老舍找回了北平生活的图景,也找到了下一部长篇小说要写的对象:北平城中的一个四世同堂的家庭,他们如何在日本军队占领下惶惑、忍受饥荒与偷生。这就是老舍的鸿篇巨制《四世同堂》。这个小说的命名是个文化象征,以家庭为核心的中国文化如何经历战争的淬炼与艰难的蜕变,怎样获得新的长存的生命力,这是小说要回答的问题。战前思想界开始的新启蒙运动已经在探讨固有文化的生命力,五四以后中华民族的文化怎样能够既根深又叶茂?老舍的《四世同堂》客观上回应了这个问题。这是以最深厚的情感与文化思考结合的艺术表达,在完成现代文化命题的同时,一点儿也不损害艺术的创造。

《四世同堂》的文化空间,既是有形的北平地域文化空间,也是不同代际的人的精神空间,每一代人的不同人生价值取向决定了他们在战争中的所作所为——有的反抗日本人,有的投敌做汉奸,既要对新文化负责又要负传统的家庭责任,在矛盾煎熬的炼狱中度日。小说的结构核心是祁家,住在西城的小羊圈胡同,出了胡同是大街,往东走可以看到皇家的宫殿林苑,再大

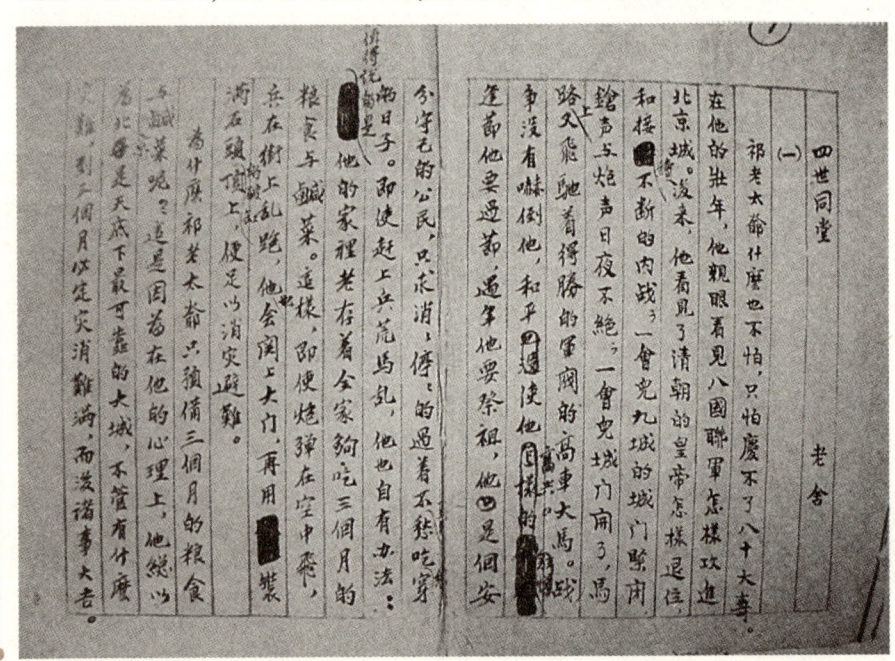

《四世同堂》手稿第一面。

第五章 八/方/风/雨

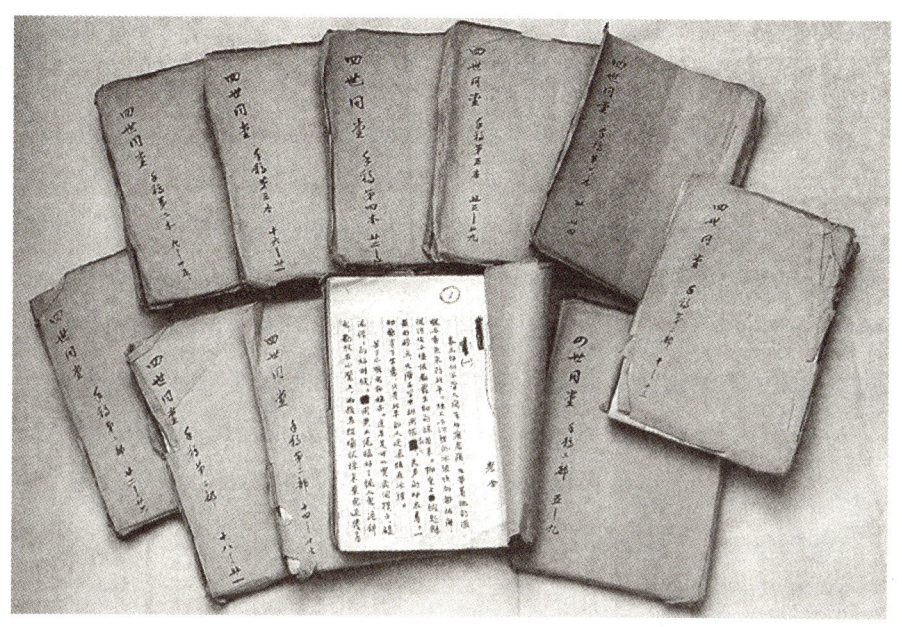

《四世同堂》第一、二部手稿。第一部《惶惑》1944年11月10日到1945年9月2日连载于《扫荡报》，1946年由上海良友复兴图书印刷公司初版；第二部《偷生》1945年5月1日至12月15日连载于《世界日报》，1946年11月由上海晨光出版公司初版，分上、下册印行；第三部基本在美国完成，而国内没有出版，结尾部分丢失以后，手稿又找不到，只能根据英文缩写本翻译回来，补足了后面的章节。

的就是整个的北平城。小说在城墙之外除了坟地等，基本上采取虚写的方法。北平联系更广阔的空间，联系着中国的抗日战局，更联系着世界反法西斯战争。老舍善于结构最细小的生命与极其宏大的人类世界之间的关系。《四世同堂》是以中国家族文化为核心的"战争与和平"的史诗。

小说中的祁家四世同堂，这是家族兴隆的文化标志。第一代祁老人是家中的权威，他追求的是安享家长的晚年，不论外面的世界发生了什么惊天动地的变化，他只要看顾好院子中的生活就行，庆祝自己的八十大寿是一辈子成功的象征。然而日本人的入侵打破了他的生活秩序，家中与胡同里乃至整个的北平变化都超乎他的想象，小孙子出走，二孙子做了汉奸，大孙子入狱，儿子天佑被辱跳河自杀，重孙女饿病而死，邻家不断有人死于日本人之手……老人愤怒了,战争让他觉醒,主动地改变了生活态度。祁老人的转变是文化的重生标志。比较他与《二马》中的老马,思想与文化的深度不可同日而语。

长孙祁瑞宣是个教师,应算作现代知识分子,理想是抗战一开始就奔赴前线或者去重庆,但是他一直没有走。他身上有责任,长孙承担着家庭的所有义务。父亲管理着他的铺子,是个规规矩矩的生意人,爷爷作为家长只是个象征,已经没有力量应对困难的局面,妻子是个贤妻良母而没有力量担起家庭的生活责任,所以他不能走。他比巴金《激流三部曲》中的高觉新更难,国家、民族的事他应该做,家庭的经济负担也是他的,忠孝不能两全,他时时陷入内心的矛盾。三弟投身抗日,他支持;二弟附敌,他羞愧;妻子劳累,他抱歉;父亲为了清白名声而自杀,他悲痛;不能满足爷爷不大的心愿与要求,他无颜面对……一切都与他有关,唯有自己的心事,不知对谁讲。他对过去的文化负责,也要对新文化负责,可他无力对一切负责!

众邻居代表着不同的文化元素:钱默吟是个传统的诗酒文人,民族灾难让他奋起,但是他不是人们所熟悉的抗日英雄,他是中国侠文化的象征。被日本人毁家之后,他的外形就变得像史籍中描述的墨子,侠义的精神也像止楚攻宋的墨子。因为有侠义的神秘色彩,加之距离一般共和国文学中的地下工作者形象甚远,人们对这一形象的接受较难。大杂院里的一帮下层民众也都具有强烈的正义感,拉车的小崔被日本人砍了头,剃头匠孙七要与日本人拼命,搭棚的刘师傅坚决不给日本人的游行助阵。出身旗人贵族的小文夫妇不失尊严,平常对政事不闻不问,一心唱戏,一旦被冒犯便与仇敌血溅三尺之内。也有冠晓荷那样的过熟文化腐烂的产物,一心只想着如何在无聊中敷衍生命,所以日本人来了就是天生的汉奸坯子,冠晓荷与泼妇老婆大赤包在性格上是两相对照,做汉奸也有不同的表现方式。这所有的人物无不性格鲜明。

小说中写到的北京的物产无不带上特定的文化蕴涵和情感色彩,四季的水果,端午、中秋的仪式,老人的生日,邻里的丧事,无不刺激着亡国的神经,人们在惶惑中偷生,在饥荒中煎熬。漫长的岁月,刮风雨雪都在抽打着人们的灵魂。就在这痛苦中,人们在反抗。连充当慰安妇的日本妇女,也备尝战争的灾难与艰辛。终于迎来了抗战的胜利,老舍完成了心灵抗战的史诗。

《四世同堂》这部百万字的长篇小说是中国现代文学中的瑰宝。老舍从1944年元月开始写,头昏与疟疾时常来捣乱,到年底才写了30万字。写作的过程也成了一场持久战,老舍这样叙述:

> 北碚虽然比重庆清静,可是夏天也一样的热。我的卧室兼客厅兼书房的屋子,三面受阳光的照射,到夜半热气还不肯散,墙上还可以烤面包。我睡不好。睡眠不足,当然影响到头昏。屋中坐不住,只好到室外去,而室外的蚊子又大又多,扇不停挥,它们还会乘机而入,把疟虫注射在人身上。"打摆子"使贫血的人更加贫血。
>
> 三十三年这一年又是战局最黑暗的时候,中原,广西,我们屡败;敌人一直攻进了贵州。这使我忧虑,也极不放心由桂林逃出来的文友的安全。忧虑与关切也减低了我写作的效率。
>
> ……
>
> 三十四年,我的身体特别坏。年初,因为生了个小女娃娃,我睡得不甚好,又患头晕。春初,又打摆子。以前,头晕总在冬天。今年,夏天也犯了这病。秋间,患痔,拉痢。这些病痛时常使我放下笔。本想用两年的工夫把《四世同堂》写完,可是到三十四年年底,只写了三分之二。这简直不是写东西,而是玩命! ①

抗战结束了,这部小说还在战斗进行中。老舍到美国一边继续写作第三部,一边将它翻译成英文。随着中国共产党人在解放战争中的节节胜利,蒋家王朝退据孤岛。远在美国的老舍应祖国的召唤,返回北京。由于大的政治环境的变化,《四世同堂》的第三部因所描写的政权主体——中华民国已被

---

① 老舍:《八方风雨》,见《老舍文集》,第14卷,308~309页,北京,人民文学出版社,1989。

推翻,故未在国内出版。老舍对它的态度也是相当矛盾。

三、"旧雨"和"新知"

孔子谓:"老者安之,朋友信之,少者怀之。"于老人,老舍是个孝子;于朋友,老舍诚实可靠,也信赖朋友;对孩子,他不仅让自己的孩子有个性发展的自由空间,而且特别爱结交小朋友,冰心家的几个孩子,叫舒伯伯最亲切,马宗融的女儿最喜欢老舍讲"横姑娘"的故事。老少辈的忘年交不论,年纪相仿的朋友,老舍在山东、武汉结交的多,尤以武汉、重庆为最。老舍爱交朋友,一生结交朋友无数。他结交朋友的态度是"有交无类",朋友交往遍及各个社会阶层,有操各种职业的人。自幼的朋友为生死交,壮年的朋友志趣与事业互动辉映,老来慎交朋友,但与人相处绝不虚与委蛇,也不以高视下。古人交友益者三:友直、友谅、友多闻;老舍交友,唯一的标准是友"诚实劳动"。勤奋劳动的人,必然喜欢创造,而创造是由真诚打底的,真诚者亦是善良的人,所以值得老舍与之往来。老舍待人以诚,对朋友的关心无所不至,有求必应,尽力而为。老舍交友不分贵贱文野,但是说到他交往的对象,仍然要分别述来,只好有悖老舍交友"无类"而分门别类:老同学白涤洲、关实之、罗常培是总角之交,艾支顿(称老舍为"my friend")等是国际文字之交,胡风、冯玉祥、巴金为道义之交,赵树理是工作中的朋友关系,画家、曲艺家、戏曲家则是艺术同道之交……

讲交友当然还得从抗战期间说起。且说老舍的下层朋友,田仲济记得老舍与鼓书艺人富少舫的交往情景,说:"我看到了从来没见到的作家或知识分子和艺人或旧社会底层人物之间的关系。……我留心观察他们间的谈话、交往,同桌吃饭,一同散步,总之,他们间所有的接触,不仅老舍丝毫没有高富少舫一等的意味,富少舫也丝毫没有低老舍一等的意味。他们间是完全平等的,亲密无间的友谊。……我窥到了老舍的一个极为重要的秘密,一个极为重要而又珍贵的秘密:他对旧社会底层人物的感情,他不是同情,而是具有亲如兄弟的感情。"①

吴组缃说:"老舍为人随和,交游广阔。与人相处,毫无成见偏见,最能大度包容。……他同许多戏曲、说唱艺人结交,例如山药蛋、董莲枝等。他曾带我到他们家赴约,看到他们全家大小对他的那个亲热劲儿,简直教我难于想象。后来在北京,东来顺、萃华楼,许多饭馆的厨师和服务员,都是他的熟朋友,见面亲如家人,这是我们亲见的。"②

老舍的朋友遍天下,抗战中他们的身影常常萦绕在老舍的脑际,在"文协"第一届年会上,老舍不由得要想到他们,想到和他们在一起的快乐时光,他作了篇文章《怀友》:

> 有三次聚会是终生忘不掉的:一次是在北平,杨今甫与沈从文两先生请吃饭,客有两桌,酒是满坛;多么快活的日子啊!今甫先生拳高量雅,喊起来大有威风。从文先生的拳也不弱,杀得我只有招架之工,并无还手之力。那快乐的日子,我被写家们困在酒阵里!最勇敢的是叶公超先生,声高手快,连连挑战。朱光潜先生拳如其文,结结实实,一字不苟。朱自清先生不慌不忙,和蔼可爱。林徽因女士不动酒,可是很会讲话。几位不吃酒的,谈古道今,亦不寂寞,有罗膺中先生、黎锦明先生、罗莘田先生、魏建功先生……其中,莘田是我自幼的同学,我俩曾对揪小辫打架,也一同逃学去听《施公案》。他的酒量不大,那天也陪了我几杯,多么快乐的日子!这次遇到的朋友,现在大多数是在昆明,每个人都跑了几千里路。他们都最爱北平,而含泪逃出北平;什么京派不京派,他们的气节不比别人低一点呀!那次还有周作人先生,头一回见面,他现在可是还在北平,多么伤心的事!

---

① 田仲济:《回忆老舍同志》,见舒济编《老舍和朋友们》,381页,北京,三联书店,1991。
② 吴组缃:《老舍的为人》,见舒济编《老舍和朋友们》,462页,北京,三联书店,1991。

第二次是在上海，林语堂与邵洵美先生请客，我会到沈有乾、简又文诸先生。第三次是郑振铎先生请吃饭，我遇到茅盾、巴金、黎烈文、徐调孚、叶圣陶诸位先生。这些位写家们，在抗战中，我只会到了三位：简又文、圣陶与茅盾。……那可纪念的酒宴，等咱们打退了敌人是要再来一次呀！今日，我们不教酒杯碰着手，胜利是须"争"取来的啊！我们须紧握着我们的武器！

在山东住了整七年。在济南，认识了马彦祥与顾绶昌先生。在青岛，和洪深、孟超、王余杞、臧克家、杜宇、刘西蒙、王统照诸先生常在一处，而且还合编过一个暑期的小刊物。洪深先生在春天就离开青岛，孟超与杜宇先生是和我前后脚在七七以后走开的。多么可爱的统照啊，每次他由上海回家——家就在青岛——必和我喝几杯苦露酒。苦露，难道这酒名的不祥遂使我们有这长别离么？……日本军阀不被打倒，我们的命都难全，还说什么朋友与苦露酒呢？

朋友们，我常常想念你们！在想念你们的时候，我就也想告诉你们：我在武汉，在重庆，又认识了许多许多文艺界的朋友，都贫苦，可是都快活，因为他们都团结起来，组织了文艺协会，携着手在一处工作。我也得说，他们都时时关切着你们，不但不因为山水相隔而彼此冷淡，反倒是因为隔离而更亲密。到胜利那一天啊，我们必会开一次庆祝大会，山南海北的都来赴会，用酒洗一洗我们的笔，把泪都滴在手背上，当我们握手的时候。那才是我们最快乐的日子啊！胜利不是梦想，快乐来自艰苦，让我们今日受尽了苦处，卖尽了力气，去取得胜利与快乐吧！①

在武汉，一班文化界的朋友来了，老舍总是"克己奉人"地招待朋友。楼适夷和老舍一起待在"文协"，看惯了这样的场面："他自己光抽廉价的纸烟，

---

①老舍：《怀友》，见《老舍文集》，第14卷，148~149页，北京，人民文学出版社，1989。

有一个熟朋友来，谈久了便提议：'好，上外头去走走。'于是便一起到武昌街头熟悉的小饭馆，叫上一壶酒，几只简单的酒菜，吃一点小点心，又把话题引起来了。最后由他掏出钱包来付钞：'不许同我争，到底我比你们还富一点呀。'"①后来到了重庆，生活就艰难多了，老朋友来了，老舍会破产请客，卖了衣服去聚在一起喝点酒，在一起畅谈。叶以群说在武汉、重庆的日常生活中，老舍"常常要拿一些'多余'（？）的东西送送人。几年来，我们看见他有不少的被毯、大衣、毛衣、毛裤，乃至脸盆手巾等等，都在'多余'的借口之下送给朋友们了，而他自己，如果不是太太适时赶到救急，可真要变成'一身之外别无长物'了"②。台静农也记述过老舍"破产请客"的事。

　　老舍除了俗世的友人，还有出家的朋友。1940年9月，老舍去北碚，缙云寺僧人约他参观汉藏教理院。山上很美，庙里有许多花草。他去了住在竹林外的太虚大师的静室，庙里的法师请他吃素菜，并赠送锅粑两包。老舍在那里讲了《灵的文学与佛教》，发表在佛学月刊《海潮音》上。这篇文章强调，中国人缺乏灵的生活与灵的文学，唯有佛教近于灵的生活，我们应以但丁为法，需要一个像但丁那样的人出来，"从灵的文学着手，将良心之门打开，使人人都过着灵的生活，使大家都拿出良心来"。赠送法师的礼物起码得有点"灵"气，老舍就将日常交往的文艺界朋友的名字集合在一起，写了一首浑然天成的诗《赠太虚法师》：

大雨冼星海，
长虹万籁天。
冰莹成舍我，
碧野林风眠。

---

①楼适夷：《忆老舍》，见舒济编《老舍和朋友们》，227页，北京，三联书店，1991。②叶以群：《我所知道的老舍先生》，见舒济编《老舍和朋友们》，102页，北京，三联书店，1991。

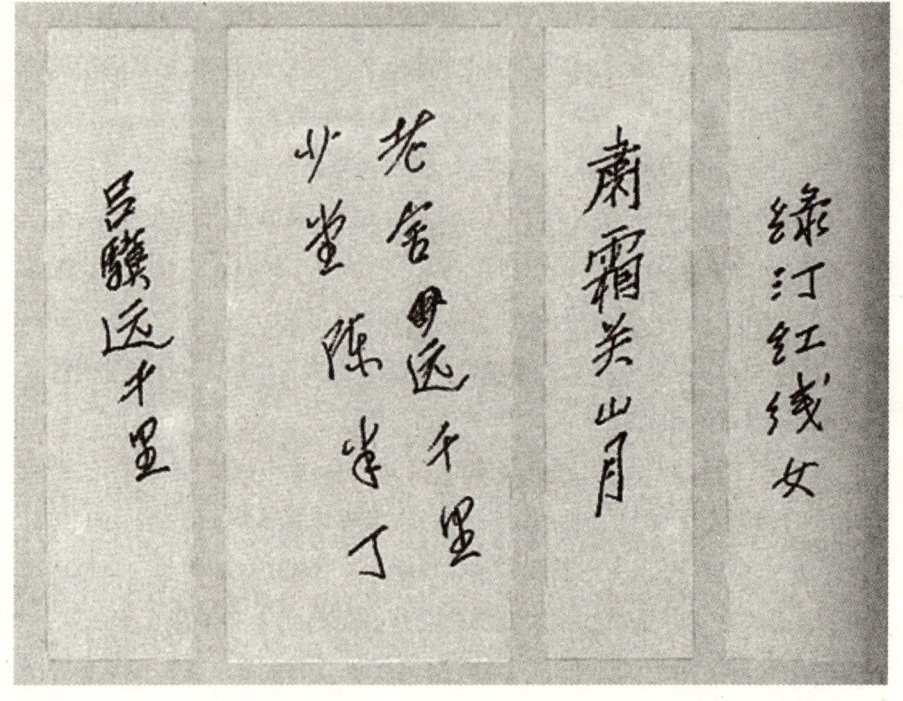

这是老舍在"文代"会上随手写下的几个文艺家名字的联对,意在应文艺界济济一堂之景,显示了他旧诗词的功底与对生活的热情。老舍抗战时就写有多首趣味盎然的人名诗。

　　这首诗的气象境界很是不凡,所赠予的对象与诗的内容切合而又得体。诗境超凡脱俗,在尘埃之外,如立于静室门前观雨霁天晴,彩虹挂天,一切都静静的,肃穆中有自在安详。友情与趣味是一体,交一个无趣的朋友便是错误。老舍永远有趣,能在枯燥的会场上找到朋友们自然生成的趣味。

　　20世纪40年代老舍《赠太虚法师》中提到的人大都是作家,只有一个导演(另外的版本:长虹穆木天)和画家。比较起来,20世纪50年代没有作完的人名诗涉及的朋友的范围更广了。虽然因忙碌而随写随弃了,但是提及的人都是演艺、音乐、绘画、文学各界的名人。可惜未能成为一个艺术的整体,成为像给太虚法师的那样一个浑然天成的艺术品。

　　老舍说:"我的职业虽使我老在知识分子的圈子里转,可是我的朋友并不都是教授与学者。打拳的、卖唱的、洋车夫,也是我的朋友。与苦人们来往,我并不只和他们坐坐茶馆,偷偷地把他们的动作与谈论用小本儿记下来,我没有做过那样的事……而只是要交朋友。他们帮我的忙,我也帮他们的忙;

他们来给我祝寿,我也去给他们贺喜,当他们生娃娃和娶媳妇的时节。这样,我理会了他们的心态,而不是仅仅知道了他们的生活状况。"

老舍广博的爱都给了五湖四海的朋友,他与朋友的知交当然也有深浅,少年时代的同学友情深厚自不必说,中年结交的文人朋友中,他与胡风是有深厚友谊的。我们换个角度,从胡风看老舍、待老舍,反观他们的知契。"文协"成立,胡风做研究部副主任,不久主任郁达夫去了南洋,所以研究部实际上都是胡风过问得多,因工作关系也就与老舍有了频繁交往。胡风是老舍的知音,最了解他在工作中体现出来的人品人格,在"文协"六周年纪念会上,他评价老舍:

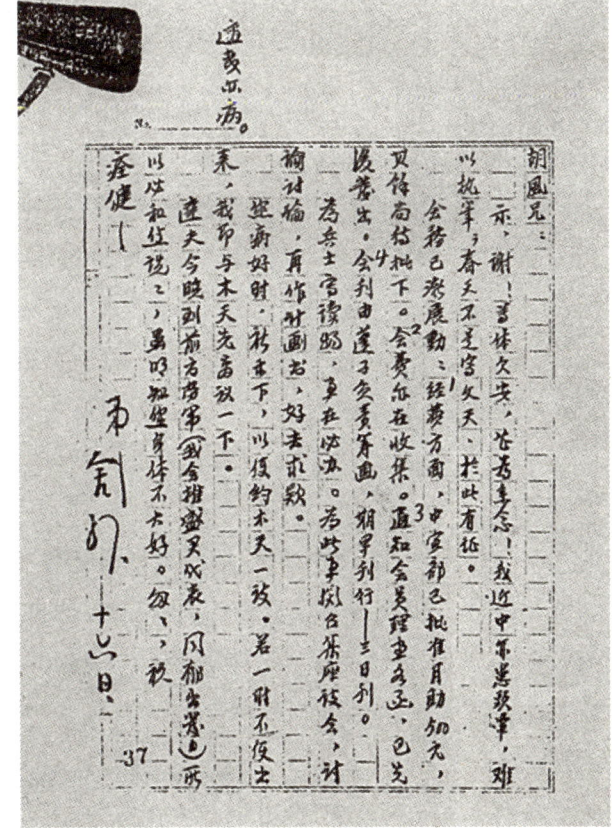

1938年4月16日老舍致胡风的信,谈刚成立的"文协"的工作。

　　在第一届理事会上他曾一再地恳切地推辞过。到职务被决定了以后,他就咬紧牙关负责地工作起来。在这六年中间,舍予是尽了他的责任的,要他卖力的时候他卖力,要他挺身而出的时候他挺身而出,要他委曲求全的时候他委曲求全……特别是为了公共的目的而委屈自己的那一种努力,就我目接过的若干事实说,只有暗暗叹服包在谦和的言行里面的他的舍己的胸怀。……可以体会到听说他曾为文协落泪的心情,也可以体会到前几个月他一再辞职的心情。

谈到老舍20年来的创作的成绩,唯

有胡风将他为"文协"的操劳充分肯定为行动的诗章：

> 在这二十年里面，我们应该特别估计这六年来的时间，把这六年中间的他的行动当做一篇作品。当伟大的民族解放战争需要全国的进步作家团结奋斗的时候，如果这个责任被加到了自己的身上而不肯担负起来，在一个求民族解放求人民解放的作家是不可能的，在舍予的为人德性上更是不可能的。但这代价是忍受生活上的困苦，被夺去创作的时间，招来一些非难与误解……

这是朋友说的话，但更是站在公正的立场上的言论，甚至在今天的现代文学史研究中也没有谁说过这样真切感人的话，做过这样实事求是的判断。谈到老舍的生活经验、个人品行、作品语言与风格，胡风更是知己：

> 舍予是经过了生活的酸甜苦辣的，深通人情世故的人，但他的"真"不但没有被这些所湮没，反而显得更突出，更难能而且可爱。所以他的真不是憨直，不是忘形，而是被复杂的枝叶所衬托着的果子。他的客客气气，谈笑风生里面，常常要跳出不知道是真话还是笑话的那一种幽默。现在大概大家都懂得那里面正闪耀着他的对于生活的真意，但他有时却要为国事，为公共事业，为友情伤心堕泪，这恐怕是很少为人知道的。①

这些评价，在公私兼顾里有自然的平衡，不是做出来的文章，也无意拿捏，因为这不是艺术加工，而是老舍自身的特点，把握住他这个特点的人不多。有胡风这样的朋友，也是老舍的幸运。

---

① 胡风：《在文协第六届年会的时候祝老舍先生创作二十年》，见舒济编《老舍和朋友们》，93~96页，北京，三联书店，1991。

第五章 八/方/风/雨

胡风的脾气是不轻易交朋友,但是只要看谁够朋友,便完全以朋友相待。在老舍身体与情绪都不好的时候,胡风力邀他从重庆去北碚过1941年农历新年。胡风在《胡风回忆录》中记载:"初二,我亲自过江去接老舍来家,晚上,陪老舍在隔壁大院打麻将。过去,我只是在一旁观看打麻将,自己没有参过战,这次居然为他们凑数了,当然也是凑兴。因为我动作慢,又要对子、顺子地摆起来就成了他们的笑柄,大家都很高兴。"接着两天,"陪着老舍到马宗融、伍蠡甫、梁宗岱等家拜访,也请朋友们到我家来吃饭"。梅志带着儿子和帮佣的姑娘在门

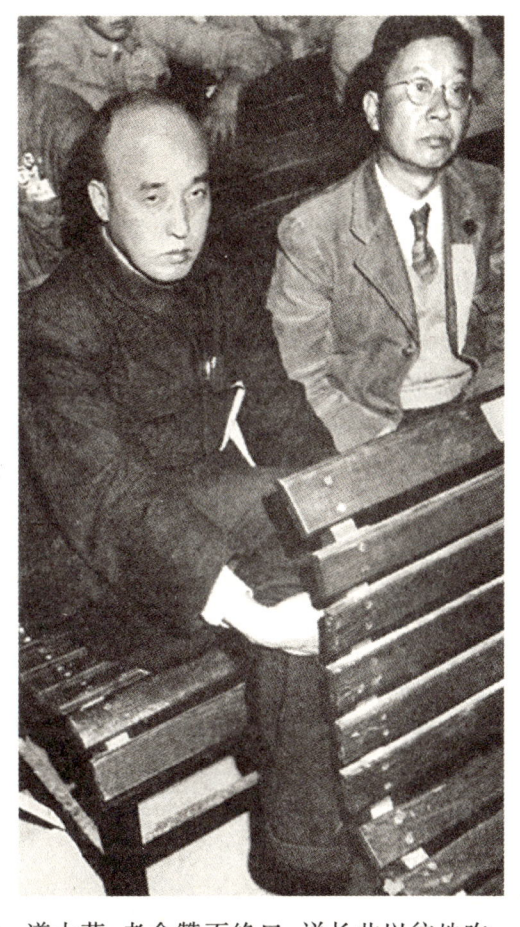

1950年,老舍和胡风听全国战斗英雄代表报告。

前的水塘中摸出几条黄鳝,烧成一道大菜,老舍赞不绝口,说长此以往地吃,就不会贫血了。1940年9月在胡风家,梅志给他做山药蛋炒肉丝,有大曲酒,连续多少天没见过荤腥的老舍为朋友的真情而感动。老舍一人在重庆,冰心、吴组缃和其他朋友家,都是令他心情愉快的去处。①

1946年初,老舍给胡风写过一副对联(可惜已经不见原件),抬头与上下句为:

---

① 张桂兴:《老舍年谱》,353~370页,上海,上海文艺出版社,2005。

胡风兄政：
有客同心比骨肉
无钱买酒卖文章①

从中可见两人之间交厚如骨肉兄弟，一般的贫穷与共同的志趣。20世纪50年代初，党报上一再公布胡风反党的材料。第一批见报，老舍默不作声，因为信任胡风的人品。他们有彼此信任的经验。上述一同过春节的那年的"五四"，两人晚餐后一起回到《新蜀报》馆老舍的住宿处，打地铺睡了一晚。胡风记述："我告诉他我要离开重庆走了，到达目的地会写信通知他的，在这以前请他不要告诉任何人。他很严肃地点点头，我相信他不是那种出卖朋友的人。后来，香港沦陷后听不到我们的消息，他和朋友谈话中提到我的时候，还掉了眼泪！他很珍视我对他的这种信任。"②尽管主观上信任胡风，客观情势越来越严重，与胡风有点直接或间接关系的人都得表态或接受审查，老舍处于文艺界的位置决定了他无可避免，更何况他们有过那么多的接触。无奈的办法就是但求不伤害朋友，不轻易地说一些容易让别人抓住把柄大做文章的话。第二批见报，老舍只能和曹禺等人一起表态了。他必须提供有书面的言论，才能表示与胡风无关。从另一个方面去考虑，某些人正是要借助诸多名人对公众的影响力，形成压倒性的舆论，才能置胡风一类的人物于死地。

1955年5月20日老舍在《光明日报》上发表了《看穿了胡风的心》，他说："我认识胡风已快二十年，可以说是老朋友了。二十年来，我总以为他的毛病不过是心地褊狭，目空一切而已。"表示自己认识分辨能力差，还得提高觉悟水平。老舍根本不是那种卖友求荣的人，也不寻求给自己撇清的方式与手段，他爽快地承认是胡风的老朋友。这个"老朋友"自然地具有反讽

---

①晓风：《风雨故人情——记胡风与老舍的友谊》，转引自张桂兴《老舍年谱》，506页，上海，上海文艺出版社，2005。②胡风：《胡风回忆录》，226~227页，北京，人民出版社，1993。

第五章 八/方/风/雨

1950年8月9日，老舍写给胡风的信，信中谈个人的工作与生活，是真正的私交信件。

的力量，舒芜不也是胡风的老朋友吗？老舍这个朋友不是那样的人。他的认识与判断基于报纸上说的东西，是"看了舒芜先生发表的'胡风信札'，我才知道原来胡风并不只是心地褊狭，而是别具心肠"。由别人非经授权发表的私人信札，构成单方面的印象，引申出一种判断。这种方法本身不容置疑，老舍就接受这种判断吧，说他也"看穿了"这个人。老舍对揭发者称"先生"而不用"同志"。在一种压力之下，说一种没有实质内容的话，在特定的历史时期是可以原谅的，但是在老舍，那是会构成内心分裂的痛苦的。梅志后来表示，胡风对老舍始终是尊敬的、相信的，就是当时写的什么，胡风也没有当回事。他们并不在意老舍当时对他们的批判，倒是听到老舍自杀的消息，胡风吃了一惊，说像老舍这样的人他们都容不下！有事例说明老舍无私无畏：他曾和周扬、丁玲一起出席1960年苏联召开的第三次作家代表大会，丁玲虽被放到北大荒接受劳动改造，但她身为理事仍有资格与会，但会上人不愿意招呼她，丁玲很尴尬、难受，老舍走过来与她握手问："怎么样？还好吧？"

事隔十多年之后,老舍与王莹谈话:"您想想,自从五七年以后,朋友中发生了多少变化!"①这种感慨也包括在那个年份之前的时间。文人可以绝交,但那是自己经历了友情的背叛之后的反应,而在那十多年里,却是有一种强大的力量压着人们重新界定朋友的标准,被迫放弃与割断私人之间的情谊。老舍和所有感同身受的人不得不接受,而且不得不面对朋友接连不断的出事。1966年更大的恐慌来临,让老舍在惶惑中有苟且偷生之感,实在忍受不了,他在七八月间给忠实贴心的朋友臧克家打电话诉说感受到的威胁,声音低颤,臧克家说:"这是第一次,也是最末一次听到这样的声音!"老舍告之以身体欠佳,在家休养休养,说:"前些天,我去参加一个批判会,其中有我们不少朋友,嗯,受受教育……"②也是在这个时候,惶惶不安中老舍看见了巴金,对他说:"请告诉朋友们,我没有问题……"即使是看到那么多朋友遭殃而无能为力,老舍仍然信奉"朋友共戚休"。

老舍是有高层朋友的,他与周恩来有私人来往,在抗战中就建立了这种联系。正是周恩来托人转达他,新中国文艺界需要他从美国回来。《龙须沟》演出成功,周恩来推荐给毛泽东看,老舍和家人一起进中南海看戏,毛泽东接见了老舍。周恩来曾轻车简从地到丹柿小院去找老舍谈心,说了整个下午,并留在他家就餐。正像对底层朋友保持平等一样,老舍对高层的朋友也是如此。碧野记得在紫光阁开座谈会,周恩来先否定了老舍去新疆一段时期的个人计划,轮到他再请老舍发表其他意见时,老舍直接说,都让你说完了,我还说什么,周恩来也不以为忤。周恩来建议《茶馆》应该突出某种领导力量,老舍并不听从。老舍从来没有利用过与高层的关系为自己做点什么。当他去世数年之后,周恩来有一天问别人知不知道今天是什么日子,得不到回应之后,他低声地说:"今天是老舍的忌日。""朋友信之",周恩来是老舍的信友。

①谢和赓:《老舍最后的作品》,见舒济编《老舍和朋友们》,549页,北京,三联书店,1991。
②张桂兴:《老舍年谱》,1124页,上海,上海文艺出版社,2005。

第五章 八/方/风/雨

1941年,"文协"为郭沫若举行庆生会,冯玉祥将军主持,老舍代表"文协"作报告。

老舍在抗战中和冯玉祥交往频繁,这位没有实权的"丘八"朋友爽直,与老舍气味相投。他先是赞扬老舍只身离家出走投身抗战,然后请老舍为《抗到底》写通俗文艺,上前线视察慰问,他也拉上老舍同行。夏天炎热,重庆经常遭到日机轰炸,他就请老舍住到他乡间的公馆里写《剑北篇》。暑天上青城山,他和老舍同行,并且买上一条新鲜的大鲤鱼清蒸,知道老舍爱喝酒就买了二两烧酒,在路边的饭馆中共享。"文协"经费困难,老舍就向他求助。但是老舍从来不向他提出私人的要求。

最后再说一件事情,总的来看社会各种不同人际关系中的朋友如何对待老舍。"文协"为抗战办的文艺活动很多,其中有一项是给作家祝寿或举行创作历程的纪念。从1941年11月16日在中苏友协礼堂举行庆祝郭沫若50寿辰及创作生活25周年庆祝大会开始,一直延续到1945年,先后给洪深、老舍、茅盾、张静庐等作家、艺术家和出版家祝寿或举办创作纪念。庆祝郭沫若诞辰大会由冯玉祥将军主持,老舍代表"文协"作报告,给茅盾祝寿也是由老舍撰文祝寿。

1944年4月15日,重庆《新华日报》《新民报》等报刊已透露文艺界发起老舍创作生活20年纪念茶会的消息,4月16日下午在文运会所,庆祝中华全国文艺界抗敌协会成立6周年;第二天在百龄餐厅举行庆祝老舍创作生活20周年纪念会。会开得很隆重,当时被称做"中国文艺界两件大事"。4月16日《新民报》报道:"纪念老舍创作20年,中央文化运动委员会特赠老舍纪念册一本,封面内郭沫若题'笔摇五岳',内有高龙生画及郭沫若、鹿地亘、沈志远等人题词。"昆明文艺界也举行茶会,纪念老舍创作20周年,罗常培、李广田共数十人出席,并发电报向老舍表示祝贺。昆明的《扫荡报》也于4月16日抢先发表了郭沫若的贺诗《民国三十三年春奉贺,舍予兄创作廿周年》:

  我爱舒夫子,文章一代宗。交游肝胆露,富贵牛马风。
  脱俗非关隐,逃名岂畏难。国家恒至上,德业善持中。
  寸楷含幽默,片言振聩聋。民间风广采,域外说宏通。
  健步谢公屐,高歌京洛钟。更因豪饮歇,还颂万年松。

叙述老舍一生中与朋友的故事,说也说不完。就用给他创作20年的祝贺收场吧,仅仅对下面这张图片描述一番,就够精彩了,当然那不是因作传记的人妙笔生花,而是事实胜于雄辩:

下图右上,周艺素描老舍像,把他当年的形象画得富态了一点。一天前,老舍还发表文章《文与贫》,宣称:社会无"文",虽富亦贫。这几年来的贫血、打摆子和营养不良,老舍是瘦弱了。画家的良好祝愿如何表达?那就让他胖起来一点吧!他的富有与身体的富态,就是中国文艺界的壮大。

从右往左,首先是郭沫若的祝词《文章人冠——祝老舍先生创作生活廿年》,道是:

第五章 八/方/风/雨

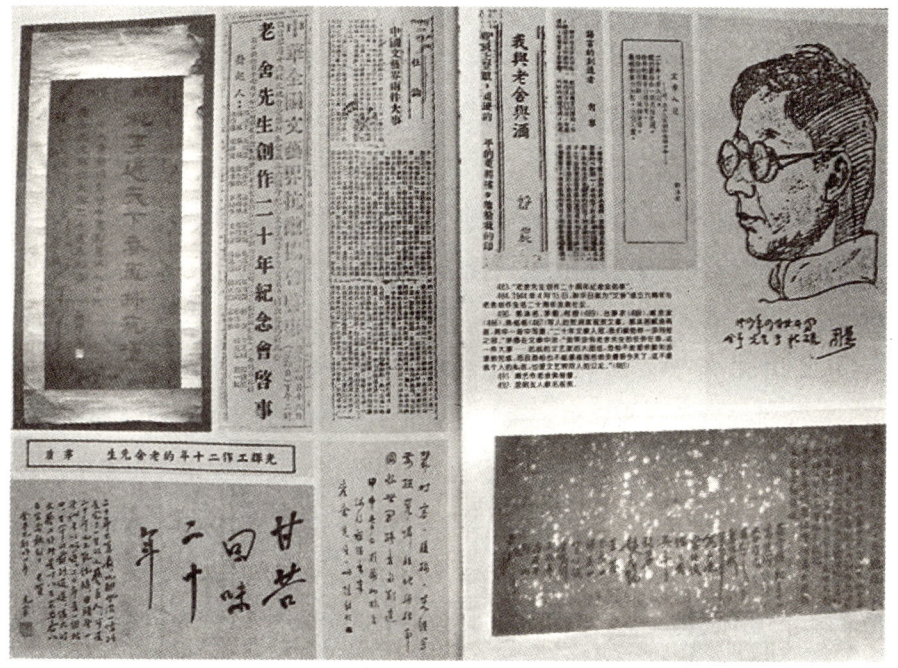

"老舍创作生活20周年纪念会"文化界的各类祝词。

二十年文章入冠，
我们献给你一项月桂之冠。
枪杆的战争行将结束，
扫除法西斯细菌须赖笔杆。
敬祝你努力加餐，净化人寰。

郭沫若眼中的老舍是诗人，是"桂冠诗人"，抗战需要他，未来的和平建设与文化批判也要靠他。可是老舍太瘦了，要补充营养，吃得壮壮的，才能将自己的和中国的文艺事业推向高峰。

何容自青年时代就是老舍的挚友，他给老舍评功，却一句歌颂的词儿也没有，他写的文艺杂文，是一种不拘形式的论文。他论老舍作为"语言创造者"的成就与贡献："现代白话语言，来源有旧日诗词的传统，有外来的欧化句式和日本新词，吸收口头语言而不易调和，老舍熔铸着现代语言，他是一

个语言的创造者。"何容知道老舍的许多贡献,这只是一部分,却非一般人能够道出。

台静农的祝贺文章是个人化的,因为除了与老舍是朋友之外,他已经是文艺界边缘上的人,可是他仍关心处在文艺界活动中心的这个真朋友。他兼顾老舍的幽默,写了一篇记叙日常生活中的老舍的文章,即我们前面已经不止一次提到的《我与老舍与酒》,这是有血有肉、有精神气度的文章,零星的小事中见出一个人的嗜好、趣味、为人与心胸。他的幽默中苦闷气息太重了一点,所以看完了笑不出来,因为他和老舍都一样,心中苦闷着。

中间有两篇文章与启事。一篇是社论《中国文艺界的两件大事》,"文协"六周年可谓大事,没有老舍就没有"文协"的今天,老舍作为作家中一分子而走过20年的创作道路,可以说是"文协"中人的楷模。关于这两个会,都有启事见报。老舍创作纪念会的发起人也公布了:邵力子、张道藩、郭沫若、沈雁冰、孙伏园、姚蓬子、何容、黄芝冈、阳翰笙、胡风等20余人。其实主要是阳翰笙、叶以群、梅林、臧云远在操办。人们热心,因为老舍是于公于私都少不了又有人缘的人。

左上图是电影与演剧圈子里的朋友的祝词。"桃李遍天下,春风拂艺坛"的对联,既工巧又贴切。来武汉、重庆前,老舍是教书的,所以"桃李"贴切、恰当;老舍在"文协"中的作用地位,恰如"春风",他给艺术界创作的供表演的鼓词和剧本,在艺坛上大放光彩。上下句"藏头"词连接起来便是"桃李春风",是老舍与赵清阁合写的一部在剧坛上有重大影响的著作,其中弘扬的中国知识分子的气节,在老舍身上正生动地体现着。这副对联由罗学濂书写在大红洒金的宣纸上,比右下图昆明的夺目,上面的签名也体现着演艺界的"自由",魏鹤龄、谢添、张骏祥、白杨、吴茵……好多人不按秩序与方向,拣空白处就写。

左中是茅盾祝词:"光辉工作二十年的老舍先生",措辞堂皇正大。

左下一个横幅,是直到老舍生命最后仍可通心声的朋友臧克家的祝词:"甘苦回味二十年",有一个长长的落款:"二十年,不算长,比那些沿一条路走完了一生的文艺巨人；可是，二十年，也不能说短，回头望一望就可以知道。二十年是一个站口，生命的前路迢遥，伟大的文艺作家，是以八万岁为春，八万岁为秋的。"

臧克家祝词横幅的右边是陈铭枢书写的禅偈。

左下图是昆明朋友的贺词。罗常培在洒金的红宣纸上书就《祝词》，楷书中也有一点与老朋友相通的意思，词云："老舍先生在朋辈中最富幽默趣味，每发一言，满座为之尽欢。凡所创作，诙谐严肃交织为文，所谓充满含泪的微笑者，惟先生得之。今当创作二十年，昆明文艺界同人特开茶会纪念，敬祝先生永远健康，继续领导中国新文艺运动前进。"罗常培的签名后面有常任侠、赵元任、李广田等有次序的一一列名，自然地与罗常培的祝词正文恰成款识。昆明的朋友主要是大学中的教授们，他们的签名与左上图演艺界朋友的"自由"形成鲜明的对比。

图片仅是一斑，纪念活动中撰文的人很多。写得最动人的要数罗常培，他对儿时与老舍的交往（一个歪毛儿拘谨腼腆，一个小秃儿洒脱豪放）的回忆，青年时期老舍当掉皮袍给母亲添置寒衣与米面，以及老舍的初恋。罗常培说老舍抗战以来的作品《剑北篇》魄力最大，明显是要与一种说法叫板，有人说它除了不是诗什么都是（It is anything but poetry）。胡风对老舍最为知心，上文说过，尤其钦敬老舍在"文协"工作表现出来的人格力量。阳翰笙、叶以群和梅林都或概要或细致地说出了老舍对"文协"与中国现代文学的巨大贡献。

纪念茶会于4月17日下午在百龄餐厅举行，参加的人很多，座无虚位，他们自带茶资。老舍与胡絜青端坐在椅子上，今天老舍是寿公。邵力子、沈钧儒、郭沫若、茅盾等相继致词，一片赞扬与祝贺。演艺界的朋友一显身手，张瑞芳、舒绣文、白杨朗诵各种祝辞，富少舫等艺人为朋友助兴，连着表演大鼓、金钱板、相声、杂技、魔术和太平歌词。老舍所有不中听的话都在前一天的文章《病》中表达了："我的苦处我知道。而且愿意忍受。我不抱怨别人，也不妒羡别人，我只知道饿死事小，文章事大。假若不幸而人文共亡，我也不多说什么。活着我就写作；死了，万事皆休，咱们各凭良心吧！……我还有一点

精神上的苦痛。每逢我拿起笔来,我必须像个小贼似的东瞧西看,唯恐被人抓住。……像条出了水的鱼那么不自在。"这当然是在病痛之外申斥文化审查制度。老舍没有饿死,最终还是人文共亡,而且是无声的。茶会当天不便给热热闹闹的场面找不痛快,老舍的答词是:"今天承诸友好集会纪念,愧不敢当。……今天诸友的厚爱,我敬谨接受,并深致谢意,此后必定用笔写下去,写下去。……我谢谢大家。回想这二十年是不容易的事,但也像拉二十年的洋车,抬二十年的滑竿那样不容易。二十年写这点东西实是不多,我一定依照大家的盼望,当有一口气的时候一直写下去。"这一天,老舍又写了《习作二十年》,自我总结,二十多年只写了二十多本书,质与量都不满意,并再次表示谢意。老舍的优点,就是在任何时候,永远清楚自己是谁。

度过了艰难的1944年和1945年,老舍写下《多鼠斋杂谈》,讲他戒酒、戒烟、戒茶,甚至戒荤的生活。小女儿出生,老舍头晕如故,小说《四世同堂》进展慢。但是老舍仍然扛着扫除旧文化、建设新文化的两个十字架,他在受难。抗战胜利熬出头的时候,"文协"打算迁往上海,"中华全国文艺界抗敌协会"将改名为"中华全国文艺界协会"。老舍不需要谁给他的"文协"工作以官方形式的肯定,他也没有任何个人的打算,只想继续写《四世同堂》,然后回归去大学教书。就在要接受山东大学聘书的时候,美国政府给中国政府发来了邀请函,请老舍和曹禺去美国讲学写作。临行前,老舍写信给臧克家,说他要在重庆见见朋友,两个人去吃芝麻烧饼,一人一杯酒,别有一番滋味在心头。

1946年2月15日,老舍和曹禺一起飞往上海。文艺界和各方朋友周恩来、冯玉祥、郭沫若、冰心、孙科等300多人欢送,亲近的朋友轮番以酒话别。美国使馆也为他们举行了鸡尾酒会。3月4日,他们乘史葛将军号轮船赴美。

四、美国栖迟

1945年11月底,因《骆驼祥子》英译本(伊凡·金译)在美国畅销并博得好评,美使馆文化专员曾亲访老舍。老舍是应美国国务院邀请去讲学、写作的,他是美国人眼中最出色的中国作家之一,计划为期一年。老舍给自己定的任务是:我们必须要使美国朋友们能够真正了解我们的老百姓,了解我们的文化。老舍在美国做对外文化介绍工作,1946年6月至7月间写了一些演讲文章,如《中国文学之历史与现状》《现代中国小说》《中国艺术的新道路》等,用英文写"How I wrote My First Novel",话剧剧本《五虎断魂枪》,此外精力主要集中在小说翻译上。同行的曹禺先老舍归国。老舍在美国三年半,全力写作小说《四世同堂》《鼓书艺人》,并将这两本小说和《离婚》译成英文。

笔者写老舍在美国的生活,特别没有底气,因为我们对他在美国的生活了解不多。老舍这次从美国回来,和从英国归来不一样。英国的经验让老舍记得那几个房东,不忘东方学院,老舍也能心平气和不失公允地评判英国人的公民特征。这些文章都是后来的回忆,老舍的回忆从来真切可靠,不给自己涂脂抹粉。倒是我们要警惕他过分苛求自己,妨碍了我们的判断。谦虚是美德,老舍对自己的要求过高,那不该谦虚的事情,在他自己的道德框架中也是一定要自谦乃至自谴的。老舍从美国回来,很快地用一块意识形态橡皮将三年半生活的记忆擦去,自从讲了《美国人的苦闷》之后,只写过一篇《大地的女儿》回忆史沫特莱,这一段生活算是了结了,就此封存起来。幸亏哥伦比亚大学的图书馆里存

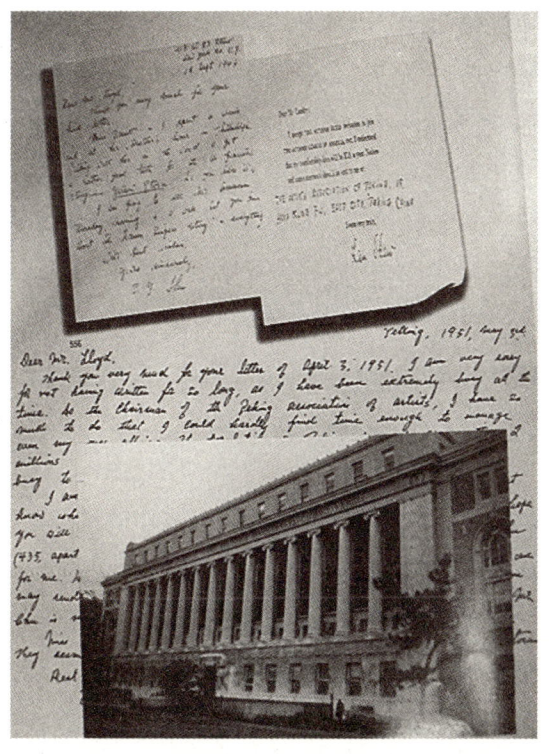

美国哥伦比亚大学图书馆藏有老舍1948年至1952年的47封英文书信,还有《五虎断魂枪》的英文稿,图中两封信都是致出版代理人劳埃得的。

着他的数十封书信，可以借此了解当时老舍在美国生活的一些片段。依靠这些碎片，组织起来的这一节文字，总要打些折扣。

交游·观光·写作·讲学

老舍和曹禺坐上美国的船，在太平洋上行驶，同船的主要是军人，所以船上的一切生活都依着这些军人的规矩，吃饭是军队式的派餐，睡觉是军队的吊床，衣服也得自己洗。从1946年3月5日到20日，半个月就到达了西海岸的西雅图。29日，老舍和曹禺到了华盛顿，受到了礼遇，住在美国接待国家贵宾的"来世礼"宾馆。

在华盛顿，他们参加过一次美国作家大会，领略到一点资本主义文化市场的味道。美国作家认真地讨论：写文章如何投编辑之所好，作家如何找一个好的代理人。曹禺回国早，没有亲身体验到这些问题的真实性，老舍后来可是经验过，有了切身感受。编辑是看着市场的，他的所好就是市场的需求。伊凡·金译的改变了结尾的《骆驼祥子》就是投合美国市民读者的口味，所以畅销。后来，他翻译《离婚》又妄加改动，老舍自己翻译了这部小说，可是却卖不过被篡改的译本。资本主义世界中，专业代理人是生活中不可缺少的，各种法律契约关系与合作方式不是一般人自己就能处理得好的。老舍最初的出版代理人不能专心于老舍的业务，后来赛珍珠推荐了劳埃得，方才帮助老舍有效地处理了些复杂问题。

到美国两个月后，老舍给国内的吴祖光写信。特地给他写信，有两个原因：一是因为临行之前刚刚参加了他的婚礼，二是想要和他谈谈美国戏剧的观感。老舍告之自己和曹禺从3月20日抵西雅图，各处走动，一边观光游览，一边去一些大学讲演，所以两个多月来未得闲散。老舍是第一次到美国，同曹禺各处跑跑，开开眼界，一个多月里到过美国的四个大城市：西雅图、芝加哥、华盛顿和纽约。

初到美国，老舍感到美国人非常热情、和蔼、活泼、可爱。有一天在华盛顿的街上，向一位妇女问路，她立刻很清楚地告诉了他。当老舍坐进出租汽车，关上车门，车快要开的时候，她还极恳切地嘱咐司机，要司机好好替老舍

第五章 八/方/风/雨

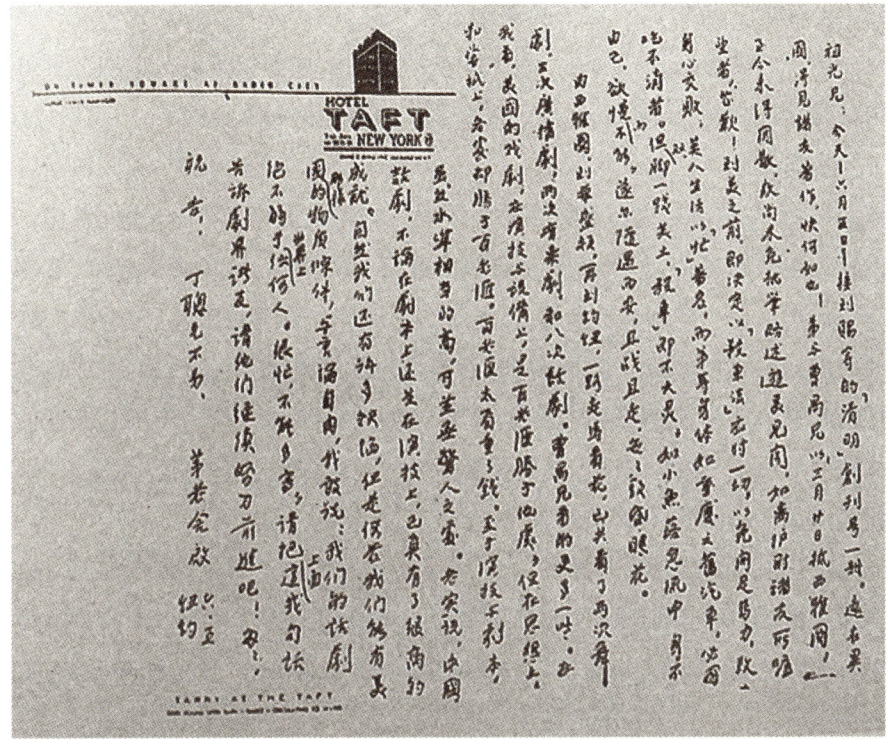

1946年6月5日在纽约给吴祖光的信。

开到目的地。待的时间久了,不愉快的事情也来了。原来美国也有上海滩上的蒙骗,老舍后来告诉乔志高:一天在街头遇上一位热情的老人与老舍攀谈,一路走一路谈得起劲,老人忽然想起要到街边的店中去一趟,差一些钱,便向老舍借,还将手提包交给老舍,让等待一会儿。老舍久等,进店中看,原来另有一后门,再检视包中,层层纸张包裹的是一块砖。他们也曾去过新墨西哥的印第安人居留地,一下汽车就被土著的孩子们包围起来兜售自制的土陶,与纽约等都市中人相比,贫富极为悬殊。

他还告诉朋友,在美国也遇见过曾经到过中国的美国教授、士兵和商人,这些人对于中国的印象都很好,都说喜欢中国人,想再去中国。老舍清楚,我们不要听到这种话就"受宠若惊",中美在同一个世界,中国是世界的一部分,必须使美国朋友们能够真正了解中国的老百姓与中国文化。许多美国人对于唐诗、宋词都很欣赏,他们了解的中国人是千百年前唐宋时代的中国人。有些专业的人士,也未必真正了解中国。老舍就曾看见一位可笑的研究中国古画的画家,在他的一幅画中,把中国的长城画在了黄河以南。更可笑的是,老舍看到美国人做"祥子"的广告,脑袋后面拖着长辫子。

短期的经验让老舍认识到,中美两国都有爱好和平的精神,中美两国应该在文化上多合作,以便有更多的关于现代中国文化和文学的交流。老舍认为我们对外的宣传,只是着重于政治的介绍,而没有一个文化的介绍,他觉得一部小说与一部剧本的介绍,其效果实不亚于一篇政治论文。过去我们曾经向美国介绍我国宋词、康熙瓷瓶,这最多只能使美国人知道我们古代在文学艺术上的成就,但却不能使他们了解今日中国文化之情形。中国话剧在抗战期间取得了一定的成就,并不是拿不出的东西,把这些话剧介绍给美国,相信一定会比宋词、康熙瓷瓶更有价值,更受欢迎。

有些人在中国羡慕外面的世界,到了外国又失去了自信。老舍却能对中华文化与社会的未来充满了自信,他在信中说:"不要以为美国人的生活是十分圆满的,在美国全国也有许多困难的问题,比如劳资纠纷,社会不安。我们也要研究他们社会不安的原因,作为改进我们自己社会不景现象的参考。我们不要过分重视别人,轻视自己,也不要过分重视自己,轻视别人。"①

乔志高自画像,创作于1998年。

在异国他乡生活,老舍见着一个同种同胞就开心,更不要说见到过去熟悉的文艺界中人了。到纽约时,乔志高去宾夕法尼亚火车站迎接,事先就给他们预定了住处。不久又在广州茶园(纽约Midtown)宴请他们两位,刚巧吃到一半时发现了邻座的客人是同船来美国的荣氏夫妇,于是一同去他们家的漂亮公寓畅叙。老舍便讲了那个受骗的故事,仿佛置身事外一般。老舍来美国纽约由

---

① 老舍:《旅美观感》,见《老舍全集》,第14卷,405页,北京,人民文学出版社,1999。

第五章 八/方/风/雨

乔志高接站,从西海岸回中国时,又是他送行,乔志高可称得上是个有始有终的朋友。①

老舍和曹禺会见了旅居美国的中国电影演员王莹,她又引见了赛珍珠,谈了两次。老舍与王莹交往得久,以兄长的态度对待她。1966年老舍去西山看望她,题写的诗作应该是最后的诗文。赛珍珠自幼在中国长大,1938年她获得诺贝尔文学奖的长篇小说《大地》,饱含对中国人民的深情,她向西方世界介绍中国功不可没。她见到两位中国著名作家,不由得感到亲切,两次设家宴请老舍和曹禺。此后她对老舍在美国的生活帮助不小,像介绍出版代理人等。她在老舍身上看到的中国人形象,是与她在小说中塑造的农民王龙不同的另一类人的代表,一个真正的中国现代知识分子,一个写小说的同行。她与中国人民一起饱经沧桑,感到负有向西方阐述中国的特性和现状的使命。在了解到老舍正在创作的小说和翻译的设想后,她感到必须帮助老舍,因为他有实现赛珍珠文化愿望的更优越的条件。在老舍身体情况差,妨碍到写作与翻译工作的时候,她邀请老舍去自己家乡的农场去休养。

老舍在美国见到的另一个同行是世界著名的戏剧家布莱希特。由王莹引荐,老舍与旅美的德国戏剧家布莱希特相识。当时布莱希特正在写作《伽利略传》。其表演体系讲究"间离效果",与俄国的斯坦尼体系正相反。布莱希特的戏剧创作,对中国戏曲多有借鉴,他汲取中国元杂剧《包待制智勘灰阑记》的断案情节,将其改编成著名话剧《高加索灰阑记》。能在美国见到中国有影响的作家和戏剧家,布莱希特喜出望外,与两人谈得很高兴,并把他们介绍给夫人,隆重地以酒、茶招待。当年老舍在戏剧方面的贡献尚不足与之相提并论,待《茶馆》在欧洲演出之后,世界戏剧界对中国话剧有了新的认识,老舍用自己的创作证明它不再是一个舶来的形式。20世纪60年代,老舍在日记中记述黄佐临在广州会议上讨论世界上戏剧的三大表演体系,除上

---

① 乔志高:《老舍在美国》,见舒济编《老舍和朋友们》,167~177页,北京,三联书店,1991。

沃尔什夫人的农场小屋。1948年8月老舍曾在此住过四五天。

述两种之外,就是梅兰芳博士的体系,深得老舍之心。

和《风雪夜归人》的作者吴祖光通信,老舍当然知道他最想了解的东西是戏剧,于是和他谈一些看戏的感受。他说:"由西雅图,到华盛顿,再到纽约,一路走马看花,已共看了两次舞剧,三次广播剧,两次音乐剧和八次话剧。曹禺兄看得更多一些。在我看,美国的戏剧,在演技与设备上,是百老汇胜于他处;但在思想上和尝试上,各处却胜于百老汇。百老汇太看重了钱。至于演技与剧本,虽然水平相当的高,可并无惊人之处。老实说,中国话剧,不论在剧本上还是在演技上,已具有了很高的成就。自然我们还有许多缺陷,但是假若我们能有美国那样的物质条件,与言论自由,我敢说:我们的话剧绝不弱于世界上任何人。"①

1946年6月,老舍和曹禺在科罗拉多参加丹佛尔大学举办的"小剧场节目社会研究会议",会见了美国各地的戏剧界人士。同时老舍参加了埃斯特斯派克人道地方会议,讲演《中国艺术的新道路》,说:"中国人已经放弃为艺术而艺术的观念。他说明形式的美丽与完善,对于我们远不如民族与社会福

---

①老舍:《致吴祖光》,见《老舍书信集》,161~162页,天津,百花文艺出版社,1992。

第五章 八/方/风/雨

利的重要;我们若果能凭借我们的写作为邻人扑灭火灾,则我们将较之获得诺贝尔奖金更觉满足。"之后去洛杉矶,在加州大学伯克利分校讲学。在洛杉矶参观,他们出席了电影文学家协会的欢迎会,华纳公司特意为他们拍摄了一个新闻短片,在各地上映。接着,二人又在旧金山参加了美国西北海岸作家会议和儿童剧会议。然后就是加拿大之行了。回来后,老舍一个人去了雅斗静心写作了一个月。①

和曹禺在一起不孤单,去哪里都有个伴,共同的朋友相聚,那就更热闹了。有一次司徒慧敏请他们俩吃饭,在百老汇大街的一家中餐馆,很丰盛,上了十几个菜,口味比西餐好多了,老舍酒足饭饱。司徒慧敏刚要埋单,饭馆老板出现了:"你们来了,我就特别高兴,付什么钱呢!"原来老板是客家人。他们俩周末的时候,会去买一瓶酒回来喝,然后自己唱京剧。他们还一起去了加拿大,游览了一个多月,报刊还特地介绍了两位中国著名作家。在街头看到有的城市电灯柱上都挂着一盆鲜花,还有汽车专门为花儿浇水,老舍爱

1946年6月,在加州大学伯克利分校和陈世骧及夫人、汉斯、曹禺合影。

---

①张桂兴:《老舍年谱》,519~522页,上海,上海文艺出版社,2005。

花,为此高兴异常。

　　美国人邀请他们的期限是一年,协约满期,便不再是客人。如果想继续居留,非但没有经济来源,而且还得重新申请。曹禺到期就回去了,老舍因为要写未完成的《四世同堂》,所以留了下来。曹禺临行,老舍一改幽默的言谈习惯,脸上毫无表情,默默地帮他整理行装,送行时,挥手看汽车远去。老舍能够住下去,靠的是《骆驼祥子》的稿费。老舍没有明说过,这时他的心中又重新活动着那个战前的念头,做一个职业写家,这回不是在上海,而是在美国。他不怕!

　　剩下老舍一个人,打不起精神再去旅行,他在纽约租了两间小房子,闭门写作。到美国之前,他就打定主意不再玩命写东西,以免过劳,导致身心交瘁。美国人的生活节奏快,老舍在美国,自述"如小鱼落急流中身不由己,欲慢而不能;遂亦随遇而安,且战且走,每每头昏眼花"。转眼已是1947年11月,他从纽约给友人写信,说:"闷坐斗室,天天多吧少吧写一点——《四世同堂》的第三部。洋饭吃不惯,每日三餐只当做吃药似的去吞咽。住处难找,而且我又不肯多出租钱,于是又住在大杂院里——不,似应说大杂'楼'里。不过,一

"大杂楼",位于纽约24大道83西街118号,老舍在曹禺走后于此租住两间公寓房,继续写长篇小说《四世同堂》,又创作了长篇小说《鼓书艺人》、剧本《五虎断魂枪》,同时翻译上述两部长篇小说和《离婚》。

想起抗战中所受的苦处,一想起国内友人们现在的窘迫,也就不肯再呼冤;有个床能睡觉,还不好吗?最坏的是心情。假如我是个翩翩少年,而且袋中有冤孽钱,我大可去天天吃点喝点好的,而后汽车兜风,舞场扭腚,乐不思蜀。但是,我是我,我讨厌广播的嘈杂,大腿戏的恶劣,与霓虹灯爵士乐的刺目灼耳。没有享受,没有朋友闲谈,没有茶喝。于是也就没有诗兴与文思。写了半年多,'四世'的三部只成了十万字!这是地道受洋罪!"

出国之前,老舍在为他送行的会上说笑话:此次赴美是"放青儿",好比是一头骆驼,春天到张家口外去吃青草、换毛,然后马上回来,做更长途的跋涉和承担更沉的负重。可是现在的感受不是吃草、换毛,简直有点掉毛的危险。他精神上孤独、压抑,身体也不好,肠胃时时不对劲,痔疮也不减轻,贫血致使头常常发昏。看医生,在美国是很奢侈的行为,他懒得去诊治。他只能再一次地苦中作乐说:

谁管它呢,这年月,活着死去好像都没有多少区别。假若一旦死去,胃,头,痔不就一下子都好了么?

多想写一点旅美杂感,可是什么事都非三天两天能看明白的,总写些美国月亮如何的光明,有什么意思呢?写杂感也须读许多书,我的头昏,读不下书去。

酒可不大吃了。吃一点,因为头昏,就会醉;爽兴不吃。没有醇酒,似乎也就没有妇人;也好,这样可以少生是非。

百老汇的戏,有时候有一两出好的,看看还过瘾。至于电影,纽约所有的好片子,全是英国的,法国的,与意大利的。好莱坞是有人才,而不做好片子,连我都替他们着急。最近纽约一城,即有四五部英国片子,都是连映好几个星期!

物价不得了!比起去年来,大概现在的一元只当去年的半元了!什么都涨价,天天涨;看得过去的皮鞋已经十五元一双了。在重庆时,我就穿不起皮鞋,难道在美国也得光脚么?北平谚云:"光

脚的不怕穿鞋的。"好,这倒也有个意义,请你捉摸捉摸看!①

老舍的《四世同堂》直到1948年6月才脱稿,7月底与浦爱德合作将节译本翻译完毕,英文书名为"The Yellow Storm"。这一年的下半年,老舍开始创作长篇小说"The Drum Singers",后来马小弥翻译回中文,书名为《鼓书艺人》。像后来写的话剧《方珍珠》,老舍此类作品突出主人公,中文书名往往用人名,如《骆驼祥子》。可以考虑将"The Drum Singers"的中文书名用主人公做名字——《方宝庆》。这是笔者的自作聪明,不足为训。

大杂楼的生涯,比起美国政府的接待相差太远了。刚来美国不到半年,那是1946年9月里,老舍受邀去过雅斗(Yaddo)写作一个月。老舍当年记述:"雅斗是美国纽约省的一所大花园,有一万多亩地。园内有松林、小湖、玫瑰圃、楼馆,与散在松荫下的单间书房。此园原为私产,园主是财主,而喜艺术。他死后,继承人们组织了委员会,把园子作为招待艺术家创作的地方。这是由1926年开始的,到现在已招待过五百多位艺术家。招待期间,客人食宿由园中供给。"雅斗园距市里有二英里,要进城步行就行。老舍之前从来没有享受过这样的待遇,食宿供给,一切都不用自己操心,的确是安心创作的好地方。

9月23日老舍来到园中,见园林极美,茂盛的林木,中央有一池湖水,地方幽静。据说,爱伦·坡在这里构思创作过《大乌鸦》。这里一般是夏天客人多,老舍来时住园的作家已经离开。住在园中的人都是短期轮换,作为新到的客人,老舍和先期到这里的人打招呼:我将和各位在这里度过三个星期左右,请多关照。和他同期在这里的,有一对日本夫妇,女作家是石垣绫子,一位是英国作家,再就是老舍未曾谋面而中国文化界都熟悉的人——史沫特莱,老舍在这里见到了她,她正在那里撰写朱德总司令的传记。大家处得熟了,离开雅斗后,在纽约,老舍还经常邀请石垣绫子夫妇去吃中国菜馆。

----

① 老舍:《海外书简》(1947年11月2日),见《老舍书信集》,164页,天津,百花文艺出版社,1992。

第五章 八/方/风/雨

　　石垣绫子记得在纽约时,1949年6月的一天,老舍给他们打电话,说想让他们尝尝自己亲手做的中国菜。他们夫妇去的时候,进门就听到老舍在厨房里剁菜,他系着围裙下厨。桌上有熟菜,是从唐人街买来的鸭、叉烧,还有老舍烧出来的中国豆腐等。饱餐完那一桌美味佳肴,他们啧啧赞叹,以为老舍的一手好菜是中国男人的普遍情形的代表。其实老舍未必善厨艺,因为换了一种口味,所以日本人感到很新鲜。老舍也因客人的到来,改变一下氛围与情绪。他们看老舍屋子的布置,简单,但是却有郭沫若手书的殷墟文字的匾额。老舍就给他们讲像郭沫若这样的知识分子在中国的艰难,不得已会将自己研究用的文献出卖,来勉强糊口。那天,老舍穿着一件衬衫,精神不错,两腮发红而又不显得那么瘦了。①

老舍在雅斗时的居所。

---

①[日]石垣绫子:《老舍——在美国生活的时期》,见舒济编《老舍和朋友们》,627~629页,北京,三联书店,1991。

在雅斗生活，很容易就能养成有规律的作息习惯，老舍每天清晨起来去园中打拳，半个小时左右结束。一个东方人，在菊花丛中姿态曼妙、柔中寓刚地打拳，不失为一幅美妙的画图。多年之后，这位日本作家还记得。锻炼之后吃早餐，吃过早餐即到林阴中的小书房投入写作《四世同堂》。这里的秩序体现在一些规定上："游园的人们不得到书房附近来，客人们也不得凑到一处聊天。下午四点，工作停止，客人们才到一处，或打球，或散步，或划船。晚饭后，大家在一处或闲谈，或下棋，或跳舞，或喝一点酒。"①

待在雅斗的一个月里，老舍差不多天天都能见到史沫特莱，所以能了解她的多个侧面。史沫特莱捍卫人权，反对种族歧视。有一次，老舍和她到纽约市里去吃饭，看见邻桌坐着一男一女两个黑人，坐了20多分钟，没有人招呼他们。女的极感不安，想要走出去，男的不肯。史沫特莱过去把他们让到自己桌上来，同时叫过跑堂的质问为什么不为黑人服务。跑堂的见她声色俱厉，在她面前低了头。

史沫特莱的热心与正义让老舍感动。一天老舍和她谈到中国文艺作家现在的贫困，她马上让老舍起草一封信，由她打出很多份，分寄给美国的前进作家们，结果收到了大家的捐款一千四百多元，存入银行。老舍没法子往国内汇寄美金，又由史沫特莱写信给一位住在上海的友人，请她把美金交给那时候的"文协"负责人。老舍说："她的热心、肯受累、肯负责，令人感动、感激。"这一年中，老舍还结识了美国作家斯诺，后来斯诺每度来华，都一定要去老舍的丹柿小院做客。

老舍在美国没有忘记"文协"，没有忘记朋友们，但是朋友们误解过他。就在去雅斗前后的时候，老舍和曹禺应邀出席一个科学家讨论原子能的会议，被问及应否向苏联公开原子武器秘密，老舍站在人道主义立场上反对核扩散。这次他吃了媒体的苦头，报纸上说老舍反苏。传到国内，郭沫若、沈雁

---

① 老舍：《大地的女儿》，见《老舍文集》，第14卷，321页，北京，人民文学出版社，1989。

冰、田汉都写文批评。老舍闻之非常气恼,怎能如此不信赖朋友?于是他写信给郑振铎、梅林,要求辞去"文协"理事、退还前年"文协"资助的医药费,并申明在美国没有公开演说。如此激烈的反应,正是老舍刚烈的一面。叶圣陶知道了,商量要弥补此事,等老舍归来当面一谈,以消除前嫌。老舍是有操守的人,刚到美国不久,他就借给朋友题词表达过,不论身在多么混沌的世界,都要遵循的做人的规矩。

有规矩才能成方圆,以一定之规,应对世界不测变化,这是老舍中年以后的处世准则。①

老舍在美国时,曾有挚友从中国来美国考察或者教书,那是老舍幸福而又感慨良多的日子。1946年罗常培在美国耶鲁大学,老舍与曹禺也去访问,老朋友相见不胜欢喜。此后,老舍经常去耶鲁和罗常培见面。现在还留有他们在耶鲁大学的合影。1948年老舍给何容的信中,还提到与莘田(罗常培之字)经常见面,他要到夏天回去。耶鲁大学去得多了,与其他的中国教师也都熟悉起来,成了朋友。和当年到歌乐山下冰心家一样,老舍总是受到朋友全家的欢迎。这多少能够慰藉一点他"苦写"小说的寂寞。

1947年10月9日,冯玉祥来到美国纽约,老舍买了水果去看他,然后在一家北方馆子请冯玉祥吃饭,一直谈到深夜才告别。老舍谈到一本新书《希特勒的下场》,冯玉祥很感兴趣,请老舍给他找一本,说半年以后他就能读懂。两人拿蒋介石比照希特勒,说他把中国弄成这般模样,已经是人

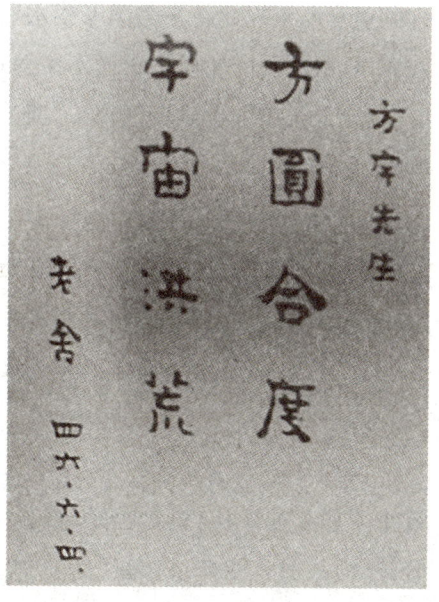

1946年6月4日,在纽约给耶鲁大学教授、画家王方宇题词,有夫子自道意味。

---

①张桂兴:《老舍年谱》,523页,上海,上海文艺出版社,2005。

老舍在美国耶鲁大学与朋友李抱忱一家的合影。

神共愤。冯玉祥此番来美国考察水利,实际上是为避开蒋介石的控制,但是在回国的途中,因轮船失火而不幸遇难。

随后,吴组缃也到美国来了,两人相见,自是又一番畅谈,老舍题诗一首赠送:

> 自南自北自西东,大地山河火狱中。
> 各祷神明屠手足,齐抛肝脑决雌雄。
> 晴雷一瞬青天死,弹雨经宵碧草空。
> 若许桃源今尚在,也应铁马踏秋风。

诗中所悲叹的惨相,自然也是他们谈话的主题。诗歌描画出国内地狱般的景象,内战的自相残杀,无一处安宁,天地不仁,伤及的都是无辜百姓。

在这种状况之下,老舍即使不是被写作翻译的事情羁绊,也难以决定是否回国。他曾经给何容写信,表达过这种痛苦。要写作,"每天一打开报纸,就什么也干不下去了。'四世'三部至今还未写完。寂寞，饭食不可口，还有多少多少小的别扭，结果是体重未增，头昏如故"。中国人待在美国，普遍心理情感不适应，"此处中国人真多，谁都不愿久留，谁也不高兴回去。英国又约我去回'母校'教书，也不易决定去否。英国生活极苦，我怕身体吃不消。但社会秩序也许比国内好。一切都不易决定，茫茫然如丧家之犬。……不知如何是好，不知……整个世界仿佛都到了末日"①。

老舍在美国讲学时的最重要的论述，后来发表在留美中国学生战时学术计划委员会在纽约出版的《学术建国丛刊》(National Reconstruction)第7卷第1期上。老舍在文中阐述了他对现代中国文学的观点。文章共九个部分：《三国演义》《水浒传》《明清小说》《西方的影响》《中国的文艺复兴》《欧洲作

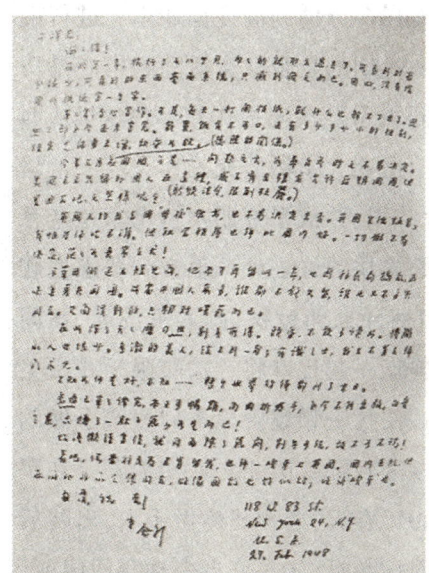

1948年2月27日，老舍给在台湾工作的何容的信。

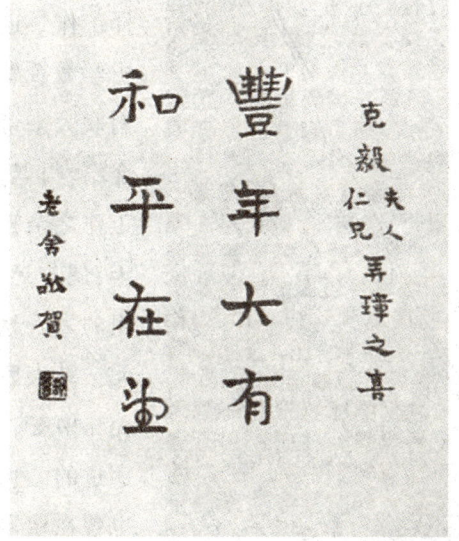

1948年2月4日，老舍祝贺乔志高(高克毅)得子，取名"有望"，作嵌字联。儿童是未来，和希望并存。

---

①老舍：《给何容的信》(1948年2月27日)，见舒济编画传《老舍》，160页，北京，北京燕山出版社，1997。

家的影响》《现代中国作家的态度》《小说与第二次世界大战》和《回到人民的语言》。这是一种突出中国文化主体的小说史观,并不将五四运动作为起点,而只是将其看做重大的变化转折。对现代中国作家,老舍高度评价了鲁迅、茅盾和郭沫若。对中国新文学,老舍既突出了刚刚过去的抗战文艺,又把握住了作家运用人民口头语言的现代与现实倾向。论文中对《金瓶梅》的地位作了重要的估价,充分肯定其严肃性。这种个人价值立场的学术判断,显示出老舍处处独立不倚。

1948年老舍住纽约83街118号2层,由二房东包伙食,吃得"不可口"。住处往东走300米就是中央公园,老舍经常在那里打太极拳。与老舍合作翻译《四世同堂》的浦爱德住在93街103号,每天晚间老舍从住处走10多分钟到浦爱德那里,进行翻译工作。这一时期的老舍社交活动的中心是历史学教授瞿同祖家。瞿同祖1945—1948年从西南联大来哥伦比亚大学做研究工作,经罗常培介绍,与老舍结识,并成了好朋友。瞿家是老舍工作之余轻松愉快的好去处,他常到瞿家去聊天,偶尔还和翻译家郭镜秋、画家王济远、瞿同祖的夫人赵曾玖一起玩麻将,输赢限于一二美元,结束后顺便扰一顿赵曾玖下厨房亲手做的美味中餐。1948年圣诞节和除夕,老舍都是在瞿家过的。1949年春天,老舍腿疼做手术,出院后也曾在瞿家养病数日。9月底老舍动身回国前,特意在125街的一家比较地道的上海馆子宴请瞿家全家告别。①

老舍1948—1949年在纽约期间居住、工作,以及与朋友交往的空间位置图。

① 舒济:《老舍先生在纽约生活的一点材料》,见2011年10月14~16日中国老舍研究会、上海师范大学都市文化研究中心主办的"老舍与都市文化高峰论坛"上提交的论文(未发表)。

版权与美国式协作

老舍是第一个碰上国际版权问题的中国现代作家，那时中国还没有加入国际版权组织。在美国进行写作与翻译，老舍其实是在不断的干扰中生活的。这些干扰来自于他很不熟悉的美国文化市场，他要维护自己的权益，就得和盗版翻译他作品的伊凡·金打官司。即使官司胜利了，也不能达到让美国人民了解中国文化与文学的目标，所以老舍决定亲自翻译。翻译过程比较复杂，在新小说创作开始的时候，他得同时和两个人配合翻译不同的著作，一个白天合作，一个晚上7点至10点合作，两个人的英文风格也不一样。留在美国的这段时期，有他不熟悉的法律事务，有他难以分身的精力问题，有几回要求美国政府延期遇到困难，有身体不适的痛苦，有回望大陆上的纷乱与战事的困扰，有决定去英国还是回大陆的两难，有对留在北碚的家庭的眷恋……太多的事情，真是剪不断、理还乱。为了写完《四世同堂》及完成翻译，又因为好莱坞要拍电影《骆驼祥子》，老舍一再向移民局申请延期，3个月，6个月，申请了好几次。1949年4月又住院做了手术医治腿疾。直到1949年10月，接到周恩来嘱托文艺界朋友写的联名信，邀老舍回国，他才终于离开了美国。

1947年下半年，老舍被迫集中精力与伊凡·金就版权问题理论。许多事情，老舍都不在行，原来的代理人赫茨没有精力处理老舍的事情，就请求辞去代理的工作。必须有一个能干的代理人，才能处理各种别别扭扭的纠葛，赛珍珠给老舍推荐了劳埃得。她写信告诉劳埃得："舒先生人很文静、十分腼腆，还很不适应这里的生活环境。"她更为老舍的权益着想，请劳埃得为老舍代理出版事务：

> 目前，他正在翻译一部长篇小说，名字叫《四世同堂》。由于下面一些原因，他的事情正处于混乱状态……
>
> 他作品的译者伊凡·金（笔名），在没和他打招呼的情况下，翻译了《骆驼祥子》。该书经雷诺和希契科克公司出版后，你可能也知道，入选为"每月佳书"。但在相当一段时间里，舒先生没有收到

任何报酬。我猜想，当时他可能不知道那本书取得了这么好的效果，甚至可能根本不知道这本书已经出版了。后来，还是在朋友们的帮助下，他才分享到50%的版权税。

去年，林语堂的二女儿林太乙想翻译舒先生早期的一本小说《离婚》，因为约翰德不知道他们此举和舒先生与雷诺和希契科克公司的出版计划相冲突，结果这一设想就流产了。与此同时，伊凡·金返回中国后生了一场大病，在住院恢复期间，他着手翻译了《离婚》。开始的时候，翻译工作似乎进行得还顺利，他好像也很为舒先生着想。但后来，使舒先生十分不安的是，他发现伊凡·金的译文在许多重要方面大大偏离了原著，结尾则和原著完全不同。事实上，他对伊凡·金在翻译《骆驼祥子》时擅自进行改动本来就十分不满。因此，当他发现伊凡·金又故技重演时，他感到无法容忍这件事，并且拒绝承认伊凡·金的工作。伊凡·金先生变得极为粗暴，他告诉舒先生他（伊凡·金）有权获得全部版权收入。他还说，照他看来，要不是他在翻译过程中对原著做了进一步完善，舒先生的著作根本一文不值。他还通过律师恫吓过舒先生。……雷诺和希契科克公司曾向舒先生施加过很大的压力，坚持要出版《离婚》一书，但在目前这种情况下，他们当然不可能继续出版该书。他们也试图另外找人重译，但未能成功。在这期间，既然《离婚》成了一起悬案，舒先生便和艾达·浦爱德小姐一起，着手翻译他的另一部长篇小说《四世同堂》。他们给人看了这本书前十章的译稿。据我所知，正在气头上的尤金·雷诺先生说，当《离婚》还在悬而未决时，他不愿意再惹麻烦。因此，舒先生问过我是否还要继续翻译下去，我看过他们的译稿，我认为翻得不错，书的前景应当很好。可能不用我说你也知道，舒先生是当代中国最重要的作家，所以我建议他和艾达·浦爱德小姐继续翻译下去，事实上，他们取得了很不错的进展。另外，为了让他能完成这一工作，我还帮助舒先生延长了他的签证。他现在回国也很不安全，因为他是个著名的民主人士，回去后不是被杀，至少也得被捕进监狱。

我建议，如果你能像我所希望的那样，接受舒先生作为你的委托人的话，你们应该就他的事好好谈一谈。①

在赛珍珠的引荐下，劳埃得接受了代理老舍的出版事务，老舍就开始了和他的频繁联系。哥伦比亚大学图书馆所藏信件，应该是劳埃得捐赠的。老舍1948年4月22日致劳埃得信，谈《四世同堂》的翻译与出版签约：

关于继续出版我小说的英译本的问题，我唯一感兴趣的是目前我正和浦爱德小姐合译的一部长篇。这是一部长达一百万汉字的小说，前两部分已在上海出版，第三部分还在写，希望能在两个月内赶出来。书中讲的是八年抗战时期北京的事。就我个人而言，我自己非常喜欢这部小说，因为它是我从事写作以来最长的，可能也是最好的一本书。至于出英文版，我觉得很有必要作一些删节，至少去掉二十万字。

……到目前为止，我尚未和任何人为出版此书达成过协议。如果我们能找到其他人出版，我当然也很高兴。

浦爱德小姐出生在中国。她出版过两本拥有版权的关于中国的书。她看不懂中文，但听得懂。我把小说一段一段地念给她听，她可以马上译成英文，这是我很愿意与她一起工作的原因。

然而，她也有不足之处。比如，为了尽可能多地保持中国味儿，她常把英文弄得很不连贯……

为了这件事，我征求过沃尔什夫人的意见。她看完前十章后，认为我还可以继续同浦爱德小姐一起工作。她还说她很喜欢这个

---

① 赛珍珠：《致劳埃得》，见《老舍书信集》，168~169页，天津，百花文艺出版社，1992。

故事,文字上的问题可以交给一位称职的编辑去处理。①

老舍向劳埃得介绍详情谈翻译者的情况,因为老舍和合作者之间也必须有个协议,浦爱德(翻译《四世同堂》)和郭镜秋(翻译《离婚》《鼓书艺人》)拿稿费的百分比问题,乃至翻译的语言风格的确定,也必须由劳埃得与她们谈判商定。这是美国方式,凡事都有个协议,不再是中国那种朋友之间,不好意思谈钱的方式。老舍与两个合作译者的关系是不谈好报酬,工作就不能进行下去。当然也有老舍对她们的翻译要求。

1948年7月至8月间,纽约城里热得简直没法生活,老舍两次到乡下去避暑休养,工作暂停,就请劳埃得与翻译合作者沟通。这时候《离婚》初稿已经翻译出来了,老舍看了翻译稿,做了一些改动,让郭镜秋尽快修改,把修改后的稿子交给劳埃得委托的精通文学编辑出版的阿穆森先生,请他修改后,在几日之内交给出版公司。老舍认为:"如果这部书能尽快地出版,就能在很大程度上制止住沃得(伊凡·金——笔者注)的一派胡言,如果能赶在沃得的'珍本'上市之前问世,那我们就都得救了。在我们的书出版以后,他绝对不敢用他篡改过的'珍本'和我们挑战。"所谓"珍本"就是伊凡·金将《离婚》变成大团圆结局,与老舍悲观主义的题旨完全相反,《骆驼祥子》也被他改成了祥子和小福

老舍在乡下休假住过的白色小屋。

---

① 老舍:《致劳埃得》,见《老舍书信集》,171~172页,天津,百花文艺出版社,1992。下文同样是致代理人劳埃得的信,都是谈出版与翻译的工作。出处相同,零星只语,不一一注出具体日期。

第五章 八/方/风/雨

子大团圆的结局。

不久,修改与出版事宜都准备得差不多了。老舍急切地盼望:"在这场和沃得较量的丑恶的奥林匹克赛里,我真希望能战胜他。"他给在上海的赵家璧写信,向他说明了重新登记自己所有书的版权的重要性。赵家璧费了很大的周折,尽快地寄来了《离婚》在中国的版权登记号码。《离婚》出版,终于胜利了。1948年11月30日,老舍给乔志高写信:"半年来极忙,而且苦闷!《离婚》已出版,居然得到好评,

老舍在美国写作时摄。

很奇怪!日内将奉寄一本,作为圣诞礼,并祈惠正!电影事搁浅,nothing doing!现在又在写一新小说,一时不会离开纽约。写完时,颇想去走一走。"①

他说的搁浅的电影《骆驼祥子》的情况是这样的。1948年8月11日至18日之间,老舍去了一趟好莱坞,再一次领教了美国文化资本与市场的荒谬。《骆驼祥子》电影脚本要定稿,好莱坞给老舍买了往返机票,付了旅馆账单,想了解他对根据小说改编的电影剧本的看法。老舍看了,觉得好莱坞职业编剧改编的剧本实在是糟糕至极。他们本该请老舍去改写,却又另找了一个人。管编剧工作的人大把大把地花钱,花完了以后,就会一走了之。老舍决定:"犯不上为那部电影操心了。假如他们再要我去看第二个电影剧本,我得找他们要每周七百五十元的报酬。"

《鼓书艺人》写到1948年10月21日已经完成了四章,这次是一边写一边翻译。一个月中郭镜秋已经翻译好了三章。老舍估计,如果能保持每天两千

---

① 老舍:《致高克毅》(1948年11月30日),见《老舍书信集》,215页,天津,百花文艺出版社,1992。

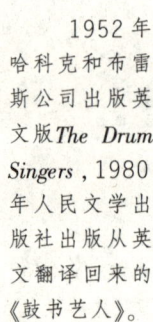

1952年哈科克和布雷斯公司出版英文版 The Drum Singers，1980年人民文学出版社出版从英文翻译回来的《鼓书艺人》。

字的速度，到新年时就能写完。老舍与劳埃得商量关于郭镜秋的翻译稿酬的比例，以及如何支取，包括预付的一系列问题。这些别扭的谈判让老舍不愉快，写完了十二章以后（约占全书的一半），老舍想放弃不写了。他给劳埃得写信说："我身体疲乏极了，要彻底休息一下。"最后仍然和郭镜秋谈妥了稿酬，也谈好了出版公司的付款方式。书写完了，老舍和郭镜秋都等签合同了，"她希望尽快签订作者和译者之间，以及出版者之间的合同，这样她才能定下心来好好工作，否则她心里总不踏实"。一切都办妥当后，老舍决定去迈阿密度假。郭镜秋提出愿意用自己的车载老舍去。老舍写信告诉劳埃得："郭海伦小姐真是个好司机。我们到迈阿密用了三天半的时间。最糟糕的一段路是在乔治亚州的公路上，站在路中间的不是警察而是牛群，而郭小姐竟然一头也没轧死！郭小姐到离迈阿密七英里的乡下干她自己的活去了。我住在福拉格勒饭店，这是一家小而干净的旅馆，价钱也适中。"迈阿密很暖和，老舍希望对自己腿疾有好处，因为是医生劝他去佛罗里达的。

老舍是1949年1月底到达迈阿密的。他在2月3日和许多朋友一起庆祝了自己的50岁生日。身处异国他乡，这种中国式的人情关系，只在中国人之间

第五章 八/方/风/雨

维持，老舍不愿与那些热衷于"生意""买卖"的美国人过多来往。这里有个问题：老舍究竟在哪里过的50岁生日？是否就在2月3日？如果在纽约，几乎不可能。从纽约南下，用去了三天半，郭镜秋又去干她自己的事情了，不可能刚到就回去，而且在2月3日无法赶回纽约。老舍2月9日后在一封给劳埃得的信中说："我在迈阿密度过了一段美好的时光，现在已回到纽约。"匆匆来去，谈不上"美好"，也不是"一段"。如果这一段时间与他的生日无关，老舍不会用"美好"这样的字眼。因为在所有的书信中，这几乎是唯一的有享受意味的，不是庆祝生日，那是什么呢？如果在迈阿密过生日成立，另外的问题又来了，那里有这些朋友吗？这需要辨识这些照片上的脸孔，笔者暂时没有办法做到。还有一种可能，他们并不是在2月3日这一天庆祝生日，重庆的纪念活动就是如此。究竟怎样，且不下结论，恳请各位读者多多帮忙了。

回到纽约的当天，老舍还给楼适夷写了信，语气中有点聊以自慰的感

1949年2月3日，朋友们一起庆祝老舍50岁生日。

觉,已没有先前寄回国来的书信中的那种苦闷感觉,他写道:

《四世同堂》已草完,正在译。这就是为什么还未回国的原因。此书甚长,而译手又不十分高明,故颇需时日。如能完成,我想:出来一趟,若能有几本书译出,总算不虚此行;并不是因为美国舒服,才不回去——此地,对我,并不舒服!

《离婚》译本已出版了,评者十之八九予以赞美,可是销路很差!不管怎说吧,《骆驼祥子》、《离婚》,及《四世同堂》三书在美出版;"牛天赐"在英(熊式一译)出版,有四书在国外印行,也总算是有了点交代。若不为等"四世"译完,我早就回国了。①

老舍没有提及《鼓书艺人》,因为译稿要等到4月中旬才能完成。看到译稿时,老舍将要住院动手术了。4月18日他写信给劳埃得,告诉他:"一两天之内我大概就要去巴瑟·埃斯乐医院住院,可能要动手术。戴得里奇大夫看过几次之后,腿病一天比一天重。今天早晨他说要送我去巴瑟·埃斯乐医院住院,到了那以后,我再告诉您是否要动手术。"接下来,老舍便去医院做了手术。石垣绫子去看望老舍,说见他"病卧异乡,忧念故国,他的苦涩之情连我们也为之心动"。出院后不久,6月间老舍请她们做客,也是为答谢吧。

《鼓书艺人》的翻译完成了,还没有出版;《四世同堂》的稿子要到8月中旬才能译成。和郭镜秋一样,为了庆祝成功,9月初浦爱德载着老舍去了费城,"在费城她哥哥的家里过了一个周末。和她一起在树林里散步时,我突然给《四世同堂》的英文版想到了一个很好的书名——《黄色风暴》",在信中,老舍问劳埃得:"您觉得怎么样?"

没有等到两本书的出版,老舍就离开了美国,也离开了美国式的文化市场的运作方式。

---

① 老舍:《致楼适夷》,见《我这一辈子》,194页,南京,江苏文艺出版社,2011。

归　国

老舍规划的回国路线是由三藩市（今译"旧金山"）到天津，他准备搭乘威尔逊总统号轮船赴香港，然后转北京。轮船延期启程一星期，老舍在此人地生疏，乔志高几乎每天都陪着他，吃馆子、看电影、开车四处观光。从纽约到三藩市的当天，两人就在中国城最好的馆子"远东楼"吃酒。这里的中国城建在几条最繁华、主要的大街上。等船的前两天恰好在1949年的"双十"之前，正悬灯结彩，预备庆贺。有人在"双十节"前夕聚会，挂起五星红旗，庆祝中华人民共和国的诞生；有人来捣乱，红旗被扯下，继以斗殴。

等船的日子百无聊赖，老舍就找乔志高看电影去。乔志高记得，看哥伦布发现新大陆的故事，老舍津津有味；看《大亨小传》（《了不起的盖茨比》）这样的反映美国现代文化的电影，老舍就反感，认为没有道理。实在是因为他已经厌恶了当代美国，巴不得早早地离开，却又被船的延期绊着。乔志高的经验是，有几位朋友回国，都是这样的心理情绪，内心矛盾着，表现出来的是对美国生活方式的讨厌、鄙夷，甚至憎恶，以此坚强他们回大陆的决心。终于启程了，乔志高送他上船，订的是头等舱，免得爬上爬下，老舍刚刚手术过的腿受不了。

10月13日开船。船上有回国的留学生，每天谈自己的专业，讨论回国如何服务；还有不少位回国的商人或其他职业者，有人终日打麻将赌钱。船上还有几个菲律宾人，服饰比美国阔少还华丽，却浅薄无知，比美国商人更俗鄙，他们看不起中国人。18日经过檀香山（即美国夏威夷州首府和港口"火奴鲁鲁"），论花草，天气，风景，这里真是人间的福地。到处都是花。街上，隔不了几步，便有个卖花人，将栀子、虞美人等香花织成花环出售，因此，街上也是香的。27日到横滨，美军让船上乘客买票去看东京。看见工厂都被炸光了，人们的衣着寒碜，儿童面黄肌瘦。31日到马尼拉。这地方真热，岸上一片战后的狼藉。太平洋上的两次台风，吹得老舍的腿疾又复发了。11月4日到香港，老舍已寸步难行。

老舍住在当时任香港大学病理学教授的老朋友侯宝璋家，他们在齐鲁

1949年11月底,老舍在香港。因腿疾在老朋友香港大学病理学教授侯宝璋家休养,临行侯宝璋一家宴请老舍。

大学是同事。侯宝璋曾到重庆拜访老舍,还带了瓶茅台,和台静农一起喝了。许多人等船北上,很难搞到船票。老舍的坐骨神经痛复发了,几乎无法行走。等了二十多天才买到一张船票,其间看到了形形色色的人:投机商人庆幸来到香港,外国人对大陆、香港的前途犹疑着,去过广州的青年对那里很感兴趣……英国轮船公司去大陆的船,视上船的人如入圈的猪。印度巡警检查行李,不出钱就把一切东西都翻乱。老舍对香港的印象很坏。11月28日夜里开船,12月9日早晨船到大沽口。在船的甲板上,老舍一扭头看到了叶君健,他是从英国回来的。终于有了个伴,可以一路聊了。船到岸了,老舍腿不方便,又有几件行李,怎么下船呢?叶君健奋勇当先地下去,说:"你在这里等我,我有办法!"茶房比老舍还急:"没有人来接吗?你的腿能走吗?我看,你还是先下去,先下去!我给你搬行李!"老舍独自慢慢扭下来。秩序谨严地检查后,又遇上了叶君健,他找来了交际员,他们替老舍招呼脚行,搬运行李,一同到交际处的招待所去。夜间十点半钟,才吃上了滚热的菜饭。老舍在天津待了两天,没能到处看看,一来是腿不能走,二来是急于上北京。

第六章

京华风云

第六章
京华风云

　　文学家的传记，不是游侠传，没有多少出生入死、图穷匕见的轰轰烈烈的故事，大体是一生一世的流水账。一般的文学家或学者的年谱就是记账，几乎是纯客观。长编把传主一生所历事件的来龙去脉做出交代，取材上多少有点主观的侧重。传记不同，作传记的人有意形塑传主，根据他的认识与意图，在长编中的传主形象的骨架上添些血肉，使之立体化，有点性情，还原其思想的语境，让他的话说得理所必然、情所必至。这背后更重要的，是传主的生命目标、处世准则与行动思维逻辑，目标与逻辑的一致性里面包孕着传主的灵魂。写得有灵有肉的传记既少，我们这些做现代文学学问的，笔下向来干枯，更难以写出那种灵肉一致的传记来。

　　这不是为自己取法乎下找借口，我已经避免如一般传记那样写了。起码，笔者没有平铺直叙，有账必录，成为流水账簿。整体上按时间顺序来写，但是进入专门话题则不作茧自缚，有些纵横自由、穿插藏闪的意味。另外，更有一番追求，既然做到灵魂与肉体的一致的生命呈现不容易，或者说我根本不能达到，那就另辟蹊径，在"记账"之外"算算账"。譬如：对老舍在山东写的小说，一一讨论；抗战期间，老舍写了些话剧和其他形式的剧本，基本上一一地列数过；到了20世纪50年代，就不再这样做，而是努力顺着老舍的行动与思维逻辑做点更进一步的整理工作。这就意味着，不能按照大学教书那样分为现代与当代两段，20世纪50年代至60年代的老舍与20世纪20年代至40年

第六章 京/华/风/云

代的老舍是一个统一的生命体，前者既是后者的延续也是发展，对发展过程中的复杂性，尽力解说清楚。笔者只是尽力而已，提供给同人批判。

本章从右面这张图片开始，有象征意味。说一些图片的寓意，一般上是文化批评。前面几章的图片基本以直观为主，略有些文化阐释。本章在直观中加大文化阐释的比重，掺些略有深度的解析，以示笔者有更上层楼的追求，不偷懒。老舍是

老舍照片，上面注明"人民艺术家老舍"。摄于北京寓所客厅。

个有身份地位的人，主要是名誉上的，和那种有实际权力的人又不一样；老舍自视为小人物，以区别于大人物。但是20世纪50年代的意识形态善于提升小人物的重要性，把他搞得像个大人物似的，许多的先进人物就是这样产生的。大人物有标准照刊行，那是无背景的，没有背景就是不受限制，放在哪里都合适。老舍的这张照片是标准照风格，中山装（第二章专门讨论过）扣上领子上的风纪扣（该词军事化），正襟危坐，显然这个姿态不属于自自在在的个人。老舍的这一形象属于抽象的"人民"，他是"人民艺术家"，作家中唯一被塑造成的形象。老舍从开始接触文学的一些理论就认为文学是全人类的，20世纪40年代的措辞是"民众"或"大众"，在20世纪50年代大家刚知道文艺是为人民大众、为工农兵服务的，他就成了"人民艺术家"。他没有作秀般地在人民群众中拍这类用于形象宣传的照片，而是在自家客厅中，坐下有沙发，

墙上有字画,至少不是个工农兵生活的物质环境。老舍过去穷困过,现在是一个小有财富的知识分子,按照中国社会各阶级的划分而言,充其量是个小资产阶级知识分子。但是老舍却无阶级观念与偏见,从宗教上的兄弟,到资产阶级的民主、平等,他的心通向人类,文化倾向上更通向普通中国人。他是个具体的"人",自己确认的身份是"公民",他的人民概念就是这样构成的。他当然是个艺术家,一个凭着语言文字,有特殊表现才能和水平的艺术家。这才是符合于他本心的"人民艺术家"的概念内涵。

老舍从美国回到北京,立即卷入到中国政治的旋涡里,他不是个弄潮儿,不能算是风云际会,但是与政治风云天然地有了联系。身经一场又一场的运动,眼看着朋友们所受的激荡与威胁,老舍努力稳住自己的身心,不随波逐流。他心中有民主政治,有社会主义建设,他看政治的尺度是普通人的生活环境的改善与生活水平的提高。符合这个尺度的,他会努力地表现与赞扬,用他擅长的通俗文艺的方式,这使他能够有兴趣与精力写出许多有宣传色彩的作品来。老舍关心非权力核心的政治,权力政治时时关顾老舍。所以,在他的生活中,我们仍然看到风云激荡。我在这一章中,首先,要呈现老舍与中国社会主义政治文化的关系,这基本上是被动的,老舍到最后也是这样对臧克家说的,自己是"受教育",这种生活的基本形式是通过开会展现的,所以我别出心裁地说说老舍的"开会"生涯。其次,老舍如何用他的眼光看世界,看中国大半个世纪的变迁,看当时形形色色的民生(艺人、妇女、大杂院居民、青年、售货员、骗子等等),主动地或歌颂或批判,在不易于自主的环境中,保持独立的艺术主体,持续其艺术生命。第三,在不能自主的生活之外,营造一个家居劳动与欣赏艺术结合的环境,老舍有一个具象的花的世界,老舍养花体现着他的生活态度与方式,"花"的生命上有他的主体投射;老舍还有另一重艺术生活,也是他的家庭生活,将长在盆中的花转移到纸上,胡絜青是画家,齐白石、于非闇是她的老师,老舍的欣赏推动了画家的艺术创造,他又在艺术家创造出来的水墨线条的世界中体悟艺术规律,获得心灵的自由。最终,为了保持、维护心灵的自由,他不自由却自主地离开了这个世界。

一、开　会

　　人的基本生活由衣、食、住、行构成，这是物质文化生活；读书、观山水人文风景，这是精神文化生活。此外，在相当长的一段时期内，中国人还有另外一种特殊的文化生活，名曰"政治生活"。这种生活随着权力意志变动而激荡，所以老百姓也时时刻刻会面临某一件几亿人民"政治生活中的大事"，关心国家大事又是每一个基本群众必备的政治素质，大家都要积极投身政治运动，基本方式就是开会、学习与表态。会议一般意义上的内涵，是人们为了解决某个共同问题或出于不同目的聚集在一起进行讨论、交流。但是，在老舍活着和他逝世以后的一段时期，革命的政治意识形态主导的会议并不需要一般人保持独立主体去讨论，而是把人们召集起来，进行政治思想教育，把认识统一到既定目标上去。这种会议先在中国共产党内进行，然后再向党外的基本群众传达，达到全民动员的目的。平民百姓在那个年代也有很多的会议要开，他们将新旧社会的生活内容两相对照，概括为民谚：国民党税多，共产党会多。从20世纪50年代起，虽然有些会议不都是这种方式，但是统一思想的会议渐渐占据最重要的地位。老舍在文艺界当然开了一些解决具体问题的会议，也有革命意识形态的思想政治工作的会议，更多的是将革命意识形态渗透到具体工作中去的会议。他从参加20世纪50年代初斗争恶霸的会议开始，继而批判胡风、吴祖光这些朋友，1964年下乡去门头村参加"四清"运动，乃至"文革"开始时的批判会，他从"陪斗"变成主要的斗争对象，不堪屈辱，为维护尊严而死。17年中，老舍开会花费的时间，比写作的时间还要多。

　　会议建构人生，也毁灭人生：前者对20世纪50年代成长的一代中国青年来说，是无比真切的事情，后者是老舍之死的教训。青年人从会议（课堂甚至也是会议的一种）上获得某种认识，然后应用到某些指定的对象上，调动起无产阶级感情，进行批判运动。一次接着一次的运动，形成固定的革命意识形态的思维模式与世界观，每个人都将有资格成为革命的闯将。在某一次批判会上,将一个老舍一般的资产阶级老人打倒,由文及武地:先打翻在地,再踏上一只脚,教他永世不得翻身。被打倒的对象,是拒绝思想改造者或是改造不彻底者。他们是已经建立起独立思考方式的成年知识分子,不容易接受革命意识形态的教育与改造,他们就常常成了反面教材。这些人时当壮年,他们以坚持自己认同的真理的面貌出现,被总结为某些知识分子与党和人民背道而驰的教训。批判这样的对象,让有相同相近想法的人自危,悬崖勒马,于是周而复始地、越来越激烈地开会,开到某些人的神经受不了去跳楼,开到某个作家用特殊的方式警告人类的灾难,如老舍,去跳太平湖。

在1945年老舍写过一篇文章《"住"的梦》,想象自己的住房,末了说:"各处的小宅,不管是什么材料盖成的,一律叫作'不会草堂'——在抗战中,开会开够了,所以永远'不会'。"①临从美国回来,他对乔志高(高克毅)说:"回国后要实行'三不主义',就是一、不谈政治,二、不开会,三、不演讲。"②不愿开会和不要吃英国的水煮牛肉一样,是因为开会开得倒了胃口。那时的会议,倒多半是讨论解决实际问题,务虚的不多。后来非但没有"不会"的草堂,而且把会议开到家里去了。

老舍不曾料到,20世纪50年代他在写作之外的主要工作就是开会,有时一天开几个会议,比抗战时多多了。开会而主动商讨问题,那倒不太难受,但是大多数的会议不是主动要开的,是"被"开会。所以,老舍时有怨言。看看他在1950年日记中半个月关于开会的记载:"4月28日:终日大会。夜间起草宣言二遍,致通电二遍。甚疲;4月29日:大会于午间闭幕。下午有研究会会议,因倦未去。苗培时等来开座谈会。"从5月1日到10日,每日都有会议,措辞中又有"终日"字样,不堪其烦。如果哪一天不开会,那是值得庆幸的事情,所以在5月14日的日记中专门记录:"今日无会。午松厂送菜一桌。"多美好的一天!15日仍然是好日子:"今日无会。"1952年,他为《柳树井》的成功复信给

---

①老舍:《"住"的梦》,见《老舍文集》,第14卷,599页,北京,人民文学出版社,1989。
②乔志高:《老舍在美国》,见舒济编《老舍和朋友们》,第175页,北京,三联书店,1991。

胡乔木,特地提到,"写小东西也要用全力,给够用的时间",他的时间几乎不能自主。①

开会与身份联系着,身份越多、越高会议就越多。20世纪50年代的老舍平添了许多头衔与身份,地位重要则必然要参加各种各样的会议。这里大略地举一些老舍的身份与职务:1950年2月7日全国文联举行扩大会,增补老舍等5人为委员;4月12日,在中国民间文艺研究会第一次理事会上,老舍被选为常务理事;6月5日,北京市文联首次理事会上,老舍被选为常务理事、主席;1951年2月8日,老舍当选为北京市人民政府委员会委员;12月20日,任《说说唱唱》主编;1953年10月第二次文代会上,老舍当选全国文联委员、作协理事会理事、中国作协副主席;1954年5月3日,中国人民对外文化协会正式成立,老舍被选为理事和常务理事;6月,北京市成立宪法讨论委员会,老舍任文艺界分会主任委员;9月3日,老舍当选为中华人民共和国第一届全国人民代表大会代表;1956年2月,经国务院批准成立中央推广普通话工作委员会,老舍任副主任……

老舍曾对兼职太多表示过看法:少叫我开会,多鼓励我写作。频繁的社会活动让他内心很苦恼,上文没有列出的还有:政务院文教委员会委员,政务院华北行政委员会委员,中央人民政府文化部电影指导委员会委员,文艺界抗美援朝宣传委员会委员,中国人民保卫世界和平反对美国侵略委员会北京分会副主席,北京盲艺人讲习所顾问,北京市节约检查委员会委员,中印友好协会理事,北京市贯彻婚姻法运动委员会委员,北京市戏曲编导委员会顾问,北京市选举委员会委员,北京市抗美援朝分会副主席,中朝友协副会长,作协书记处书记,北京市中苏友好协会副会长,《北京文艺》主编,中国与亚非作家常设事务局联络委员,中国人民政治协商会议第三、四届全国委员会委员……

可想而知,整日应付各种会议成了老舍的家常便饭。因为身份特殊,老

---

① 老舍:《日记》,见《老舍全集》,第19卷,28~30页,北京,人民文学出版社,1999。

舍也比常人多了一些重要的大型活动,也获得了种种荣誉:1951年3月,《龙须沟》在中南海怀仁堂演出,老舍全家应邀前往观看,演出后,老舍受到毛泽东的接见。1951年12月21日,在北京市政府与政协的联席会议上,彭真市长代表政府与人民授予老舍以"人民艺术家"的名誉奖状,奖状全文:"老舍先生的名著《龙须沟》生动地表现了市政建设为全体人民,特别是劳动人民服务的方针和对劳动人民实际生活的深刻关系;对教育广大人民和政府干部,有重大的贡献。特授予老舍先生以人民艺术家的荣誉奖状。"刚刚写完与上演的戏剧,就空前地被称为"名著"。1953年10月随朝鲜慰问团奔赴朝鲜前线,贺龙任总团长,老舍任总团副团长。

1949年以后,老舍连话剧带戏曲一共写了20多本,大约平均每七八个月创作一部。戏剧有:《方珍珠》《龙须沟》《一家代表》《柳树井》(曲剧)、《春华秋实》《西望长安》《红大院》《女店员》《全家福》《茶馆》《神拳》……曲艺、散文集有:《过新年》《福星集》《我热爱新北京》。另外,论文学语言及其他的有《出口成章》,文学知识辅导的有《和工人同志谈写作》,文学语言、文体杂论有《小花朵集》等等。老舍当年是有可能继续当教授

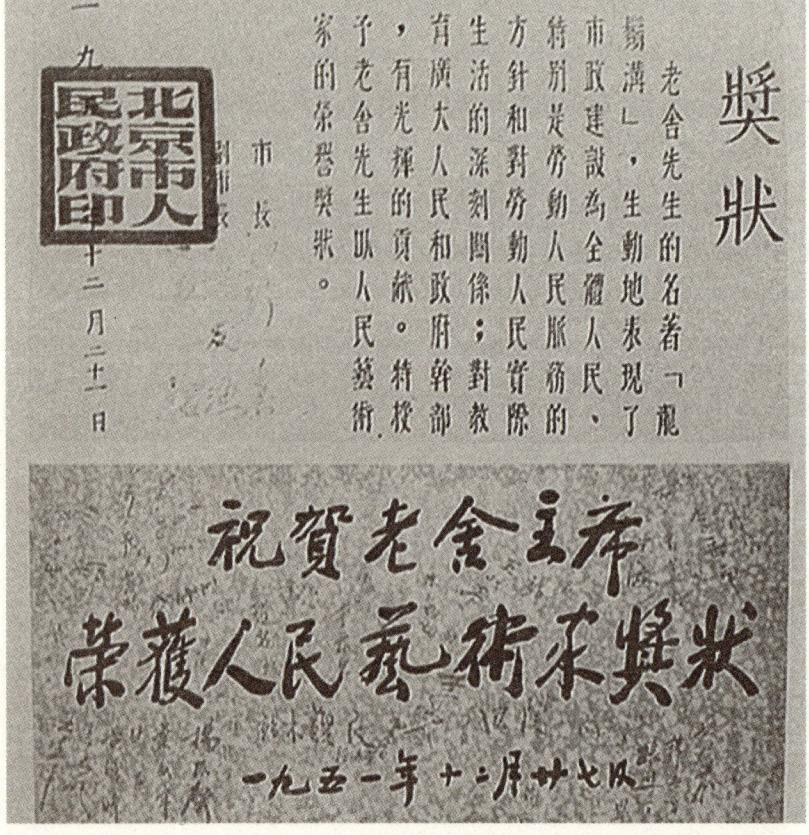

北京市政府为《龙须沟》而授予老舍"人民艺术家"的荣誉奖状。

第六章 京/华/风/云

的，1951年7月，他还和李何林、王瑶等合著《中国新文学史教学大纲》，初稿发表在《新建设》4卷4期上。老舍的劳动成果之丰富，无与伦比。1956年4月23日至27日，老舍出席全国文化先进工作者会议，被推选为主席团成员；4月30日，老舍作为主席团成员参加了全国先进生产者代表会议，毛泽东、刘少奇等领导人出席了会议。

老舍在新中国的政治待遇不低。他当上了北京市政府委员，与《方珍珠》和《龙须沟》的上演也许不无关系。他已是政府内的官员了，虽然老舍平生不爱当官。他有民主政治的理想，自己始终有服务社会的自觉，教育子女也是以做一个好公民为目标。今天他以参与现代政治的方式完成当年加入基督教会追求的人类社会目标。他投入各种政府未能及时完善的工作，继续做好相声改进小组、盲艺人培训的工作，组织中国画画家成立自己的组织，救护来自民间的和文人的两种传统的艺术。他将《方珍珠》和《龙须沟》的上演税800万元捐赠给抗美援朝部队购买飞机。老舍这时期对政府领导下的工作真

620. 1951年2月28日，北京市第三届第一次人民代表会议选出影真为新一任市长，张友渔、吴晗为副市长；老舍等26人为政府委员。3月8日在中山公园举行正副市长及政府委员就职典礼，后排右3为老舍。老舍讲话说，北京是世界上最可爱、最美丽的城市，现在她是新中国的伟大首都。北京人民选举我们作政府委员，给了我们无穷的力量，它便我们感到非多做些事情不可……

1951年2月28日，老舍就任北京市人民政府委员会委员。

1954年6月21日,老舍作为崇文区代表当选为北京市第一届人民代表大会代表;8月21日在北京市第一届一次人代会上当选为全国人民代表大会代表。1954年9月17日第一届全国人民代表大会第一次会议表决通过《中华人民共和国宪法》,右图为老舍在彭真后投票。

是不遗余力。

老舍从1950年6月开始任北京市文联主席。他没有将这个职务当做官,和他一起工作的汪曾祺说:"始终感到领导我们的是一位作家。他和我们的关系是前辈与后辈的关系,不是上下级关系。老舍先生这样'作家领导'的作风在市文联留下很好的影响,大家都平等相处,开诚布公,说话很少顾虑,都有点书生气、书卷气。""当时市文联的干部不多,老舍先生对每个人都相当清楚。他不看干部的档案,也从不找人'个别谈话',只是从平常的谈吐中就了解一个人的水平与才气。""每年,老舍先生要把市文联的同人约到家里聚两次。一次是菊花开的时候,赏菊。一次是他的生日——我记得是腊月二十三。酒菜丰盛,而有特点。酒是'敞开供应',汾酒、竹叶青、伏特卡,愿意喝什么喝什么,能喝多少喝多少。有一次很郑重地拿出一瓶葡萄酒,说是毛主席送来的,让大家都喝一点。菜是老舍先生亲自掂配的。老舍先生有意叫大家尝尝地道的北京风味。"①北京市文联主席是老舍的实际工作职务,他一天也没有把这工作当做官。

---

① 汪曾祺:《老舍先生》,见舒济编《老舍和朋友们》,521~522页,北京,三联书店出版,1991。

第六章 京/华/风/云

出于对民主政治的渴望,看到政府为民办事的一些实绩,老舍内心感激执政的中国共产党,崇敬共产党的领袖毛泽东,他奇妙地将行使人民代表的权力与个人的感激之情合为一体。1954年他当选为北京市第一届人民代表大会代表,不久又被选为全国人民代表大会代表。8月24日,老舍在《人民日报》上发表文章《毛主席,我选举了您!》,老舍诉说了投票时的感情和态度:"我含着泪,又含着笑,用我的心,我的手,和我的无限感激,在您的光辉的姓名上画了圈。"此外,老舍还用快板书的形式重新表达这种感激,而且将这种个人的感情转化为多数民众的,他的作品名称是《我们选举了毛主席》。9月11日,老舍发表散文《最光荣的时刻》,记叙8月21日"我选举了毛主席,并且和毛主席握了手",他感慨:"真的,谁一辈子也忘不了这一天,最光荣幸福的这一天!"①一个行使公民权利的正常行为,与一种对改变了亲友族人、北京平民生活的救星的感激之情难分彼此。老舍的道德感与现代政治的理性判断之间的无差别境界,是那个时代许多人的共同心态。

老舍从美国回到北京,对如何继续做一个写家,心中是有点不安的。他是一个在文坛上产生过重大影响的老资格的作家,现政权将如何承认与接受他,老舍没有把握,但是他在努力使自己符合现实政治的要求,他明白唯一的途径就是了解与接受毛泽东的文艺思想:

> 1949年年尾,由国外回来,我首先找到了一部《毛泽东选集》。头一篇我读的是毛主席《在延安文艺座谈会上的讲话》。……我怎么办呢?是继续搞文艺呢,还是放弃它呢?……我对于工农兵,恰如毛主席所说的,缺乏接近,缺乏了解,缺乏研究,缺乏知心朋友,不善于描写他们。我真发了愁。毛主席提出了文艺服从于政治的道理。这又使我手足失措。……我以为,仗着一点小聪明和长时间

---

① 老舍:《最光荣的时刻》,见《老舍全集》,第14卷,544页,北京,人民文学出版社,1999。

的写作经验，我就可以安安稳稳的吃文艺饭。可是，毛主席告诉了我和类似我的人：你们错了，文艺应当服从政治！……毛主席告诉了我应当写什么，怎么写，和为谁写，我还不感谢么，还不拼命追随么？是的，我知道，我离着一个毛泽东思想的作家还很远很远。但是，我一定要按着毛主席所指示的一步一步地往前走，决不停止。在思想上，生活上，我还有不少的毛病，我要一一的矫正，好减轻负担，向前走得快一些。解放前我写过的东西，只能当作语文练习；今后我所写的东西，我希望，能成为学习了毛主席《在延安文艺座谈会上的讲话》以后的习作。只有这样，我才不会教"老作家"的包袱阻挡住我的进步，才能虚心地接受批评，才能得到文艺的新生命。①

　　第一届文代会时，毛泽东文艺思想的崇高的无可替代的地位已经确立，老舍没有能赶上，他必须补上这一课。他读《在延安文艺座谈会上的讲话》的过程可说是有些触目惊心，但是他的表达方式将其轻轻掩过。首先，他怀疑自己还能否继续从事文艺创作，因为他们这些从国统区来的作家根本不习惯文艺为工农兵服务，也不知道文艺如何为无产阶级政治服务，自己不是一个资产阶级作家吗？不由得要问自己，怎么办？服从是毋庸置疑的，从小学生做起。所有的过去自称是创造的写作，从今以后只是习作，在学习过程中获得新的文艺生命，否则，除了搁笔不写，就没有出路了。坚持了十多年，他几乎终止了这新的文艺生命，始料未及的却是自然生命的非正常终结。

　　有毛泽东文艺思想的指引，有周恩来总理的关怀，有人民代表的身份自觉，加上多年来文学创作的生命动力，老舍就成了文艺界的先进生产者。老舍认为戏剧的社会作用远远大于小说，文艺家参政的最大的本钱，就是能够用个人的文学创作方式介入社会现实生活，歌颂社会主义革命与建设。所

---

①老舍：《毛主席给了我新的文艺生命》，见《老舍全集》，第14卷，494~499页，北京，人民文学出版社，1999。

以,作为一个人民代表,老舍不遗余力地投入到戏剧创作中。他激动地做文表达感受,在《我当选为全国人民代表大会代表的感想——我还要努力学写剧本》中说:"我不会写戏。可是,五年来我的主要工作就是写剧本。这一来是为多学一点本领,二来是有一股力量推动着我,欲罢不能。到现今,我的写戏本领还没学好,可是我仍然欲罢不能——那股力量还在推动着我!""现在,我当选了全国人民代表大会代表。我光荣,可也惭愧。我如何报答人民对我的信任呢?我只有好好去学习,好好去体验生活,克服困难,写出更多更好的剧本!"①

20世纪50年代和60年代老舍的许多文章都不全是艺术的创造,而是工作会议过程中的产物。这些文字都是时代的记录,对政治文化的研究是不可缺少的重要材料。老舍留下的在会场中最具个性、神采飞扬的照片,多数拍摄于有关文学艺术探讨的座谈会上。这些照片或是他读剧本给剧院演员们听,或是在剧本彩排或演出之后的讨论,这是他的艺术生活的一个重要部分。人民艺术剧院、青年艺术剧院的演员们,在多年以后的回忆中,都还说,听老舍朗读剧本是一个美妙的享受。抗战期间,老舍写剧本往往不能兼顾舞

1960年2月春节联欢会上老舍与周恩来交谈。

①老舍:《我当选为全国人民代表大会代表的感想——我还要努力学写剧本》,见《老舍全集》,第14卷,第553页,北京,人民文学出版社,1999。

《宝船》排演后，老舍和导演、演员座谈，该剧1962年6月1日由中国儿童艺术剧院首演。

台，甚至偏好案头欣赏的文辞。50年代的剧本，则始终和导演、演员们在一起琢磨推敲，屡次改动，务使有一个好的舞台演出效果，剧院说老舍写的是"民主剧本"，这种民主过程都是在座谈会上完成的，这应该是老舍最愿意开的会。《茶馆》1958年上演过后，老舍和演员们反复讨论，1963年再度上演，老舍仍然和演员们座谈，在各种细微的局部问题上改进，但是总体上，老舍仍旧坚持自己的原意。《茶馆》等经典的剧目为人民艺术剧院的表演风格打上了鲜明的印记，老舍与人民艺术剧院几乎成了密不可分的艺术整体，青年艺术剧院和其他剧院也不同程度地印有老舍的印记。英若诚说："从这个戏（《龙须沟》）开始到1958年，八年中，仅仅是北京人艺，就排演了他创作或由他的作品改编的七个大戏。其中的《龙须沟》《茶馆》《骆驼祥子》和《女店员》至今仍是人艺的保留剧目。老舍先生的剧本不仅为剧院提供了上演剧目，更重要的是，为剧院打下了坚实的基础，培养了一代演员。在世界戏剧史上，伟大的戏剧作家与剧团保持密切的合作，用自己的文学风格促使剧团形成其独特的艺术风格，从而培养出一代舞台艺术大师的先例是不少的。莎士比亚、莫里哀、契诃夫、高尔基、斯特林堡就是典范。北京人艺被人称为'郭（沫若）、老（舍）、曹（禺）'剧院，是有道理的。"①

另一种会议，老舍开得也不痛苦，这就是给青年文学爱好者、大学生、工人作家做文学讲演。从北京大学中文系到边疆的文学爱好者、业余作者，老舍讲过许许多多次。那几本文艺杂论集子里的文章，许多是讲演的产物。关于讲演过程，老舍曾有过记述：

> 在半月之间，我作了十次"座谈报告"——这是我新造的词。大家都知道我的身体不太好，所以不便约我作长篇大论的报告，而邀我座谈。事实上，座谈会上不是递条子，便是发问，我只好作大段独白，等于作报告。除了前段提到的，我还向语文学院的教授

老舍应邀在北京图书馆讲演。

---

① 英若诚：《老舍先生与北京人艺》，见舒济编《老舍和朋友们》，238页，北京，三联书店，1991。

与学生、八一农学院的大部分学员、石油管理局的野战队队员、广播电台的文艺干部与石河子的文艺爱好者作了座谈报告,并在屈原纪念会上和乌鲁木齐市的青年写作者见了面。

座谈报告而外,还接到了八十多封信,我都作了简单的答复。信中有的还附着文稿,实在找不到时间阅读,只好道歉退还。①

本节之所以定下"开会"的题目,固然是由于老舍出于不得已而与这种生活方式关系太过密切,也考虑到单独写下给那个时代留下一个标志性的文化呈现方式。20世纪50年代和60年代,老舍的生活内容太丰富,丰富必然包含琐细,所以只能择要而言。即使是"开会",也说不尽那么许多。这里要专门介绍对老舍产生重要影响的三次会议:一次是在老舍归国初期,对他的文艺创作的内容与形式产生过决定性影响;一次是标志他从1949年前的"文协"负责人,到20世纪50年代在文学界的实际身份的变化;一次是在20世纪60年代初,影响了老舍乃至整个文艺界的精神状态与创作成绩。至于1966年8月23日的批斗会,那是老舍最后参加的要命的会。

第一次开的会对文艺界整体似乎不是那么有影响,但决定了老舍其后的创作方向。那是1950年1月4日,中华全国文学艺术界联合会在北京饭店举行联欢茶会,庆祝新年并欢迎老舍回国。老舍住在北京饭店,因腿不好行动不便,会场的选择就着老舍方便。到会的最重要的人物是郭沫若、茅盾和周扬,他们三人是中华全国文学艺术界联合会的正副主席。郭沫若没有做主题发言,茅盾致辞,老舍报告归国感想并谈美国文艺界的腐败堕落。周扬的话才是实质性的:老舍的回国将有助于中国文艺的通俗化运动。茶会上老舍表演了曲艺节目太平歌词《过新年》,这是真正的通俗文艺。一般情况下,大型的活动中的任何节目都预先安排好了。老舍唱太平歌词《过新年》,既是娱乐,又是政治,更是工作任务的部署与接受的有机形式,不着痕迹,但老舍在文

---

①老舍:《新疆半月记》,见《老舍文集》,第14卷,348页,北京,人民文学出版社,1989。

第六章 京/华/风/云

学艺术界就被定位了。待到一个月后的文联常委扩大会上，老舍和邵荃麟、孙伏园、艾芜、沙汀一道被增补为中华全国文学艺术界联合委员会全国委员，这便是在组织形式上确认了老舍是文艺界有地位的一员，这样他去开展通俗文艺工作就名正言顺了。到2月16日，老舍两个月内写了许多曲艺作品，七八百行的鼓词，三段相声，还有一些介绍写鼓词的经验、相声修改的经验（去除不合意识形态要求的内容）的文章等。可见，在会议之前，就有人向老舍耳提面命，让他投入通俗文艺。这一阶段和抗战时期向富少舫学习鼓词不一样了，这是由上级下达的工作任务。就老舍本身而言，他不轻视通俗文艺，更不轻视从事这个行当的人，这里面有许许多多是他的同族旗人。老舍做这项工作持续了十几年，后来因话剧成绩的突出，大部分精力就用于创作戏剧了。但是，通俗文艺方向的身份定位一直没有改。1953年在中国文学工作者第二次会议上，老舍的发言内容仍集中于通俗文艺，只是多了民间文艺，到了1960年第三次会议，才有了新的重点，谈少数民族文学，那时老舍的统战作用在于他的满族身份。老舍乐意去写或改编通俗文艺，那些艺人也是重要的原因，许多的旗人都在这一行中，给他们找碗饭吃，让他们活得有点尊严，把他们那快要失传的玩意儿保存下来，老舍冲着这些人也要干这个工作。

开会的重要性，要等到新闻报道出来才能充分显示，这一点几乎全国人民都知道，对新闻上经常亮相，或长久不见的人物，人们都会进行近乎专业水平的判断。1950年，老舍刚从美国归来，全国文联庆祝新年并欢迎老舍，新年联欢会以后，报纸上有报道。看看标题就能明白，宣传是如何看待老舍的。正标题是《全国文联新年联欢欢迎作家老舍返国》，副标题"老舍谈美帝文艺低落现象愿意学习为新中国作点事"，体味其中的意思，老舍离开"美帝"，从敌对阵营返国，有点弃暗投明的况味。我们欢迎老舍这样的作家回归，他也认识到了美帝国主义的文艺是没有前途的，但是对社会主义的文艺事业还没有摸着门道，只能学着做吧。联欢会是热情的，报纸是冷静的。不同的部门，态度不尽一致。尽管老舍1946年去美国之前对自己来办出版事业充满热情，赵家璧也将出版公司办得很好。但是，老舍心中也明白，私营的事业是要老舍从美国归来后，1950年1月4日，全国文联庆祝新年并欢迎老舍，图片为会后的新闻报道。

改造的，他和赵家璧谈结束晨光出版公司的业务。

第二次会议是全国性的，1953年9月23日至10月6日，中国文学艺术工作者第二次代表大会召开，将中华全国文学艺术界联合会更名为中国文学艺术界联合会，改选了领导机构。中华全国文学艺术界联合会是1949年7月19日正式成立的。它是中国共产党领导下的文艺组织，是中国人民政治协商会议发起的单位之一。抗战开始在武汉成立的"文协"，战后转移到上海，那是一个有界别局限的文学家协会，更因为那是一个在国共之间中立的民间组织，所以"文联"取代"文协"是加强中国共产党与人民政府的领导。在这个会议上，老舍的角色地位很明确，他是跨作家协会与曲艺家协会的人，所以他发言强调新文艺工作者和民间艺人相互尊重与学习，取长补短。这是老舍当前起作用的角色。他还有一个联系过去和现在的角色，"文协"改成"作协"涉及方方面面关系，必须和有关方面打个招呼，这样才能够有利于

第六章 京/华/风/云

统一战线工作。老舍是作协主席团提名的副主席人选,又是过去的"文协"的实际负责人,"文协"常委会委托老舍去看看邵力子,向他报告此事,老舍便给邵力子写了一封信。老舍在这件事情中的角色,确定了他在文艺界的统一战线中的地位。其实他也是个非党人士,而且是从美国回来的,也是统战对象。邵力子、冯玉祥当年对"文协"很支持,冯玉祥不在了,必须给邵力子这样的资深人士一个交代。老舍担当此事,于公于私都合适。老舍这次当选为文联委员、作协副主席,他再也不像当年在"文协"中起那样重要的作用了。10月,"文协"正式更名为中国作家协会,虽然在1960年的文联第三次代表大会上老舍当选副主席,但是他明白自己不重要。周扬为作协党组书记。老舍习惯并保持了和文联、作协的关系。1966年6月,江青、张春桥对文艺界实行"彻底清洗",一大批著名作家被揪斗和批判,包括领导和一大批中层干部。6月15日,中宣部派工作组进驻作协。8月12日,经群众选举成立作协革委会。一切都乱了,且看不出如何重新安排。核心人物尚且如此,老舍指望谁来保护他?

1953年9月25日,第二次文代会时拍摄。老舍作大会发言,谈团结、学习与各个协会加强联系的问题,会议休息时与代表合影。左起:亚明、欧阳予倩、陈沂、老舍、华君武、程砚秋。

老舍参加的会议中给他心理上安慰的只有广州会议。1962年3月,老舍到广州去参加戏剧创作会议,他记述:

> 在北方,天气还很冷,上火车时,我还穿着皮大衣。一进广东界,百花盛开,我的皮大衣没了用处。于是就动了春游之念。在会议进行中,我利用周末,游览了从化、佛山、新会、高要等名城。广东的公路真好,我们的车子又新又快,幸福非浅。会议闭幕后,游兴犹浓,乃同阳翰笙、曹禺诸友,经惠阳、海丰、普宁、海门等处,到汕头小住,并到澄海、潮安参观。再由潮汕去福建,游览了漳州、厦门、泉州与福州,然后从上海回北京。
>
> ……
>
> 在广东、福建各地游览,几乎每晚都有好戏看。粤剧、潮剧、话剧、闽剧、高甲戏、莆仙戏……没法看完,而且都多么精彩啊!最令人高兴的是每个剧种都有了传人……我爱好文艺,见此光景,自然高兴;我想,别人也会高兴,谁不爱看好戏呢?①

老舍代表全国"文协"常委会致信邵力子。

---

① 老舍:《南游杂感》,见《老舍文集》,第14卷,387~390页,北京,人民文学出版社,1989。

老舍不谈正事，专挑高兴的闲话说，关于会议上说了什么，几乎没有提到一个字，游览观剧的背后是精神振奋。参加会议的人，有中共文化高级官员，最高领导层的有周恩来、陈毅，广东地方领导最重要的人物是陶铸。这些人与会，是对文艺工作的极度重视，是来给艺术家打气的，从知识、艺术与科学方面给他们以尊重。周恩来作报告《论知识分子问题》，陈毅讲，"我们应该取消资产阶级知识分子这顶帽子，我给你们'行脱帽礼'"。我们现在能看到的老舍日记，从来都很简单，唯有这次会议记录特别详细，记下了这些领导人的言论与指示，记录陶铸的达到1500字，陈毅的差不多2500字，没有周恩来的记录，大概是因为两人事前有过深入地探讨，他说的东西，老舍早已心中了然。

会上，国内著名的导演、戏剧理论家都到了。分管领导与导演、表演艺术家有阳翰笙、田汉、李伯钊、张庚、曹禺、齐燕铭、金山、李健吾、陈白尘、胡可等。分管领导从艺术民主去说一系列的问题，导演们多谈导演表演艺术的规律。这是没有过的经验与感受，正像广州的温暖天气，也像到处开着的花朵。

1962年3月2日至26日，老舍（右四）在广州出席文化部和中国戏剧家协会召开的全国话剧、歌剧、儿童剧创作座谈会。老舍会上的发言《戏剧语言》，发表在4月10日的《人民日报》上。

压在老舍身上重重的皮大衣卸下了,他有松了绑的感觉。看各个剧种的戏好,而身边的这场会是个重头戏,比什么都好。要不,老舍哪儿来那样的游兴,怎么会整日地乐着?

老舍毕竟天真,连那些资深的政界人士也不会想到,回到北京几个月,广州会议上说的话都不曾见付诸实行。文艺界的各种口号甚嚣尘上,有批判"利用小说反党"的,有提倡"大写十三年"的,昆曲《李慧娘》被批判了。元旦时还有点寂寞中的盼望,盼到第二年春天,老舍只剩有回忆了——《春来忆广州》。预约的没有见到,许诺的难以兑现。老舍明白自己老了,老了也是个"资产阶级老人",陈毅说要脱帽,这帽子看来是脱不掉了。这次会议前前后后的过程,对老舍来说是个内心的消耗,一直影响到1966年最后一段时期的生活。老舍找不到自己的位置了:越不出现实生活语境,只有更自觉地往边缘上站了,他无法相信自己仍是一个属于人民的艺术家。

1966年春,老舍与英国人斯图尔特·格尔德、罗玛·格尔德谈话,他将自己一生对中国革命的认识作了个总结:

> 我写过《骆驼祥子》。那是因为,那时的世界是一个人人都可以很容易地找到自己位置的世界。那时人与人的关系很明显,界线划分得十分清晰,有人一贫如洗,有人富甲天下;有人被剥削,有人剥削人。这些都是实实在在的东西,作家可以描写这些现象,就像一个人可以用相机把它们照下来一样。祥子不一定真的像我写的那样感觉和思想,但当我创造这个人物时,我可以设身处地,想象如果我在祥子的位置上,我会怎样做。这种经验是读者也可以分享的,读者可以想见自己拉着洋车,而不是坐在洋车上。任何没到过北京的外国人也可以想象自己在同样处境下的感觉。

这是他唯一一次直接承认,祥子的精神世界中有他这个知识分子的认知方式，他更自信祥子是属于全人类的。他那时清楚自己的位置处境，不像现在这般困惑。他仍然痛恨祥子生活的那个世界，仍然肯定自己那时是一个进步的知识分子：

> 从写作角度看，那是一个相对比较简单的情景，贫富差距十分明显，饥饿和疾病造成了巨大的痛苦，而那些应该负责的人却对此漠不关心。在中国，一个被接受的现实是千百万人生存的价值就像一群牲畜，他们存在的理由仅仅在于为少数人服务，他们是消耗品，他们的性命一文不值。一些外国人也不把中国人当做和他们自己有一样情感，一样痛苦或悲伤的人类看待。
>
> 在那种时代，你要么和那些认为社会现实是自然秩序的人同流合污，要么就站在他们的对立面。这就是革命的实质。如果你相信普天下四海之内皆兄弟，那你也就没什么别的选择了。你就是一个革命者了，你就会支持那些有勇气、有决心改变社会现状的人了。

老舍没有办法否认别人对他的看法，就像他的《人同此心》的电影剧本被否决的评语："一个没有改造好的资产阶级作家，他的'帽子'是一定要戴。"这些年来的思想改造的确是没有成功，他是被这个世界遗弃的对象：

> ……现在，革命进入了一个新的阶段，重点是要改变思维方法，而不是改变生活条件了。
>
> 我能理解为什么毛泽东希望摧毁旧的资产阶级生活方式，但我不是马克思主义者，所以我无法描写这一斗争。我也无法和1966年的北京学生一样思维或感受世界，他们是用马克思主义的观点看待世界的。

> 你们大概觉得我是一个69岁的资产阶级老人,一方面希望革命成功,一方面又总是跟不上革命的步伐。我们这些老人不必再为我们的行为道歉,我们能做的就是解释一下我们为什么会这样,为那些寻找自己未来的青年人扬手送行。我们把描写新社会的任务也移交给青年一代,他们可以根据他们的经验改造社会。①

但是老舍仍然感觉到这个世界正按着新的革命逻辑往前走,自己则不在这个行列之中。老舍的生活哲学,不过是一个经验主义者。经验总是后见之明,前途漫漫看不透,但是他可以相信经验过的事实:周恩来是老朋友,可信!陈毅的一席话也让他放心这个领导。灾难来了,他诉诸过去的经验,想起这两个人,他隐隐约约地有着一种安全感。1966年7月10日他对巴金说:"请告诉朋友们,我没有问题,我很好,我刚才还看到总理和陈副总理。"言下之意:这两个理解我的人,总会为我们说话的。老舍总说不懂政治,其实他有纯粹的政治理想,那只是人间天国一般的未来,但是他真的不懂复杂的政治力量的较衡,只能面对风云诡谲的文艺界郁闷。

二、持续与自主

从开始写作到离开人世,老舍历经40多年的创作生涯。在这40多年里他追求创造,服务国家民族。从今天的文坛和文化现状看,以写作为职业的小说家们有生命创造意识的已经不多,后现代已经不谈创造。老舍的价值,只存在于仍然坚持艺术创造的人们中间。创造是一个主体活动,在持续创造的过程中作家是有其自主性的。在现代与后现代交错的语境中,考察老舍这样的作家的主体性自觉与时代的文化政治之间的关系仍然有一定意义。

---

① 老舍:《老舍自传》,286~288页,南京,江苏文艺出版社,1995。

在20世纪里，中国现代作家的创作生命与国家政权的变更、民族关系的改变、国际与国内的政局变化以及战争、意识形态主流转向等有密切而又复杂的关系，各时段作家的创作生命或被激发，或被扼制。在此语境中，人皆受其影响，不可能存在创作生命的绝对独立自由。老舍充分承受这种影响，因为他的创作生命持续经历了多个政治背景与历史阶段，他秉持独立不倚的处世原则，但因其生活经验、创作成就与所处体制中的地位而不得不与各种人物和力量保持不即不离的关系。境遇让作家创作的自主与持续不可避免地经受着考验。

老舍的身份是独立作家，他以生命维持创作的自主尊严，更将文学创作的生命力与普通民众生存紧密联系，映现国家、民族的政治现代性语境，因此其独立创造和对现代历史语境的阐释价值更为彰显。老舍有别于多数中国现代作家，他们在后半生，少有能够持续创作、自主表达的，而老舍文学创作的生命力延续到60年代初，而且有《茶馆》那样的名作；但老舍亦未能例外，其创作生命先于自然生命在高峰期戛然而止，显示了从事文学创作的知识分子在强大的外力冲撞挤压下的非自主性危机。

读者诸君且随我由老舍历年元旦发表的作品和创作活动与政治文化环境的关系入手，讨论其创作生命的自主与持续所关涉的复杂的中国现代性问题。其中包含：个体生命的创造自由与社会独立；民族危机与全民抗战中牺牲个人自主和坚持艺术创造；出自平民感情对新政权的"歌德"和独立反思的艺术创造中呈现的中国政治现代性与人性的被动承受。

一元更始

一个人持续大半辈子，在同一时间做同样的事情，必定是他生命中内在化的不可动摇之事，换而言之，其生命中有一股不可抑制的动力非从事它不可，他深深地认同于所从事的行当并为明确这个身份而自豪。老舍以写作为业，几十年里都在元旦当日发表作品、从事写家的工作。为讨论老舍生命与创作的自主逻辑，我做了统计表：

老舍元旦创作与作品发表调查

年份	作品体裁	数量	作品名称
1933	散文、短篇小说、杂文、新诗	5	《一天》《爱的小鬼》《关于个人生活的梦想》《慈母》《热包子》
1934	短篇小说、杂文	7	《黑白李》《铁牛和病鸭》《也是三角》《特大的新年》《新年醉话》《新年的二重性格》《个人计划》
1935	短篇小说、翻译	4	《末一块钱》《老年的浪漫》《裕兴池里》《战壕脚》
1936	自述	1	《我怎样写短篇小说》
1937	无	0	
1938	论文	2	《是的,抗到底!》《写家们联合起来!》
1939	新诗、散文诗	2	《一九三九年元旦》《贺新年》(抗战宣传)
1940	论文、散文	2	《抗战戏剧的发展与困难》《向王礼锡先生遗像致敬》
1941	自述、话剧、杂文、新诗	6	《三年写作自述》《我怎样写通俗文艺》《张自忠》(四幕剧)、《元旦铭》《在民国三十年元旦写出我自己的希望》《胜利之年》
1942	报告	1	《民国三十年"文协"会务略报》(没有个人标志)
1943	祝寿诗(合撰)、杂文	2	《沈衡山先生七十寿辰》(参与群体活动,写而不发)、《对三十二年文艺界的希望》(1月4日发表,没有如约在元旦发表)
1944	序言、杂文、散文	4	《火葬·序》《新禧!新禧!》《一年之计在于春》《过年》(在5日发表)
1945	无	0	
1946	旧体诗	1	《白云寺》

年份	体裁	数量	作品
1947—1949	无	0	在美国。主要工作是翻译自己的作品，同时完成《四世同堂》的创作和"The Drum Singers"。
1950	散文	2	《过新年》（1月6日）、《美国人的苦闷》（1月10日）
1951	散文、戏剧	2	《元旦》《方珍珠》（首演）
1952	曲剧	1	《柳树井》
1953	无	0	6日，写信给胡乔木，提到应"给够用的时间"。
1954	无	0	
1955	无	0	1月12日，《无名高地有了名》开始连载。
1956	快板诗、创作谈	2	《贺新年》《壮大青年作家的队伍》
1957	杂文	1	《人长一岁，事进千里》
1958	散文、书信、杂文、旧体诗	4	《贺年》《新禧》《恭祝日本青年朋友们新年好》《元旦试笔》
1959	散文、旧体诗	3	《元旦放歌》《越看越高兴》《元旦高兴》
1960	创作经验谈	1	《我怎样投稿》
1961	创作谈	1	《读王培珍的日记》
1962	创作谈	1	《试笔》
1963	杂文	1	《可喜的寂寞》
1964	无	0	
1965	无	0	
1966	写信	1	致日本作家们信（写成，未发出，另一种形式的否定）

这份调查表统计的对象是作家在某一特定时间的文学活动与成绩,其用处不在表现文艺观念与作品阐释,而是展现作家活动与社会文化政治环境的互动。它的重要提示功能是:第一,明确"自我"。老舍几十年来坚持明确身份,告诉大家:我是个写家,正在写作,新年第一天,我就把这些作品献给读者。但是抗战之后,他在这一天展示的创作成绩少了。第二,重视"时间"。老舍和刊物、报纸约定,一定得在元旦这一天发表这些作品。它是新年明志,接近平民辞旧迎新的方式。看重新历"元旦"而不是春节,既有他受师范新知教育的背景,也不脱平民百姓"一年之计在于春"的勤劳本性和一元复始万象更新的吉祥意愿。第三,生命持恒。它是持之以恒的生命状态:每年之初,检讨过去的创作成绩,计划和展望新年创作,数十年如一日。一个有相当知名度的作家,向社会公告自己的计划,反过来也是对自身的督促。创造新的文艺作品是老舍的最大心愿,一旦辍笔,决非己愿。第四,虚掷、无言与绝望。那些放弃习惯的"元旦空白",他无法进行大的创作计划,没有了大作品,只能写些短文,不由自主地因虚掷时间而内心煎熬。持续还是中断,自主还是放弃,都说明了中国作家在特定政治文化语境中的反应与行为方式。

诸位须明白,这一习惯为什么是从1933年开始,以前老舍是如何表达自己的?首先,这里列出的是老舍在国内的主要创作生涯,从1926年在英国写作发表《老张的哲学》到1932年间,老舍成为有影响的小说家的那几年未曾列入。老舍在英国写小说时并未以此为终身志业,对自己的创作生命的反思没有后来的《老牛破车》那么自觉,自然也没有在年初对公众自我表达的愿望。将"写家"作为终生职志,那是老舍从英国回来、结婚之后的事情。在齐鲁大学教书,可以安身立命,但是老舍不甘心专做教授,他的志愿仍然是"职业作家",要做个自由写作的人。自由地写、由自己主张创作,才是他的专有名词"写家"的主要意思,"作"家便带点不自由的"做作",甚至会走到"应制"一途。可以认定,老舍终生写作的志愿是自1933年开始的,做职业作家的愿望在1936年短暂实现,但难以为继。抗战中和战后都有大学邀他执教,甚至20世纪50年代仍有重要人物建议老舍到南边的大学教书,后来与教书绝缘是

第六章 京/华/风/云

他的自我选择。不教书,却有了比教书更棘手的事情,而且不容抽身。但在各种干扰中,老舍仍是以写家明确自家身份。

其次,根据老舍创作分期,我的分期不仅看代表作,更看重人的活动,是根据老舍的境遇及其创作生命的持续与文学活动的自主方式的阶段性而定的。因为作家的代表作仅仅标志着他自主创造的高峰体验,而遭遇的那些妨碍创造的因素则难以体现,中国现代作家的生命创造的实现,应该有代表作之外的东西参照衡量。因此,列表的基点就在于老舍元旦的文学活动是一个贯穿的行为,它的代表性就是它的庸常性,其中的空白的意义也许大于发表作品。就在这样的庸常基础上,我认为老舍一生创作有五个阶段:

第一,在英国教书与回国初期(1926—1932,表格列举内容之前)。边教边读边写,从狄更斯等开始认识到整个欧洲文学的历史与当代性,确立了文学与人类社会的现代性意识,明确了小说的人生意义。老舍找到了"写家"自我。

第二,回国后到抗战前(1933—1936)。这是老舍个人生活与创作相对自由的时期,除了教书和必须承担的一点家庭义务,能自主时间,创作自由,有明确的身份位置。所以,每当元旦,他兴致勃勃地向公众报告自己的成绩与计划。

第三,抗战时期(1937—1946)。没有抗战,老舍还会有多少《骆驼祥子》《离婚》《断魂枪》?战争让他遭逢贫病疾苦,也苦闷过,但他能够自主,其创作持续并发展着。"文协"的责任让老舍有"戏",他"不做官,不教书,也不善于应付人,但在'文协'却对付了下去。……它是用不着协商的团体"[①]。他牺牲艺术来宣传抗日,但不后悔,而且本阶段戏剧创作为《茶馆》达到的最高成就打下了基础。抗战中后期,他对民族文化和小说叙事形式有了更深刻的反思,于是有了《四世同堂》。这个阶段,老舍把个人放在了次要地位,元旦常常是以"文协"的声音讲话。老舍获得了一个放大了的自我,代表了团结抗战

---

① 赵景深:《记一个作家集会》,转引自张桂兴《老舍年谱》,507~508页,上海,上海文艺出版社,2005。

的中国作家整体。

第四,美国讲学与滞留三年(1947—1949)。连续三年元旦,因家国远隔重洋,不便利用国内报刊发表文章。老舍在美国一边进行计划中的创作,一边与美国友人合作将自己的作品翻译成满意的英文。老舍自信地将自己创作的作品翻译介绍给世界,借"翻译的自我实现"扩大中国现代小说的影响。

第五,从美国归来到太平湖自尽(1950—1966)。17年里老舍的心态酸甜苦辣、五味杂陈,有时激情洋溢地撰文"歌德",有时莳弄花草移情,有时情绪低落地摸骨牌,有时疑似人格分裂,却在内心坚守。1950年老舍回到北京,多年的战争动乱结束,民众苦尽甘来,不由他不感动。买房、从北碚接来家人团聚、安居乐业是理想。平民感情与社会建设的一致,让他写出不少歌颂性的曲艺、散文与戏剧作品。安居易,而乐业难。旧知识分子的思想必须接受改造,他参加各种社会政治活动,来证明自己已经克服了资产阶级个人主义。他只是在内心深深地保持独立知识分子的冷静思考,反思一生经验的现代政治语境的结晶是《茶馆》。《茶馆》之难以顺利持续地上演和《正红旗下》被束之高阁,却又反过来证明他和这个时代、和当代政治的疏离。进入20世纪60年代,老舍如《断魂枪》中的沙子龙,"他的世界已被狂风吹了走"。

时间、政治现代性与自主

上述分期只为论述老舍如何把握时间,即在现代政治框架中自主与持续创作生命。

作家持续创作必备一些条件:从个人讲,是源于生命冲动的艺术创造的志愿与精力、时间相符;从外部环境讲,是从事写作的环境的安定与自由。内外因素又可以导致条件缺失:从作家本身而言,主要是生病而耗损了精力无法利用时间;身外的因素,是缺少安定自由写作的条件,精力耗损、时间的不由自主。老舍一生创作过程受妨碍,出于个人原因而影响与分散精力者有三:其一是贫血与打摆子,其二是腿病,其三是教书与社会活动;非个人意愿能够转移的外部影响最大,干扰乃至终止其创作与自然生命的,是战争动乱、创作志愿与体制要求的不一致以及政治运动。

第六章 京/华/风/云

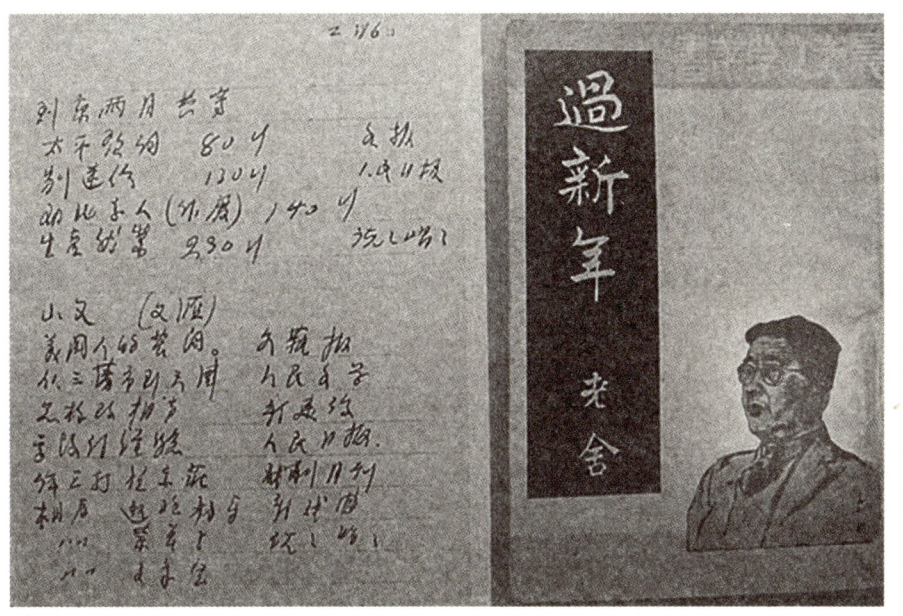

左图：回国两个月的写作记录，这都是奉命而为；右图：老舍刚刚回国时的曲艺作品与论文集。

1966年4月底，老舍向王莹说："我自己，在过去十几年中，也吃了不少亏，耽误了不少创作的时间。您是知道的，我在美国曾告诉过您，我已考虑成熟，计划回国后便开始写以北京旧社会为背景的三部历史小说：第一部小说，从八国联军洗劫北京起，写我的家史；第二部小说，写旧社会许多苏州、扬州女子被拐卖到北京来，堕入'八大胡同'娼妓火坑的种种悲惨结局；第三部小说，写北京王公贵族、遗老遗少在玩蟋蟀斗蛐蛐中，钩心斗角，以及他们欺诈压迫下层平民的故事。可惜，这三部已有腹稿的书，恐怕永远不能动笔了！"①

时间流逝注定是人生的苦恼。中国的知识分子，常常不是为自然生命的短暂而苦恼，而是为不能主宰自己的时间而苦恼。掌控与运用个人时间，若与更大的人群实现人类理想的努力相一致，那是个人生命与人类生命的和谐；现实常常是没有多少价值的体制组织形式的运作——它借堂皇的名义——主宰了个人富有创造的生命时间，那是现代社会的悲剧。活着而想有

---

① 谢和赓：《老舍最后的作品》，见舒济编《老舍和朋友们》，549～550页，北京，三联书店，1991。

所作为者,会力求实现其志愿与计划,时间与精力是人实现生命目标的前提,此二者在健康的基础上合二而一。老舍对此深有认识,他从纪念鲁迅生发出结论:"一个人的精力与天才永远不能完全与他的志愿与计划相配合,人生最大的苦痛啊!只有明知这苦痛是越来越深,而杀上前去,以身殉志的,才是英雄。"①老舍和许多有志的知识分子一样,以延长工作时间来延长生命,20世纪50年代老舍一天要用十多个小时,来应付不同的社会活动,即便这样,他也要保证创作时间。

如果内心能保持有条不紊,仍不失生活与工作的节奏。一旦心理受到压迫陷于紊乱,即使可以被动地应付社会差事,用于个人创作的时间便成为虚无。从抗战期间直到"文革"开始,老舍越来越深地被"时间焦虑"控制了,反抗控制的努力变成了个人内心的巨大痛苦,"以身殉志"成了他生命的谶语,但是其内心的"英雄"气节却被人们忽略了。老舍具有宗教心理倾向,他无法成为个人主义者,为最广大人群的利益的努力,往往把他的"小我"扩充为"大我",一旦发现这个主使"大我"的政治力量与自我的矛盾,就会让老舍痛苦徘徊。当此时候老舍的心态最为复杂,一边要追随那个为人民服务的宗旨,一边又对其中某些虚伪的成分反思。他踯躅犹疑,无法用虚构来反映这种自相矛盾,失去了创作自主,甚至连"小我"也放弃了,即使写某些东西也不能弥补虚掷的时间、浪费的生命。言不由衷的过程的持续将带来人格分裂,为不继续分裂或使之扩大,最好的方法便是沉默,20世纪60年代初的老舍就是如此。

在创作生命的不同阶段,老舍的时间焦虑的内涵是不同的。在抗战前,三十多岁的老舍总以为一边教书、一边创作,把生活分成两半是敷衍生命,而写作是他的"宗教"——和沙子龙的"枪"、祥子的"车"一样,他愿爽爽快快地做一个职业写家。他一贯将小说创作看成是表现与解释生命的方式,也是

---

①老舍:《鲁迅先生逝世两周年纪念》,见《老舍文集》,第15卷,361页,北京,人民文学出版社,1990。

他的个人生命与人类生命结合的方式。教书固然占用了大量创作的时间,不教书就能理想地支配时间吗?老舍无法预料的是,自抗战以后创作时间被占的情况日趋严重。

设想老舍小说的创作一帆风顺,如果不是战争,他一定期望按照1933年的时间安排直线发展。可是时间在一个世纪里拐了太多的弯,有太多的重新开始。老舍也许始终没能明白中国现代政治的不确定性。这个不确定性对人提出挑战,绝大多数人应对不了。老舍的一生,总是与战争、动乱等不安定环境联系在一起。中国的现代性不是沿着将蒸汽机变成工业动力或者海上探险开拓的方向,中国现代工业的发端是从安庆的军工生产开始的,那是为战争作准备,并没有带来民生的现代改变。中国在完全被动地打开国门之后,以梁启超为代表的中国知识分子没有找到在中国的经济基础上进入现代的道路,而确信必须在思想启蒙与政治革命的前提下才能建构中国的现代社会。大半个世纪里,我们经历着各式各样的战争、非战争,暴力与和平的革命。每一次的变动作用于老舍这样的被动者身上,不是被迫改变创作方式,就是中止创作。中国的政治现代性的展开使无数人成为变动乃至动乱社会的受害者。

回到上列的表格,我们看老舍元旦写作发表作品本是连贯的生命乐章,中间时而出现异常休止,有一些"空白的元旦"。除去出国的三年,造成空白的基本因素就是政治变动(包括最高表现形式——战争)。时间仿佛突然休止,老舍的生命之弦停止发声,命运变得不可把握、难以自主。空白是持续过程中的休止,但是接下来的常常是另一个旋律。1937年,老舍第一次元旦无语。十天后的讲演中,他提到"国难","在这混乱社会里生命不知何时就完"。没有抗战,老舍也许会将《小人物自述》写完,但它不会是《正红旗下》的模样,也许注定这个以自我为叙述中心的题材不能成为完整的作品,它两次成为政治的注脚。这年11月,老舍别妇抛雏投身抗战,把个人生命与国家民族命运紧紧地连在了一起。下一年的元旦,他号召《写家们联合起来!》,连续三年的元旦都不曾发表"自我"创作,他以一个超越个人的"大我"的声音讲话。三

年之后，才腾出工夫作个人的《三年写作自述》，历史的动乱带来了自我创作的扩展，虽然抗战结束老舍仍称"在戏剧界我是个末等角色"①，《国家至上》的发表与上演还是标志他从独擅小说走向文体多面手。在物质匮乏与病痛造成的精力不济的困苦中，老舍传达文艺界对抗战胜利的期盼，《在民国三十年元旦写出我自己的希望》中希望在艰苦的战争中生活略略改善，这样才能维持创作。

抗战是艰苦的，"文协"的工作是劳累的。贫病之中的老舍，1942年元旦仅发表了标志着"文协"活动与希望的"会务报告"，已经无力再作自我表述。他也渐渐地失去了对时间的把握，无法操控在元旦当日发表文字。1943年《对三十二年文艺界的希望》推迟到1月4日才发出来，而1945年《今年的希望》迟至2月1日才发表。1946年他只有抒发苦闷的旧体诗。唯有1944年元旦，老舍略有些振作，发表《火葬·序》《新禧！新禧！》《一年之计在于春》，妻儿由北平到北碚团聚，多少给他添了点力量。抗战期间时间不能自主可以化成一种仇恨，归罪于世界法西斯，而20世纪50年代和60年代的不自主则只能郁结于心中了。

持久的抗战语境触发了另一种自主，知识阶层的"新启蒙"运动展开了对新旧文化传统的反思，也打开了老舍创作的视野。若不是反思到民族文化像一棵大树根深叶茂，也不会有《四世同堂》的文化隐喻，它是传统家庭与古都北平经历战火而重生的文化寓言。战前的老舍是通过内省来创造世界，他持悲观主义哲学，反对尼采的超人哲学而接近托尔斯泰，小说中常把对生命的解释归结到叔本华的悲观意志上去。祥子"车"的志愿如此，老李对爱情的追求也是如此，沙子龙的枪的命运是"断魂"。个人的生命意志是老舍战前小说的中心，《四世同堂》却是东方文化在战火中洗礼、淬炼，让人们看清这个文化的延续的可能与合理性。这个像"百回本"的长篇中，融进了更多的民族

---

①钟洛：《老舍先生在上海》，转引自张桂兴《老舍年谱》，511页，上海，上海文艺出版社，2005。

叙事方式。比起《骆驼祥子》，这是一个更宏大的结构。如老舍自己说，结构本身是哲学性的，大河奔流的民族战争历史比起个人生命的悲剧来说，是一个更广大的文化哲学的阐释。抗战让他牺牲了许多属于自己的时间，却进入了一个更高的文学境界。在第二次世界大战的特殊世界政治语境中，他和全民族一起反对法西斯政治。

越过在美国的三年，20世纪50年代和60年代老舍经历着"时间与政治"的缠结：1950—1952年是服从社会主义建设的政治现代性认同，因而被政府授予"人民艺术家"奖状；1953—1956年对干扰创作时间多有烦言，以致受到冷遇；1957—1963年诉诸"两面笔法"，它不同于春秋笔法暗寓褒贬，却在歌颂的字面底下曲折传达其不满，把个人对文艺界的不满包裹在对政治热情的歌颂中，隐隐地透露出为自主创作而抗争的意志；1963年以后几乎失语，他深深地感受到这时期的政治权威已经不是以前所认同的。这是一个由热到冷，也是一个逐步清醒的痛苦过程。他终于在1966年醒悟到：我自己，在过去的十几年中，也吃了不少亏，耽误了不少创作的时间。这也是一个由较少反思转向痛苦思索的心灵历程，其间老舍从一个带有宗教般热情的"大我"逐渐退回内心真实的自我。因此，对一般轻率否定老舍与社会主义政治之间关系的说法，我们有必要仔细辨别。全盘否定社会主义政治现代性有误，而据此否定老舍除了《茶馆》之外的所有作品更是错了。

老舍在美国能够把握住自己的时间，然而脱离了民族生活语境，与广大中国人的分离让他"苦闷"。回国之后所见之政局，给老舍最大的心理安慰是"太平"了，从此可以享受太平的时间，从事文学生命的创造。《太平歌词》"要是没有共产党，咱们谁能看见太平年"，道出了老舍当时对政治的认同。1951年元旦，《方珍珠》上演，决定一个戏的上演可是比发表一篇小

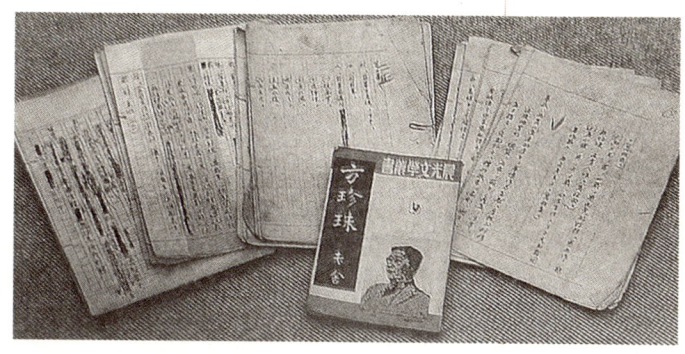

老舍1950年3月创作的以鼓书艺人为题材的戏剧，是他从美国归来后的第一个剧本。

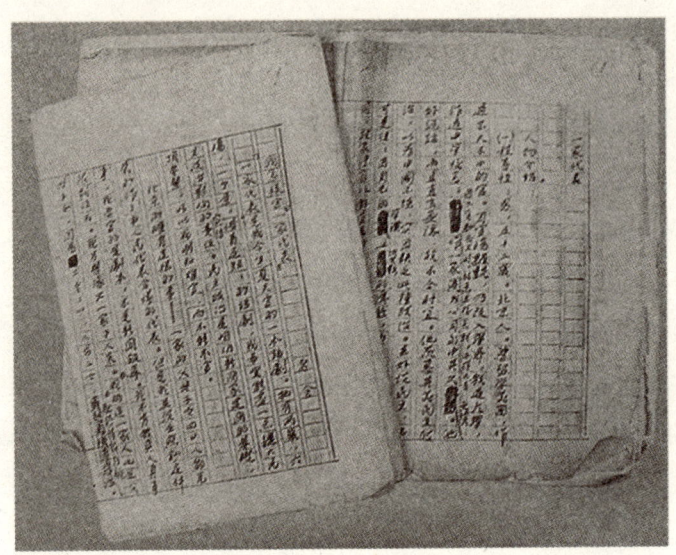

《一家代表》手稿。

说牵扯的面大得多。仅隔一个月,《龙须沟》又上演了,这一年里的收获还有话剧《一家代表》和电影剧本《人同此心》。老舍感受到了民主的氛围与作家自主的尊严,但是在这种自主的音调中有着不和谐的杂音。《人同此心》被搁置。关于《龙须沟》的版本的说明透露出一丝不和谐,他不希望自己的作品被别人改动,然而又不得不听从别人的安排。进而这个不和谐的声音就变成了苦恼。参与集会的权利渐渐地变成了不堪承受的义务。社会民生的太平并不直接等于创作的自由,没有社会动乱不等于心中不乱,过多的社会活动有悖他独立的作家身份,他在很大程度上无法支配自己的时间。他说:"我忍着疼痛,上半天写作,下半天去办公(中国作家协会和北京市文联)、开会、学习和做社会活动。使我感到比忍受腿疼更大的痛苦是没有充足时间去读更多的书,和写出更多的文章。……这使我非常苦恼!"①

1952年元旦,他发表了曲剧《柳树井》,老舍说这一年"是个忙年,一个运动紧接另一个运动,一项重要的政治任务来了,又接上另一项。可是,在万忙中,我总抓紧时间,藕断丝连地写剧本"②。在这样的境遇中,"怎么写的……"

---

①老舍:《谢谢青年朋友们的关切》,见《老舍文集》,第14卷,339页,北京,人民文学出版社,1989。②老舍:《我怎么写〈春华秋实〉剧本》,见《老舍文集》,第16卷,316页,北京,人民文学出版社,1991。

第六章 京/华/风/云

是慨叹语气,和他以前《老牛破车》中"我怎样写……"的陈述语气和自省内容不一样,那是反省不足,这里是说写作中的人际关系,语含不平之气,有"竟是这样"的言外之意。他总算用大半年时间完成了剧本《春华秋实》。老舍对《春华秋实》"怎么写的"方式耿耿于怀,既有政治活动耗散大量时间,又有各种意见左右着创作,那真是一个痛苦的过程。老舍认为这"被改"的作品是"集体创作"的东西,言下之意不是完全个人自主,"人艺"还是客气地让他单独署名。改稿几乎是所有人写作的必不可少的过程,无论是大作家还是一般的作者,差别只是他们奉行的标准之间的差异。老舍对文字的运用极为讲究,对文稿的改动是一贯的。现在是不一样的改稿,改稿的背后有思想改造,其过程是调整思维、斟酌措辞和刻意叙述,最终以期吻合和服从于一个外在的权威。《春华秋实》上演、出版了,老舍忘不了那"怎么写的"过程,还不无怨气地在书信文章中呼吁"给够用的时间"。这个经验直接导致了接下来三个"空白的元旦"。不愉快的经验并未能让老舍放弃,他说"我在'老'作家中可

《春华秋实》十稿手稿,与印出来的剧本相差甚大。

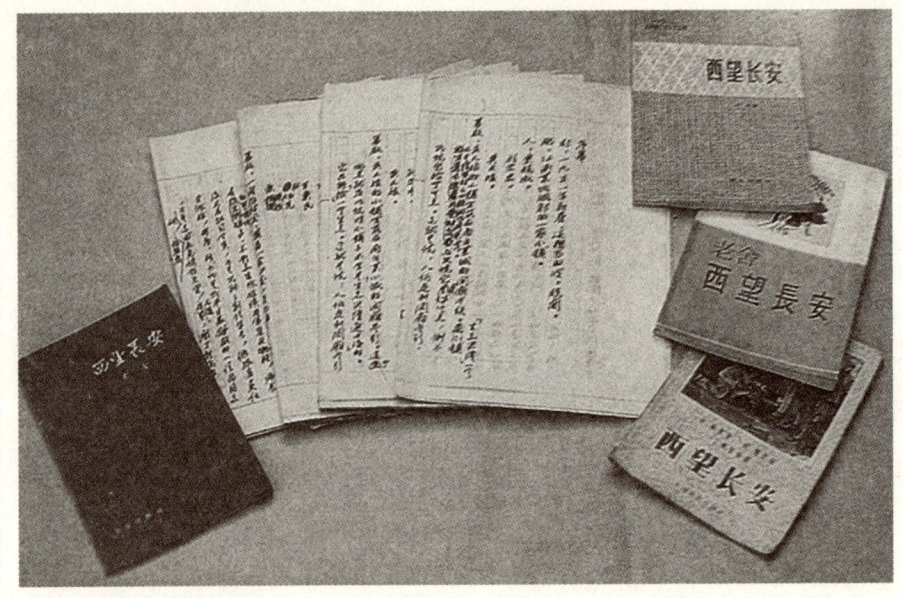

《西望长安》手稿与版本。

以算没有扔掉了笔的一个",其他朋辈的老作家"越不写,越不敢写,这很危险"①。其时老舍也意识到了"怎么写的"和"不写"都有危险。老舍忙碌着体制内的"闲差",公务活动频繁,属于自己的时间越来越少。1954年又是一个无语的元旦,老舍干脆待在朝鲜,几个月少开了不少会议,集中精力写作《无名高地有了名》。抱怨的回报是冷遇,却能促动老舍对自主创作的反思。1955年元旦当然无语,老舍心中酝酿某种转向。这一年的剧作有三种音调,上半年《青年突击队》歌颂社会主义建设中的青春生命(此后他说话最多的对象是青年),下半年转向了"不见佳"的讽刺剧《西望长安》,1956年开始了《秦氏三兄弟》有历史深度的"法"的反思。这个历史演绎的剧作受到特殊关怀,在此基础上转而创作《茶馆》,连周恩来总理于公于私给他的建议也没有采纳多少。老舍在难以自主的经验中找到了自主的坚定性。

建设社会主义中国是富有本土特色的,20世纪50年代和60年代最突出的特征就是讲无产阶级政治,转化到文学创作中,便是工农兵方向和"政治

---

① 老舍:《咱们今天都要拿起笔来》,见1953年2月25日《人民日报》。

第六章 京/华/风/云

第一"。老舍已经领略了不少在这个标准下对艺术构思、组织结构的干涉,他直言抗议大家改电影剧本,结果"四大皆空"。那时的电影剧本和他的话剧本子遭遇的是同样的命运。正是苦恼于这种干涉,他才有在1962年广州会议上认真详细的会议记录,当这股暖风日渐消散的时候,他留恋这次会议,不无隐晦地写作《春来忆广州》。老舍拥护社会主义的建设,但是此后的创作题材更多地偏向于对历史的反思与对照。经历了三个"空白的元旦"之后,老舍已经完成了微妙的态度转变。这里面蕴藏着一股强项的豪气,不服输。其代表性成果就是《茶馆》《正红旗下》,在愈演愈烈的粗暴干涉的压力下,《正红旗下》只能是个未完成的杰作。

1957年元旦,老舍坚持呼吁"时间","只求杂事减少,好匀出时间多写文章",要求文艺界开会"十次会议至少要有六次是谈文艺问题的"①。老舍是顾大局的,不能让自己不满的情绪造成对社会的影响乃至反作用于自己的压

1961—1962年,老舍创作《正红旗下》,未完而中辍。

① 老舍:《人长一岁,事进千里》,见1957年1月1日《北京日报》。

力，1958年和1959年元旦，他都转向谈家事国事天下事和抽象地谈劳动，里面缺少的是属于个人的声音，好像在给自己宽心，又像是虚应故事。1960年元旦，撰文《我怎样投稿》，和他的日记一样，老舍诉诸两面笔法，重点在自己"扔掉过许多许多稿子……出了废品即扔在纸筐里"，然后说这样"逐渐获得进步"。老舍生活在一个定型的文艺体制中，他的独立创作与文艺界的组织活动方式有很大矛盾，他内心的文学理念与主流意识形态表面和解，其实内在有诸多格格不入。

此情此境，老舍可以放下笔来，不再继续写作《正红旗下》，但不可以自我否定其政治正确性。直到1966年7月10日，他对老友巴金说："请告诉朋友们，我没有问题……""没有问题"当然指政治方面。颇有意思的是老舍利用应景文章，既不昧着良心高调呼应，也不将不合时宜的内心袒露，保证能够展示其政治正确性，这是他独有的笔法。他往往借与青年辈的交往，讲一些堂皇的事情，掩饰内心的不快，老舍是一个愿意和别人分享快乐而不愿意让别人看忧郁脸色的人。1961—1963年元旦没有留下空白，但是那些文章《读王培珍的日记》(1961)、《试笔》(1962)和《可喜的寂寞》(1963)都在肯定青年人的努力方向，1961年的文章是回应某青年抱怨没有时间练习写作，他告诉青年首要的是劳动，参与创造世界、改造世界，"不事耕种，只问收获，很难成功"，那是参与三大实践的教诲。其实他在教育青年不要谬托知己地谈时间问题，那会害己害人。1962年元旦的文章是教青年人以"勤"的态度去尝试，1963年看着自己学科学的孩子，想象写作科学小品的创新题材，此类题材可以规避敏感问题，以维持政治立场的正确。

在当时，老舍这样的知名人物在面对重大问题时必须要表态。文艺界的重要事件，如抨击林语堂，批判胡风、吴祖光等的时候，要明确表明立场态度。自己赞成什么，反对什么，又是怎样做的，必须在公共场合表白。身为作家如何走在正确的文艺路线上，也得表示出来。1962年5月，他写了《五十而知使命》，不要误会是为50岁生日的自我表述与未来计划，那是为了参加盛大活动——纪念《在延安文艺座谈会上的讲话》发表二十周年，老舍必须表态，起码要谈一点自省心得,说十几年来一直沿着《讲话》方向为劳动人民服务。这年他63岁,却说50岁的事情,不外乎证明自己久已脱离资产阶级立场。文章字面上是热烈拥护,内心却有一点儿恐惧,他要证明自己1950年回国以来的政治立场。

由政治主导着的社会主义,到了20世纪60年代中期,政治意识形态的挂帅已经成了现代化的瓶颈,生活在这个体制之下的作家们,因政治问题而得咎的可能性与日俱增。老舍从20世纪50年代中期以后就谨言慎行,到了20世纪60年代初更不得已借用种种"官话"来掩饰。1965年老舍访日40多天,归来写了一万多字的散文,"稿子是投出去了,但不准发表"[①]。比较20世纪30年代的元旦一日发表7篇作品,老舍真的找不到自己的位置了。

直到1966年4月,老舍才摆脱朋友间打哑谜的交流方式,明确表露对"有问题"的朋友的兔死狐悲,他对王莹夫妇说:"自从1957年以后,朋友中发生了多少变化!"眼看得许多朋友出了"政治问题",不由得感受到自己也随时都会出问题。8月里给臧克家打电话:"我去参加一个批判会,其中有我们不少朋友。"这期间老舍因气管扩张住院看病,但是心中的病无法医治。1950年因为看到"美国人的苦闷"而归国,1966年轮到老舍自己很苦闷。在这样的政治压力之下,创作生命已经死亡,即使自然生命延续多长时间,也没有意义。

"歌德"与反思的辩证

元旦写作与发表作品的持续与老舍内心的一贯是互为表里的。是什么力量促使老舍几十年一以贯之地努力在元旦当日发表作品?那是老舍发自内心深处对中国人乃至人类的温情关怀,这种关怀内化成他的生命冲动,一直涌动数十年不息,它化成老舍的生命逻辑:永远处于生命关怀的起点,不停地创造。体现在文学创作中是充分表现人的生命与情感,用生命美学的理想统摄自己创造的世界,老舍数十年自觉持续地贯彻它。理解这个逻辑的展示过程,即是探讨老舍生活与创作的出发点和理想目标之间的联系。老舍的

[①] 赵大年:《老舍一家人》,转引自张桂兴《老舍年谱》,1107页,上海,上海文艺出版社,2005。

任何一部作品，人物理想的生活都是美好的，努力实现它可能有悲剧、喜剧与正剧多种，任何一种都是对人生的解释。这个逻辑当然体现在他每年元旦的文学创作中："空白的元旦"是生命理想受挫，努力坚持是顽强生命力的体现与完美主义的追求，全然放弃则是对文学理想不可能实现的悲观和对生命的绝望。任何时代、任何文体、任何风貌的作品都与这个生命逻辑相一致，不可以把他的作品与之割裂甚至对立起来。把老舍20世纪50年代以后的作品和20世纪30年代的作品对立着看，是不能窥见老舍创作全貌的。

所以，上一节围绕着老舍历年元旦发表作品情况进行的讨论，实际探究的是数十年来在特定时日，老舍抱定生命美学与解释人生的理想，其文学主体性对应20世纪在政治现代性框架中频仍的世事变化，呈现创作生命的不同阶段的面貌。不变的是老舍作品总是以人为本，他在小说、戏剧叙事作品中塑造的人物，其诗歌和散文的核心意象，都在表现人与变动着的现代世界、人与政治现代性的关系，人的生存价值和尊严。由这个一贯的生命美学出发，我们可以获得对他不同时期的作品持续一致的理解：无论是体现着尼采以及20世纪初欧洲的个人主义文艺思潮与叔本华悲观哲学意味的祥子，还是以传统中国武术文化为生命的沙子龙，体现民族文化精神复活的钱默吟，在战争中秉承中西文化传统饱受内心冲突与煎熬的祁瑞宣，自己有所守却成为他人眼中异类的程疯子，固守生意人本分穿行于中国近现代50年历史而磕磕绊绊终于颠踬的王利发，都是一个独特生命的呈现。老舍文学世界的支柱就是人的生命，独立解释也罢，"歌德"也好，生命美学才是一贯的核心。20世纪60年代初，那个灌注了老舍全部生命的文学世界的创造的难以为继，就是老舍离开我们的预示。

深刻表现人类的生存，创造出一个个活生生的独特生命形象，而又能体现特定民族文化才是老舍的标志性成就。老舍写的是哪个社会阶层，写的是何历史背景，对作品具体语境褒贬，并不能给老舍定性。老舍持续地写北平的市民，但他写的不是市民小说。由于他对日常生活内容的执著，对芸芸众生的同情，其作品中表层的平民感情往往最易于被人们识别，而背后对这些平民人物的现代寓言性却不大能够被穿透。老舍平民作家的称谓真是一半落实一半误解。20世纪30年代老舍的小说虽然写的是市井中人物,但是表现的是"人生中的根本问题"①,一个车夫与洋车的故事写的是生命意志的毁灭,老舍通过创造生命寓言来把握与阐释世界。40年代在个人生命的解释之外,他更多瞩目民族文化的生命力。50年代初,老舍注意人的生命力的重新焕发,由此而描写一些在地上的"天国"的雏形,歌颂促生这一切的人民政府和中国共产党。"生命"是贯穿老舍30多年创作的基本主题,即使是对新政府歌功颂德,也没有一丝阿谀。50年代中后期,《茶馆》中的生命在政治历史的变动中萎缩的表现,是他的历史反思的结果。

老舍的生命美学以人为本,他不愿为官,其个人生活也不依"官"的意志为转移;他可以为社会、为人民服务,也可以行使公民权选举毛泽东,但是他不屈从任何权威力量。他作品中人物获得或是丧失尊严,标志着这些人物与时代变化、现代政治之间的冲突与和谐。时代的变化可以是人的生活的失落,也可以是生活的自主;可以使人在动乱中惶惑、偷生、闹饥荒,也可以使人的生活环境改观;可以是"新时代的旧悲剧",也可以使人从悲剧中解脱;可以使人在复杂的人际关系中耗尽生命力,也可以使人在相对单纯的情境中获得新的生活力量。

老舍始终把自己放在普通人的位置上,他坚持平民的立场而不失尊严,这个立场背后的理想是保证人的生命自由的现代民主政治。所以,他笔下的平民百姓要么力争做一个向社会负责的公民,要么无法享有公民的基本权利,这就是他的生命哲学与现代社会的融合与冲突的形象表达。主导老舍为人处世的是生命尊严的价值观与刚烈性格的结合,他外圆内方。他笔下的人物如祁天佑跳水自尽以保全人格、抗议强权暴力的选择,也是他自己最后的选择。人在社会变动中的积极自主与被动承受,既是老舍作品中人物的生存

---

① 老舍:《老牛破车·人物的描写》,见《老舍文集》,第15卷,247页,北京,人民文学出版社,1990。

状况,也是他几十年的生命史。他创造的文学世界与他的个人生活是有几分相似的,把艺术与生活打成一片,这是老舍感悟最真的地方。对人物的不幸的深厚同情,对人物生命力的焕发的赞美,这是老舍的善的自然流露。生命价值理想支撑着的文学世界,无论人物的结局是悲剧还是喜剧,都是老舍作品最美的所在。所以,他的作品"歌德"也好,讽刺也罢,挽叹也成,都是出自本心,老舍是不肯屈己奉人的,他独立不倚。

20世纪30年代,老舍保持相对独立的自由作家的尊严,40年代他为抗战宣传而一度采用通俗文体,是将民族命运融会在个人生命中,然而他始终没有放弃过艺术创造的尊严。有一个声音回响在他的作品中,就是不敷衍生命,不向病态的社会文化与权势妥协。抗战的"八方风雨"岁月中,他承当起"文协"日常组织与事务主持,与形形色色的人打交道,然而他从不以官自居,也不向任何有地位的人物邀好,他是有气节的人,他的笔就是他的资本,他坚持文学家应有的正义感,有为真理牺牲的勇气,文字中有至感深情。

因为有坚持真理的尊严、讲民主平等,老舍从心底厌恶处于高位不为社会服务而有"官气"的人。老舍的日记有春秋笔法,一般友朋过访用"来",有地位、带有目的和任务来劝说的人则用"来谈",即使是较接近的朋友,一旦来谈工作,便不写"来"而措辞"来谈"。尽管不愿为官,老舍还是不由自主地获得了多种头衔,多重身份相关的不断活动占据了宝贵的创作时间,给老舍带来了深深的不安。老舍并不是毫无保留地认同所有共产党人的作风,他与政府干部打交道,内心厌恶某些颐指气使的官僚。他认定这是人民的政权,再大的干部也是为人民服务,从心底自觉地与"官"保持距离,对干涉创作自由的官尤为抵制。老舍甚至用隐喻的方式讥讽这样的官僚,1950年5月11日的一则日记记有:"一辙不到底。平仄不分。句子不紧练。用字不活。(官,事官)。"这一节谜样的文字,究竟说什么?四句分两截,前两句照应括号中的"官",后两句则照应"事官"。粗看这是讲作戏曲唱词或旧体诗,要用韵讲平仄,韵宽为辙,一韵到底,平仄要谐调。如果不能一韵到底,平仄不调,便是失败,为人耻笑。大凡和"官"谈话,往往不得要领,正像不能上口的唱词或读不通的诗,让人哭笑不得;然而,"官"是要人服从他的指令的。老舍是资产阶级的自由作家,刚刚从对社会主义中国充满敌意的美国回来,因而其思想当然是改造的对象。但是他又是一个著名的作家,在文艺界有很大的影响,是统战对象,为了使他的作品与政权保持一致,那就必须与他谈谈,做他的思想工作,启发他,更要指示他。而这种讲话又必须有点"艺术",要旁敲侧击、兜圈绕弯,听者往往一头雾水。老舍感觉这样的谈话就是一首蹩脚的诗或唱词。听完了遵照执行就是"事官"。长官意志造成不自由,写出来的作品自然好不了,其结果就是遵照命题演绎指令,拖拖拉拉,不是自己的思想,当然"句子不紧练",一点儿不活泛。这样的对话是痛苦,写出不是自己的意思的文字,更痛苦。换句话说,对话时感受到一种愚蠢的压力,写出来的是没有什么生命力的文字。

老舍对自己的作品的被改动虽表示心悦诚服,但更多的是尴尬。他对《龙须沟》的演出本还是有所保留的,明确指出:"《龙须沟》有两种不同的本子:一种是按照我的原稿印的,一种是北京人民艺术剧院的舞台本。现在,我借用了一部分舞台本中的对话与穿插,把我的原稿充实起来,为的教找不到舞台本的也可以勉强照这个本子排演。"①言下之意,"人艺"的演出本有其优点,但是还应该有符合自己初衷的演出本。其后他们对《春华秋实》的改动愈演愈烈,甚至到大家动手,把好好的作品改成"四大皆空"。要维护自己的尊严,就必须按照自己的意思、自己的方式来写。彻底的醒悟,便是《茶馆》与《正红旗下》。这个例子说明老舍是在与文艺界权力压迫的痛苦中写作,从20世纪50年代初一直如此,而这个痛苦后来转化成了反思的动力。一旦这个痛苦无法抵御,只好放弃了。1964年的日记,老舍在元旦只是"写字",是在宣纸上练书法,还是写了什么却不敢明白记录?他要显示出无所事事、没有追求的样子,就在中国文联的大庭广众之下,把青年时代即弃绝的打麻将拿来作

---

① 老舍:《龙须沟(修正本)序》,见《老舍文集》,第16卷,332页,北京,人民文学出版社,1991。

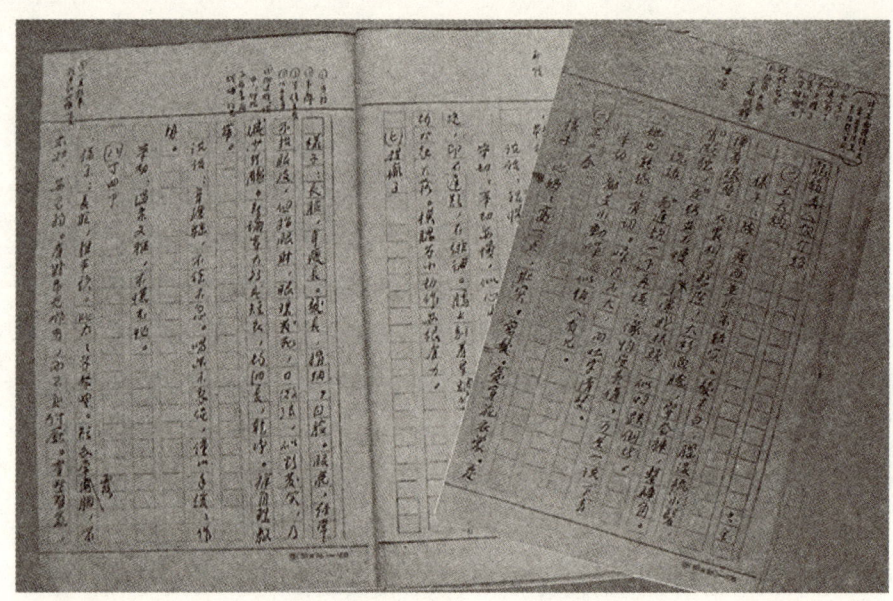

《龙须沟》手稿。

为消遣。1965年元旦干脆日记也不记录。1966年元旦写完给日本朋友的信件，却懒得寄发。放弃也是一种主体选择。

分析完老舍三十多年的元旦作品创作记录，还必须就"歌德"多一点解剖。现将《龙须沟》和《茶馆》比较着来读以飨读者。

老舍经历了从《鼓书艺人》到《方珍珠》的艺人题材的持续与从批判到赞誉的意识转向。《龙须沟》表现新政府在努力为民众建设、改造居住环境，为刚刚从惊恐与贫病灾难中走出的人们创造舒心的生活。"由三藩市到天津"，老舍从美国的资本主义世界回到社会主义的中国。他早就理解"封建主义则打基础于'由神加了使命'的国家权力的概念之上。在资产阶级社会里，却没有像这样的中心的意识形态的强制的力。在这里……周围有难耐的偶然的混沌"①。所以在完成翻译与创作工作以后，接到回国的邀请，他更是感到在美国的苦闷。回到阔别三年发生了天翻地覆变化的故土，社会主义革命意识形态一开始并没有让他感到多大的不适，因为老舍看到在国家权力之下的

---

① 老舍：《〈文艺思潮〉讲义》，见《老舍全集》，第16卷，502页，北京，人民文学出版社，1999。

民生有了好转。有宗教心理倾向的老舍,对现代资本主义的厌恶本来就超出对封建主义的畏心。出身平民、信奉人道主义的老舍,很自然地在文字表达中流露出感戴与歌颂政府的平民情感,这种情感因素浓浓地布满他的散文和曲艺作品。平民情感一直流布在20世纪30年代如《骆驼祥子》《月牙儿》一类作品中,这也是老舍创作生命的一种持续方式。同时,他也有转变,就是从批判社会对人的毁灭转向了对社会主义社会惠及民众(起码是北京民众)的歌颂,这就是他的"歌德"。

《龙须沟》写了什么?它从龙须沟边上的平民获得自主生活来透视民主政体下人们应该享有的生存方式。一方面是肯定与赞扬政府的努力,另一方面是欣喜平民享受现代民主政治。老舍将它认作是一个崭新时代的开端。这个戏的材料来自于当下现实,改造龙须沟是一个市政工程,是北京市人民政府改善民生的一个政绩,也使得周围居民生活得到改善。通过文字的想象,把政党与政权的努力和民众的愿望完全一致起来,这个戏顺理成章地得到官方与民间的双向欢迎。因而,老舍从一个自由思想的作家自觉自愿地与新政权取得了和谐,北京市市长彭真代表人民政府授予他"人民艺术家"的奖状。公演的当年,获得了极大的成功。普通民众喜爱它,是因为该剧反映的是自己身边发生的事。文艺界的行家接受这个戏,因为它写出了有血有肉有精神的人,如程疯子、程娘子、大妈、丁四嫂,是一个相当成功的独特的戏剧。

循着平民情感的路线,老舍自然地持续着创作生命。客观上,它也鼓舞着老舍继续把文学创作和当代现实紧紧联系,直到《春华秋实》的写作才自己省悟,到《茶馆》才由当下转向历史,由人物的"享受"转回到顺民的被动"承受"。写"享受",对老舍来说,有一种差堪接受的不由自主;写"承受",则是老舍决心要回归创作生命的自主。

老舍认同带来平民生活改善的政府行为,这在20世纪50年代初的创作中有鲜明的反映,他通过戏剧和散文的方式表达对社会主义政府的感激,也成了老舍持续创作的一个动力。《龙须沟》能够在一个相对紧凑的地域环境与修沟的事件中,在庸常的邻里交往和家长里短中展开小冲突,处处有戏。

《龙须沟》的各种版本。

然而比较《茶馆》，它毕竟是一个缺少深邃历史内蕴的社会断面。普通市民、艺人、店员等的个人寓言其实映射着国家社会的寓言，这是一种政治选择。老舍这一阶段的作品，是个人自发的政治感戴与政治意识形态在特定历史语境中的谋面，个人意志与政治需求的吻合是有限的，必然还留有一个会产生冲突的空间。这种一致与矛盾的独特性给人们研究新中国成立17年来复杂的文艺格局留下了独特课题。

1949年中华人民共和国成立后，老舍的平民感情促生的文学成绩是绝无仅有的。写作《龙须沟》时的老舍，对共产党改善民生所作的努力，不可否认是认同的，在其理性上也有某些认同。在《龙须沟》里，老舍的平民政治意识表现在穷人对新的政治权力的感激，而不是行使政治话语权力进行阶级斗争，他笔下的道德上的坏人往往是别的作家笔下的阶级对立面，这间接反映了老舍的局限性。

20世纪50年代，没有作品比《茶馆》更能体现老舍创作的自主性了。首先，老舍为了确保能够自主写作，不再大张旗鼓地示人以创作题材与意图。写作《茶馆》的过程，什么时候开始与结束，我们今天都不太清楚。关于老舍写作《秦氏三兄弟》《茶馆》的准确时间,各种《老舍年谱》语焉不详,根据这一年他的活动推测,应该是1956年在汤岗子温泉疗养院期间与回来后。臧云远记,曾和罗荪去看老舍:"看样子,他是一边洗温泉治腿,一边还在写什么。"而且,他不愿意让人知道正在写的是什么东西,只说:"精神有劲就来几句。"①后来的《正红旗下》的写作时间与过程也是保密的。显然老舍要躲开别人的"关怀"、关注乃至干涉,他吸取1953年发表《春华秋实》创作的教训。

其次,是在政治第一的文艺政策语境中,老舍如何在这个剧本中写"人与政治"。他很清楚《茶馆》"没法子躲开政治问题",但这个政治不是当代无产阶级政治革命,是用小人物"生活上的变迁反映社会的变迁","侧面地透露出一些政治消息"。如何"侧面"?这是一个重要问题,这也是体现他的自主性的最重要的地方。《秦氏三兄弟》表现的是中国皇权的政治变动,也是中国现代政治肇始于"法"的开端。全本戏呈现的是立法与民生的问题,一边是变法,一边是卖儿卖女。它间接写戊戌变法,这是重大历史事件在一个家庭里

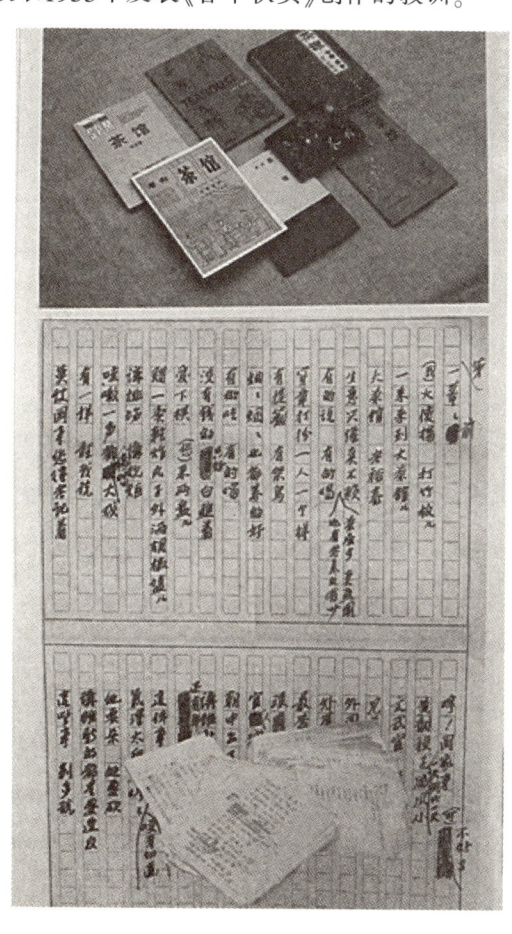

《茶馆》各种版本与手稿。

---

① 臧云远:《老舍与孟泰》,转引自张桂兴《老舍年谱》,785页,上海,上海文艺出版社,2005。

的正面反映,用正在进行时处理时间。秦伯仁正面夸赞皇上的开明,谈论"四月二十三日下了变法的上谕",表明自己的政治选择:"英国是君主立宪,正足以备我参证。法国屡次革命,杀人如麻,似乎不足为法。"期待着"兴办实业、修铁路、开纱厂、造轮船,外国有什么,我们有什么……既富且强了……必须有法律作我们的保障。"从这个主要人物的语言可以看出欧洲民主法治与经济富强在老舍心目中的地位。

　　老舍从善如流,接受了"人艺"导演、表演艺术家的建议,从《秦氏三兄弟》到《茶馆》,两个剧本之间发生了明显的变化。老舍的政治理想与革命总是隔着一层的,后来他自己承认是一个"资产阶级老人","并不真正理解革命"①,我们没有必要把老舍打扮成拥护无产阶级的革命者或者有高度的政治觉悟者。《茶馆》的历史维度,是从晚清变法维新说起,当然背后有现实政治的对照。它比《秦氏三兄弟》更有历史的纵深,从晚清变法维新延伸到民国与战后。从单纯的"法"的问题,延伸到政治变动带来的人的生活变动,人承受的命运与经验,深入到人性与政治的问题中。在《茶馆》中,老舍将变法要求和实业救国的理想移植到秦仲义身上,不再正面陈述。第一幕秦仲义敢于和庞太监正面交锋,不惧"好些财主都讲维新"的构陷意图,隐约透露出他的政治立场。把租出去的房子都收了,办"顶大顶大的工厂!那才救得了穷人,那才能抵制外货,那才能救国!",正是当时一些有经济能力的知识分子的政治选择。第二幕崔久峰的颓唐、第三幕秦仲义愤懑于"全世界找得到这样的政府找不到?",提议"让咱们祭奠祭奠自己",都是侧面透露了政治消息。对中国晚清到20世纪40年代末的50年政治的失望,当然隐含寻求新的政治的愿望,但老舍不愿意再往前走一步而引来关注、"帮助"或是指责,到此戛然而止。

　　第三,如何构思这三幕戏,选择什么时间,实际上是如何解释中国近现代的政治现代性的问题。老舍的选择,与周恩来在1963年看《茶馆》之后的建议相差很远。很显然,周恩来不满意老舍三幕戏的时间选择,显然他们的

---

① 老舍:《我这一辈子》,245页,南京,江苏文艺出版社,2011。

政治理解有质的差别,而差别并不妨碍老舍赞扬政府民生的成绩以及对干涉创作的文艺政策的保留。这三幕戏的时间跨度为50年,周恩来认为"代表历史前进方向"的"动力"与"人"没有表达明白,"近代史中选哪几个大环节搬上舞台最有典型性,还值得好好研究",①一部新中国成立后写的中国革命史已经定好了自己的基调,而老舍对近现代历史的反思与此不能协调一致,因此注定了其他人对这个戏的政治期待与老舍自主的历史书写之间的不和谐。

老舍的时间选择是:第一幕:1898年(农历戊戌年)初秋,康、梁等领导的维新运动失败了。第二幕:袁世凯死后,帝国主义挑拨中国军阀割据混战。第三幕:抗日战争胜利后,国民党特务和美国兵在北京横行。如果按照革命史

1958年,北京人艺《茶馆》演出剧照,主图为第一幕场景,上有第二、三幕场面。

①胡絜青:《周总理对老舍的关怀与教诲》,见《中国戏剧》1978年第2期。

观，应该选择重大的历史革命的关头，由一些志士仁人与职业革命家领导决定历史向前发展。老舍这个戏中非但没有重大的革命关头，而且其灵魂人物是一个茶馆掌柜，一个在历史变动中被动适应、用尽心机谋求生存的"顺民"，最终当顺民不成、悬梁自尽的王利发，与人们习惯的革命意识形态的期待相差很远，这怎能不令领导失望？

这三幕的时间有一个重要的共同点——"后"，都是在"变法"、政权动荡和战争动乱之后。这个"后"的选择，是老舍被冷遇之后，又"亲眼得见"许多朋友在各种政治运动中的不幸遭遇，他冷静下来转入反思的结果。在战乱中出生，险些夭折；自幼无父无君，"童年习冻饿，壮岁饱酸辛"；抗日战争"八方风雨"……旗人出身的老舍的种种经验，无一不是对重大的国际、国内政治变动的被动承受。他的主动只是知识分子的社会责任使然，而和他一样出身的平民只能被动地做一个顺民。中国人如何走向现代？中国的现代性应该是什么？如何以文学的方式来呈现这段历史？思前想后，老舍终于决定要按照自己的理解来呈现这个"政治现代性"。他在无数次的政治变动中选择了三个典型的时刻，这是典型的被动承受的民生——一种求做顺民而不得的生命体验，没有突出重大的历史关头，更没有典型的政党与伟大人物的历史作用。老舍自主地写《茶馆》，是要超越一种既成的政治意识形态的历史观。以宣传无产阶级革命为目的来导演《茶馆》，不说是南辕北辙，也是一种误读。舞台上演出的是经过另一种立场过滤了的，电影《茶馆》幕间增添的内容无法与该戏的主体相一致。了解"旧社会是多么可怕"，让新社会青年引起"对旧社会强烈的忿恨"的价值判断并没有真正表现出《茶馆》的主题。

《茶馆》是一个作家在反思基础上关于中国现代性的思考。三幕戏都是在大的政治变动之后，剧本着力塑造的人是这些变动的承受者。从戊戌变法失败之后到袁大总统称帝败落，再到抗战结束，中国社会行进在现代化的路途中，晚清开始的实业救国路途多舛，中国的现代性并没有持续稳定的经济与工业现代化基础，其主要体现方式是不断的政治变动。这样的现代性，并不能在物质上周济民生，只是将不能把握的命运降落在民众头上。政治现

第六章 京/华/风/云

代性的偏执联系着动乱,始终将老百姓置于被动承受、牺牲应得的生活利益的境地中。王利发熬到了战后的年头,政府的重大举措是在北京劫收"逆产",他和秦仲义、常四爷继续充当政治现代性的被动承受者,但是他们承受不起。《茶馆》演绎的50年历史变迁,展示的是政治现代性对民生的残害和掠夺。

平民对中国政治现代性的具象化反应是:我招谁惹谁了?无论是导致祥子的车被抢的战斗还是《茶馆》第二幕的打仗,这些不需考证,只是政治动乱造成民生维艰的寓言,中国现代政治不停地制造这样的战争,这正是特殊的中国现代性的表现。平民们一旦脱离了战争的威胁,不由得要对救平战乱的人歌功颂德。但是在短暂的"歌德"之后,知识分子的内心自省与外部探究的天性,总是要把事情想得深远一点,于是老舍有了近代史的文学探索,这就是展示50年中国社会变迁的《茶馆》,展示了由人物悲剧承受着的中国的政治现代性。

《茶馆》中的善良人物都生活在"后政治变动"的语境中,求当顺民而不得安生。每一次大的政治变动都会给人们的正常生活带来破坏,唯有社会渣

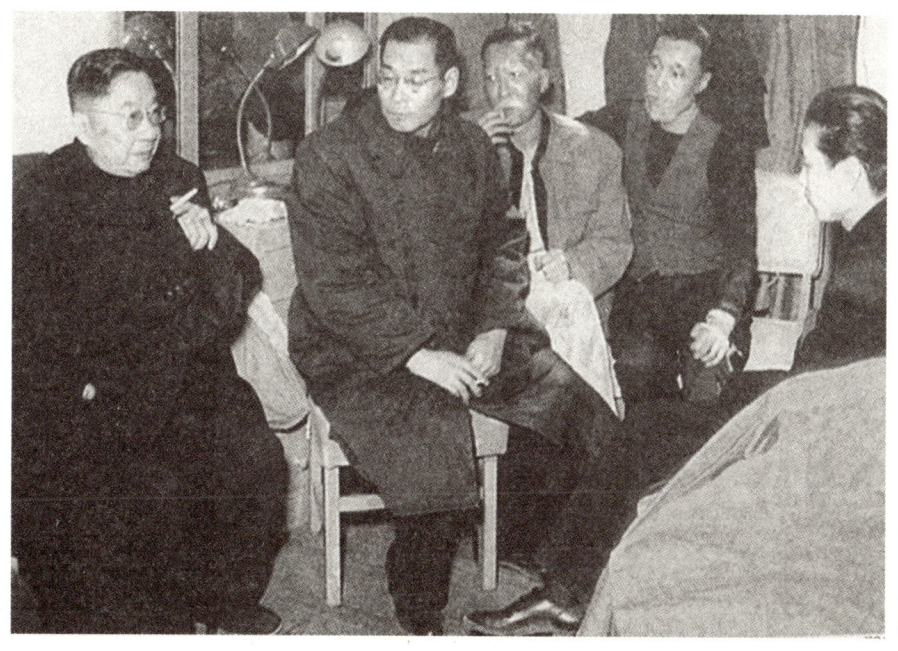

1963年,《茶馆》再次上演,老舍与"人艺"导演、演员座谈。

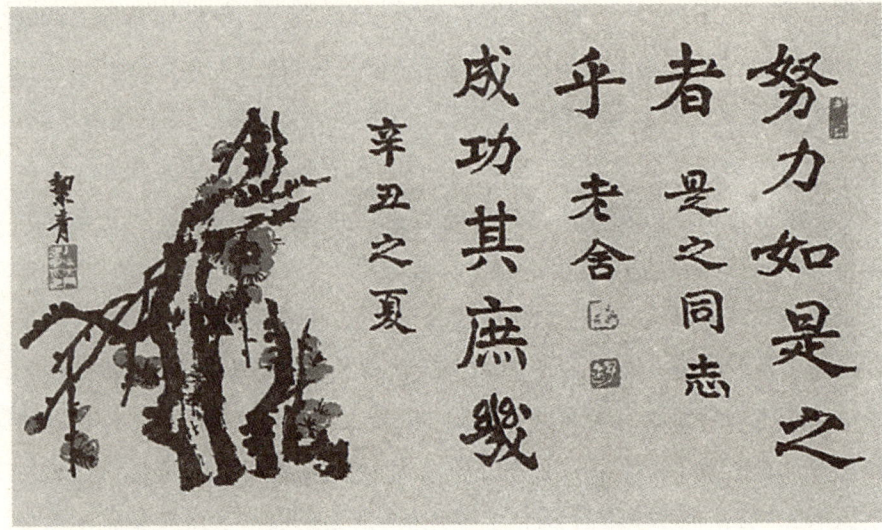

1961年夏，老舍书赠"人艺"表演艺术家于是之，他在《茶馆》中饰演王利发，胡絜青画。

浑如刘麻子、宋恩子、吴祥子之流会浑水摸鱼，世袭的恶人一贯神气活现。这个"后"的特性，也与老舍20世纪30年代和40年代的创作有持续贯通之处。老舍童年经历的政权与社会的变更，让他深深地体验过旗人丢失"铁杆庄稼"后的艰难生活。他从创作小说开始，就确立过一个承受与应变的心理模式——"新时代的旧悲剧"，它属于旗人的经验与心理特征，也属于沙子龙、辛德治。这可以用一句话简单地概括出典型模式："祥子不关心政治，可是政治关涉着他。"老舍每采用这种方法去创造人物，描写生活，笔下的感情就格外深厚。《茶馆》中旗人常四爷、松二爷被动承受，并非旗人的王利发、秦仲义努力改良，"改良，改良，越改越凉"是政治变动与平民承受者之间关系的公式，顺民们一再挣扎改良而不能稍稍改得"良"些。不夸张地说，被动承受是中国近现代政治变动对很大一部分平民的作用方式。这表现了老舍在整个中国现代文学作家中的独特性。他发现了人类的一种特殊的审美价值，比笼统地说他的长处在写市民阶层更能深入中国近现代特殊语境中的人生，这才是他对生命的独立解释与判断。

它当然不同于现代文学的主流——被压迫与反抗，所以老舍笔下的人物终不能走向革命。即使是钱默吟与儿子以及祁瑞全、康大力的反抗也未能最终走向革命的主流,旗人小文夫妇的拼命反抗是一种侠义刚烈,祁天佑只能以死来保全自己的尊严。这种被动心理模式转移到知识分子身上,《四世同堂》中的祁瑞宣就一直承受着传统家庭的种种负担,他是熬到抗战胜利的。中国现代文学中稍稍接近于老舍这一模式的人物,就是巴金《家》中的觉新和《寒夜》中的汪文宣,这也是巴金创造的最感人、最有生命力的人物。

有必要进一步辨识老舍"歌德"与自主之间的关系。社会上有一些非学术的探讨,经常流布在网络上,往往把老舍的"歌德"说成是文人缺少独立人格、依附于政党与政治势力。我以为应与一般的"歌德"略加辨别。首先,如果所歌颂的确实是一个"德政",那么歌者不谈有功也可以免于记过,但是常有人太过苛刻。从老舍先生参与的一系列救济穷人、组织盲艺人就业等活动,我们没有理由否定这些事情有"德"。要说《龙须沟》仅仅是一个市政工程,那要看这个工程对人心的影响,也许以前的政府也做过类似的工

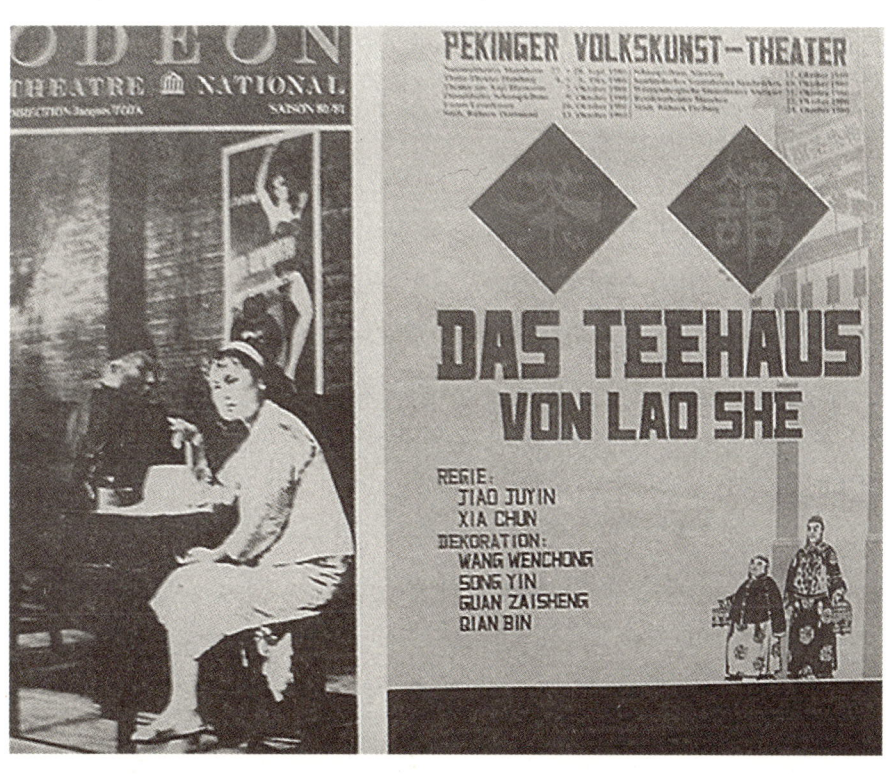

1980年,《茶馆》在欧洲演出成功,被称为"东方舞台上的奇迹"。

程,但是深受其益的当地居民是感恩戴德的。老舍这样一个作家将自己放置于这样的位置来"感戴",用平民主体取代知识分子的主体追求不应该是一种退步。

其次,老舍回国以后经历的16年里,中国的社会建设与政治生活不是均质化的,对不同年头的状况应做具体的分析。老舍的歌颂往往是经验主义的方式,有局限,但是他并没有专一地写"歌德"的文字。就说以文字赞誉政府行为:救济诸多的平民,尤其是那些在清王朝被推翻之后一直过着下层生活的老舍旗人亲朋们,让他们过上了有基本温饱保障的生活,不至于再如松二爷那样挨饿。老舍并没有歌颂日益加剧、无穷无尽的阶级斗争,日后出现加诸己身的暴行,完全在他的想象与认识能力之外。他的认识不断接近于真相,而又始终矛盾着。他渐渐地能够冷静地反思历史,其基础还是立足于审视现实。一时间对德政的感戴和对长时段的历史的反思并不矛盾。

再次,我们要承认与接受老舍的认知局限与内心矛盾,但这不应混同于对他的人格判断。老舍是矛盾的,他有时被激动得热泪盈眶,有时又内心溢满悲凉。与民生接触,他感到温暖;与"官"打交道,他心中总是忐忐忑忑地不太舒服,不安全,有被侵犯的感觉。出现在公开场合,他的不安全感会导致有时候言不由衷,用"愚忠"混合着"歌德"的方式来为自己营造防御,乃至长期养成一种不太健康的心理防御机制;有时候迫于压力要表态,甚至责骂已经被官方"定性"的朋友。老朋友如胡风还是能谅解他的。身临其境者能理解,后来人应该同情。一个对人类给予无限同情的人,应该得到同情。老舍只是一个普通的知识分子,不是思想家。他的文学创作的贡献还是主流。他能够意识到的政治上的问题,只能埋藏于内心,偶或私下里和朋友曲语传达。他在文学想象与虚构如《茶馆》中,仍隐隐地寄托着这些不安的情绪。老舍生命的最后关头证明,他的骨头是硬的。

老舍一生创作勤奋,有目共睹,而他创作上不由自主的苦衷和努力冲破苦闷的心狱的精神搏斗,则笼罩在文字迷障中。理清其自由创造、自甘牺牲、自动歌德、自省反思、自我放弃的过程,我们可以清楚地得到一个结论:老舍在现代政治环境中意识到现代中国人始终处于被动地位,他却力求主动。"文化大革命"开始了,茅盾等一批老作家与老舍在共同讨论后,由老舍执笔,联名写信给毛主席,表示要积极参加"文化大革命"运动。

三、养花与看画

一花一世界

皇城根下的人比较缺乏与自然打交道的机会,但是老舍的母亲喜欢充满生机的植物,喜欢用花花草草点缀枯燥的生活,老舍从母亲那里继承了这一好习惯。

人充满了爱心,便会把花草当成朋友,但不能想象成灌园叟那样的人和花的关系。朋友之间相互尊重,给对方以快乐,老舍养花是让花健康地生长,看花儿长得精精神神,心底愉快,便是最大的收获。丹柿小院有一定的空间,老舍养了一院的花草。花儿有生命,四季模样不一样,养花人心系花儿的生长变化,投入培育的精力,也是一种生命的相互投入与回馈。人的生活中有

丹柿小院。原北京东城乃兹府丰盛胡同10号,现在改为灯市口西街丰富胡同19号。

了花儿，便有了生命的互动。虽然老舍的哥哥舒子祥是养花的专家，少不了来看看，顺便指点一些方法，但老舍并不如他那样以养花为业，老舍是以语言文字为职业的。他说自己养花的经验与态度：

> 我爱花，所以也爱养花。我可还没成为养花专家，因为没有工夫去作研究与试验。我只把养花当做生活中的一种乐趣，花开得大小好坏都不计较，只要开花，我就高兴。在我的小院中，到夏天，满是花草，小猫儿们只好上房去玩耍，地上没有它们的运动场。
>
> 花虽多，但无奇花异草。珍贵的花草不易养活，看着一棵好花生病欲死是件难过的事。我不愿时时落泪。北京的气候，对养花来说，不算很好。冬天冷，春天多风，夏天不是干旱就是大雨倾盆；秋天最好，可是忽然会闹霜冻。在这种气候里，想把南方的好花养活，我还没有那么大的本事。因此，我只养些好种易活、自己会奋斗的花草。
>
> 不过，尽管花草自己会奋斗，我若置之不理，任其自生自灭，

1954年5月，老舍、胡絜青在院中，月季花正盛开。

第六章 京/华/风/云

它们多数还是会死了的。我得天天照管它们,像好朋友似的关切它们。一来二去,我摸着一些门道:有的喜阴,就别放在太阳地里,有的喜干,就别多浇水。这是个乐趣,摸住门道,花草养活了,而且三年五载老活着、开花,多么有意思呀!……

我不是有腿病吗,不但不利于行,也不利于久坐。我不知道花草们受我的照顾,感谢我不感谢;我可得感谢它们。在我工作的时候,我总是写了几十个字,就到院中去看看,浇浇这棵,搬搬那盆,然后回到屋中再写一点,然后再出去,如此循环,把脑力劳动与体力劳动结合到一起,有益身心,胜于吃药。要是赶上狂风暴雨或天气突变哪,就得全家动员,抢救花草,十分紧张。几百盆花,都要很快地抢到屋里去,使人腰酸腿疼,热汗直流。第二天,天气好转,又得把花儿都搬出去,就又一次腰酸腿疼,热汗直流。可是,这多么有意思呀!不劳动,连棵花儿也养不活,这难道不是真理么?

送牛奶的同志,进门就夸"好香"!这使我们全家都感到骄傲。

1963年初春,写作休息中看花。

赶到昙花开放的时候,约几位朋友来看看,更有秉烛夜游的神气——昙花总在夜里放蕊。花儿分根了,一棵分为数棵,就赠给朋友们一些;看着友人拿走自己的劳动果实,心里自然特别喜欢。

当然,也有伤心的时候,今年夏天就有这么一回。三百株菊秧还在地上(没到移入盆中的时候),下了暴雨。邻家的墙倒了下来,菊秧被砸死者约三十多种,一百多棵!全家都几天没有笑容!

有喜有忧,有笑有泪,有花有实,有香有色,既须劳动,又长见识,这就是养花的乐趣。①

这不是一般的经验,而是一种心胸与日常生活的哲学态度:凡事都得劳动,有付出才有回报,养花的过程属于自己,绽放的花朵却属于所有看见花儿的人,养得好便送给朋友,快乐便超出了小院的范围。写作是心劳,文章得失寸心知,苦乐难与人言,蹲在花前,无声交流胜有声。其实老舍、胡絜青养花也不是一般水平了,能将昙花分棵赠给友人、菊花的品种好几十乃至上百,不是谁都能办到的。胡絜青对菊花的观察与写生,可是细致入微,能够根据花叶的歧缺认定花瓣的形状,根据叶背的纹路认定花的颜色。老舍自谦还有点道理,胡絜青却是名副其实的专家呢!菊花开时,满院画本,年年岁岁,胡絜青的菊花写生图有几百幅,1997年5月她出版了《胡絜青百菊图》(北京出版社)。老舍写这篇文章的时候,正值菊花盛开时节。

老舍养花不为独享,他不是那种孤芳自赏的脾气,住在城里,也不追求"悠然见南山"的隐逸。花儿长得好,就要供大家看。自己的文章写得好,不便向别人夸耀;夸夸自家养的花儿,那不犯忌。把"以文会友"改为"以花会友",这是老舍独一家的发明。爱花和爱交朋友融为一体,邀朋友来看花,可比一个劲儿聊天更多一些趣味。北京的秋天是黄金季节,凉凉的风,暖暖的日照,没有春日的大风与沙尘,还没有冰霜,天高气爽,花开得好,正是赏

---

① 老舍:《养花》,见《老舍文集》,第14卷,343~344页,北京,人民文学出版社,1989。

第六章 京/华/风/云

菊好时光。老舍在家中忙碌起来，请朋友来，整坛的绍兴黄酒管喝够。饭厅就是菊花展厅，上百盆菊花高低分列。对酒当歌，老舍的昆曲、京戏清唱与花儿的气韵，满屋满院。客人喝多点，如曹禺，出溜到桌子下面，便是醉入花丛了。

冬日里，老舍、胡絜青养水仙，给水仙晒太阳也是一种技术，控制着叶子不疯长，给花指定哪一天开放，春节时满室清香，充满雅趣。另一个发明是：把萝卜切去一半，留上半截剜空，如碗倒置，植入白菜心，围绕着菜心，放一圈蒜瓣，吊在窗前晒太阳，不几日萝卜头上的叶芽外圈叶儿绿，中心芽儿黄，翻转茎叶，昂然卷曲向上，白菜心嫩嫩的，一圈青青的蒜叶。外面满世界找不到绿意，进老舍家门来就能看见数盆清供，艺术化的人生便是如此吧。

老舍、胡絜青艺菊。

老舍养花的过程与心境，和他对文艺界气候的感知相通。京华风云多变幻，文艺界的许多事情是不便明言的，20世纪50年代和60年代的文艺政策的变化，像气候季节一样不甚分明，这就难为了文学创作。老舍看过的最适宜养花的地方是广州，那儿是花城。1962年初春在广州开会，好花知时节，在那50多天里老舍何等快慰！老舍又谈起了养花，可是这一回根本不谈花事乐趣，那是为花儿伤心抱屈：

> 我爱花。因气候、水土等等关系，在北京养花，颇为不易。冬天冷，院里无法摆花，只好都搬到屋里来。每到冬季，我的屋里总是花比人多。形势逼人！屋中养花，有如笼中养鸟，即使用心调护，也

养不出个样子来。除非特建花室，实在无法解决问题。我的小院里，又无隙地可建花室！

一看到屋中那些半病的花草，我就立刻想起美丽的广州来。去年春节后，我不是到广州住了一个月吗？哎呀，真是了不起的好地方！人极热情，花似乎也热情！大街小巷，院里墙头，百花齐放，欢迎客人，真是"交友看花在广州"啊！

在广州，对着我的屋门便是一株象牙红，高与楼齐，盛开着一丛丛红艳夺目的花儿，而且经常有些很小的小鸟，钻进那朱红的小"象牙"里，如蜂采蜜。真美！只要一有空儿，我便坐在阶前，看那些花与小鸟。在家里，我也有一棵象牙红，可是高不及三尺，而且是种在盆子里。它入秋即放假休息，入冬便睡大觉，且久久不醒，直到端阳左右，它才开几朵先天不足的小花，绝对没有那种秀气的小鸟作伴！现在，它正在屋角打盹，也许跟我一样，正想念它的故乡广东吧？

春天到来，我的花草还是不易安排：早些移出去吧，怕风霜侵犯；不搬出去吧，又都发出细条嫩叶，很不健康。这种细条子不会长出花来。看着真令人焦心！

好容易盼到夏天，花盆都运至院中，可还不完全顺利。院小，不透风，许多花儿便生了病。特别由南方来的那些，如白玉兰、栀子、茉莉、小金橘、茶花……也不怎么就叶落枝枯，悄悄死去。因此，我打定主意，在买来这些比较娇贵的花儿之时，就认为它们不能长寿，尽到我的心，而又不作幻想，以免枯死的时候落泪伤神。同时，也多种些叫它死也不肯死的花草，如夹竹桃之类，以期老有些花儿看。

夏天，北京的阳光过暴，而且不下雨则已，一下就是倾盆倒海而来，势不可当，也不利于花草的生长。

秋天较好。可是忽然一阵冷风，无法预防，娇嫩些的花儿就受了重伤。于是，全家动员，七手八脚，往屋里搬呀！各屋里都挤满了花盆，人们出来进去都须留神，以免绊倒！

真美慕广州的朋友们,院里院外,四季有花,而且是多么出色的花呀!白玉兰高达数丈,干子比我的腰还粗!英雄气概的木棉,昂首天外,开满大红花,何等气势!就连普通的花儿,四季海棠与绣球什么的,也特别壮实,叶茂花繁,花小而气魄不小!看,在冬天,窗外还有结实累累的木瓜呀!真没法儿比!一想起花木,也就更想念朋友们!朋友们,快作几首诗来吧,你们的环境是充满了诗意的呀!

春节到了,朋友们,祝你们花好月圆人长寿,新春愉快,工作顺利!①

表面上说的是花事,其实是人事,更是文事。《春来忆广州》与《养花》是姊妹文章,但是一是"乐"境,一为"苦"境,前后相距七年,后者多出了"形势逼人"的压迫感,"笼中养鸟"的不自由。养在家中的花儿要么"半病"、"先天不足",要么"很不健康"而"令人焦心"。于是,老舍望天兴叹,尽心力而不作"幻想"。对于烈日暴雨无奈,对秋风更是防不胜防,花儿"重伤",抢救的人还要留神,不小心会"绊倒"。老舍止不住去想象去年在广州领略

1966年开春后,老舍往院中搬花。

---

①老舍:《春来忆广州》,见《老舍文集》,第14卷,393~394页,北京,人民文学出版社,1989。

的春风化雨、润物无声。老朋友梁实秋在海外读完《春来忆广州》，感受老舍："行文的气质，已由绚烂趋于平淡，但是有一缕惆怅悲哀的情绪流露在字里行间。"他只是不大能弄明白老舍的悲哀缘由。再看上页的图片，这是老舍最无精打采的模样，手上捧的不像是花盆，倒像是化缘的钵盂，却又不愿去乞讨。他在文章的最后祝愿朋友们，有多少朋友如他所愿？他祝朋友长寿，怎料得自己的寿限不过千日了！

老舍养花，他的养花的文章，真是一花一世界啊！花的世界中有老舍的精神世界，有中国当代文艺的曲笔春秋。尽人事地保留一点有限的自主，老舍此时的心境与作为，连"戴着镣铐跳舞"都谈不上，大概是"戴着镣铐散步"吧。原本写了一部分的《正红旗下》也中途搁笔了。

花草的生命赶不上艺术的生命长久，老舍、胡絜青与全家养的菊花有直

左图：于非闇《丹柿图》；右图：胡絜青《菊花图》。

第六章 京/华/风/云

观的照片保留，胡絜青的工笔花卉，也将小院中的菊花的生命移植到宣纸上。丹柿小院满树的柿子在于非闇大师笔下明媚生亮，熠熠闪光。送柿子树的是庆祝老舍创作20年的百龄餐厅的陈老板，他后来去植物园工作，给老舍送来这两棵小树，如今丹柿小院的柿子树上结满了柿子，只是再也没人给亲朋送"果熟"了，这里成了老舍故居，属于博物馆性质。纸上的菊花和柿子也成了历史见证，而老舍的生活美学与美的世界，并不随人俱灭。

画 缘

艺术沟通人的心灵，中国画在老舍、胡絜青夫妇之间，在他们与朋友之间，尤其具有这种作用与力量。没有艺术欣赏力的人是彻底孤独的，因为他失去了通过想象和世界交流的能力。老舍在写作中孤独地玩弄古董，一个人玩骨牌通关，那是他故意不与别人交流，因为此时是创作不那么顺畅的时候，一旦和别人说话，等于放弃了这段时间。从抗战住"文协"开始，他的习惯是上午写作，下午处理一些公事和其他工作。他的朋友多，作家、画家、戏剧演员、曲艺演员和其他客人们也是这时来访。谈话交流之外，老舍也"玩"，最经常玩儿的就是观赏他的藏画和看花。好花不常开，好画可以常常挂在壁上。

老舍一生中最喜爱的是中国画，条幅在壁上悬挂，扇面在手中把玩。他的家庭有艺术的氛围。胡絜青是丹青能手，正式拜师齐白石、于非闇，齐白石老人的画风与气质宜男亦宜女，于非闇的工笔花卉最适宜于胡絜青。虽未见过老舍作画，但是中国书画同源，书法

1961年冬，老舍、胡絜青在家中看画册。

的线条笔力是画的基础,所以,老舍、胡絜青在家常常能够奇画共欣赏。胡絜青作画,老舍题款,珠联璧合。他们的家庭生活,是一种充满艺术气息的生活。老舍之于中国画的欣赏、理解与论析,非一般理论家所及。老舍的文艺修养深,累积的修养变成涵养,就使得他们家的艺术生活成为生活的艺术。

且不忙说挂在壁上的画,老舍手中也经常把玩画。作家碧野在夏天的文代会上问他,才知道一个秘密:"老舍每天用的折扇,扇面上的字画都不相同。一问,才知道老舍有一百把这样精致的折扇,字画都是出于名家之手,十分珍贵。他每天换用一把,既是凉风习习,使人神清气爽,又是艺术珍品,使人赏心悦目。他每年用一次扇子,一次一百天,整个夏季就过去了。老舍对这一百把折扇,视如珍宝。"①这一百把折扇大概是个约数,往多处说,文代会后,老舍的扇子数目有可能增长;往少了讲,夏天用扇子,不慎随手丢掉的可能性是有的。老舍就丢过,而且是非同一般的精品。"文协"期间在重庆,老舍与张善孖相处熟悉了。善孖先生给老舍画了一张顶精致的扇面——秋山上立着一只工笔的黑虎。为这个扇面,老舍特意过江到荣宝斋,花了五元钱,配了一副扇骨。荣宝斋的人们也承认那是杰作。另一面,老舍又求丰子恺给写了字。可惜,第一次拿出去,便丢失在洋车上,老舍心中难过了好几天。

老舍的画家朋友,有自幼交往的颜伯年,有在济南结交的桑子中、赵望云,有抗战中结识的傅抱石、丰子恺等人。他的藏画:北方有徐悲鸿、齐白石、溥雪斋、于非闇、陈半丁、李可染、叶浅予,南方有傅抱石、黄宾虹、林风眠、丰子恺、关山月、关良。藏品中有他们的赠予,也有照规矩酬润的。老舍家的客厅里经常举办微型的画展,墙壁空间有限,每次展出的作品不多,全是精品。老舍明白,藏画而不与行家共赏,等于"衣锦夜行"。来的若是真正懂行的朋友,那简直是观摩讨论会。老舍自己看画的感受是:"我热爱国画。看见一张

---

① 碧野:《老舍的风格》,见舒济编《老舍和朋友们》,411页,北京,三联书店,1991。

好的国画，不仅为个人的眼福而狂喜，而且感到一种民族的骄傲。"①

　　作家朋友记录在老舍家客厅观画的就不少。汪曾祺夏天去老舍家，未曾看画，客厅里先就闻到一阵阵白杏的甜香味儿，一大盘白杏放在条案上，专为闻香而摆设的。茶香，果香，院中的花香，壁上的画更香，齐白石的《红莲礼白莲》的夏日情趣，既在目前，又在鼻端，看得叫人心醉。茹志鹃看过老舍收藏的一幅墨牡丹，那是中国画的特殊变形，它变色，将紫色的牡丹浓缩凝炼成黑色。她说："在生活中，我没见过黑牡丹，现在一见，发现它要比任何颜色的花更鲜艳，更强烈，更富有生气。那乌绒似的花瓣上，玉露还未干，甜甜的馨香，仿佛扑鼻而来。在一片啧啧赞声之中，我看了看站在画卷旁的老舍先生，他抚着手杖，依然是那样微笑着。但他脸上的每一根线条，都舒展得像天空中大雁的翅膀。我猜想，在他的内心，恐怕会比这微微的笑容，有着更多的欢喜。正像这墨画的牡丹，却蕴藏着比火更红、更奔放、更炽热的感情。"②茹志鹃去了一次，却体味老舍心情最多，看画不是无情事，艺术的沟通与情感的交流合一。

　　臧克家比起一般人去老舍家次数更多，他记录老舍壁上的画四时常新："他喜欢字画，他客房的西墙，等于一面'展览壁'，每次去，总是面貌不同，他给我讲解，这是谁的手笔，哪朝代，什么名家，使我增加不少知识。他珍藏了历代不少有名的字画，齐白石的名画三十余幅，都在他的手中，他的朋友中，名画家就有许多。"③老舍家中历代字画收藏丰富，因为他喜欢逛画店，不时总能发现好的艺术品。即使买不着画，也会带些笔墨纸张和颜料回来，笑吟吟地递给胡絜青，他支持夫人作画。有一次，买到一副刘鹗的对子，裱工不好，且已破烂，即请来刘金涛，让他重新装裱。老舍说画不容易得，让好好用水冲洗一下，别冲坏了。他把画包好，一再叮嘱可别丢了。重新装裱的书法拿

---

①老舍：《祝贺》，见《老舍文集》，第16卷，451页，北京，人民文学出版社，1991。②茹志鹃：《爱花的人》，见舒济编《老舍和朋友们》，274~275页，北京，三联书店，1991。③臧克家：《老舍永在》，见舒济编《老舍和朋友们》，209页，北京，三联书店，1991。

来了,老舍看了很高兴,说是干净多了,旋即用库绢书写刘鹗对联内容送给刘金涛:"今春得刘铁云书联,文曰:今既见心即见佛,子安知我不知鱼。抱残书联不多见,落笔简拙,有甲古文字气息。庚子端午,金涛同志正。老舍。"写完后用印,说不能打在绢上,要打在纸上,让他回去用糨糊粘在上边,并裱个边,装上小镜框。他说:"挺有意思,小玩耍。"老舍也不总是拿画当私产收藏,他曾经托林斤澜带去一幅清代松小梦的画送给邓友梅,说是他的山东同乡所作,送给他挂在自己的房子里。给老舍推拿的刘世森开业,老舍特地送去一幅四尺中堂祝贺,画面上是万年青和瓶梅,胡絜青画,老舍题:新的花朵。

老舍爱朋友,画家在20世纪50年代初没有工资,逢有来求助的,决不让空手走。年底的时候,老舍曾让刘金涛给一位穷画家送去20元钱,那年头这不是个小数目,过个年绰绰有余。他给许多画家的新作题跋。当年的中国画研究会,就是老舍、溥雪斋及其他的朋友,一起写报告,由李济深副主席转呈毛泽东主席,得以很快批款项成立的。画家们就此组织起来,有了作画的市场需求,生活上才有了一些保障。中国画研究会的名誉会长是齐白石。1957年,北京国画院成立,老舍祝贺并强调:"中国画在世界绘画中独树一帜,自成体系,我们自己若不重视它,任其衰落,不但对不起自己,也对不起全世界的美术界和绘画爱好者。中国画曾经影响过许多外国画家,我相信国画院成立后,必能够更加扩大这种影响。"①

老舍和齐白石是忘年交,胡絜青是老人的正式弟子。中国美协和中央美术学院给老人庆祝93岁生日时,老舍前后忙碌,胡絜青代老人致答辞。黄永玉也给齐白石作木刻画,老舍后来见刘金涛有这一张画,便在上面题了"一代风流老画师",引出一段佳话。那是一个仿佛阳羡鹅笼的故事,其中还套着另一个故事,饱经沧桑的人情却是一致的。这幅画上的题字涉及的人比较多,关系多重,听讲故事如饮浓茶,既充满苦涩,又能回甘。刘金涛作为著名

---

①老舍:《祝贺》,见《老舍文集》,第16卷,450页,北京,人民文学出版社,1991。

第六章 京/华/风/云

的裱画工艺家，多与名书画家打交道，所以他和齐白石、老舍、胡絜青、黄永玉都很熟悉。他们都与这幅画有直接关系，还由此引出吴祖光的套叠故事来。黄永玉为老人祝寿的木刻画只印有四张，送齐白石一张，刘金涛一张，郑可一张，自己留一张并请白石老人给题字。"文革"过后，刘金涛将自己的一张还赠作

1953年黄永玉作齐白石木刻像，裱画工艺师刘金涛存一张，老舍为之题。

者，黄永玉没有提及原因，大概他自己的那张画在运动中散失了。黄永玉看到画面上有老舍的题字，睹物思人，便又将画送给了胡絜青。有感于画的流转，想起另一个与老舍有关的故事，便在画上加上一段跋语。

其中说的是吴祖光收藏的名画失而复得的故事。齐白石也曾给吴祖光作画，当然被他视若珍宝。1958年初，吴祖光被送到北大荒改造去了，新凤霞独自照顾老人与家庭，生活艰难，有画店来收购吴祖光的藏画，新凤霞忍痛出售了。那些日子里，老舍曾在见面时鼓励识字不多的新凤霞每天写信，既学文化，又让祖光放心。吴祖光成了收到家信最多的人，心中自然温暖。后来吴祖光从北大荒回来了。一天老舍在街上看见了他们，拉他们夫妇去丹柿小院。老舍拿出一幅画来，正是新凤霞卖给画店的那幅白石老人画的白玉兰。

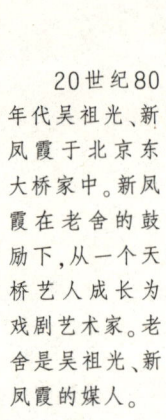

20世纪80年代吴祖光、新凤霞于北京东大桥家中。新凤霞在老舍的鼓励下,从一个天桥艺人成长为戏剧艺术家。老舍是吴祖光、新凤霞的媒人。

老舍说是在画店看见画轴签条上有吴祖光的名字,就买来了,现在归还。吴祖光问花了多少钱,老舍答道:"不用问。对不起你的是我没能把凤霞卖掉的画全部给你买回来。"吴祖光请老舍在画上题字,略叙流转过程,然后物归原主。①

历经"文革"之后,吴祖光偶然发现这画还在,但是老舍的题字却霉烂了。不过,比起齐白石给冯至作的画还算是幸运的,这又与老舍有关。冯至在老舍家中看到齐白石的命题作画,钦羡不已,问老舍能否请齐白石给他画一幅,老舍当时未置可否。几个月后,老舍去北京大学见冯至,腋下夹着一轴画,冯至打开一看,白石老人在三尺条幅上画了三个大小不一的藤黄色匏瓜。老舍说,他在现场看着老人作画,题款的时候,他说明求画者是什么人,白石老人一高兴,就添加上一个鲜红的甲虫,俗名"红娘子",一个甲虫而使画价值倍增。老舍又将画裱装好才送来。那是1955年的事情,冯至将画挂了几个月,便珍藏起来,可是在"文革"中画被红卫兵撕成了碎片。

上面说的虽都是艺术联系着的人情,却是一段打上鲜明政治烙印的20世纪50年代和60年代的文化史。老舍爱画,不是一般文人的附庸风雅,也

---

① 吴祖光:《金子做的心》,见舒济编《老舍和朋友们》,353~354页,北京,三联书店,1991。

不是简单的因为有个画家妻子。赏画与他写书法以及旧体诗一样,是对一个风云变幻的现实世界的逃避。赏画可以对话于古人,也可以商谈于今人,山水也好,写意的或是工笔的花卉也罢,那是可以超越时空的艺术生命,赏画是一种特殊的生命交流。老舍赏画还有另一层意义,他用文字来表现生命,唱戏用声腔表演传达生命,画家则是用线条、水墨与色彩,相通处在哪里?我们没有忘记,老舍是一个艺术理论家,他不喜欢空谈理论,对文学的理论他是有所保留的,论说文学不如读文学,论画也不如看画喽!从历代名画看出中国特色的理论来,让理论少一些灰色与隔膜,增添一些理论的绿意。

论 画

老舍爱画,喜欢看画展,然后老老实实地说出自己的看法。他的画论,从在济南开始,到抗战胜利前大有心得,跟踪画展,表达出对现阶段的中国画的深入思考,在中西比较中,更是突出提升中国画的主体地位。

20世纪30年代老舍论画,原出于朋友间的私谊,可一旦画册印刷出版,老舍的话就便成了画论。实事求是地讲,《〈桑子中画集〉序》中论画的水平,不如他当时在大学里讲授的文学水平,但是老舍是那种甫一接触便能抓住要害的人物,他见多识广,学识渊深。英国五年与欧洲游历,读书而外的耳濡目染,已经为老舍建构起一个宽广的艺术参照体系,观察研究艺术的眼光就不仅仅依凭单纯的传统了。他把中国画的线条的基本力量与简洁的风格和西画的色彩层次与构图既加以区别,又联系起来看。他看出桑子中的好处:"他会用许多颜色而显出暗淡来,暗淡可是深厚。暗淡是味儿,骨子里并不是空的。细看他的画使我明白了何谓深厚。……他的设色是以淡藏浓,他的笔道是更可怕——厉害得可怕,雄浑得可怕。他简直是'写'呢。他的画是北方的冬山,棱角全露着。"①正像中国小说的基本力量在于白话语言,小说内容着重人际关系一样,西方小说的深厚处是人的灵魂的深厚。移诸绘事,这种

①老舍:《〈桑子中画集〉序》,见《老舍文集》,第15卷,281~282页,人民文学出版社,1990。

西方特点就在于颜色，桑子中得到了一些西画的精髓，结合着他源于传统的"写"的线条力量，已经融合了中西绘画的好处了。

老舍看关友声的画，说他可爱："这是人格的美与艺术的美之调和，也就是艺术的陶冶与人格的修养之所以相成。"①老舍对朋友继承传统的成绩充分肯定，但并没有说出他们创造了什么。关友声的画和中国传统的山水诗一样，就是人与自然的合一，是一种古典美。

老舍在20世纪40年代与傅抱石交往，50年代与齐白石交往，他很幸运地与两位大师建立了友谊。舒乙曾在《北京晚报》撰文《个人藏画与日俱增》，其中重点介绍了傅抱石赠老舍的画作："以《美人图》《洛神图》《浓阴读书图》和《山雨图》为最佳，都是傅先生在不同时期赠送来的，有的是为祝寿，有的是为欢送出国供'伴随之用'，有的是只因多日不见，邮画寄思念之情。""在《浓阴读书图》已经裱好的绫子上，傅抱石先生又补记了一篇跋记，有一百三十二字，占了整整一面绫边。……这张画记录了傅抱石重庆时代的生活。那时他住在重庆西郊金刚坡下，凡七载，高树之下一小房，好友常来此看他作画，甲申年挥汗作了此画，随身最久，常取出观看，引出一番回忆。1953年秋傅先生来京，老舍忽说起此事，向他求画。傅抱石大受感动，回去就把这张珍藏托人带到北京，并加题了跋，说明始末根由，赠给了老舍。"

老舍与傅抱石年岁相近，他们在重庆有过作画与题诗的合作。抗战结束的时候，朋友们风流云散，赵清阁出川归沪，傅抱石和老舍一起送行，画家将自己所作的《红梅扁舟图》赠送给女作家，老舍在画上题诗："风雨八年晦，霜江万叶明，扁舟载酒去，河山无限情。"诗画合璧正好表现眼前的情与景，八年抗战，浪迹江湖，河山重览，女作家的诗酒性情，境界分明。老舍谈论傅抱石的绘画，代表着他绘画美学的最高水平。老舍的《读画小记》首先强调的是中国画的特质，然后是技巧，最终是广泛吸收、自主创新的路径与方法，老舍

---

①老舍：《〈关友声画集〉序》，见《老舍文集》，第15卷，289页，北京，人民文学出版社，1990。

眼中的傅抱石,代表了中国画的现代发展道路:

看了傅抱石先生的绘画。有三点感想:

(一)这是真正的中国画。按照中国绘事的传统,画中应常有诗。抱石先生的作品,每一张都是诗。不管他画的是山水,还是人物,他的笔并没老老实实的镂刻形象面貌,而是抒写在山水之间,或琴棋渔樵之中,所寻得的一些诗意。于是,虽寥寥数笔,而趣味无穷——诗是百读不厌的。他的每一笔,每一墨点水晕,都仿佛像随便泼洒在那里的,可是由这些滴点线条所联成的画面却成为诗。……诗的灵感逼迫着他去作画,故能于尺寸之中得山水之奇气,写出诗人的胸襟。

(二)他的技巧已被气魄给遮住……抱石先生惜墨如金,最善以最经济的手法,写极复杂的景色——不,不是景色,而是情调。……据我看,他已经完全把握住中国画特有的技巧,所以他敢放笔泼墨,用最高的技巧遮盖住技巧,如美人不待脂粉之助丽者……

(三)……他的眼时时在留神着新的路径与方法。假若细心看,你可以看出他的构图取景与敷色,颇有些受到东洋画与西洋画的影响的地方。不信,你看看他的山林间的光线,美人背后的

傅抱石像。

"色幕"，和一些极大胆的设图，都可以找出一些来龙去脉。不过，在这些地方，他可永远是主人，而不是摹仿者。……不信，请把他的画与历代的佳作比一比，你不会发现他是谁的门徒——他的画中有了新的血脉，前无古人。同时，你又不能指出他的画不是纯粹的中国画——他把新的成分带手儿取来，控制在他自己的笔下，不许它们喧宾夺主啊。①

老舍诚实发表意见，不怕得罪朋友。他还著文《傅抱石先生的画》，将他和同时期的画家比，不是一般的论优劣，而是在比较中更进一步强调中国画在世界绘画中的独特价值，目的是让中国画在继承传统中，获得现代生命力。

傅先生的画……每一笔都像刀刻的。从中国画与中国字是同胞兄弟这一点上看，中国画理应最会用笔。失去了笔力便是失去了中国画的特点。从艺术的一般的道理上说，为文为画的雕刻也永远是精胜于繁；简劲胜于浮冗。……我看傅先生所画的人物，便也有这种力量。他不仅仅要画出人物，而是要由这些人物表现出中国字与中国画的特殊的，和艺术中一般的，美的力量。他的画不是美的装饰，而是美的原动力。

……赵望云先生以十数年的努力作到了把现代人物放到中国山水里面，而并不显得不调谐：这是很大的功绩！……他的笔太老实，没有像刀刻一般的力量……

……子恺先生永远会抓到很好的题旨，所以他的画永远另有风趣，不落俗套。……他的笔相当的有力量，但是因为不分粗细，不分浓淡，而失去了绘画的线条之美。他能够力透纸背，而不能潇

---

① 老舍：《读画小记》，见《老舍文集》，第15卷，548~549页，人民文学出版社，1990。

洒流动。也只注意了笔,而忽略了墨。再看关山月先生……关先生的笔是非常的泼辣,可是有时候失之粗犷。他能放,而不能敛。"敛"才足以表现力量。……他的线条仿佛是专为绘形的,而缺乏着独立的美妙。……不少的致力于以西法改造中国画的先生们,也差不多犯了这个毛病。他们善用西画取景的方法设图而把真的山水人物描绘下来,可是他们的笔力很弱,所以只能叫我们看见一幅美好的景色,而不能教我们从一线一点之中找到自然之美与艺术之美的联结处;这个联结处才是使人沉醉的地方!

……据我看,凡是有意改造中国绘画的都应当:第一,去把握到中国画的笔力,有此笔力,中国画才能永远与众不同,在全世界的绘事中保持住他特有的优越与崇高;第二,去下一番工夫学西洋画,有了中国画的笔力,和西洋画的基本技巧,我们才真能改造现时代的中国画艺。①

傅抱石《松下观瀑图》。

---

① 老舍:《傅抱石先生的画》,见《老舍文集》,第15卷,553~555页,北京,人民文学出版社,1990。

老舍论画人物推崇李可染,基本原理仍然一贯:"论画人物,可染兄的作品恐怕要算国内最伟大的一位了。……他会运用中国画特有的线条简劲之美,而不去多用心衣服是哪一朝哪一代的。他把精神都留着画人物的脸眼。大体上说,中国画中人物的脸永远是在动的,像一块有眉有眼的木板,可染兄却极聪明的把西洋画中的人物表情法搬运到中国画里来,于是他的人物就活了……"①

整个20世纪是中西艺术交汇的时代,如何从不同源流中创造中国的现代文化,创造现代的中国绘画艺术,什么是中国艺术的现代性,老舍和画界同人一样殚思竭虑,他从关良、李平、赵望云与关山月作品展中总结国画界面临的共同问题:"这四家的作品,都是既非中国画,也非西洋画。我管它们叫做新中国画。……这问题,不在乎应否把新旧中外揉在一块,而在乎保留什么旧的,采用什么新的。这也就是中国的文化人们日夜所思索的问题。"② 1957年,为祝贺北京国画院成立,老舍将中国画与西画之间的关系进一步阐述:"中国画也曾受过外来的影响……任何艺术一旦墨守成规,一成不变,它就会僵化、衰落。无论如何固执的艺术家,只要忠于艺术,便不可能不接受些外来的影响。……开了大门,影响自广;关上大门,则孤陋寡闻。"③

接触、理解、把握了老舍的画论,就知道站在客厅的壁前展览藏画的不是一个普通的爱好者,他对中国绘画发展的思考,比专业的画家还要深、还要精到。可是一个作家,纵使书法有很高的造诣,家中有一个绘画水平挺高的妻子,有什么方法来推动中国画的发展呢?上述的美学总结,是不能替代画家们的实践的。关于傅抱石的中国画道路,老舍写过两篇文章,理论的努力是足够的,但仍然是白纸上论画不及宣纸上作画,应该考虑一个更直接的实验路径。

---

①老舍:《看画》,见《老舍文集》,第15卷,532页,北京,人民文学出版社,1990。②老舍:《观画偶感》,见《老舍文集》,第15卷,517~518页,北京,人民文学出版社,1990。③老舍:《祝贺》,见《老舍文集》,第16卷,450页,北京,人民文学出版社,1991。

走在美学前面

完美的中国画讲究诗书画印合璧。有一人兼此数样，有作画与题画两人合作而成精品，张仃与老舍合作的曹雪芹巨幅画即是。上文说过老舍与张仃的合作，张仃的画，老舍的书法，还有敦诚的诗歌，敦诚与曹雪芹又是至交，文字表达的人格与线条塑造的人格相互衬托，画面上作画者的笔力、题画书法的风格、画中人物、题画所录文字，四者的精神交相辉映。通常的合作方式，总是先作画，后题诗，题画诗的整合功能成为后人研究的专门课题。从未有过逆行的顺序，先题诗后作画，那样便无法结构布局画面了。

王维诗与画的关系，苏轼阐释为："味摩诘之诗，诗中有画；观摩诘之画，画中有诗。"这个经典论述已成了传统：诗与画出于同一主体，自然能相互印证，诗、画乃是一人精神之两面；两种不同的艺术形式，想象建构的画面与诗词的境界可以转译。至此，诗画理论还有多大的创造空间？不同的艺术创造主体，有无最高程度的契合？能否既画出别人文字传达的诗境，却又完全有自己独特的美，独有的情感韵致，独创的笔墨线条的处置方式？能否以今人的艺术生活方式，传达古人的意境？古代诗词中值得进行这样试验的，是否只能以唐诗宋词为尚？另一个宋代诗人黄庭坚对"画象"与"声诗"有所讨论："诗成无色之画，画出无声之诗。"我们今天对此还有多少进一步探讨的理论空间？特别是这个"声"在画中的表达有多大困难？一系列的思考出现在老舍的脑中，这是他对着那面挂着画的墙壁经过反复思考概括提炼出来的问题。老舍不以把自己的藏画当做知识传播为满足，那样面对的基本是门外汉。老舍观画，数年"面壁"图"破壁"，他不愿意匍匐在墙上的那些历代名画脚下，要求有出于古人之上的创造出现。

老舍心中的答案是一定会突破，但是仅凭想象不能证实，凭逻辑概念的推论，也不能服人。必须有个画家通过创造的实践来解决这些问题，而且这个画家的任务不是配合自己的某种质疑与理论探讨，必须是不折不扣的艺术创造。若进一步得到出乎老舍意料的理想画作，却又能与自己的猜想殊途同归，才称得上完美。谁的创造力能够担当这种劳动？谁能接受得了这番挑战？这可是给艺术的小鞋让人穿，谁能大度到不因挑战而心生嫌隙？老舍想来想去，必须是和自己接触多的、在京的画家才行，这个人的学识与心胸必须广阔博大，必须有第一等的创造的自觉与追求，是那种一拿起笔来就要求自己"今日之我非复昨日之我"的人。这个人，非齐白石不可！而出题的选材，老舍又拿定主意，不在唐诗宋词中，谁说到了清代诗已经被前人写完？近代诗人的人格必有前人所无。于是，查慎行、苏曼殊的诗句便入选了，熟知这些诗的人一定不是个酸学究。

悬念落在90多岁的老人齐白石的身上。这是一个现代中国画界的传奇。老舍给齐白石老人出了题，其中以苏曼殊的诗句为主："手摘红樱拜美人""红莲礼白莲""芭蕉叶卷抱秋花"，另有赵秋谷的"凄迷灯火更宜秋"，查初白的"蛙声十里出山泉"。因在北京无从观察芭蕉卷叶状态，老人请老舍免去"芭蕉叶卷抱秋花"。为画"蛙声十里出山泉"，齐白石冥思三日，终于交卷。

这四幅画，总体风格是：构图简朴，境界高洁。画上的题款稍有差别：《红莲礼白莲》题作"老舍命予依句作画"；《手摘红樱拜美人》题作"老舍雅命"；

老舍择诗境请齐白石作画，命题为查初白"蛙声十里出山泉"、赵秋谷"凄迷灯火更宜秋"、苏曼殊"手摘红樱拜美人""红莲礼白莲"。老人欣然复命，老舍厚酬。这几幅画被印成邮票广为流传。老舍亦视为异珍，常挂在客厅与朋友共赏。

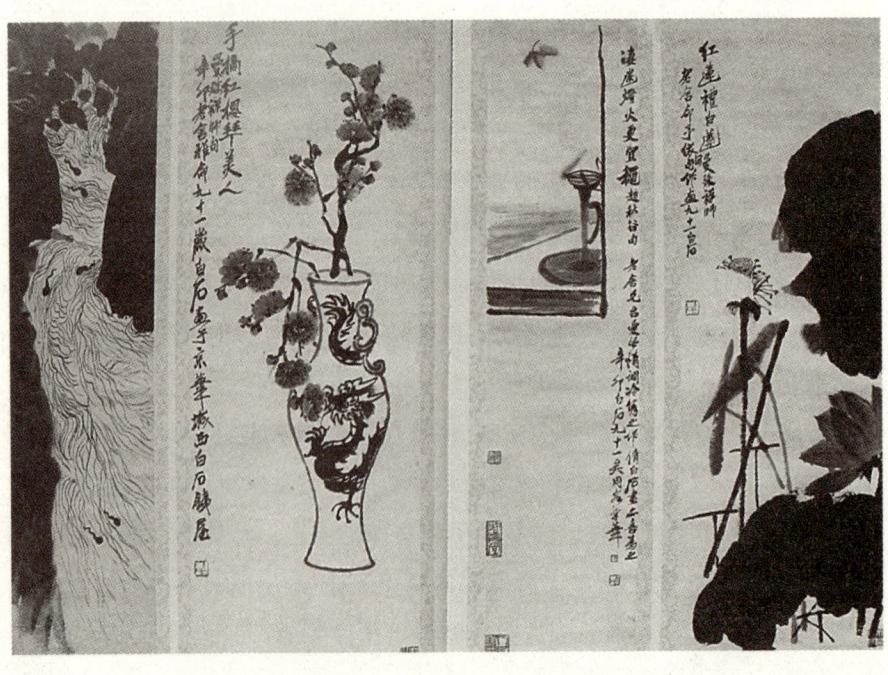

《凄迷灯火更宜秋》题为"老舍兄台爱此情调冷隽之作";《蛙声十里出山泉》题为"老舍仁兄教画"。根据题款内容,可以想象老舍给齐白石出题的时候,前两幅几乎没有任何交代,对秋意则表达欣赏。关键是意在共同完成创造与突破的"蛙声十里出山泉",一个"教"字,暗示了老舍对诗句的境界有过一点阐释。若有以教我,则称呼上多一重敬意,老舍、兄台、仁兄,老人用字极有分寸,即使创意非凡也不掠人之美,可见白石老人的品格。

这里简略说说画意与诗境的谐和。《手摘红樱拜美人》画的是苏曼殊《步元韵敬答云上人》(第三首)中的一句:"公子才华迥绝尘,海天廖阔寄闲身。春来梦到三山未,手摘红樱拜美人。"诗中写的是孤高的主人公在日本,春日来临,樱花盛开,海天辽阔,思念中想将美丽的樱花献给心中的人。樱花无由传递,要传送的是一瓣心香,于是作为清供置于案头。在白石老人这里,构图中的花枝形态根本不费周章,抒情主体的体现却不容易,难得老人在花瓶上做文章。瓶之气量与樱花要相得益彰,"瓶"在此就是公子的化身,樱花在瓶中即在公子心中,瓶上写"龙",身份既出。得来全不费工夫!

《凄迷灯火更宜秋》构图最简,"一豆灯火"与"一叶知秋"珠联璧合,将一个"宜"字活画,更将生命感受精警托出。天色近黄昏,风中飘黄叶,台上的灯盏已燃,火苗迎风晃动,诗人心荡神摇。这不是画出来的,是直接从白石老人心中与笔下流淌出来的,此中的"生"意,唯老人秋后体会更切。

《红莲礼白莲》的画面处理不是将两种颜色的莲花并置,花"色"之异,与荷的叶、茎的墨色浓淡的参差,形成国画艺术笔墨色彩的辩证呼应。仅此并不出奇,关键是老人将画面处理成一种时间关系。苏曼殊其时置身的文化白色为尚,白莲花已开过,叶瓣半落,花蕊渐萎,唯荷茎挺直有壮烈感,可喜者莲蓬结实金光灿灿。红莲花正当全盛,却微微颔首,红白莲花,一礼一受,却是人类一般的伦理。红莲花稚嫩,衬以大幅荷叶老辣浓墨;白莲花已颓,膝下尚有未曾舒展的新荷叶。画面的空间,渐远渐淡,诗情画意恰如彬彬有礼的人际关系。非心地纯洁高尚者无如此清新诗情,非胸无尘渣者不能出这般高洁画意。

《蛙声十里出山泉》,诗句出于查慎行《次实君溪边步月韵》:"雨过园林

暑气偏,繁星多上晚来天。渐沉远翠峰峰淡,初长繁阴树树园。萤火一星沿岸草,蛙声十里出山泉。新诗未必能谐俗,解事人稀莫浪传。"若非老舍与齐白石,我们只能肯定黄庭坚的"诗成无色之画",这是对想象力的极限挑战,偏偏齐白石能够将"画出无声之诗"变为"画出有声之诗"。这幅画的全部难处在于"声"。《二泉映月》以心底的声韵传达自然的声音,它没有跨越不同艺术的界限。齐白石以画传声,在水墨宣纸上传达声音,这是一个空前绝后的创造,是中国画的极致。老舍与齐白石走到了中国书画美学从来未曾达到的境地。他们走在了美学的前面。

初夏夜晚,雨过天晴,繁星点点,远山在夜色中,微微见些轮廓,湿漉漉的树叶更显浓厚。循着萤火前行在溪岸草丛中,却接上了与泉水一道流淌过来的蛙声。原诗中主要诉诸人的视觉,末了突然幻出了听觉中的蛙鸣。一次视觉与听觉的潜移暗转,山泉的"十里"空间虽然是约数,却是上文的"远翠峰峰"的自然承续。诗人很是以用文辞传达出此特殊经验自傲,凭这一句诗,查慎行就不让唐诗境界。老舍赏识这首诗,心中自然不拘限于文学史的评论。

诗可以实现视觉与听觉的转接,但是从来只是让人看的画,怎能表现这听觉呢?难怪生活与艺术经验极其丰富的白石老人会呆立案前,展纸伸毫而无从落笔,苦思冥想三天。这不是考验画家的学识、经验与技巧,而是考验国画艺术的规律能否打破。中国画不是没有画过能发声的,翎毛一类皆是,谁说鸟不鸣叫,但都是在一个具体有限的枝头树梢乃至笼中,十里空间何处见蛙?写实当然不行,写意也不能没有边际啊!山泉十里而处处鸣溅有声,而蛙不可以处处现身,多大的一个悖论!写到这里,我要替齐白石老人鸣不平呢。真是山重水复疑无路,唯一的办法就是将蛙隐去,那么以何代之?有了,蝌蚪。蛙形陋而蝌蚪灵动可爱,彼可取而代也!随泉流游行的蝌蚪无声,但是此无声生物乃有声父母所产,真是此时无声胜有声!

原来一切都现成了,白石老人将山泉置于毫端。真正是水墨啊,大笔落墨成山,远处微微黛青,一路由上至下的透迤山形便是十里途程,空白处便是水了,此处的水就得依赖笔力了(白石老人能够画透蜻蜓翅翼的纹路,水纹当然不在话下)。波纹纵横表现水势的湍急平缓,嬉戏水中的蝌蚪玩疯了,根本不听远方的父母的呼唤,蛙在云深不知处。蝌蚪也有声音,它们正在谱写山泉乐章呢,请看条条道道的波纹,根本就是五线谱,它们就是那音符,有形的写真成为抽象的象征,也不全是象征,六尾蝌蚪分布在图画的上中下三段,两两游行的方向都朝下,真是"出"山泉而来的!

可以交卷了,对着画稿,白石老人欣慰地长长舒一口气;可以交卷了,老舍与白石老人共同完成了一道中国画美学的附加题。德国有莱辛著《拉奥孔》,副题"诗与画的界限",通过"拉奥孔"这个题材在雕塑和诗中的不同处理,论诗和造型艺术的区别与界限,阐述了各类艺术的共同规律性和特殊性:绘画、雕塑擅长的题材是并列于空间中的全部或部分"物体及其属性",其特有的效果就在于描绘完成了的人物性格及其特征;诗擅长的题材是持续于时间中的全部或部分"事物的运动",其特有的效果则是展示性格的变化与矛盾以及动作的过程。作者还讨论了空间艺术和时间艺术可以突破各自的界限而相互补充。西洋画聚焦于人(神),中国画看重山水、花鸟;西方美学理论侧重诗、画界限,中国人诗画融通。比较之下,中国的艺术美学对自身特征的阐发是不够的。老舍采用的方式是知行合一,"行"的艺术实践为先锋。他的中国绘画的美学未完成,但是有没有人明白这是个重大命题?真不知道!老舍不是画界中人,所以就没有谁融会贯通地整理过他的画论,落到我这个写传记的做这件事情,也是勉强!

老舍不去写小说,耗这等心力在绘画上却是为何?画事本为艺术,老舍爱它是一个原因,更有一层,写在纸上的文字皆受限制,另一种形式的"语言"才更自由。写小说的事,"欲说还休,欲说还休,却道'凄迷灯火更宜秋'"。

四、茫茫末世人

1966年的"无产阶级革命"形势"一片大好",却令许多人心中难安,时刻担心革命何时会革到自己头上来。老舍对人类历史的熟知与理解告诉他,灾

老舍写作间隙，玩赏陶俑来思接千载。

难是难以避免的。当灾难来的时候，真正的知识分子的作用，是发出警世的呼声，以比平时激烈的态度反抗。大灾难到来之前，知识分子必然会空前地苦闷。老舍的习惯是一个人在书房写作时，从来不让人打扰。其实，1962年以后就不容易落笔了，越到后来，他越难以写出点自己愿意写的东西。枯坐在西屋，他独自玩骨牌过关，也渐渐习惯了与古远年代的陶俑对话。这种寂寞，是与世界渐渐地变得格格不入而又无法言说的隐忍。

受腿疾的痛苦折磨多年，老舍想避开风云莫测的京城，去鞍山、广州那样的地方疗养或是游览。北京是一个拥挤的地方，这时人们都变得难以沟通交流。老舍现在的苦闷与痛苦比起一生中的任何时候更大，他的心一直堵着。1966年7月底，老舍连续几天痰中见血，一天半夜突然大口吐血，惊得胡絜青与儿女急忙送他去医院诊治，慢性病急性发作：阻塞性肺气肿、支气管扩张、结肠过敏、坐骨神经痛。老舍在医院中看报纸，知道"革命"正如火如荼，触及灵魂与肉体。等他从医院出去，灾难说不定在什么地方等着呢，他心中明白。

8月16日出院，市委宣传部长告诉他不用去学习，在家休养。老舍极少见地给忠实的朋友打了个电话。8月21日，老舍与儿子舒乙、女儿舒雨谈话，他们向爸爸报告外面在"破四旧"，许多文物被砸烂。他说："欧洲历史上的'文化革命'，实际上，对文化和文物的破坏都是极为严重的。……我不会把小瓶小罐和字画收起来，它们不是革命的对象；我本人也不是革命的对象。破'四旧',斗这砸那,是谁给这些孩子这么大的权力?……又要死人啦,特别是烈性的人和清白的人。"他特地说了在前几次运动中由于不堪侮辱而一头扎进什刹海的两位朋友的故事。

不能老待在家中,外面的世界不可回避,香烟真的戒了,老舍格外地感到没有着落。8月23日,老舍去市文联上班,机关内气氛紧张。中午下班,老舍坐在办公室没吃饭,因为司机得到命令,不再接送老舍。当天,红卫兵在孔庙烧京剧戏装,让文化系统的领导干部到现场去接受斗争、认罪。市文化局邻着市文联,卡车拉文化局干部时,把文联已经"揪出来"的文化人、作家也装上了车。老舍身为市文联主席,见朋友与市文联其他干部都被点了名,便主动站出来,他也被推上了车。

孔庙燃火烧戏装,挨斗的人围跪在大火四周,道具变成了刑具落在他们身上。老舍被打得头破血流,缠上戏装上的白水袖后,血仍浸透出来,白衬衫上满是血迹。老舍的眼睛在眼镜后面闪着异样的光,他要看清世界何以疯狂到这般地步。老舍先由孔庙被接回市文联,这里一样疯狂。红卫兵开始挑衅地讯问老舍,要落实罪名置他于死地。刚烈的老舍,保持尊严的口吻,冷静而实事求是地回答,此举招来的是皮带与拳头。老舍不再说话,他抬起了满是伤痕、血迹的头,士可杀不可辱!老舍将手中的牌子愤然扔下。什么才是烈

老舍因支气管扩张大量咯血住院,院方保存的住院病历。

士?就是像老舍这般,刚烈不受辱,有着知识分子的独立与坚毅。疯狂的革命激情很容易让事件升级,转眼之间,老舍就被认定是"现行反革命"。这是政府官员身临现场都不敢妄说一句话的时刻,老舍居然敢于反抗"小将们"的虎威。在虎狼般的毒打之后,有人送老舍去公安局派出所,名正言顺地让专政机关来对付这个"现行反革命",客观上可以让老舍少受些打。然而从肉体上消灭"反革命"也是一种革命逻辑,红卫兵尾随而至,轮番毒打老舍到深夜,直至老舍奄奄一息。

胡絜青被命令接老舍回家,见面竟不敢相信他还活着。老舍抓住妻子的手,一句话也没说。离开派出所之前,老舍被通知:早上必须拿着"现行反革命"的牌子,到市文联报到。凌晨,老舍、胡絜青挤在一辆三轮车上回到了家。胡絜青无声地为老舍清理伤口,泪水不断地滴落。此时的老舍,死志已决,决不敷衍,绝不苟且偷生。生命不应该活在血污中,要清白!

1967年8月24日,老舍先生辞世一周年忌日,许林邨、吴幻荪在太平湖边悄悄地立此碑,太平湖被填埋时不知所终。1994年据拓片重新勒石,现存老舍纪念馆。

第二天早晨老舍仍不食。他让胡絜青去上班,把她推出了门。临走,她把粮票和零钱塞进他的制服口袋。老舍来到院子,叫来孙女俯身说:"和爷爷说再——见!"他上了德胜门外太平湖公园,这儿离西直门大街西北角的观音庵胡同很近,老舍的母亲在那里住过10年。公园看门人说,老舍8月24日在这里坐了一整天,几乎没动过。25日清晨,老舍的尸体被人在湖中发现,捞上来放在湖边。人们从他挂在湖岸小树上的制服口袋里,发现了工作证、名片。一张破席盖上了他的遗体。8月25日下午,北京市文联打电话把舒乙叫去,给他一张证明信:"我会(指北京市文学艺术界联合会)舒舍予自绝于人民,特此证明。"让舒乙去处理后事。

后　记

　　我于1977年考进扬州师范学院中文系,二年级时才认真读老舍,从《骆驼祥子》开始,到现在已经30多年了。那时找不到全本的《骆驼祥子》,托同年考取北京大学图书馆学系的扬州人朱强,请他复印1949年前出版的《骆驼祥子》的后三章,这才看全了。又请现已故世的老师陈孝直先生,从仅对教师开放的图书馆特藏室中借出晨光版的《月牙儿》《微神》,看得如饥似渴。

　　《老舍文集》第一卷的出版已经是1980年了,在此前后,老舍著作的单行本亦有出版。那时候在扬州买书,能够排一二百人的长队。买书多了,几个同学渐渐与书店的营业员们熟悉了,每周四等候在新华书店柜台前,看进了什么新书,抠出有限的师范生的生活费(14元)买回新书,古今中外的乱买一气。那时,一块钱能买300多页的书。我买的书,作品多于理论,所以至今读作品的兴趣比读理论大得多。每见到新出的老舍的书,必定买下,常常将瘪瘪的口袋变得空空如也。反正回家有父亲供给饭吃,一两个月才看一回电影(带薪读书的同学请客占了一半),洗澡理发之外,没有任何用项。读书替代了其他方面的要求,顺承了多年禁锢压抑的环境,竟也没有痛苦的感受。父亲的工资不高,养一大家人,非但不责备我花钱买书,还给我订了《人民文学》和《文艺报》(那时是比较薄的刊物)。现在已经不大记得《文艺报》上的理论探讨,可见不是研究理论的料子;《人民文学》上发表的新时期初的重要作品都有印象,最喜欢的是分三期连载的老舍的小说《正红旗下》,看到戛然而止处，久久地不能排除失落感。而今想起那一段时光，更有一种失落：父亲生病到辞世的日子里，我怎么也无法写这本书，材料准备了两年，就是无法写下去。父亲走了，从他的遗物中翻检出我研究老舍的硕士学位论文的油印稿和第一次参加老舍国际讨论会的论文，原来他都仔细收藏着！老人家从来没有和我说过老舍，只是看过我编写的《老舍自传》。可这30多年，父亲都在注视着我的学业，老人家一辈子也没有多少叮嘱的话。

毕业前，写了关于《断魂枪》的文章，也不自命是研究，只是因为被深深地打动。李关元先生看了，鼓励过一番，于是读老舍更起劲了。5000多字的《断魂枪》，读了不下50遍。30年后，才将这篇文章修改整理发表。我到大学教书已经是上世纪80年代末，在第二次老舍国际讨论会上才进了老舍研究的圈子。这圈子里的人多多少少地受老舍人格感染，大家都是朋友。

关纪新兄将写《图本老舍传》的工作转托给我。舒济先生送我她编辑出版的摄影图册《老舍》，只说近千幅图片任我选用，徐炯为我扫描图片付出了劳动。温儒敏先生组织这套书的撰写，在白洋淀开中国现代文学会理事会，见我暴瘦，他建议作生化检查；老舍110周年诞辰的会上再见到我，他并不催促，只是关心我的身体如何。此后又是父亲的病，一晃近三年，出版社负责图传出版的编辑换了两位，对我超过时限也一再宽容。今年暑假放弃几次旅游的机会，四五十天内每日在电脑前工作十四五个小时，完稿前就头晕，写成后腰背疼痛快一个月了。在那些"玩命"的日子里，双目失明的85岁老母亲一再问："还要写多久？"老人家心疼。

虽然研究老舍多年，但没做出什么成绩来。要论作老舍的传记，学者中比我更有资格的应不少于五位。仅说张桂兴兄，朋友中没有谁比他更熟悉老舍的资料，这次写作简直离不开他编的《老舍年谱》。舒济先生的摄影图册《老舍》，更是一座展开老舍文化批评与研究的富矿藏。一般地看看那些照片，倒也不觉得惊奇，一旦要采用，突然发现它们向我展开了一个巨大的文化空间。所以，我没有随意地在书中用这些图片，而是在某种文化逻辑支配下组织与阐释它们。要说这本传记有什么特点，那就是材料中根本没有什么

"秘辛"，所以追求耸人听闻效果的读者大可不必看，敝帚自珍的是其中有我的文化批评逻辑。这种逻辑也决定了书的结构，全书六章总体上按照时序，但是每一章内部却常常胀破了本章的时间限制，每一节都可以作为独立的板块来理解。采用这种方式，是因为有许多关于老舍的思考，本来应该写成论文，现在都囫囵地处理成了某一节。所以，它的首选读者应该是作学位论文的年轻朋友，读仔细一点，可以在这本书中找到一系列的研究论题。我的希望是：年轻的朋友们可以深化我的理解与思考。

书中的老舍不仅是一位作家，更是一个在20世纪中不断地在困顿中挣扎奋斗的知识分子。老舍一生中一再地陷入"困顿"，又屡次地突破它，并取得巨大成就。最后一次陷入暴力的困顿，挣扎的结果是玉石俱焚，老舍的肉体消失了，他的精神变成了一种对人类的警示。他的困顿与挣扎是对20世纪中国文化的特殊展示与阐释。这本书如果能够稍稍展示这种价值，我愿足矣！

这本书是我的学术生命中研究老舍的印迹，这"赶"出来的成果粗糙了一点，在治学30年的生命中，仍是重要的一部分。明知此生做不了多大的事情，有这一点小小的积累，也不便妄自菲薄。

徐德明

2011年9月初写于安徽师范大学镜半塘湖斋